PARENTING EDUCATION
부모교육

머리말

이 책은 현대사회에서의 부모됨을 이해하고, 다양한 가족의 부모역할 수행을 지원하는 실제가 어떠한지 다루어보고자 하였다. 전통사회부터 현대에 이르기까지 자녀의 출산과 입양에 따른 자녀양육과 부모역할의 수행은 성인의 주요 발달과업 중 하나로 강조되어 왔다. 자녀의 성장에 따라 부모역할의 특성은 변화하게 마련이며, 이에 더하여 가정의 모습 역시 늘 동일하지 않고 여러 가지 내・외적 변화와 갈등을 경험하게 되면서 부모로서의 역할 수행에 적극적 재적응을 요구하기도 한다. 부모교육은 그 사회의 역동성과 부모역할의 현대적 특성을 담아내는 거울이자 부모지원을 위한 그 사회의 정책과 제도의 방향이 어떠해야 하는지 제시해주는 나침반이기도 하다.

이 책은 네 개의 파트로 세부 내용을 구성하였다. 첫 번째 파트는 부모됨과 부모역할에 대한 것이다. 변화하는 사회에서 부모됨이란 어떤 의미인지, 초연결사회에서의 부모역할의 특성은 어떠한지(1장, 이재연 교수), 아동의 발달과 이에 따른 부모역할의 실제는 어떠한지(2장, 황옥경 교수), 부모교육의 이론적 접근은 어떻게 구분할 수 있는지(3장, 이완정 교수)를 중심으로 살펴보았다.

두 번째 파트에서는 가족의 다양성과 이에 따라 경험하는 부모역할의 위기가 어떠한지 다루고자 하였다. 다양한 가족, 즉 조손가족, 입양가족, 다문화가족에서의 부모역할은 어떤 특성이 있는지(4장, 문의정 교수), 한부모가족, 이혼가족, 재혼가족 등 가족구조의 역동에 직면한 부모들의 부모역할 특성과 이에 대한 지원이 어떠한지(5장, 문의정 교수), 일하는 부모를 위한 일-가정 양립과 자녀양육 지원이 어떠해야 하는지(6장, 이완정 교수)를 중심으로 알아보았다.

세 번째 파트에서는 부모역할이 순조롭게 이루어질 수 있도록 지원하는 프로그램에 대해 살펴보았다. 빈곤, 부모의 우울 및 알코올 중독, 아동 학대 및 방임, 장애가족 등 가정 내 위험요인과 부모역할 지원이 어떠해야 하는지(7장, 김연하 교수) 살펴보고, 가정의 회복탄력성을 높이고자 하는 부모교육 프로그램의 특성(8장, 황옥경 교수), 증거기반 부모교육 프로그램의 요건과 사례(9장, 김연하 교수)를 알아보았다.

네 번째 파트에서는 무상보육 실시로 영유아기관에 다니는 것이 보편화된 우리 사회에서 취학 전 영유아의 부모가 영유아기관에 참여하는 실제와 이를 위한 지원이 어떠해야 하는지(10 · 11 · 12장, 한유미 교수)에 대해 집중적으로 살펴보았다.

마지막으로 13장에서는 현대 한국사회에서 도전받고 있는 부모기의 현상과 이를 완화시키기 위한 국가의 지원 방향이 어떠해야 하는지 종합하여 제시하였다(황옥경 교수).

집필진이 모여 오랜 시간의 산고 끝에 책을 내었다. 우리나라 부모교육서의 기초를 다졌던 책임으로 이 작업에서도 새로운 아이디어와 최신 국제동향을 망라하여 이끌어 주시고자 했던 교수님들께 감사드린다. 그리고 책이 나오기까지 오랜 시간 기다려주신 파워북의 김재광 상무님께도 감사의 말씀을 드린다.

2019년 9월
저자 일동

차례

PART 2 가족의 다양성과 부모역할 위기

PART 3 부모역할 지원을 위한 개입 프로그램

PART 1

부모됨과 부모역할

C H A P T E R

01

부모되기 : 도전과 변화

CHAPTER 01

부모가 되어 자녀를 양육하는 일은 성인생활에서 가장 중요한 과업이다. 생명을 기르는 이 일은 기쁨과 보람 그리고 안타까움 등 정서적으로 강렬하고 요구도 많다. 이 장에서는 부모들이 자녀에 대해 어떠한 가치를 가지고 부모가 되어 가는지, 부모가 되어 가는 흐름에는 어떠한 변화가 있는지를 살펴보고자 한다. 그리고 부모들은 자녀양육에 대해 어떠한 신념을 가지고 있고, 그러한 신념이 형성되어 온 배경과 역사적인 관점 그리고 자녀양육연구의 궤적을 살펴본다. 아울러 초연결사회에서 부모가 마주한 도전에 대해서 파악해보고 부모교육의 필요성을 짚어본다.

1. 부모됨

1) 부모되기

어느 가정에나 아기의 탄생은 기쁨과 희망을 가져온다. 갓 태어난 아기는 아주 무력해 보이지만 아기 앞에 놓인 인생은 무한한 가능성으로 가득 차 있다. 아기가 태어난 순간만은 앞으로 닥칠 수도 있는 두려움이나 걱정들은 잠시 뒤로 미뤄놓는다.

갓 태어난 아기는 다른 사람의 보살핌을 받아야만 생존이 가능해진다. 아기는 다른 어떤 포유류 동물보다도 성장하는 데 시간이 더 오래 걸린다. 왜냐하면 진화의 과정에서 두뇌가 크게 발달한 인간 아기는 다른 포유류에 비해 아직 태어날 준비가 상대적으로 덜되어 있는 상태에서 세상에 나오기 때문에 그리고 기타 사회 문화적인 요인으로 인해 상당히 오랫동안 성장발달해야 하는 특징을 가진다(Hrdy, 2009). 이러한 보살핌, 즉 양육하는 일을 주로 부모가 하게 된다.

이 책에서 부모는 가정에서 아동을 양육하는 주된 양육자를 말한다. 그리고 부모는 보호자와 같은 넓은 의미로 사용한다. 즉, 아동에게 주요 보살핌을 주는 사람으로서 생물학적인 부모나 법적인 부모에 국한되지 않고 입양부모, 위탁부모 등 기타 아동을 돌보는 이도 포함하여 광범위하게 사용하고자 한다.「아동복지법」제2조에 '부모'가 나오

누군가 나에게 인생의 제일 행복한 순간을 묻는다면 나는 망설임 없이 첫 아이를 출산하여 아이를 마주한 그 시간을 이야기한다. 분만실에서 첫 아이를 마주한 그때 나는 생명과 온 세계의 신비, 그리고 나 자신의 존재 의미가 그 아기를 통해서 내게로 오는 것을 경험했다(전가일, 2017). 그 순간 나는 언어로 다 형언할 수 없는 기쁨과 불안, 행복과 경외, 책임감을 마주하며 내가 이제까지의 나와 또 다른 존재가 되었다는 것을 알았다. 그것은 한 인간의 존재 지평이 급작스레 달라지는 신비의 순간이었다.

출처 : 전가일 · 전현욱(2017) ; van Manen(2012).

고, 동법 제3조 제3항 "보호자"란 친권자, 후견인, 아동을 보호 · 양육 · 교육하거나 그러한 의무가 있는 자 또는 업무 · 고용 등의 관계로 사실상 아동을 보호 · 감독하는 자"로 규정된 모두를 포함한다. 이들 부모에게는 모두 아기가 가지고 태어난 가능성을 키워주고 사회의 생산적인 한 구성원으로 키워내야 하는 책임이 있다.

(1) 부모되기의 경향

한해 얼마나 많은 사람이 부모가 되는지는 출산율이 말해준다. 최근 들어 부모 되는 숫자가 급격히 작아지고 있다. 우리나라는 2017년 출생아가 35.8만 명, 합계출산율 1.05명으로 최저를 기록했으며, 합계출산율 역시 역대 최저치를 갱신하였다(통계청, 2018). 이러한 저출산문제가 계속 이어질 경우 2022년 이전에 출생아 수가 20만 명 대로 진입할 수 있다는 예측이 나오고 있다. 우리나라는 2001년 이래 17년째 초저출산 상황인 합계출산율 1.3 미만을 벗어나지 못하고 있으며, 이는 초저출산을 경험한 OECD의 12개 국가 중 유일한 사례이다.

저출산의 원인으로는 주출산연령대 여성의 감소 등 인구구조의 변화, 혼인 출산에 대한 인식 변화로 인한 비혼 증가와 출산 기피 심화, 결혼에 영향을 미치는 고용 · 주거 등 사회 · 경제적 여건 악화 등이 영향을 미친 것으로 분석되었다(보건복지부, 2018).

만혼문제도 저출산현상과 직결되고 있다. 우리나라 남성의 초혼연령이 2000년에는 29세이었던 것이 2013년에는 32세로 높아졌고, 여성의 경우 같은 시기 26세에서 30세로 높아졌다. 30세 이하에 결혼하면 자녀를 2명 출산하는 것에 비해 35~39세 사이에 결혼하는 경우에는 0.8명 출산하여 출산률이 낮아졌다(보건복지부, 2018). 이는 과거에 20대가 임신의 적기로 생각되었고, 대부분 20대에 부모가 되던 것과는 크게 대비된다.

(2) 부모되기의 결정과 자녀의 가치

아기는 언제 갖는 것이 좋을까? 지금 갖는 것이 좋을까? 나중에 갖는 것이 좋을까? 아니면 전혀 아기를 가질 생각이 없는가? 부모가 되는 결정은 아주 복잡하다. 왜냐하면 여러 요소가 상호 연관되어 있기 때문이다(Turner & Welch, 2012). 스스로가 원해서 아기를 가질 수도 있고, 사회가 기대하기 때문에 가질 수도 있다. 혹은 양자 모두에 해당될 수도 있다.

1970년대 연구자들은 성인의 다양한 욕구 중 자녀가 주는 만족에 대해 정리해왔다. 이 중에는 성인이 자녀의 가치에 대해 어떻게 인식하는지도 포함되어 있다. 부모가 되는 동기를 이해하기 위해서는 자녀에 대한 가치를 어떻게 생각하고 있는지를 살펴볼 필요가 있었다.

자녀가치는 주로 인구학자들 사이에서 전통적인 논의 주제 중의 하나로서, 1970년대부터 본격적으로 연구되기 시작하였다. 연구는 주로 인구와 인구조절에 대한 관심에서 시작되었다(박종서 외, 2014). 즉, 출산력을 낮추고, 가족의 크기를 축소하며, 출산력 동기와 인구 추세에 대한 예측을 위해서였다. 아울러 부모-자녀관계에 영향을 미칠 수 있는 요인으로 자녀 가치를 고찰하는 연구의 목적 또한 인구와 간접적으로 연관되어 있다(박종서 외, 2014).

① 자녀의 가치에 대한 부모인식

부모됨의 동기에 대한 대부분의 연구는 부모기에 대한 보상과 비용에 대한 인식에 중점을 두었다(Turner & Welch, 2012). 자녀의 가치가 자녀로 인한 비용 발생보다 크다고 생각되면 부모가 될 동기가 크다고 보는 것이다. 그러나 비용이 가치보다 더 크다고 생각되면 부모가 될 생각을 그만 두고 욕구 충족할 다른 방법을 찾을 것이다.

이러한 생각에 대한 결론은 시간에 따라 달라질 수 있다. 예를 들어, 어느 시점에서는 재정적인 문제와 정서적인 비용으로 자녀 갖기를 원하지 않을 수도 있지만 나중에는 그 부분의 비용이 적게 인식되어 자녀 갖기를 원할 수도 있다.

② 자녀의 가치조사

한국사회에서 자녀는 부모에게 어떤 의미를 가질까? 자녀에게 어떠한 가치가 있기에 자녀를 가지려고 하는가? 이 국제비교조사는 개인의 출산동기와 출산경향을 예측하는 요인을 알아보고자 하는 의도에서 처음 시작되었다. 이 조사연구는 1970년대 초에 하와이대학의 동서문화센터에서 우리나라를 포함하여 아시아국가 가족계획의 심리학적 연구와 남아존중사상의 연구를 하면서 시작되었다. 당시는 자녀를 적게 가지게 하려는 의도의 가족계획에 대한 연구로 시작되었다는 점이 지금 상황과는 아주 다르다. 이 연구의 결과는 《자녀의 가치the value of children: a cross-national study》로 출판되었다(이성진, 2016).

40여 년이 지나고 사회는 변화하여 저출산이 문제시되는 상황에서 가족 변화 관련 조사연구의 일환으로 다시 자녀가치가 조사되었다(김미숙, 2015). 그 결과 우리나라의 경우는 자녀에 대한 긍정적인 자녀가치도 높고 부정적인 자녀가치도 높은 양면적 특성을 보였다. 자녀가 기쁨이 되기도 하고, 부모의 사회적 지위를 상승시키기는 하지만, 자녀는 부모의 자유 및 경제활동 기회를 제한하고, 경제적 부담이 되는 존재로 인식되었다. 즉, 자녀는 정신적인 기쁨을 주기는 하지만, 자녀양육은 경제적 부담이 되고 개인적 생활을 제한하는 존재로 인식하는 비율이 높았다. 한편, 자녀가 부모의 노후에 도움이 된다는 비율은 예전과는 다르게 낮아져 자녀에 대한 투자는 자녀 본인의 미래를 위한 것이지 부모부양을 위한 것은 아니었다.

(3) 자녀의 수

이상적인 자녀의 수는 변화한다. 피임약의 보급과 여성의 출산 결정권이 커지는 등 사회문화적인 변화에 따라 자녀의 수가 변화하기도 하지만 국가의 노력으로 변화가 시작되기도 하였다. 우리나라는 1960년대에 산업화가 본격적으로 시작되면서 주로 인구의 양적인 측면에서 자녀의 수에 영향을 주어왔다. 1961년 대한가족계획협회가 창립되어 인구억제정책의 홍보사업을 조직적으로 시행하였다. 예로 1971년과 1975년 사이에는 이상자녀 수가 종래의 3남2녀에서 2남1녀로 변화되었는데, 더 나아가 이상자녀 수를 1남1녀 또는 두 자녀로 감소시키고 아들선호사상을 불식시킴으로써 장기적으로 인구성장을 억제하려고 노력하였다(박종서 외, 2014). 그리하여 당시 대한가족계획협회에서는 '딸 아들 구별 말고 둘만 낳아 잘 기르자'라는 표어를 사용하기도 하였다.

이상적인 자녀의 수를 결정하는 것은 단순하지 않다. 보편적이지는 않지만, 종교적인 신념으로 많은 수의 자녀를 두는 가정도 있다. 자녀의 수와 관련하여 부모가 가진 한정된 자원을 어떻게 사용하는지, 자발적 무자녀 부부, 그리고 미루었다가 늦게 자녀를 가지는 경우를 살펴보면 다음과 같다.

① 부모자원 희석가설

부모자원 희석가설은 부모의 시간과 부모가 가진 에너지 자원은 한정되어 있어서, 자녀가 많아지면 부모의 한정된 자원이 희석된다는 주장이다(Turner & Welch, 2012). 이 가설에 의하면 자녀 많은 집의 아이는 관심을 덜 받게 된다. 즉, 어머니의 관심은 첫째 자녀에게 최대로 가고, 다른 자녀에게는 부모의 자원이 희석되어 덜 간다는 주장이다.

그러나 이 가설의 비판자들에 의하면 부모와 자녀가 갖는 관계는 저마다 독특하다. 아동의 요구에 맞게 부모가 반응하는 정도인 긍정적인 상호작용, 그리고 적절한 행동기준을 부모가 정하는 일관성이란 요인을 사용해서 자녀가 더 태어나도 부모는 자기의 자원을 많이 희석시키지 않는다는 것이다. 대신 부모는 가족 모두의 욕구에 맞춰 자기의 자원을 재배치, 재조직한다고 하였다.

② 자발적 무자녀

여성이 가임기간인데도 스스로 자녀를 갖지 않기로 하는 이유도 다양하다. 자신만의 시간을 보다 많이 갖기 위해서, 양육책임으로부터 자유롭기 위해서, 재정적인 자유, 커리어에 보다 집중하기 위해서 등의 이유를 들 수 있다. 그리고 아이를 좋아하지 않아 양육에 관심이 없다거나, 세상이 아동에게 안전하지 않기 때문에, 과잉인구 우려 등의 이유도 든다. 이 외에 아이가 없어도 괜찮다는 생각에서 예전보다는 쉽게 무자녀 선택을 한다는 주장도 있다.

2) 부모기 선택과 디자이너 베이비

부모는 자신의 연령, 경제적 상황, 취업상태 등에 따라서 부모가 되는 시기를 늦추기도 한다. 한편, 과거에는 '시험관 아기' 시술을 통해서 부부가 불임문제를 해결하고자 하였다면, 최근에는 디자이너 베이비를 통해서 부부의 유전적 결함이 자녀에게 전달되지 않도록 하려는 부부도 있다.

(1) 부모기 늦추기

자녀 갖기를 늦추는 부부도 있다. 예로 어떤 일을 막 시작하여 자녀는 나중에 갖자는 생각을 가질 수 있다. 시간이 흘러 나중에 아기를 가지고자 했으나 아이가 안 생기는 경우도 있다. 늦추어진 임신으로 나이든 출산모의 첫 아기와 엄마에게는 일반적으로 경제적인 혜택이 크다. 이들 여성은 경제활동에 적극 참여해왔을 가능성이 크기 때문이다.

나이든 부모의 자녀는 심리적인 혜택도 있다. 예로 나이든 부모는 젊은 부모보다 강하고 안정적인 사회적 지원을 가진다(Turner & Welch, 2012). 이들 부모-자녀의 관계의 수준도 젊은 부모에 비해 좋은 편이다. 나이든 엄마는 양육에 보다 긍정적이고 화를 덜 내며 좌절이 적다. 한편, 나이든 아빠는 젊은 아빠에 비해 아이의 생활에 더 개입하고, 신체적으로 덜 능동적이다. 결과적으로 나이든 부모는 이미 많은 인생경험이 있어서 피로감을 경험하고 에너지가 부족하지만 성숙함으로 이득이 더 큰 편이다.

(2) 디자이너 베이비

1978년 영국에서 최초의 '시험관 아기'로 태어난 루이스 브라운이 2018년에 40번째 생일을 맞았다. 지금까지 시험관 아기 시술로 태어난 사람은 전 세계에서 800만 명 이상인 것으로 알려져 있다. 의료기술의 놀라운 변화가 이전에는 아기를 가질 수 없었던 많은 사람들에게 아기를 가질 수 있는 능력을 주고 있다. 심지어는 인간에 대한 생각마저 변화시켰다. 인간이 '아기를 낳는' 것이 아니라 '아기를 만드는' 개념으로 바뀐 것이다

생/각/해/보/기

어떠한 가능성과 어려움이 있을지 생각해 보자.

원하시는 아기를 장바구니에 넣으세요. "아시겠지만 한 번 더 확인해 드릴게요. 기본적으로는 두 분의 DNA를 예전처럼 그대로 조합합니다. 그리고 전체 스캔을 해서 혹시 있을지도 모르는 유전적 결함을 찾아 수정하고, 그 다음에 두 분이 선택한 옵션들을 넣고 다시 시뮬레이션을 돌려 확인 조정하고, 실제 수정란에서 마지막으로 오류를 바로잡은 다음 착상시키게 되죠. 오늘은 첫 단계로 옵션을 고르실 차례예요. 여기에 두 분이 원하시는 자녀상을 자유롭게 작성해주세요."

출처 : 김보영 · 김창규 · 곽재식 · 박성환(2017).

(장대익, 2016). 디자이너 베이비designer baby, 즉 맞춤아기가 탄생되고 있다.

맞춤아기란 시험관 수정기술을 이용해서 질병 유전자가 없는 배아를 골라 탄생시킨 아기를 말한다. 불임부부들은 체외수정기술로 자녀들을 얻을 수 있고 부모가 다음 세대로 이어지는 질병유전자를 가지고 있다면 배아가 착상 전에 분석하거나 질병을 일으키는 유전자를 제거한 배아를 통한 아기를 얻을 수 있다(이현정 · 존 블리스 · 오정수, 2013). 현재는 이 기술이 치료 목적에서 사용되고 있지만 머지않아 부모가 원하는 아기를 선택해서 탄생시킬 수 있다는 점에서 예기치 않은 많은 윤리적인 의문을 제기하고 있다.

2. 부모신념과 근거기반 지식

1) 부모신념

부모는 자녀를 양육하는 과정에서 수많은 중요한 질문을 하게 된다. 부모가 자녀의 성장발달에 어떠한 영향을 주는지, 자녀를 키우는 방식이 얼마나 자녀의 인성에 영향을 주는지, 어떻게 의사결정을 해야 할지, 그리고 미국의 오바마 전 대통령처럼 어려운 환경에서 성장한 사람은 어떻게 그러한 역경을 딛고 잘 성장하는지 등 그 생각은 끝이 없다. 이처럼 아동발달이나 자녀양육에 대한 부모들의 모든 사고를 부모신념이라 한다. 부모의 신념은 다양한 부모의 행동을 통해 발현되며 이러한 부모의 행동을 통해 자녀발달에 영향을 미친다(김연하 외, 2004).

부모의 자녀양육이 자녀에게는 사회화의 중요한 부분이 된다. 사회화 과정에서 아동은 한 문화권에서 제대로 살아가기 위한 가치와 기술, 그리고 행동양상 등을 배운다. 아동은 어떻게 사회화되는지 그리고 부모는 어떻게 자녀를 길러야 되는지에 대한 연구는 1920년대에 생겨났다. 그동안 변화가 있었지만 부모가 자녀의 여러 면을 사회화시키는 것이 명백하다.

부모의 역할은 사회화에 한정되지 않고 더 광범위하다. 부모로서 자녀에게 해야 하는 과업은 6가지로 정리해 볼 수 있다(Holden, 2015). 첫째는 의식주와 보건을 포함하여 생명을 안전하게 유지시켜주는 일이다. 둘째는 자녀를 사랑하고 훈육하며 모범을 보임으로써 사회정서적으로 지원하는 일이다. 셋째는 환경을 구성하고 일과를 조직하며 일상생활을 제공하는 것이다. 넷째는 장난감이나 학습에 필요한 것을 제공하고 지도하며 성취하는 것을 격려함으로써 자극과 가르침을 주는 것이다. 다섯째는 가족 및 친지와 연결하고 또래관계를 만들어 주며 기관이나 단체 등과 사회적인 연관의 기회를 제공하는 것이다.

새로운 연구를 통해 아동발달에 대한 과학적인 지식이 쌓이고, 아동양육에 대한 인식이나 어떻게 양육할 것인가 하는 것도 시대에 따라, 문화에 따라 변화해 왔다. 일찍이 프랑스의 역사가 아리에스는 기념비적인 저서 《아동의 탄생Centuries of Childhood》(문지영, 2003 ; Aries, 1962)에서 아동에 대한 생각은 시대에 따라 변화해 왔고, 중세에는 오늘날과 같은 아동의 발달단계 개념이 없었다고 하였다. 발달단계의 개념이 없었다는 데 대한 반론이 제기되었으나 아동에 대한 인식이 시대의 요구에 따른 산물이라는 주요 주장은 여전히 타당하다. 즉, 아동과 부모에 대한 신념은 사회적인 산물임이 명백하다(Holden, 2015).

역사적으로 오래 전부터 아동은 부모의 자산으로 여겨져 왔다. 가족의 생존을 위해 아동은 가능한 어려서부터 집안일부터 시작하여 도움이 되는 일이라면 나서야 했다. 그러다가 점차적으로 부모들은 아동을 독특한 심리적인 욕구를 가진 개인으로 인식하기 시작하였다.

2) 부모신념의 발달에 영향을 준 사람들

먼 옛날부터 사람들은 태어난 아기를 어떻게 키울 것인가에 대해 생각하고 또한 그 방법을 부모에게서 배웠을 것이다. 그로부터 많은 세월이 지난 후 부모교육이나 부모신념은 새로운 것으로 소개되기는 했지만 그것은 인류의 역사와 함께 있어 왔다. 이러한 부모의 자녀양육에 대한 신념에 중요한 영향을 준 사람들은 종교지도자와 철학자, 의사 그리고 심리학자의 집단으로 분류해 볼 수 있다(Holden, 2015).

(1) 종교지도자

종교는 인간이 어떤 사람으로, 어떻게 살 것인가에 대한 가르침을 준다. 종교가 인간이 인간답게 살아가는 데 필요한 마음가짐, 사고, 행동 등에 대해 가르침을 준다는 점에서 교육과 유사한 점이 많다(나정 · 이영림, 2016). 어느 종교를 막론하고 종교적 신앙과 가르침에는 부모와 자녀에 대한 수많은 사례들이 나온다. 이를 통하여 사랑과 훈육, 무엇이 옳고 무엇이 그른지, 그리고 어떠한 행동이 적절한 것인지에 대한 믿음과 깨우침을 주어 왔다. 인간의 행동과 발달, 부모교육에 관한 모든 논의에는 종교의 경전이 바탕이 되었던 것이다.

기독교에서 인간은 사악한 존재로 태어나므로 부모는 자녀의 바람직하지 않은 특성을 일소할 책임이 있다고 믿었다. 아동을 독단적으로 부당하고 심하게 다루면 가정이나 사회생활에 적합하지 않게 자란다는 그 이전 그리스 문명시대의 경고는 잊혀졌다.

그리스의 문명이 패망하여 문화의 중심이 로마로 옮겨간 다음 중세의 암흑시대로 불리는 4~14세기까지 약 1000년간은 철학적 · 과학적인 사색이 억압되고 대신 종교적인 독단이 자리를 잡았다. 그리하여 인간의 개성은 억압되고 엄격한 도덕적 훈련이 강조되었다(이재연 · 김경희, 1989).

이후 종교개혁을 계기로 교육 분야에 변화가 일어났고, 이는 또한 커다란 사회적 변화를 초래하였다. 루터Luther(1483~1546)는 라틴어 성경을 독일어로 번역 출판하여 사람들이 스스로 성경을 읽고 공부하여 자기의 구원을 찾아야 한다고 하였다. 또한 아동의 취학의무에 대한 논문 발표 등을 통하여 학교를 세우고 아동을 학교에 보내야 한다고 주장하였다. 이때 종교개혁을 이끌어 갈 중요한 자원으로 부모의 역할과 가정교육도 강조하였다. 또한 비슷한 시기에 칼빈과 코메니우스 같은 종교지도자들도 자녀교육에 대한 새로운 시각을 소개하였다.

불교에서 아동은 본래 부처와 같은 훌륭한 성품을 지니고 있으므로, 그 성품을 발현하여 지혜와 자비를 실천할 줄 아는 바른 인간으로 성장하는 것을 목표로 설정하고 있다(나정 · 이영림, 2016). 이러한 목표는 줄탁동기啐啄同機라는 공안公案에 잘 표현되어 있다. 공안은 불교의 선종에서 깨달음을 얻기 위해 선수행에 들어가는 실마리, 즉 화두로서, 이전에 큰 깨달음을 얻었던 선사의 깨달은 이야기를 소재로 만들어진다. 이런 공안을 모은 가장 대표적인 책이 《벽암록》으로 임제선사와 함께 도를 닦는 임제종臨濟宗의 공안집이기도 하다. 줄탁동기란 병아리가 알에서 나오기 위해서는 새끼와 어미닭이 안팎에서 서로 쪼아야 한다는 뜻이다. 즉, 알 속에서 자란 병아리는 부리로 껍질 안쪽을 쪼아 알을 깨고 세상으로 나오려고 하는데, '줄啐'은 바로 병아리가 알껍질을 깨기 위하여 쪼는 것을 가리킨다. 어미닭은 품고 있는 알 속의 병아리가 부리로 쪼는 소리를 듣고 밖에서 알을 쪼아 새끼가 알을 깨는 행위를 도와주는데, '탁啄'은 어미닭이 알을 쪼는 것을 가리킨다(두산백과). 이는 부모가 자녀를 어떻게 양육해야 할지를 말해주기도 한다.

유교의 시조인 공자(BC 551~479)는 효를 강조하였다. 유교에서 자녀는 부모에 순종하고 어른을 공경하며, 사람으로서 갖추어야 할 5가지 덕목, 즉 인자함, 의리, 예의,

지혜, 신뢰를 중요하게 여겼다. 자녀교육의 궁극적 목표는 자녀를 성숙한 인간, 군자로 키우는 것이었다. 그러기 위해서 엄부자모嚴父慈母의 부모역할이 강조되었다. 즉, 아버지는 엄격하고 원칙적으로 훈육하며 어머니는 자애롭고 따뜻하게 양육해야 하는 상호 조화로운 역할분담을 중요하게 여겼다. 유교의 가르침을 바탕으로 자녀양육의 지침을 제시하는 많은 교육서들이 쓰여졌고, 또한 자녀양육에 많은 영향을 주었다.

(2) 철학자

철학자들은 아동의 본성과 부모의 영향에 대해서, 그리고 사회가 아동의 성장과 발달에 미치는 영향에 대해서 깊이 사색해왔다. 아동기의 중요성이 평생 간다는 것은 철학에서 지속적으로 제기되는 주제 중의 하나이다(Holden, 2015).

고대 그리스의 철학자 아리스토텔레스Aristoteles(BC 384~322)는 아동이란 부모와 인생경험에 의해서 쓰여지기를 기다리는 비어 있는 명판과 같다고 주장하였다. 알렉산더 대왕의 스승이었던 그는 아동을 형성해 가는 환경의 중요성을 강조하였다. 그리고 그는 아들의 발달에 아버지가 독특한 역할을 한다고 인식하였고, 여성의 주요 역할은 아들을 낳아 가계를 계승하고 가정을 돌보는 것이라면서 가부장적인 사회를 옹호하였다.

로크John Locke(1632~1704)는 영국의 의사이자 철학자로 아동양육에 획기적이고 오래 지속되는 영향력을 끼쳤다. 로크는 1963년 어머니들에 대한 충고를 담은 편지 형식의 책 《교육에 대한 고찰Some thoughts concerning education》을 출판하였다. 이 책은 1700년대 전반부에 걸쳐 유럽과 미국에서 자녀양육에 널리 사용되었다. 이 책에서는 신생아의 정신은 백지상태이고 사악하게 태어나지도 않았다고 아동발달관에 관한 새로운 생각을 주장하였다. 로크는 환경의 영향을 인식하고 조기 자극이 필요하며 성숙한 행동을 하도록 부모가 격려해야 한다고 주장하였다. 아동을 이성적인 존재로 여기는 로크의 견해는 부모가 아동을 벌하거나 보상을 주기보다는 논리적으로 설명해야 함을 의미한다. 그는 특히 생후 첫 몇 년의 중요성을 강조하고 더 사랑하고 잘 보살펴야 한다고 하였다. 로크의 아동양육철학은 현대에의 자녀양육에 적합하지 않은 것도 있다. 강인함과 인내심을 기르기 위해 찬물에 아이를 담그라는 것도 한 예이다.

자녀양육에 영향력 있는 다른 철학자 한 명은 바로 스위스의 루소Rousseau(1712~1778)이다. 루소는 《에밀Emile》에서 사회의 때를 묻히지 말고 아동을 키워야 하는 방법을 설명하였다. 아동은 선천적으로 선하게 태어나는데, 사회가 아동을 방해하고 있다고 보았다. 로크와는 다르게 루소는 아동이 적어도 12세가 되기 전까지는 이성적이지 않다고 보았다. 루소에 의하면 부모의 역할은 훈육이나 교육 혹은 훈련시키는 것이 아니라 자연적으로 발달하도록 두는 것이다. 아동은 긍정적인 성향이 있어서 부모의 도움 없이도 자연스럽게 발달한다고 루소는 보았다. 그리고 아기를 유모에게 보내버리지 말고 어머니가 모유 수유하고 체벌도 하지 말아야 하며, 여아는 어머니가 되는 준비를 위해 특별한 교육이 필요하다고 보았다.

(3) 소아과의사

아동양육에 대한 처방을 준 3번째 집단은 의사들이다. 고대 그리스시대 히포크라테스Hippocrates(BC 460~370)를 시작으로 아동 건강 혹은 양육에 대한 많은 충고는 의학적인 지식보다는 개인적인 생각에 바탕을 둔 것이었다. 의사들의 주요 목표는 높은 유아사망률을 잡는 것이었다. 의사들의 충고는 수유와 영양에 관한 것이 대부분이었고 이상한 충고도 포함되어 있었다. 당시 히포크라테스는 아기의 건강을 위해서는 따뜻한 물에 목욕시키고 희석된 와인을 주라는 이상한 충고도 하였다.

미국에서 소아과학을 개척한 홀트Luther Holt(1855~1924) 박사는 아동양육전문가로 많은 중산층 부모들이 그의 양육법을 따랐다. 홀트는 1894년《아기 돌보기와 먹이기The care and feeding of children》란 양육서에서 책임감 있게 키우려면 어릴 때부터 엄격하게 키우라고 하였다. 이 책은 50년 동안 15회 개정판을 내면서 독보적인 영향력을 발휘했다. 지금도 미국 중산층 부모들은 아기를 따로 재우고, 아기가 운다고 너무 자주 안아주면 안 된다는 그의 주장을 따르고 있다. 홀트의 충고의 대부분은 여전히 합리적으로 받아들여지고 있다. 물론 지금의 기준으로 이상한 부분도 있다. 예로 아기와 뽀뽀하면 병을 옮긴다고 금지하는 것 등이다.

이러한 엄격한 양육충고에 따라 성장하여 홀트보다 자녀양육에 더 영향력 있는 의사가 나왔는데, 바로 스포크Benjamin Spock(1903~1998) 박사이다. 1946년에 《아기와 육아에 대한 상식The Common Sense Book of Baby and Child Care》이라는 책을 출판하였다. 이 책은 이후 42개국 언어로 번역, 5,000만 부 이상이 팔릴 정도로 자녀를 양육하는 데 성서처럼 읽히는 책이 되었다. 스포크의 육아 개념은 가히 혁명적인 것으로 평가받고 있다.

2011년 〈타임Time〉 지는 이 책의 출간 65주년을 맞아 부모기에 대한 스포크의 충고가 빛나는 이유를 다음과 같이 정리하고 있다. 첫째, "부모들이여 본능을 따르라.", 즉 부모 자신의 타고난 감각을 믿고 소신껏 키우도록 하였다. 책 출간 당시 사회 분위기는 의사의 지시를 따르는 성인 위주의 육아법이었는데, 그는 권위를 내려놓았다. 전후 혼란한 시대에 막 부모가 된 사람들에게 스스로를 믿으라는 격려가 따뜻한 위로가 되었다. 둘째, "규칙도 중요하지만 아기의 욕구를 먼저 살피라." 아기에게 먹이고 재우는 것은 엄격한 시간표에 따라 하는 것보다 바로 먹이는 것이 아기 정신건강에 더 좋다고 하였다. 이러한 충고는 지금은 당연해 보이지만 당시로서는 위험한 발상이었다. 셋째, 이상스러워 보이는 아기의 행동을 자연스럽게 보도록 하여 부모들을 편안하게 해주었다. 스포크는 프로이트이론에 의한 아기의 성적 욕구에 대한 이해가 깊었다. 넷째, 육아법을 진화시켜서 그는 책을 계속 개정해나갔다. 즉, 아버지의 육아역할을 늘리고 양성 평등한 입장을 유지하려 노력하였으며 동성커플에 대한 정보도 포함시켰다. 이와 동시에 자신의 태도가 지나치게 일 중심임을 깨닫고 이후 다 자란 자신의 아들들에게 애정을 보여 주려 노력하였다. 다섯째, "아기는 사랑이 필요하다." 아기도 정서적 욕구를 가진 작은 사람이란 생각을 전하려 애썼다. 아동은 탐색하고 경험하며 배우는 특성이 있다고 믿었다. 그리하여 "부모 자신을 믿는 동시에 아이들을 믿어야 함을 명심하라."고 하였다.

(4) 심리학자

유럽 태생의 심리학자 프로이트Freud(856~1939), 아들러Adler(1870~1937), 피아제Piaget(1896~1980), 에릭슨Erikson(1902~1994)은 각기 아동의 발달과 부모가 주는 중요한 영향에 관한 이론을 확립하였다. 이 중 프로이트와 아들러는 의사이지만 심리학의 탄생에 크게 공헌하였다. 심리학에서 아동양육에 공헌한 사람으로 미국심리학의 개척자는 홀Hall(1844~1924)이다. 홀은 클라크대학의 초대 총장으로 미국심리학회를 조직하여 초대 회장이 되었고 1909년에는 프로이트를 미국으로 초청하였다. 그는 대학에 아동과 부모 그리고 청소년에 대한 연구 프로그램을 만들고, 질문지법을 최초로 사용하여 아동을 연구하기도 하였다. 홀이 아동체벌을 주장한 것은 당시의 시대상을 반영한 것으로 보인다.

아동양육을 어떻게 할 것인가에 대해 초기에 영향력을 발휘한 심리학자는 왓슨Watson(1878~1958)이다. 그는 행동주의의 아버지로 불리는데, 부모에 관한 저술에서 극단적인 환경론자의 입장에 있었고 그 때문에 유전의 역할은 인정하지 않았다.

왓슨은 행동주의 심리학의 모태가 된 9개월 된 어린 앨버트 실험Little Albert experiment에서 아기에게 공포 증상을 만들어 낼 수 있음을 증명해보였다. 이 실험은 파블로프Ivan Pavlov(1849~1936)의 고전적 조건형성이론을 사람에게 적용해 보려 했던 것으로, 아기에게 불안한 정서를 심어주었다는 점과 신경적으로 어려움이 있는 아기를 이용하였다는 점 등에서 윤리와 방법론적인 문제가 크게 제기되었다. 혹자는 아기의 어머니가 존스 홉킨스 병원에 근무하는 간호사라서 같은 대학의 교수인 왓슨의 제안을 거절할 수 있는 위치가 아니었다는 지적을 하였다. 왓슨은 아동양육이론을 개발하여 책 《영유아의 심리적인 보호Psychological care of infant and child》(1928)를 펴냈다. 이 책에서 왓슨은 너무 예뻐하면 아이를 망치므로 안아주지도 말라는 엄격한 육아방식을 그리고 아기에게 목표를 가지고 행동하도록 강조하였다.

3) 부모신념에 영향을 주는 요인

(1) 사회 · 정치적인 요인

뛰어난 종교지도자와 철학자, 그리고 의사와 심리학자들의 저술들은 아동양육에 대한 신념에 영향을 준다. 이 외에도 일반 사회와 정치 그리고 법체계가 아동에 대한 생각에 영향을 준다(Holden, 2015). 사회마다 아동을 어떻게 대해 왔고, 이것은 또한 어떻게 관점을 형성해 왔는지는 아동복지 등 여러 분야에서 볼 수 있다.

아동기에 관한 역사는 극히 최근에 와서야 막 벗어나기 시작한 악몽과 같다. 역사를 거슬러 올라가면 갈수록 아동양육수준은 더 낮아지고, 보다 많은 아동들이 살해, 유기되고 학대, 억압받으며, 성적으로 농락당했을 확률이 높아진다(Swransky, 1992).

드모스deMause(1975)에 의하면 역사를 통해서 아동에 대한 잔인함이 통용되었다. 아동기에 관한 냉혹하고도 음울한 실상을 파헤치는 데 기여해온 드모스는 서구사회의 아동취급방식을 추적하여 고대에 만연했던 영아살해 풍속이 있었고, 전쟁인질과 노예로 자녀를 파는 일이 공공연히 성행하였음도 고증하였다. 그는 또한 빈민층은 물론이거니와 부유층에서도 유모의 유아 유기가 제도적인 규범으로 허용되었고, 손발을 움직이거나 기어 다니지 못하도록 아기를 천으로 꽁꽁 묶어놓는 일이 일반적인 관행이었다고 하였다. 그리고 아동에 대한 성학대나 아동의 성기를 가지고 장난치는 일 등이 후속세대에까지 그대로 전수되었음도 고증되었다.

이처럼 중세사회에서 본질에 부합되는 아동기의 개념은 존재하지 않았다. 일반적으로 아동이 3~5살 사이에 젖을 떼면 유모나 어머니의 보호가 필요 없는 것으로 여겨서 곧 성인사회의 구성원이 되게 하였다.

가정의 경제적인 필요도 이러한 아동양육방식을 초래한 요인이 되었다(Holden, 2015). 생존을 위해서 아동은 가사참여를 할 수밖에 없었고, 산업화 이후에는 노동에 참여하게 된 것이다. 우리나라도 불과 몇십 년 전에는 집집마다 아이는 많고 생활은 어려워 아이를 남의 집이나 공장에 일하러 보내기도 하였다. 영국 작가인 찰스 디킨스

(1812~1870) 자신도 12살에 구두약 공장에서 일했던 경험자로서 고아 소년의 이야기인 《올리버 트위스트》에 나오는 아동학대, 빈곤, 가정폭력, 노동 이야기를 실감나게 쓸 수 있었을 것이다. 아동노동은 그 폐해로 인하여 '미성년 아동노동에 관한 영국 의회 조사 보고서'(1830)를 시작으로 금지되기 시작하였다.

이처럼 아동에게 어떻게 해야 하는지에 대해서는 역사적으로 큰 변화가 있어 왔다. 그리고 아동의 가치나 사회에서 아동의 역할 혹은 아동의 본성에 대한 믿음도 예전에는 다양하였다. 경제적인 어려움, 정치문화적인 변화, 의사와 심리학자들과 같은 권위자들의 충고도 영향을 주었다. 아동양육에 대한 새로운 발상이 나오고 받아들여지면서 실제 양육은 변화하고 후속 세대는 아동발달과 양육에 관한 새롭고 근거에 기반한 이해를 바탕으로 안내를 받게 되었다.

(2) 현대의 미디어

현대사회에서 아동의 양육에 관한 정보는 넘친다. 우리 생활에 밀접하게 들어와 있는 인터넷은 자녀양육에 강한 영향을 준다. 간단한 검색 한 번으로 수만 가지의 정보를 접할 수 있게 된다. 문자 메시지 등을 통하여 들어오는 정보의 양은 엄청나서 더 이상 전문가나 조부모의 충고를 구하지 않아도 될 듯 보이기도 한다. 이러한 정보는 전문적인 의료에 관한 것부터 시작해서 장난감 고르기 등 그 범위가 다양하다.

인터넷은 양육 관련 내용이나 이용하기에 좋은 양육정보를 주는 것도 사실이다. 그러나 여기에 나오는 소위 전문가 조언은 사례가 적거나 검증되지 않은 정보를 바탕으로 하고 있을 가능성이 있다. 그리고 많은 상품에 관한 이야기는 조언인지 홍보인지 알기 어렵다.

인쇄물로서 신문과 잡지도 쉽게 접할 수 있는 양육조언 매체이다. 텔레비전은 교육방송 등과 같은 별도의 채널을 가지고서 본격적으로 많은 정보와 조언을 쏟아내고 있다. 동시에 여기서 나오는 많은 상품 선전은 아동을 더 건강하게 더 똑똑하게 더 행복하게 만들어 줄 것처럼 말하고 있다(Holden, 2015).

(3) 아동권리

세계의 거의 모든 나라에서 아동을 보는 시각과 아동정책에 영향을 주고 있는 새로운 시도가 있었다. 그것은 권리를 가진 한 개인으로 아동을 보는 시각이다. 사회에서 아동은 가장 취약한 집단으로 아직도 많은 부분에서 부모의 소유물로 여겨지는 관행이 곳곳에 남아 있다. 국제사회는 취약한 아동기를 보호하고 아동의 권리 실현을 위해 나아갈 때 세계 모든 국가의 발전과 평화라는 목표에 더 가까이 갈 수 있다고 믿었다(세계아동현황보고서, 2005). 그리하여 유엔은 1989년 유엔아동권리협약Convention on the Rights of the Child을 채택하고 비준한 국가들이 협약을 잘 이행하고 있는지 지속적인 모니터링을 하고 있다. 우리나라도 제5, 6차 유엔아동권리협약 국가보고서를 제출하기까지 많은 법 제도 개선을 통해 아동의 이익을 최우선으로 하고 부모의 자녀양육환경을 나아지게 하는 시도를 해왔다.

4) 자녀양육연구와 부모신념

(1) 초기 연구

자녀양육에 대한 과학적인 탐색으로 아동발달은 어떠하고 발달과정에 부모는 어떻게 역할을 해야 하는가를 다루는 연구가 진행되어 왔다. 이에 대한 연구는 약 100년의 역사를 가졌다.

초기의 연구는 부모의 신념에 대한 자료를 모으고 이러한 신념을 검사하는 것으로 1920년대에 시작되었다. 예전에는 철학자나 의사 등의 영역이었던 아동이나 부모에 관한 신념이 이 무렵에 연구의 영역이 된 것이다. 자녀훈육에 관한 부모의 견해를 묻는 질문을 포함하여 맨 처음 양육연구는 홀의 지휘 아래 1899년 실시되었다. 그러한 연구결과가 학술지에 정기적으로 나오기 시작한 것도 1920년대이다. 미국정부는 1912년에 아동국Children's Bureau을 세우고 1914년에 소책자 《영아양육Infant Care》을 발간하기 시작한다. 첫 아동연구센터는 1917년 아이오아Iowa대학교에 세워진다. 그리고 1930년에 아동전문학술지 〈Child Development〉 첫 호가 발간되었다. 이후 2012년 미국 정부의 아동국은 부서 창설 100주년을 맞아 "미국의 양심이 아동국을 창설하다"라고 자부심을 표현하였다.

(2) 현대의 연구 궤적

다양한 분야의 학자들이 아동양육에 대해 연구해오고 있다. 그중에서도 생물학이나 의학적인 연구결과는 아동양육에 빠르게 적용된다. 이러한 다양한 연구 전통의 결과를 바탕으로 아동양육에 관한 신념과 지식은 수정되고 다듬어지면서 변화해가고 있다. 사람들은, 특히 부모들은 아동들이 어떻게 양육되고 있는지에 관심이 많다. 그리고 아동양육기술과 지식이 아동의 웰빙을 향상시킬 수 있다고 생각한다. 그리하여 부모들은 아동양육전문가들로부터 배우고 싶어 한다. 아동양육신념은 시간이 가면서 변화하게 되는데, 이러한 변화는 주로 연구의 결과에 크게 영향을 받는다.

그리하여 전국규모 아동연구를 여러 분야 공동으로 실시하는 나라들이 많다. 미국의 경우 전국아동연구National Children's Study를 정부 부처들이 후원하여 그 결과를 아동양육과 정책입안에 활용하고 있다. 우리나라의 경우 육아정책연구소의 한국아동패널연구는 2008년 출생한 신생아를 대상으로 시작하여 성인기에 진입하는 시점까지 매해 실시되고 있다. 조사내용은 아동과 이들을 둘러싼 환경을 유목화하여, 출생부터 각 시기에 발생하는 아동의 성장 · 발달특성, 양육실태와 요구, 육아지원기관의 기능과 효과 및 지역사회와 육아정책의 영향에 관한 종단적 자료를 장기적으로 광범위하게 조사하고 있다. 한편, 한국청소년정책연구원의 청소년을 포함한 한국아동 · 청소년패널조사는 한국청소년패널조사(2003~2008)의 후속연구로서, 아동 · 청소년 성장과 발달의 다양한 양상을 종합적으로 파악하여 연구성과를 사회적으로 확산시키고 있다.

(3) 연구와 전문가의 조언

현대의 아동양육전문가의 조언이 경험적인 연구결과와 합치하는지에 대해서 알아본 조사가 있다(Rankin, 2005). 대표적인 미국의 소아과의사 2명과 심리학자 3명의 저술에서 6가지 일반적인 아동양육 사안들을 분석한 결과 전문가들끼리 일치하지 않는 부분이 많았다. 사안에 따라 불일치가 작은 것도 있었으나 훈육방법에는 차이가 컸다. 이처럼 전문가마다의 조언이 다른 것을 보면 전문가 조언은 과학적인 근거를 바탕으로 한 것이라기보다는 오히려 전문가의 정치적인 철학 등이 중요하게 영향을 주었다고 보인다(Holden, 2015). 전문가들이 자기의 아동양육 철학을 개발하듯이 부모들도 자녀를 어떻게 양육할 것인가 하는 것에 대한 자기만의 방법을 가지고 있다. 이처럼 검증되지는 않았으나 개인적 혹은 사회적으로 통용되는 상식수준의 주장을 조사하여 보다 효율적인 아동양육을 하도록 돕는 것이 연구의 목표이다.

3. 초연결사회와 부모

1) 기술의 발달에 따른 초연결 세상

스마트폰으로 대변되는 무선통신기술 혁명이 인류가 살아가는 모든 분야의 생활상을 변화시키고 있다. 이제는 스마트폰과 함께 걷고 함께 일하는 세상이다. 보통의 스마트폰 1개가 가지고 있는 컴퓨터 용량은 1969년에 아폴로 11호가 처음으로 달에 착륙할 때 사용했던 컴퓨터 용량을 능가한지 이미 오래다. 가히 인터넷 확산에 따른 디지털혁명이 시작된 것이다. 이러한 세상에서 부모와 자녀의 상호작용하는 모습도 크게 달라졌다.

(1) 디지털 원주민과 이주민

디지털 원주민digital native이란 어려서부터 인터넷, 스마트폰 등의 디지털 기술을 사용하면서 디지털적인 습성과 사고를 지니고 성장한 세대를 말한다. 이들은 컴퓨터나 인터넷 등을 복잡하고 어려운 기술로 생각하지 않고 손쉽게 활용하는 세대를 의미한다. 대체로 1990년 이후의 세대를 지칭한다. 반면에 그 이전 세대는 디지털 이주민digital immigrants이라고 불린다. 이들은 새로운 것을 받아들이기 힘들어 하고, 아날로그적 취향이 배어 있는 부모세대이다. 이는 미국의 교육전문가인 프렌스키Marc Prensky가 2001년 발표한 논문에서 처음 사용되었다(고홍석, 2014).

(2) 디지털 원주민의 스크린 타임

디지털 세상에서 태어나고 자라는 아동들이 디지털 기기를 직접 사용하는 시기가 빨라지고 사용하는 시간도 많아지고 있다. 이들은 어려서부터 과도한 인터넷 게임과 문자 등의 사용으로 유혹적이고 주의 집중을 방해하는 것에 전례 없이 노출되고 있다. 그러다보니 수면이나 놀이시간이 적어진다. 신경과학자들은 디지털 기술의 과다한 사용은 두뇌의 집중과 기억 그리고 깊은 사고능력을 감퇴시킨다고 우려하고 있다. 이러한 우려에서 디지털 기기에 아이들이 스크린 화면을 보는 시간을 제한 관리하는 스크린 타임screen time을 설정하기도 한다. 이는 부모나 자녀들이 스마트폰을 얼마나 사용하는지에 대해 하루나 주 단위로 보고해 주어서, 사용 패턴을 확인하고 제어할 수 있는 것은 물론이고 자녀의 사용 패턴도 관리할 수 있게 해준다.

(3) 기술로 소통하고 배우기

기술의 발달로 새로운 미디어가 생겨나고 사람 간의 소통방식과 지식을 배우는 방식도 변화하고 있다. 디지털 전환 시대에 가장 큰 변화는 그동안 입을 통해서 대화하던 방식에서 말하지 않고도 디지털로 대신하게 되었다는 점이다(Sciencetimes, 2018). 인터넷의 발달로 음성통화가 적어지는 세상으로 변해가고 있다.

배우는 방식 역시 변화하고 있다. 가족이나 부모로부터 자연스럽게 배우던 일들은 개인이 스스로 해결책을 찾아 해결하는 일로 변화하였다. 이에 따라 공부와 취미를 넘어 인터넷이나 모바일에서, 특히 유튜브에서 인생의 기술까지 배우는 것으로 변화하였다. 체계적인 학문의 정석을 배우던 시대에서 꿀팁으로 쉽고 빠르게 실용적 목표에 도달하는 것이 중요한 시대로 변화하고 있다(임미숙, 2018).

2) 부모 권위의 변화

부모-자녀관계에서 부모는 전통적으로 자녀를 돌보고 가르치는 권위 있는 역할을 해왔다. 정치·경제적인 면을 포함하여 많은 면에서 부모세대는 자녀세대보다 힘이 있다. 그리고 사회규범은 부모에게 더욱 강력한 보호막 역할을 해주고 있다. 그러나 새로운 미디어 기술은 부모와 자녀 간 힘의 관계를 역전시키기도 한다. 자녀들은 부모보다 새로운 미디어 기술을 더 빨리 채택하고 활용능력도 뛰어나다. 그리하여 자녀는 부모에게서 배우는 것이 아니라 부모에게 새로운 미디어를 사용할 수 있도록 도움을 줘야 하는 위치가 된다.

새로운 미디어 사회에서는 굳이 부모나 성인을 찾을 필요도 없다. 대신 인터넷 검색을 하면 많은 부분이 해결이 되기 때문이다. 이러한 상황에서 부모세대는 기존의 자신들이 소유해 왔던 통제와 권위에서 자녀들이 점차로 벗어나고 있다는 것을 느끼게 된다.

3) 산만한 부모의 위험

자녀의 스마트폰 때문에 고민하지 않는 부모가 없을 정도이다. 그러나 실제로는 자녀의 스크린 타임을 걱정하기보다는 부모의 스크린 타임을 걱정해야 할 판이다. 스마트폰이 많은 불상사를 초래하고 있기 때문이다.

현대사회에서 부모는 역사상 어느 때보다 자녀와 함께 보내는 시간이 많다. 그러나 함께 보내는 시간의 질은 별로 좋지 않다. 부모가 몸은 자녀와 함께 있지만 마음은 다른 곳에 있는 경우가 빈번하기 때문이다. 스마트폰을 들여다보며 부모는 건성으로 자녀와 소통하기도 한다. 이러한 소통의 교란으로 자녀가 느끼는 답답함이 다음에 부모에게 어떤 식으로 되돌아올지 시간이 가면 머지않아 알 수 있게 될 것이다.

부모가 자녀와 주고받는 대화는 테니스에서 한쪽이 공을 보내고 다른 한쪽이 되받아 보내는 것에 비유해서 서브 앤드 리턴serve and return 유형의 소통이다(Shonkoff & Garner, 2012). 문자 확인 하나면 괜찮겠지 하고 아이 앞에서 부모가 스마트폰을 시작하게 되면 다른 앱으로 이동하는 것은 시간문제이다. 이처럼 부모가 스마트폰을 사용하다보면 아이의 정서적인 사인을 놓칠 뿐만 아니라 아이를 잘못 오해할 수 있다. 스마트폰 등의 도구로 산만해지면 부모의 양육은 아동의 모든 면에 영향을 준다. 부모는 아동이 주는 신호에 제대로 맞춰주지 못하고, 아동의 욕구를 오해하며, 보통 때보다 더 엄하게 반응하거나, 아기의 욕구가 일어난 다음 시기를 놓쳐 반응하게 되는 위험에 빠지게 된다(McDaniel & Radesky, 2018).

이처럼 산만한 부모는 아동의 자율성을 방해하고, 정서적으로만 잠깐씩 반응하다 말 때 아동이 얼마나 고통을 당할지 그 폐해는 아직 알려진 바가 없다. 최근에는 일상에서 개인 간의 상호작용에 디지털 기기에 의해 방해받는 테크노퍼런스technoference에 대한 관심도 높아지고 있다.

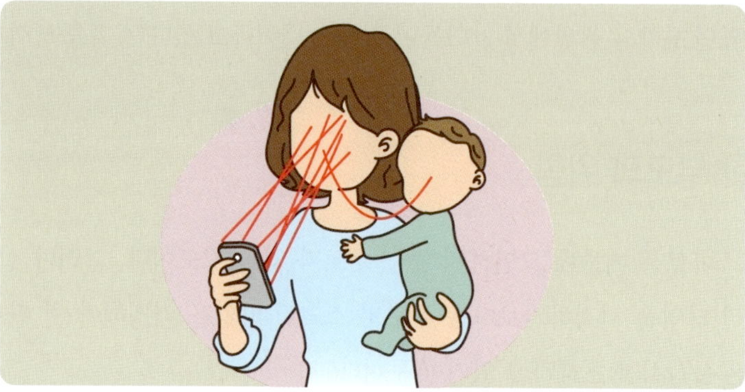

그림 1-1 | 부모와 아기의 엇갈린 상호작용

4. 부모교육

부모교육parenting education은 자녀의 성장과 발달에 관련한 이해와 지식을 증진시켜서 보다 나은 부모가 되게 하기 위해 역량을 키우는 교육활동이라고 볼 수 있다. 이와 관련하여 다양한 용어가 사용되어 왔으나 현재는 부모역할하기에 해당하는 parenting과 부모지지로 사용되는 parenting support의 두 가지가 주로 사용되고 있다. 전자는 일반적으로 교육을 중심으로 사용되는 것에 비해 후자는 교육활동은 물론 기타 보건 관련 등의 개입까지 포함해서 보다 넓은 의미로 국제사회에서 사용되고 있다. 부모교육의 필요성은 아동과 부모 그리고 사회의 관점으로 나누어 살펴볼 수 있다.

1) 아동 관점

영유아기를 포함하여 아동기의 성장과 발달은 모든 면에서 급속하게 일어난다. 이 시기에 부모는 아동의 모든 영역의 발달에 영향을 주게 된다. 이러한 초기 경험은 생의 바탕이 되어 일생을 두고 지속적으로 영향을 준다는 점에서도 그 중요성이 커진다. 그러므로 부모에게 아동의 성장과 발달에 효율적으로 도움을 줄 수 있는 교육이 필요하다. 실제로 부모교육을 통하여 자녀의 학교준비도에 50%의 차이를 만들어 낸다는 보고도 있다(Brooks-Gunn & Markman, 2005). 부모교육은 단기적으로 아동에게 정서행동상의 발달을 도모하고 아동학대를 감소시킬 수 있으며 자신에게 영향을 주는 의사결정에 참여를 높일 수 있다. 그리고 장기적으로는 부모교육이 아동의 빈곤을 예방하고 사망률을 감소시키며 반사회적인 행동의 위험 또한 감소시키는 효과를 기대할 수 있다.

2) 부모 관점

아동발달에 대한 이해가 커지고, 부모가 자녀의 발달에 중요한 역할을 한다는 인식도 높아졌다. 그 결과 사회는 부모가 자녀양육의 역할을 더 잘 해야 한다는 기대를 하게 되었다. 그러나 이러한 기대가 무색하게 현대사회에서 부모됨에 대한 준비는 미흡하다.

부모들이 자녀양육방법을 공식적으로나 체계적으로 배웠던 예는 역사적으로 찾아보기 어렵다. 어떤 어려운 역할을 맡을 때에는 그 일에 대한 훈련을 미리 받는 것이 우리 사회의 상례이다. 교사가 되려면 미리 소정의 교육과정을 거쳐 자격증을 받은 다음 교사가 되는 것이 한 예이다. 그러나 부모가 되기를 시작할 때는 최소한의 훈련이라든가 하는 어떠한 기준도 설정되어 있지 않다.

예전에는 어려서부터 확대가족체계에서 자녀양육에 대해 자연스럽게 관찰을 통하여 간접적으로 보고 배우던 기회가 있었다. 그러나 이러한 학습의 기회도 현대사회에서는 더 이상 기대할 수가 없게 되었다. 핵가족화와 소인수가족으로 인해서 이전에 해왔던 아동양육에 대한 본보기와 지혜를 가족관계망에서 찾아볼 수 없게 된 것이다. 그리고 대부분의 교육체계에서도 부모기에 대한 준비는 등한시되고 있으나 부모들은 도움받기를 원하고 있다.

그나마 TV나 잡지 혹은 육아서적이 자녀양육에 관한 정보를 제공하고 있다. 그러나 그러한 정보는 제한적일 수밖에 없고 때로는 서로 상충되어 부모들에게 혼란을 가중시키기도 한다. 이러한 가운데 부모들은 부모역할에 대한 체계적인 안내가 필요하다.

3) 사회 관점

빠른 사회 변화는 부모에게 스트레스를 주고 있다. 빈곤과 열악한 주거환경, 건강문제, 가정폭력 그리고 이혼 등은 바로 이러한 스트레스의 원인이자 동시에 증상이기도 하다. 그리고 한부모, 혼합가족, 다문화가족, 십대부모 등의 가정생활 형태가 다양해짐에 따라 부모들의 독특한 욕구가 생겼다. 그러므로 부모들이 스트레스를 극복하고 지원체계를 파악하고 유지하는 데도 체계적인 부모교육을 통한 도움이 필요하다.

이러한 부모교육은 직접적으로는 부모의 역할을 잘 할 수 있도록 부모를 돕고, 간접적으로는 아동의 성장과 발달을 돕는 일이 된다. 실제로 여러 경제학자들이 참여한 비용 대비 효과분석에 의하면 어려움에 처한 가정에 부모교육을 통한 조기 개입으로 1달러 투자했을 때 후에 3.78~17.07달러의 효과를 가져올 수 있었다(Lurie-Hurvitz, 2009). 이러한 노력으로 사회는 새로운 구성원을 맞아서 지속가능한 사회가 되고, 또한 사회의 통합을 이루어 갈 수 있게 된다.

최근 유럽의 유로차일드Eurochild에서는 아동child과 경제economics가 합쳐진 말인 육아경제론childomics이란 프로젝트가 진행되고 있다. 여기에서는 아동에게 투자해서 장기적인 사회경제적 효과를 가져오게 하는 방안을 연구하는 것이었는데, 여기에서도 부모에 투자하는 것이 중요한 요소로 등장하고 있다.

4) 부모교육의 자취와 미래

부모교육 개념은 아주 오래전부터 존재해왔다. 미국의 경우는 1920년대 아동양육 전문가들이 등장했고, 대학에서는 부모를 위한 프로그램이 시작되었다. 아울러 일반인들에게도 아동양육에 대한 관심이 커져서 부모교육은 잘 조직된 사회운동으로 진화되기 시작하였다(Schlossman, 1976). 이것은 아동양육에 새로운 과학적인 관심이 반영된 결과이기도 하다.

1960년대에 부모교육은 재탄생하였다. 이는 여권운동과 같은 사회적 변화와 함께 조기개입연구 등이 부모 자신들의 관심을 증가시켰고, 프로그램이 확산되자 미국의 경우 연방정부가 이를 지원하기 시작하였기 때문이기도 하다(Turner & Welch, 2012). 1980년대에는 부모교육이 부모와 아동에게 도움이 된다는 많은 연구들이 나왔다.

이후 1990년대는 부모교육이 사회 변화에 필수적인 것으로 인식되었다. 이 시기에 많은 다양한 부모교육 프로그램이 나왔다. 그것은 미국가족의 구조와 기능상의 변화가 커서, 가정에 대한 압박 또한 커졌기 때문이었다. 그러나 부모교육에 대한 불만의 소리 또한 높았다.

우리나라의 부모교육 역사는 한국사회의 역사적 변천에 따라 변화하였다. 전통사회에서는 가계를 이을 아들 출산이 아주 중요한 조건이었다. 그리고 태교를 중요시하여 여성을 대상으로 하는 거의 모든 서적은 태교에 관한 내용이 포함되어 부모교육에 관한 흔적을 찾아볼 수 있다.

비교적 조직적인 부모교육으로는 1914년 서양의 선교사들이 유치원을 설립하여 어머니들을 교육시키면서부터라고 할 수 있다. 이 시기 초등학교에서는 사친회라는 학부모 후원회를 조직하여 아동교육에 참여시켰다. 좀 더 본격적으로는 1982년「유아교육진흥법」이 제정되면서 부모교육 프로그램 개발과 실시가 활발해지기 시작한 계기가 되었다. 이 무렵 한국행동과학연구소에서는 저소득층가정을 방문하는 부모교육 프로그램을 개발 실시하였다. 이후 각 교육기관 및 단체 등에서도 부모교육에 대한 관심이 높아졌다.

가까운 미래에 부모교육이 어떤 모습일지는 두고 볼 일이다. 최근의 과학발전으로 생활이 편리해진 점 외에 미래의 삶은 많은 새로운 도전을 마주할 것이다. 그리고 그 변화는 빠르게 지속될 것이다. 이 점에서 부모는 자녀가 어떠한 변화에도 적응력이 있고 탄력회복성이 강하게 양육할 필요가 있다.

그리하여 미래의 프로그램은 부모와 자녀의 삶을 바꾸는 데 좀 더 다양한 접근을 할 것이다. 그리고 지역사회에 기반을 두고 통합적으로 가족을 지지하고 부모를 참여시키며 교육하는 중요한 부분으로 남을 것이다. 어떠한 프로그램이나 정책도 부모를 대신해줄 수 있는 것은 없다. 아동에 대한 책임은 가정에서 부모가 시작해야 한다.

생/각/해/보/기

아래의 상황에서는 어떠한 안내를 부모에게 할 수 있을지 알아보자.

[변○○ 기자의 슬기로운 아빠생활 – 첫 아이를 마주한 날의 솔직한 심정]
돌아보면 참 감동적인 만남이었지만, 첫 아이를 만난지 2년이 지난 지금 나는 가끔 이런 생각을 한다. "지나고 보니 애가 뱃속에 있을 때가 진짜 좋았던 시절이구나…." 그땐 미처 몰랐다. 육아라는 엄청난 현실이 나를 기다리고 있다는 사실을….

출처 : 동아일보(2018. 9. 6).

CHAPTER

02

아동발달과 부모역할

CHAPTER 02

대부분의 부모들은 아동기를 어른의 지도나 양육을 받으면 되는 시기로 이해한다. 영유아기의 자녀에게는 먹여주고 재워주고, 또래와 놀 수 있는 기회를 주며, 자녀가 초등학교에 입학하고 난 이후부터는 맘껏 공부할 수 있는 기회를 주는 것이 부모역할이라고 생각한다. 이런 것이 자식을 키우는 일이라고 생각하고, 그래서 부모가 자녀를 뒷바라지한다는 말이 생겼다. 그러나 이렇게 자녀를 키우는 부모는 자녀가 보는 것, 듣는 것, 느끼는 것, 생각하는 것을 별로 안중에 두지 않는다. 단지, 부모가 생각하는 것을 자녀가 받아들이고 따르도록 할 뿐이다. 부모역할에 대한 이러한 생각은 옳은가?

이 장은 아동의 발달주기에 따라서 부모의 역할 변화를 살펴보고자 한다. 부모가 언제나 자녀의 대변인이나 대리인이 되지 않고 자녀를 한 개인으로 인식하고 인간적인 관계를 형성해 나갈 수 있으려면 어떻게 하는 것이 바람직한 것인지를 살펴본다.

1. 부모의 탄생 : 임신과 출산

1) 건강한 임신의 요건

책임 있는 부모가 되는 것은 임신 전부터 시작된다. 건강한 아기를 임신하고 출산하는 것은 모든 부부의 소망이다. "아기를 임신했어요.", "아기를 가지려고 노력 중이에요."는 부부 모두에게 해당하는 말이다. 아기를 갖기 원하는 부부는 임신 전에 의료진과의 상담을 통해서 잠재적인 유전문제의 여부를 확인하고 최소 임신 3개월 전에 건강상태를 확인해야 한다.

건강한 임신은 생활습관과 밀접한 연관이 있다. 건강한 임신을 위해서 부부는 임신에 적합한 몸을 만들 수 있는 생활습관을 가져야 하고, 올바른 임신계획을 짜야 한다. 대개의 경우 불임이나 반복 유산은 부부의 잘못된 지식이나 생활습관에서 비롯된다. 남녀 모두 임신하기 전에 건강한 생활습관으로 바꾸고 스트레스를 피해야 한다.

더 알아보기

계획 임신

우리나라 부부 중 임신을 계획하고 아이를 낳는 경우는 약 50% 정도로 알려져 있다.

계획 임신의 이점

- 임신을 위해 생활습관을 바꿀 수 있음
- 임신에 맞는 최적의 건강상태로 만들 수 있음
- 원하는 시기에 임신할 수 있음
- 경제상황을 고려할 수 있음
- 임신기의 신체적 · 심리적 변화에 대비할 수 있음
- 자녀를 맞을 정서적 준비를 할 수 있음

출처 : Moon et al.(2003). pp. 1741–1745.

음주습관은 임신에 중요하게 영향을 미친다. 술을 많이 마시는 여성은 장기적으로 난소가 작아지며 노화가 촉진되어 성호르몬의 양이 변하여 배란 장애가 나타날 수 있다. 흡연 여성은 임신이 늦게 될 뿐만 아니라 임신율도 낮아진다. 성인이 되기 전에 간접흡연만으로도 자연 임신이 어려울 수 있기 때문에 임신기에 간접흡연의 위험에 노출되지 않도록 조심하고 주변 사람들에게도 협조를 구해야 한다(고현선 외, 2011).

부부가 섭취한 약물 성분 중에는 태아에 위험한 것이 있다. 임신을 계획하고 있는 여성은 임신 전부터 약물 복용에 신중해야 한다. 임신 전에 먹은 약물 성분이 잘못하면 유산을 초래하거나 기형을 유발할 수 있으므로 임신 전이라도 반드시 의사와 상의한 후에 약물을 복용하도록 한다. 임신 전부터 엽산을 포함한 복합 영양제를 부부가 함께 복용하면 수태환경과 건강한 임신을 유지하는 데 도움이 된다(Hoyo et al., 2011).

독성물질 중 일상생활에서 노출되기 쉬운 페인트나 광택제는 임신능력을 떨어뜨리는 납 성분이 많으므로 부부 모두 멀리하는 게 좋다(Sallmen, Lindbohm, & Nurminen, 2000). 휘발유 성분 중 크실렌은 임신능력을 떨어뜨리고 자연유산의 가능성을 높인다. 가정용 스프레이 살충제도 크실렌 성분이 들어 있는 경우가 많으므로 사용 전후에 환기를 해야 한다. 향수, 헤어스프레이, 탈취제, 공기청정제, 드라이 클리닝 용제 등에도 많은 독성물질이 들어 있다. 최근 애완동물을 키우는 사람이 많아지고 있으나, 임신과 관련된 지침이 없다. 고양이를 통해 임산부가 톡소플라스마에 감염되면 태반을 통해 태아에게도 감염되어 유산의 가능성이 크고, 저체중, 황달, 빈혈, 뇌석회화, 망막염, 뇌수종 등의 합병증이 나타날 수 있다(고현선 외, 2011).

일상생활습관 중 수면, 운동, 휴식, 식습관 등 역시 임신기 건강에 중요하게 영향을 미친다. 부부 모두 7~8시간 잠을 자는 것이 좋으며 일정한 시간에 자고 일어나는 규칙적인 수면습관을 기르는 것이 필요하다. 낮잠은 오후 2시 이전에 30분 이내로 자고, 일어나면 바로 직접 햇볕을 쪼여야 생체리듬을 찾는 데 도움이 된다. 비만 여성은 임신 가능성이 낮아진다. 임신 전에 비만을 탈피하는 게 중요하며 적당한 운동을 통해 몸 관리를 해야 한다. 규칙적인 운동을 하는 여성이 불임과 유산의 가능성이 낮다. 체지방이 너무 많거나 적으면 호르몬 균형이 깨져 역시 임신 가능성이 낮아진다. 정서적 불안은 수정을 방해할 뿐만 아니라 임신 초기의 유산율을 높인다(Moon et al., 2003).

사람의 평생건강은 태아 때 엄마에게서 받는 영양상태에 따라서 결정된다(Drever, Saade, & Bytautiene, 2010). 자궁 내 환경은 태아에게 일정한 자극과 영향을 주므로 이 환경을 조절할 수 있다면 출생 후 아이에게 발병할 질환의 예방이 가능할 수 있다. 평소 운동을 즐기는 여성은 칼슘과 엽산 섭취를 더 많이 해야 한다. 인공감미료에 사용되는 아스파탐은 30℃가 넘는 환경에서 포름알데하이드를 형성해 독성을 유발한다(Franz, 1986).

2) 임신의 수용과 적응

임신은 부부마다 조금씩 다르기는 하지만 부부 모두에게 영향을 미치는 게 사실이다. 임산부는 신체적 · 정서적 · 사회적 변화를 경험한다. 자신의 임신한 모습이 어떻게 변화할지 등에 대한 의구심과 두려움, 작은 정서적 변화 등의 신체적 · 심리적인 도전에 적응해야 한다. 임신을 원했거나 첫 자녀인 경우, 특히 더 임신 소식은 기쁜 것이지만, 임신을 대하는 것은 개인마다 다른 의미를 내포한다. 임신을 반가워할 수만은 없는 여러 가지 이유 중 경제적인 부담도 그중 하나가 된다.

태내환경은 외부 자극이 어느 정도 차단된 곳이기는 하지만 심각한 스트레스, 모체의 질병, 주변의 물리적 환경 등이 태내환경에 영향을 줄 수 있다. 태내환경이 적절하지 못할 경우 그 영향은 태아에게 치명적일 수 있다. 과거에는 임산부가 몸가짐을 바르게 하고 옳은 것을 보고, 올바르게 생각하고, 바르게 말하고, 올바로 행동하는 것 등의 임신 중의 태교를 중시하였다. 태내의 아기에게 건강한 환경을 제공해 주기 위해 부부가 함께 노력하는 태교를 소홀히 하지 않아야 한다.

임신기 부부는 출산 후 어떤 변화가 일어날지 어떤 부모가 되어야 할지 태어날 아이는 또 어떠한 아기일지에 대한 다양한 생각을 한다. 아기가 태어난 후 부부의 역할이 어떻게 조정되어야 하며, 어떤 노력을 해야 할지를 상상한다. 부부만이 아니라 자녀가 태어나 이제 가족을 이룬다는 생각을 할 수 있어야 한다.

3) 출산과 첫 만남

(1) 출산 준비

출산은 가족에게 특별한 순간이다. 출산 준비교실은 가족, 특히 아버지에게 도움이 될 수 있다. 출산교실을 통하여 예비 아빠는 출산과정에서 어떻게 아내를 도와야 할지 배울 수 있고, 아내의 출산과정에서 어떻게 호흡 등을 도울 수 있을지 알 수 있다. 대부분의 예비 아버지들도 아내의 임신 동안 다양한 두려움을 느끼지만 이를 표현하지 않고 감추려고 한다. 예비 아빠도 아내의 임신에 따른 자신의 두려움을 표출하여 아내와 함께 더욱 친밀한 관계를 유지할 수 있어야 한다.

더 알아보기

임신주의서

조선 왕실에서 아이를 출산할 때 사용한 지침서인 《임신주의서》는 "복통이 임박해도 놀라지 말고 가능하면 너무 일찍 힘을 주지 말 것이다. 사람을 붙들고 천천히 걷도록 하되 만일 피곤할 때는 사람에 의지하여 서 있다가 또 걷기를 반복해야 한다. 너무 허리를 구부리거나 오래도록 앉아있거나 눕거나 잠을 자면 안 된다."고 기록하고 있다.

베이비 샤워 파티

베이비 샤워(baby shower) 파티는 출산이 임박한 임산부나 갓 태어난 신생아를 축하하기 위한 행사로, 캐나다와 미국을 비롯한 여러 나라에서 점차 보편화되고 있다. 원래 이 파티의 주된 목적은 엄마가 되기 전 지혜와 교훈을 서로 교환하자는 것이었다. 전통적으로 베이비 샤워 파티는 첫 아이에 대해서만 치러졌지만, 근래에는 상업주의와 맞물려서 태어나는 모든 아이가 베이비 샤워 파티의 대상이 되고 있으며 입양아를 위한 베이비 샤워 파티도 흔히 볼 수 있게 되었다.

부모가 되는 것은 부부 모두에게 커다란 변화를 가져다준다. 여성은 엄마로서 남성은 아버지로서의 역할을 잘 할 수 있을 것으로 기대하는 게 중요하다.

부부는 의사와 상담을 통해서 출산방식과 과정을 결정해야 한다. 의료진은 산모의 정서적 · 사회적 안정감을 위해서 분만실이 최대한 안락하고 편안한 분위기가 되도록 신경을 써야 한다. 출산은 시대와 문화권마다 다르다.

출산은 물질적 · 경제적 준비가 필요하다. 특히, 태어날 아기를 위한 공간을 마련하기 위해서 공간의 재배치가 필요하다. 임신과 출산 그리고 자녀를 양육하는 과정에서의 각종 의료비와 양육에 따른 소비 증가에 대비한 경제계획을 세워야 하고, 태어날 아기에게 관심과 애정을 표현하는 안정적인 정서를 갖도록 준비해야 한다.

- 물질적 준비 : 의료 진료비 마련, 거주 공간, 아기를 위한 공간 마련, 아기 물품 준비, 자녀양육으로 인한 소비 증가에 대비한 경제적 준비
- 정서적 준비 : 부모로서 아기에게 관심과 애정을 주고 아기의 행동에 적절한 반응을 할 수 있도록 안정적이고 성숙한 어른이 되도록 준비

(2) 첫 만남

① 분만

분만은 여러 가지 방법이 있다. 분만방법은 자연분만이 있고, 무통분만, 가족분만, 유도분만, 수중분만, 제왕절개, 가정분만이 있다. 자연분만은 약물에 의존하지 않는 것이며 무통분만은 척추의 일부분을 마취해 통증을 잊게 하는 분만이다. 가족분만은 분만과정의 불안 해소를 위해 남편과 가족이 지켜보는 가운데 분만하여 산모에게 위안을 주는 방법이며, 제왕절개는 산도를 통해서 아이를 낳는 것이 어려울 때 자궁과 복벽을 절개하여 태아를 꺼내는 분만법이다. 가정분만은 자신의 집에서 아이를 분만하는 것으로 분만과정에서의 산모의 선택을 존중한다. 가정분만을 선택할 경우 이의 혜택과 위험에 대해서 잘 알고 있어야 한다.

② 첫 만남

출산 직후 부모와 신생아 간의 애정적인 피부접촉과 눈 맞춤은 이후 부모-자녀 간의 정서적 유대를 형성하는 데 중요하다(Feldman, Rosenthal, & Eidelman, 2014). 최근에는 가족 중심의 분만방식이 강조되고 있다. 출산의 경험은 이후 부모역할에 어려움이 있을 때 부모와 자녀 간의 정서적 유대감을 지켜나갈 수 있도록 돕는다. 아이와 부모가 떨어져 있어야 하는 경우가 생겨도, 미숙아로 태어나도, 부모가 유아를 적극적으로 돌보고 정서적인 애정을 유지하도록 돕는다. 둘째, 셋째 자녀를 출산할 때에도 출산 시 신생아와의 접촉 및 눈 맞춤과 부모-자녀 간의 정서적 유대감의 관계는 동일하게 나타난다.

그림 2-1 | **출산 후 첫 만남**

더 알아보기

1693년의 출산

산모와 아기는 분만 후 3일째 목욕하는 것이 상례였다. 신생아의 목욕물은 오얏(자두), 복숭아, 매화 뿌리를 다린 물에 호두껍질 1부를 함께 끓여 낸 후 돼지쓸개즙을 섞은 것이었다. 이상의 약재를 넣어 만든 약물에 어린 아기를 목욕시키면 아기의 피부가 튼튼해지고 종기 혹은 두창 등 백병을 예방할 수 있다고 보았다.

금줄

부정(不淨)한 것을 금기(禁忌)한다는 뜻으로 대문 · 길 어귀 · 신목(神木) · 장독 등에 걸쳐놓은 주술적인 줄이다. 출산의 경우 아들을 낳았을 때는 생솔가지 · 숯 · 빨간 고추 등을, 딸을 낳았을 때는 생솔가지 · 숯 · 종이 등을 중간에 끼워 대문의 양 기둥 사이에 매단다. 이 금줄은 출산 후 삼칠일, 즉 21일간 매달아 두었다가 거두어 대문의 한쪽 기둥 쪽에 감아 둔다.

출산 후 대문 앞에 매달아 놓은 금줄

③ 산후 우울

산후 우울은 의료적 도움을 받아야 할 만큼 증세가 심각하다. 산후 우울증을 겪는 산모는 지속적인 도움과 지원이 필요하다. 15%의 여성이 연령, 수입, 인종, 종교 등에 상관없이 산후 우울, 불안 장애, 출산후유증 등을 경험한다. 산후 우울증이 있는 산모는 자기 기분이 어떤지 분간하기 어렵고, 다른 사람과의 관계를 피하려고 한다. 산모에게 이런 증세가 보이면 가족들은 이것이 산후 우울 증세임을 알아차리고 바로 의사와 상담한다. 심각한 산후 우울 증세는 신생아를 돌보고 싶지 않고, 감정이 급격하게 달라지며, 사는 게 재미없다고 느끼고, 지속적인 피로를 호소한다(O'hara & Macaby, 2013).

2. 신생아기와 영아기의 부모

1) 책임과 시간의 완전한 요구에 반응하는 시기

책임 있는 부모가 된다는 것은 하나의 도전이다. 한 아기가 가족원이 되면서 부부는 부모기로의 여행을 시작한다. 신생아기는 부모역할이 매우 어렵게 느껴지는 시기로 초보 부모에게는 공포스럽기까지 하다. 임신기에는 태아가 모체와 일체되어 자궁 속의 안전한 환경에서 독립적으로 자라고 있기 때문에 엄마는 잠도 잘 수 있고, 태어날 아기에 대한 희망과 함께 잘 키워보겠다고 다짐하면서 최선의 양육환경을 마련하고자 노력한다.

처음 부모가 되었을 때 행동이 중요하다. 부모가 되는 것이 어떤 의미가 있는지, 그리고 자녀양육의 궁극적인 목적이 무엇인지, 어떤 양육태도를 가져야 하는지 등을 생각하고 적합한 방식을 선택해야 한다.

출산은 모든 것을 변화시킨다. 태어난 아기는 완전히 의존적이면서 동시에 임신기와는 달리 완벽하게 모체와 분리된 독립된 존재가 된다. 대부분의 부모들은 자녀 출산이 기쁘고 행복하지만, 동시에 새롭게 태어난 아기의 필요를 충족시켜줄 수 있을까 라는

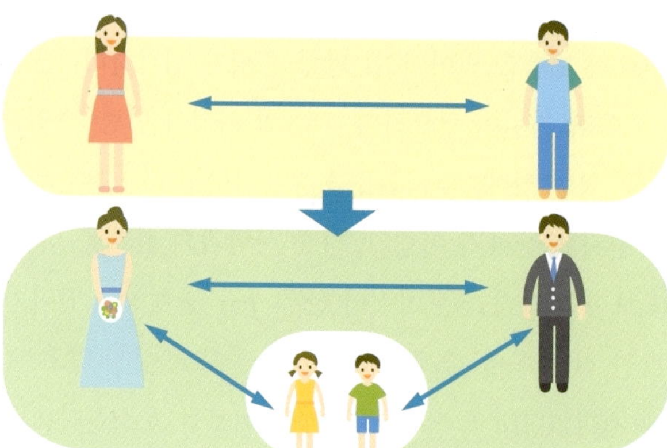

그림 2-2 | 자녀 출생 후 부모-자녀관계

걱정스러운 한숨이 나오기도 한다. 부모는 이전에 단 한 번도 겪어보지 못했던 완전한 책임과 시간을 온통 새로 태어난 아기에게 쏟아야 하는 낯선 상황에 처한다. 이렇게 정신없이 처음 몇 주를 지내고 나면 엄마와 아빠 모두 아기가 깨어 있을 때도 다소 여유를 찾을 수 있게 된다.

아기가 태어났을 때에야 비로소 부모는 부모역할에 대해서 자신이 가지고 있는 신념, 태도, 행동을 점검해볼 기회를 갖는다. 태어난 지 1년까지의 신생아는 발달의 모든 영역에서 빠른 변화를 한다. 신체적 성장이 급격하게 일어나고 다양한 신호를 주고받으면서 자신을 양육해 주는 사람과의 사회적 관계도 발달한다.

2) 신생아와 영아기의 부모역할

(1) 고유한 인격체 '아기'

신생아기는 태어난 이후 생후 첫 1개월이 되는 시기로 모든 신생아는 각기 다른 유전적 특성을 가지고 태어난다. 이 시기는 많은 주의와 관심 보호와 돌봄을 필요로 한다. 이 시기는 태아가 부모와 만나 세상에 안착하기 위한 '착륙단계'이다. 이 시기의 부모가 가장 먼저 알아야 하는 핵심적인 부모역할은 태어난 아기가 독립적인 하나의 인격체이며 의사를 표현할 수 있음을 배우는 것이다.

(2) 적절한 자극 제공

영아는 하루에 16~17시간 잠을 자는데(Standford Children's Health, 2017), 깨어 있는 동안 부모와 신생아는 서로 자극과 반응을 주고받으며 상호작용해야 한다. 부모는 따뜻하고 부드러운 태도로 양육하되 지속적인 접촉과 자극을 주어야 한다. 부모는 신생아의 감각운동을 촉진하는 행동과 직접적인 상호작용을 통해서 이 시기 영아에게 자극을 제공할 수 있다. 부모의 자극은 영아가 새로운 경험을 시도하는 데 도움이 된다.

(3) 다양한 방식의 의사소통 신호 알아차리기 : 서브 앤드 리턴

이 시기 아기가 부모에게 말하려고 하는 것이 무엇인지를 충분히 인식할 수 있도록 부모는 자신의 목소리와 표정 그리고 표현을 가다듬어야 한다. 부모는 이 조그만 아기의 요구에 민감하게 반응할 수 있어야 한다. 시간이 지나면서 아기의 요구는 점차 더 다양해지고, 부모는 돌봐야 할 게 더 많아진다. 이 시기의 영아는 부모의 전적인 관심과 주의를 필요로 한다.

이 시기 아기의 요구는 부모에게 도전이다. 아기가 태어난 지 처음 몇 주 동안 부모는 신생아와 의사소통하는 것을 배워야 한다. 그러나 이전에는 아기가 사용하는 불가사의한 언어의 규칙이 없고 배워본 적이 없다. 아기는 계속 새로운 버전의 말을 하고 부모는 무슨 의미인지 알아차릴 수 있어야 한다. 신생아의 요구에 부모가 민감하게 반응할 때 이 시기의 아기는 자신이 중요한 존재라고 느낀다.

부모는 영아가 보내는 아주 작은 신호에도 반응할 수 있어야 한다. 영아와의 의사소통을 배우는 것이 가져오는 의미는 부모 역시 민감해질 수 있다는 것이다. 부모는 영아의 욕구를 파악할 수 있어야 하는데, 처음 부모가 되는 사람들한테 이것은 어려운 일이다. 영아가 보내는 신체언어와 얼굴표정 등을 통해 욕구를 민감하게 알아차려야 한다.

영아는 깨어 있는 동안에 신호를 보낸다. 이것은 영아가 '서브하는 것'이다. 영아가 어떤 단서를 포함한 신호, 즉 서브를 보내면 어른은 이에 대해 적절하게 반응할 수 있어야 한다(Center on the Developing Child at Hardvard University, 2017). 영아가 보내는 신호는 서브가 되고 이에 반응하는 부모의 행동은 받아내기, 즉 리턴이 된다.

서브 앤드 리턴은 의사소통의 양방향 길이다. 부모 역시 영아와 신체접촉하고, 영아를 흔들고, 영아에게 말하고 흥얼거리는 등의 신호, 즉 서브를 보낼 수 있다. 영아와 부모는 신호를 보내는 서브를 하고 이에 반응하는 받아내기, 즉 '신호 보내고 받아내기'를 한다. 관찰 가능한 수준의 상호작용을 하는 것은 역시 아동의 뇌 안에서 작동하는 것이다. 뇌는 신경계의 복잡한 네트워크를 형성한다. 신경계는 아주 작은 전기충격을 통해서도 상호 전달된다. 하나의 뉴런은 적절하게 자극을 받았을 때 반응을 한다. 자극은 신경계를 성장시키고 새로운 연결을 구축해 내는 것을 도와준다. 이것은 마치 컴퓨터 메모리 기능을 추가하여 컴퓨터가 기억 용량이 더 커지는 것과 같다. 영아는 신경계의 연결이 확대되면서 기억력이 증가하고 잠재적인 인지능력이 커진다. 만일 어떤 특정한 뇌의 영역을 사용하지 않으면, 신경 네트워크가 가지치기가 되어 감소할 것이다. 그렇기 때문에 사용하거나 잃어버리거나 둘 중 하나가 될 것이다. 이런 맥락에서 영아가 적절하게 자극받지 못하면 서브를 보내지 못하여 결국 영아의 신경계가 성장하지 않고 새로운 신경계가 연결되지 않는다(Bigner & Garhardt, 2018).

만일 상대가 보내온 서브를 받아내지 않으면 그 게임은 끝이 난다. 영아가 자극을 받지 못하면 신경전달 경로의 성장이 멈춘다. 신생아가 너무 어려서 알 수 없다는 것은 잘못된 믿음이다. 신생아는 적절한 신체접촉을 통해서 부모를 느낄 수 있고, 정서적 유대와 애착이 발달할 수 있다.

(4) 울음 인식하고 이해하기

영아를 기르면서 부모가 하는 당혹스러운 경험은 막무가내로 우는 영아를 달래야 할 때일 것이다. 아무리 이런 저런 방법으로 울음을 그치게 하고 싶어도 영아가 울음을 멈추지 않을 때가 있다. 정신없이 울어대는 영아는 참을성 있고 침착하게 부모 노릇을 하고 싶어 하는 부모까지도 평정심을 잃게 만든다. 대부분의 어른은 아동의 울음에 대해 '의도'가 있을 것이라고 오해한다(황옥경, 2014).

울음은 영아가 부모와 대화하는 수단이다. 부모는 울음 뒤에 숨은 의미를 알아차려

• 악 쓰고 울기 •

- 울음 소리가 높음
- 갑자기 울기 시작함
- 달래려고 하면 더 울음
- 고통스러운 표정을 지음
- 오래 울음

야 한다. 반드시 아프거나 배가 고파서 심하게 우는 것은 아니다. 얼굴이 새파랗게 질리도록 악을 쓰고 우는 울음purple crying은 신생아 울음의 여러 패턴과 다양한 수준을 알게 해 준다. 전문가들은 이 악 쓰고 우는 울음이 신생아의 주도성발달과 연관되어 있다고 본다. 울음에는 시작과 끝이 있다. 영아가 악을 쓰고 우는 울음은 울음 소리가 높고, 갑자기 울기 시작하며, 달래려고 하면 더 운다. 영아가 고통스러운 표정을 짓기도 하며, 오래 운다.

(5) 재우기

잠자는 패턴은 개인차가 있지만 영아는 대부분 잠을 잔다(Standford Children's Health, 2017). 생후 첫 몇 개월 동안은 수유시간을 제외하고 거의 잠을 잔다. 2세가 되면 하루 10~14시간 동안 잠을 자며 생후 초기보다 수면시간이 줄어든다. 엄마는 밤에 수유를 하느라 잠을 잘 자지 못한다. 아기에게 수유하다가 의자 등에서 잠이 들지 않도록 하고, 잠자리에서 수유하는 것이 높은 곳에서 떨어지는 것보다 덜 위험하지만, 아기와 함께 침대에 눕는 것은 영아 사망을 유발할 수 있다(Moon, 2016). 영아가 어른 침대를 사용해서는 안 된다.

(6) 뇌발달에 대한 민감성

부모는 영아의 뇌발달에 중요한 역할을 한다. 임신기부터 시작하여 출생 후에도 적절한 영양공급, 건강한 돌봄, 자극, 양육 그리고 상호작용을 통해 부모는 영아의 뇌발달에 영향을 준다. 영아의 뇌는 처음 2년 동안 빠르게 성장하여 태어나는 순간에도 기능적으로 작동하지만, 비판적 사고력과 언어를 사용하기에는 부족하다. 태어날 때 감정은 초보수준이며, 영아는 불편함과 우울감을 적게 하고 편안함을 위해서 어른에게 의존한다(Serhardt, 2004).

부모는 뇌발달을 촉진하는 자극과 상호작용을 하므로 얼마나 영아에게 잘 표현하는가가 특히 중요하다(Richter, 2004 ; Siegel & Brandon. 2014). 부모가 수유할 때 영아

더 알아보기

부모 양육행동의 대물림

로만로브스키 등(Lomanlowska, Boiven, Hertzman, & Fleming, 2017)에 따르면 부모의 양육행동은 그들 자녀의 행동과 양육행동에 영향을 미치는 것을 알 수 있다. 한 사람의 양육행동은 아주 어린 영아시절부터 부모와 상호작용한 경험을 통해서 터득된다. 부모의 양육행동은 자녀의 사회 · 정서적 역량, 문제해결역량, 적응문제, 위기대처능력 등에 영향을 미친다. 아버지행동 역시 자녀행동과의 상관이 높다.

의 손가락을 잡고, 눈을 쳐다보면서 말을 걸고 몇 가지 소리까지 들려주면 이후에 영아의 뇌의 신경계는 지속적으로 건강하게 잘 발달한다. 부모나 가족이 영아를 애정적으로 잘 양육하면 영아는 호기심을 갖고 세상을 탐색하려는 역량을 유지할 수 있다.

(7) 신뢰감 형성

생후 1년 동안 영아는 다른 사람과의 관계에서 신뢰감을 발달시킨다. 영아를 양육하는 사람은 아기의 필요를 안정적으로 채워주어야 한다. 영아의 성격은 부모의 반응에 따라서 다르게 나타나는데, 영아의 정서적 · 발달적 요구에 부모가 어떻게 반응하는가에 따라서 아이의 성격이 달라진다. 에릭슨은 영아기의 신뢰감 발달은 일생에 걸쳐 구축해야 할 건강한 정서발달의 기초가 된다고 하였다.

(8) 애착의 대상

영아기에 일어나는 가장 중요한 형태의 사회적 발달이 애착이다. 영아가 갖는 성인 양육자와의 애착은 건강한 사회 · 정서발달의 결정적인 부분이다. 애착은 출생 후 6주부터 만 2세가 되기까지 형성되는 전애착단계, 애착형성단계, 애착단계, 상호관계의 4단계를 걸쳐 형성된다고 보고 있다. 에인스워스Ainsworth(1973)는 안정애착, 회피애착,

저항애착, 혼란애착의 4가지 유형으로 구분하였다. 안정애착은 주위를 탐색하기 위해 어머니로부터 쉽게 떨어질 수 있지만, 낯선 사람보다는 어머니에게 확실한 관심을 보이며 어머니와 밀접한 관계를 유지하는 것으로 65%의 영아가 이에 해당한다. 회피애착은 연구 대상의 20%가 해당되는 것으로 어머니에게 반응을 별로 보이지 않는다. 어머니가 방을 떠나도 울지 않고, 어머니가 돌아와도 무시하거나 회피한다. 저항애착은 10~15%의 아동이 이에 해당되는데, 어머니가 방을 떠나기 전부터 불안해하고 어머니 옆에 붙어서 탐색을 별로 하지 않는다. 그러나 어머니가 방을 떠나면 심한 분리불안을 보인다. 혼란애착은 불안정애착의 가장 심한 형태로 회피애착과 저항애착이 결합된 것이다. 어머니와 결합했을 때 얼어붙은 표정으로 어머니에게 접근하거나 어머니가 안아주어도 먼 곳을 쳐다본다. 애착형성에 영향을 미치는 요인으로 영아의 기질, 영아와 부모의 특성, 그리고 양육의 질 등을 들 수 있다(정옥분, 2003).

부모는 영아와의 초기 애착과정을 불편해 하거나 기피하지 않아야 하고 영아의 초기 발달에서 매우 중요하다는 것을 알고 있어야 한다. 부모의 단호하면서 참을성 있는 어조는 안정적인 애착을 형성하는 데 중요하다(황옥경, 2014). 영아는 애착 대상자를 보

표 2-1 | 영아 발달특징과 부모역할

구분	발달특징	부모역할
신체 운동	• 규칙적인 수면과 수유, 배설 • 예방접종 • 2개월에는 머리를 들고, 3~4개월에는 손가락을 가지고 놀이, 6개월에는 뒤집기와 물건 잡기	• 사랑을 주고 요구에 대하여 일관성 있게 반응하기 • 안전한 환경 조성하기 • 영아의 요구에 대한 주의 기울이기 • 배고픈지 졸린 지 등의 신호 알아차리기 • 적절한 자극 주기 • 사랑스럽게 안아주기 • 책임감 있고 신뢰롭게 반응하기 • 필요한 정보를 찾기 • 아동의 발달적 요구에 맞는 부모역할 익히기
인지 언어	• 태어나자마자 소리와 목소리에 반응 • 1개월이 되면 소리 내기 시작 • 9개월에 의사소통을 즐기고 화가 나면 소리를 지름 • "안 돼"라는 말의 의미를 알아들을 수 있음 • 떨어진 장난감을 정확하게 응시할 수 있음	
사회 정서	• 기본적인 정서와 감정을 표출함 • 애착의 시작	

더 알아보기

영아에게 문제가 되는 몇 가지 양육상황

- 가정폭력이 영아에게 손상을 줄 수 있음
- 영아의 건강이 관심을 받지 못하거나 물리적으로, 정서적으로 방임될 때
- 부모의 비일관성, 저자극, 적대적인 행동은 영아의 인지발달을 지연시킴
- 부모의 불행감, 긴장, 성질, 무감각 그리고 정서적 무용성 등은 정서적 유대와 안정적인 애착 형성에 방해가 됨
- 물리적으로 결핍된 환경에서 자랄 경우 영아의 건강과 발달에 손상을 가져다 줌

왔을 때 미소를 짓는다. 8개월 무렵에 아기는 낯선 사람과 남겨졌을 때 애착 대상자를 그리워하며 울기 시작한다. 또한 안정감을 갖기 위해 특별한 관계가 필요하며 다른 사람들을 보았을 때 어떻게 반응하는지도 안다. 자신을 먹이고 돌봐줄 사람이 필요할 뿐만 아니라 함께 놀아주고 말할 상대도 필요하다.

3. 걸음마기의 부모

1) 의존과 독립의 공존 : 도전과 안전 사이에서 타협을 배우는 시기

걸음마기는 1~3세까지의 시기이다. 영아는 이전의 부모에 대한 완전한 의존에서 독립을 시도하는 여행을 한다. 걸음마기는 부모가 영아에게 많은 관심을 기울여야 하는 시기이다. 영아가 18개월이 되면 부모와 유아의 관계에 많은 변화가 온다. 이 시기가 되면 걸음마기 영아는 자기 자신과 다른 사람의 관계에서 한계를 알아차릴 수 있으며, 자신이 개별적인 한 개인이며 부모의 일부가 아니라는 것을 알게 된다. 이 시기의 영아는 말하고 화장실을 이용하고 다른 사람과 놀이하고 나누는 법을 배운다. 또한 옷을 입고

더 알아보기

부부간 동등한 부모역할(Gender-Equal Parenting Roles)

대부분의 부모는 자기 부모의 부모역할을 보고 부모가 된다. 최근 부부역할에 대한 성별 동등성에 대한 요구가 높다. 부모역할은 구별되어야 하지 않고 부부가 함께 그 역할을 해야 한다. 최근 아버지 역시 육아휴직 등을 통해 자녀양육에 더 많이 참여하고 아내와 책임을 공유한다. 많은 남성이 부모로서의 책임을 아내와 공유해야 한다고 인식하고 있다(Harrington, Van Deusen, & Humberd, 2011 ; Jolly et al., s 2-14 ; Rehel, 2014).

스스로 먹는 법을 깨우친다. 부모는 걸음마기 영아의 의존과 독립 요구의 공존을 충분히 이해하고 영아가 호기심을 가지고 주변을 탐색할 수 있도록 해야 한다.

새로운 것을 탐색하려는 영아의 도전과 이런 영아를 안전하게 돌봐야 하는 부모는 도전과 안전 사이에서 줄타기를 한다. 걸음마기 부모는 갑자기 많아진 영아의 요구에 어찌할 바를 몰라 당황할 수가 있다. 분명한 것은 부모기에 대한 도전을 경험하지 않는 부모는 없다는 것이다. 아마도 대부분의 사람들은 실제 부모가 되기 전까지 부모기를 어떻게 보내야 할지 많은 생각을 하지 않을 것이다. 부모는 부모행동에 대한 자기규제 형태와 양육행동에 대해서 생각한다. 영아의 행동에 대해서 어떤 기준을 적용하고 어떤 행동을 할지에 대한 부모의 자기규제를 발달시킨다.

2) 걸음마기의 부모역할

연령과 단계를 이해할 때 반드시 기억해야 할 것은 어떤 아동도 알려진 바와 같은 전형적인 발달과정과 특징을 보이는 경우는 없으며, 모든 아동이 개별적으로 다른 특징을 가지고 있고 특정한 발달과정을 거치게 되는 유일한 존재라는 것이다(황옥경, 2014).

(1) 자율성에 대한 인식

걸음마기 영아가 독립적이려고 하는 것은 건강한 발달의 자연스러운 한 증후로 걸음마기 영아의 이러한 특성은 권력 갈등을 유발하기도 한다. '아냐', '싫어'와 같은 강력한 자기표현은 부모의 요구에 협조적이지 않을 것임을 내비치는 것으로 부모가 알려주는 대로가 아닌 자기 방식대로 옷을 입으려고 하는 등의 독립을 추구하는 행동을 한다. 이러한 걸음마기 영아의 행동은 부모의 인내심과 한계를 시험하게 되면서 부모들은 어떻게 하면 걸음마기 영아의 자율성을 발달시켜야 할지 고민스럽게 한다.

걸음마기 영아는 스스로 하는 것을 좋아한다. 바로 이와 같은 영아기의 특성이 영아가 답답해하고 짜증을 내는 이유이다. 어떤 영아들은 이러한 울분과 답답함을 분노로 표출한다. 걸음마기 영아는 주변상황에 대한 의문으로 가득 차 있다. 걸음마기 영아의 주변세계와 지식에 대한 갈망과 호기심은 끝이 없다. 탐색욕구는 모든 욕구를 능가한다. 걸음마기 영아는 두 발로 이동하는 것에 매료되어 떨어지거나 넘어지는 두려움에도 불구하고 걷기를 배워나간다.

만일 영아가 호기심이라는 강력한 동기유발이 없다면, 영아는 아마도 부모의 편안한 품속에서 언제까지나 남아 있을지 모른다. 부모는 걸음마기 영아가 장난감이나 놀이를 통하여 새로운 발견을 하도록 도와주는 것에 큰 기쁨을 느낄 수 있어야 한다. 걸음마기 영아의 주변탐색에 대한 호기심은 때때로 영아와 부모 혹은 영유아교사와의 관계에 갈등을 빚는다.

(2) 운동능력발달 지원과 안전한 환경 제공

걸음마기 영아의 운동능력발달은 규칙을 이해하고 기억하는 인지능력 이상으로 발달한다. 상위인지가 발달하지 않아서 상황을 보고 그 상황에서 자신의 행동의 가능성을 생각하고 계획하지 못한다. 영아는 이동하면서 보게 되는 모든 흥미로운 사물이나 현상을 경험해 보려는 유혹에 빠진다.

걸음마기 영아는 항상 모험을 즐기고 빠르게 움직일 수 있다. 위험에 대한 개념이 없기 때문에 부모는 항상 이 시기 영아를 주시하고 안전사고를 예방할 수 있어야 한다. 이 시기의 영아에게서 한시라도 눈을 떼게 되면 영아가 위험한 상황에 빠질 수 있다. 작은 장난감이나 유독성 물건을 삼키고 물건을 떨어뜨리고 부딪치며 부모와 교사의 설명과 당부에도 불구하고 만져서는 안 될 물건을 건드린다. 따라서 가구 등을 제대로 배치하고 안전하게 고정시킨다. 이 시기 영아를 절대 혼자 두면 안 되고 부모의 시야에서 벗어나도록 해서도 안 된다. 이해력에 문제가 있는 부모의 경우, 영아의 움직임으로 인한 잠재적 위험을 인지하지 못할 수 있다.

(3) 어휘 수의 폭발적 증가에 대한 이해

언어를 획득하는 것은 인지발달의 기초가 되는 학습과 발달의 토대가 된다. 언어획득은 의사소통의 기초가 되기도 한다. 촘스키는 뇌는 태어나면서부터 언어발달의 기본 패턴을 가지고 있으며 언어의 생득적인 역량은 출생 이후 부모가 아이와 얼마나 의사소통하는가에 따라서 달라진다고 보았다. 모든 영아는 보편적인 언어인 옹알이를 한다. 일반적으로 아동이 알아들을 수 있는 말을 하는 시기는 대략 12개월쯤부터이다. 걸음마기 영아는 표현언어보다 수용언어를 먼저 배운다. 영아기 초기에는 단어 자체가 아니라 말의 리듬, 고저, 강세에 따라 반응하며, 이를 통해서 상대방의 말에서 감정적인 단서를 알아차리게 된다. 화난 목소리가 나면 행동을 멈추고 다정한 목소리에 대해 반응을 보인다.

걸음마기 영아는 어휘 수가 폭발적으로 확대된다. 12개월 무렵에는 단지 '엄마', '아빠' 등의 말만 할 수도 있지만, 이후 몇 달 안에 더 많은 단어와 명칭을 말할 수 있다. 걸음마기 영아는 상징적 기능을 획득하게 됨에 따라서 단어 획득 속도가 급격하게 빨라진다. 영아는 곧 두 단어 문장을 만들기 위해 특이한 형태로 단어를 조합하거나 함께 사용한다. 생략된 전보문식의 핵심단어만 말하기도 한다. 만 3세가 채 되기 전에 기본문형에 맞는 언어표현을 하게 된다. 이 시기에 습득하게 되는 언어발달은 상징적 표현의 중요한 수단이 된다. 이 시기 자녀를 양육하는 부모나 영유아교사가 아동이 말의 의미를 이해하지 못할 것이라고 착각하고 아이들 앞에서 아무렇게 말해서는 안 된다.

(4) 긍정적인 정서표현의 교류

이 시기 영아는 감정표현에 솔직하다. 드러내 놓고 애정표현을 하고 관심을 받으면 그대로 기뻐하며, 화가 났을 때 역시 분노를 여과 없이 표출한다. 걸음마기가 되면 정서를 표현하거나 이해하는 능력이 급속도로 증가한다. 슬픔과 같은 부정적 정서보다는 행복과 같은 긍정적 정서를 더 쉽게 이해한다. 걸음마기 영아의 욕구는 매우 단순하여 먹고 위로받고, 사랑받고 인정받기를 원하며 거대하고도 시끌벅적하고 광대한 주변의 세상에 대해 알기를 원한다.

(5) 자기규제를 연습할 기회의 제공

정서적인 자기효능감은 신체적 유능성의 향상과 더불어 나타난다. 자기효능감은 영아가 특정 과제를 스스로 그리고 적절하게 수행하는 것에서 얻어진다. 자기규제는 정서조절을 표현하는 능력에서 시작된다. 자기규제능력은 영아의 연령이 증가하고 발달하면서 더 나아진다. 정서규제의 중요한 시작은 좌절에 대한 참을성이다. 원하는 장난감을 가질 수 없거나 하고 싶지 않은 일을 해야 할 때와 같은 좌절상황에 직면했을 때 나이든 아동은 어린 아동보다 더 잘 견딘다. 좌절에 대한 참을성은 부모와의 관계에도 영향을 미친다.

(6) 기본생활습관 형성

부모는 이 시기 영아의 대소변 가리기 요구를 민감하게 관찰하고 신체적으로 준비되었는지에 대한 이해가 필요하다. 부모는 영아를 세심하게 살펴 대소변 가리기를 어떻게 진행해야 할지 계획을 세울 수 있어야 한다. 대부분의 부모들은 대소변 가리기 훈련을 21개월 전후로 시작한다. 왜냐하면 그때 대다수의 영아는 신경생리학적으로 근육을 조절할 수 있기 때문이다. 어떤 아동은 만 3세가 될 때까지 기저귀를 뗄 준비가 안 되어 있다. 너무 빠르게 대소변 가리기 훈련을 하게 되면 불필요한 좌절과 실망을 할 수 있다.

영아의 연령이 증가하면서 혼자서 먹을 수 있도록 도와준다. 음식을 작게 나누어 삼키기 쉽게 해준다. 부모는 영아가 충분히 먹었는지, 더 이상 먹고 싶어 하지 않는지 등을 알아차릴 수 있어야 한다. 부모의 이와 같은 민감성은 영아의 비만 예방을 위해서도 중요하다. 부모는 영아가 영양이 고른 음식을 먹을 수 있도록 해야 하는데, 특히 충분한 단백질, 철분, 비타민 D의 공급은 영아의 성장에 필수적이다. 이들 영양소가 부족하면 뇌, 특히 신경계가 영구적으로 손상될 수 있다(Akkermans, van der Horst-Graat, Eussen, van Goudoever & Brus, 2016).

아기를 재우는 시간은 부모-자녀관계에서 특별한 순간이다. 부모로서 잠재우는 시

표 2-2 | 걸음마기 발달특징과 부모역할

구분	발달특징	부모역할(영향)
신체운동 발달	• 15개월이면 대부분 도움 없이 걸을 수 있음 • 18개월 : 달리기 • 24개월 : 가구 위에 오르기	• 자율성발달 기회 제공 • 호기심과 탐색 욕구 인식하고 안전하게 주위를 탐색하도록 도움 • 어휘 수의 폭발적인 증가에 대한 민감성 • 정서적 자기규제의 인지 : 자기조절기회 제공 • 충분한 사랑과 애정 : 긍정적인 자아인식 발달 지원 • 안전의 위험 인식 • 기본생활습관의 형성 • 영양의 균형 잡힌 식사 제공 • 부모의 장애는 이 시기 영아의 인지언어발달에 필요한 자극을 제대로 주지 못할 수 있음
인지언어 발달	• 12~13개월 : 첫 단어 말하기 시작 • 12~18개월 : 30단어 익힘 • 2세 : 물건을 지시하고 지칭할 수 있으며 언제나 질문 • 2세 : 600개의 단어 말할 수 있음 • 12개월경부터 호기심이 많고 주변환경을 탐색하는 데 시간을 보냄 • 2세는 자기 이름과 성별을 알 수 있음 • 자신의 이미지와 자아인식이 발달함 • 자신과 다른 사람의 신체적 차이를 인식함 • 소유를 이해하고 "내 거야"라고 말함 • 사고가 전조작적이고 직관적이며 비논리적임	
사회정서 발달	• 2세 : 또래와의 평행놀이 • 2~3세 : 협동놀이, 친사회적인 행동 보임 • 애착의 지속적인 발달 • 2세가 되면 다른 사람을 인식하고 공감하는 능력이 발달하기 시작함	

> **더 알아보기**
>
> **영유아 발달평가**
>
> 부모는 각 발달의 영역에서 영유아의 발달적 변화에 주의를 기울여야 한다. 예를 들어, 영유아가 색을 구분하는지, 발달단계에 따라서 건강하게 성장하고 있는지를 정기적으로 확인하여야 한다. 특히, 생후 초기 3년 동안은 신체발달 등의 결정적 시기를 그냥 지나쳐 이후 회복하기 어려운 장애를 갖게 될 수 있기 때문에 관련 전문가가 정기검사나 발달평가를 할 수 있어야 한다.

간은 뭔가를 기대하게 하는 시간이 되도록 해야 할 필요가 있다. 정서적으로 편안한 시간이 되도록 한다. 잠을 재우는 것은 저녁을 먹이고 씻기고, 잠에 드는 규칙적인 일과를 마무리하는 것이다. 잠자는 시간은 부모와의 질적인 상호작용이 가능하고 이야기를 듣는 그런 시간이다.

4. 유아기의 부모

1) 발달적 성취를 자극하는 시기

유아는 호기심으로 가득한 모험가이며 배우는 데 갈증을 느낀다. 유아는 날마다 새로운 기술을 습득하고 새로운 기회를 가지며 유아의 성격이 보다 구체적으로 드러난다. 유아는 살아가는 데 필요한 많은 기술을 습득하고 독립적으로 변한다. 어른들에게 때론 힘든 시기가 될 수 있다. 대부분의 유아는 어린이집이나 유치원 등과 같은 영유아 기관에 다니며 다른 유아와 놀기 시작하고 읽기와 쓰기에 필요한 기술을 발달시키기 시작한다.

자녀가 성장하면서 부모역할도 변화한다. 부모는 행동과 성격 모두 빠르게 발달하는 유아에 적응해야 한다. 가족 내에서 유아의 참여가 늘어나고 '가정', '가족', '아동' 등의 개념을 이해하기 시작한다(Mason & Tipper, 2014). 이 시기 부모양육 역시 유아발달에 중요한 의미가 있으며, 이 시기 양육의 결과는 유아의 애착, 자기규제, 그리고 인지 구성 등으로 나타난다. 여전히 자기중심적이며 직관에 의한 전조작기의 사고를 한다.

운동능력이 정교화되면서 유아에게 새로운 탐험의 기회가 생긴다. 자기규제능력이 발달하고 자기와 다른 사람 그리고 사물에 대한 인식이 증가한다. 적절하고 충분한 부모역할이 제공되면 유아 자신의 잠재적 역량을 발휘할 수 있는 기반을 갖게 되는데, 유엔의 지속 가능한 발달 목적에 따르면 건강, 영양, 교육, 아동보호, 그리고 사회적 보호는 아동의 발달에서 광범위한 혜택을 가져온다는 것을 알 수 있다.

2) 유아기의 부모역할

(1) 배움의 시기라는 인식

급격한 변화가 일어나는 유아기를 통해서 유아의 정신세계가 발달한다. 뇌발달이 더욱 정교화하고 우리가 누구인지 등을 인식한다. 언어는 의사소통의 바퀴와 같다. 언어를 통해 새로운 세계를 알게 되고 새로운 사람을 만난다. 언어는 부모나 다른 사람과 세상을 공유하는 수단이 된다. 부모는 풍부한 언어 자극을 제공할 수 있어야 한다. 언어능력의 발달은 신체운동 및 사회정서발달과 마찬가지로 자율성을 발달시키는 데 도움이 된다. 이 시기의 풍부한 언어 자극은 보다 성공적인 성인기와 연관된다. 부모는 언어발달을 돕기 위해서 유아와 대화할 때 다양한 단어를 사용하고 긍정적인 의사소통을 한다.

이 시기는 사회화에 요구되는 핵심기술을 배우는 시기이다. 모델링과 관찰을 통해서 배우며 부모의 기대와 요구를 이해하는 능력이 증가한다. 자기중심성을 극복하기 위해서 사회적 기술이 더 많이 필요하다.

(2) 자기규제 역량의 발달

자기규제는 아동발달의 주요 주제이다. 이전 시기에 알려진 것보다 최근 연구자들은 자기규제가 아동발달에서 황금실과 같이 작동한다고 본다. 이것은 정서가 지향하는 방식으로 복합성, 연결성, 정보처리과정이 통합적 · 규제적인 방식으로 작동하는 원리이며 구조적 기능을 지원한다(Siegel & Brandon, 2014).

유아기는 자기규제능력의 발달이 현저한 시기이다. 이 시기의 자기규제는 자아통제의 확대, 만족 지연, 적절한 시간과 장소를 기다릴 줄 아는 능력 등으로 나타난다. 이러한 능력은 각 발달단계에서 다양한 경험을 통해서 획득한다. 적절하게 규제된 행동의 기초는 그 이후의 행동에도 표현된다. 정서적 규제는 행동으로 나타나고 행동의 우선순위를 결정한다. 안정된 애착형성이 실패했을 때 정서규제가 혼란스럽게 나타난다.

부모는 가끔 유아에게 욕구만족을 지연할 것을 요구한다. 이것은 유아에게 어려운 일이다. 유아기는 욕구에 대한 충실한 반응을 보이기 때문에 배고픔, 아픔 등과 같은 고통을 참기 어려우며 가지고 싶은 장난감도 즉시 소유하고 싶어 한다. 유아는 기다리면 더 큰 보상이 따를지라도 즉시 욕구를 만족시키기 위해 보상이 작더라도 기다리지 않는다. 마시멜로 실험은 이러한 유아의 특성을 잘 보여 준다(Murray, Theakston, & Wells, 2016). 부모는 어른조차도 때로는 자기욕구 만족을 지연하기 어렵고, 충동을 억제하기 어려운 상황이 있음을 기억해야 한다.

부모는 성질부리기와 같이 유아가 심하게 화를 내는 패턴을 울음소리나 행동, 말 등

더 알아보기

유아의 자기규제발달

2세경이 되어야 점차 스스로 자신의 욕구를 조절할 수 있는 내적 통제력이 나타나기 시작한다. 자기규제는 이후 몇 년 동안의 경험과 교육 등을 통해 획득된다. 욕구만족 지연 등의 자기조절능력은 외부 기준과 자신이 한 행동의 차이로부터 느끼게 되는 죄책감, 다른 사람의 감정을 인식하고 공유하는 감정이입의 정서적인 요인, 다른 사람의 관점에서 조망하는 능력, 원인과 결과에 대한 이해, 사물이나 주변 환경에 대한 지식, 기억력, 언어 등과 같은 인지적인 요인, 그리고 자신의 과거경험 등의 요인으로 발달한다.

을 통해서 어느 정도 예측할 수 있다. 두 가지 형태가 있는데, 그 하나는 좌절이 심했을 때 발로 차거나 소리를 지르고, 물건을 던지고, 물건을 넘어뜨리는 행동이다. 다른 형태는 정서적인 것으로 위안을 찾는 행동과 연관되는데, 슬퍼 보이거나 낮은 소리로 징징대는 것이다. 이 두 가지 행동이 동시에 나타나기도 한다.

유아가 화를 심하게 낼 때 부모가 언제 개입하는 가는 중요하다. 가급적 부모는 유아의 화가 최고조에 달했을 때를 피해서 개입한다. 화가 최고조에 달했을 때 달래려고 하면 유아가 오히려 화를 더 심하게 내는 계기가 될 수도 있다. 이 시기 부모는 유아가 자신의 감정과 생각을 전달하기 위해 발로 차거나 할퀴거나 꼬집는 등의 공격적인 행동이 아닌 말로 자신의 생각을 표현하도록 단호하게 가르쳐야 한다. 부모는 강한 감정이나 분노조차도 말을 통해서 친구에게 표현하도록 격려해 주어야 한다. 자기규제의 발달로 부모에게 떼를 쓰거나 반항하는 것은 2~5세 사이에 급격히 감소한다.

(3) 긍정적인 안내와 지도

이 시기의 유아에게 지켜야 할 규칙과 허용되지 않는 행동을 알려주는 것은 필수적이다. 매일 일과의 규칙을 유아에게 알려주고 행동의 한계에 대해서도 설명해주어야 한다. 여기에는 가족의 규칙과 가족원이 상호작용하는 방식을 포함한다. 또한 행동의 제한을 설명해 주어야 한다.

규칙의 설정은 부모가 유아에게 자기규제와 바람직한 행동을 가르칠 수 있는 한 가지 방법이다. 가족이 지켜야 하는 규칙을 알려주면 유아의 자기규제의 발달에 도움이 된다. 부모는 규칙을 존중하고 지키는 본보기를 보여야 한다. 갑작스럽게 규칙을 변경해야 할 때는 단순하고 구체적으로 그 이유를 아동에게 설명해 주어야 한다.

규칙을 정하는 것은 아동의 보호를 위해서도 필요하다. 규칙을 적용하는 것은 유아에게 책임 있는 행동, 시민적인 태도, 다른 사람과의 상호작용방식을 가르치기 위한 것이다. "도로에서 놀이하지 말고, 놀이터에서 놀아라."와 같은 규칙은 유아에게 안전하게 놀이할 장소를 이해할 수 있도록 한다. "히터를 만지지 마라. 손이 데일 수 있다.",

"아침에는 어린이집이나 유치원에 가기 전에 식사를 해야 한다."는 것 등이 이 시기 유아의 규칙이 될 수 있다.

(4) 사회화 지지와 공격적인 행동에 대한 대처

사회화는 개인적 가치, 태도 그리고 행동이 표출되는 것으로 문화적 가치를 반영한다. 유아기의 사회화 과정은 진지하게 이루어진다. 몇몇 사회화의 방식은 유아에게 가르칠 수 있지만 대부분은 모델링과 주도성에 의해서 유아 스스로 터득한다. 유아는 규칙, 기대, 그리고 제한을 이해하고 이에 적응한다. 이 시기 유아는 성인의 기대를 직관적으로 이해하고 다양한 상황에서 허용되는 것과 허용되지 않는 것이 무엇인지를 안다. 유아는 점차 부적절한 행동을 통해 적절한 행동을 배운다.

가족체계 내에서 특정 기준이 마련되는데, 오늘날 사회가 다변화된 것에 비하면 아동에게 요구되는 사회화의 기본적인 가치와 행동은 유사하다. 이 시기 유아는 사회적 기술을 먼저 배워야 한다. 친사회적 행동은 충동을 조절하고 자기조절능력, 한계를 수용하는 것을 배우면서 동시에 다른 사람에 대한 도움, 공감, 그리고 걱정 등을 발달시킨다. 이러한 것은 다른 사람의 감정과 행동에 적절하게 반응하는 역량을 키워준다.

공격성은 적대적인 행동으로 두려움을 낳는다. 공격성은 유아기 초기에 최고조에 이르고 그 이후 점차 감소한다. 아동의 분노는 성인의 권위에 도전하는 것처럼 보이고, 부모에게 위협적으로 보이는 것을 제외하면 어떠한 고의성도 없지만 좀처럼 허용되지 않았다(Zornado, 2001). 어느 정도의 공격성은 유아기의 건강한 성장과 발달과정에서 나타나는 자연스러운 현상이다. 어떤 경우 이는 행동의 한계를 이해하고 의사소통하는 데 일정부분 기능적으로 작동한다(Schonert-Reichl, Smith, Zaidman-Zait, & Hertzman, 2012). 부모가 자녀를 거칠게 대하면 자녀는 부모의 이러한 행동을 보고 배워 더욱 공격적이 될 수 있다.

(5) 또래관계 지지

이 시기의 유아는 또래관계에 관심을 가지고 다른 유아들과 어울려 노는 것을 좋아한다. 이 시기에 또래에 대한 공감능력이 나타난다(Bronnell & The Early Social Development Research Lab, 2016). 또래와의 관계가 확대되면서 어른과의 의존적인 관계는 약해진다. 또래들이 자기를 좋아하지 않거나 함께 놀고 싶어 하지 않는다고 느낄 때 위축되고 우울해 한다. 친구와 함께 놀이하고 싶어서 "나와 함께 놀이하면 내 과자 너 줄게."라고 말하지만 이렇게 말하는 아동의 감정은 혼란스럽다. 이럴 때 안심하고 믿고 의지하는 어른이 함께 있으면 자신감이 생겨 낯선 사람과도 쉽게 적응할 수 있다. 이 시기 유아는 놀이친구를 결정할 때 배타적이 되기도 한다.

이 시기는 또래와의 경쟁심이 절정을 이룬다. 부모는 양육과정에서 이 시기 유아를 다른 또래와 비교하면서 경쟁을 부추길 수가 있다. "누가 정리정돈 잘하는지 보자.", "주환이는 제대로 앉아 밥을 잘 먹는구나. 은서야, 주환이처럼 밥을 먹어 보자." 이렇게 말하는 것은 유아를 부모가 원하는 대로 행동하도록 할 수는 있지만, 궁극적으로는 협동심의 발달보다는 또래 간의 불화를 촉발한다. 더 나아가 승자와 패자가 생기게 마련이므로 언제나 패자의 입장에 있어야 하는 유아는 자신이 무능하다고 생각되어 부정적인 자아인식이 발달할 수 있다. 이 외에도 언제나 승자가 되고자 하는 강박감이 생길 수 있다(황옥경, 2014).

더 알아보기

유아가 친구에게 배타적인 태도를 보이는 경우 부모의 자세

"넌 여자라서 안 놀아!", "넌 축구 유니폼이 없기 때문에 안 놀아!"라는 등 친구에게 배타적인 태도를 보일 때, 부모는 적절하게 개입하여 도울 수 있어야 한다. 부모 역시 이런 상황이 생기면 어떻게 개입해야 할지 몰라서 당황할 수 있다. 유아가 함께 놀고 싶은 친구를 선택할 수 있지만 이를 표현할 때 지나치게 배타적으로 말하지 않도록 유아에게 설명해 준다.

(6) 긍정적인 성역할발달 격려

3~5세 유아들은 환경에 따라 이미지와 태도를 형성한다. 어른들이 아동을 위해 만들어 내는 환경은 수없이 많다. 아이의 환경을 바라보는 관점은 어른과 아동이 서로 소통하는 방식이다. 색깔은 어른이 아이의 세상과 소통하거나 규제하는 한 가지 부분이라 할 수 있다. 예를 들면, 물건, 조명, 침구, 옷 등의 색깔을 선택하는 것은 부모가 자녀를 성별화하는 의사소통이다.

존스 등Jones et al.(2007)은 신생아 및 대부분의 유아는 '그들의 환경의 디자인과 방에 있는 특정 물건들에 대해 제한된 정보'를 갖는다고 주장한다. 연구자들은 부모가 남아의 방에는 자동차, 기계, 운동 장비 등의 장난감을 마련하는 반면, 여아의 방에는 인형, 꽃 등의 이미지를 두는 것을 관찰했다. 6세 이하의 방을 살펴본 결과, 전통적으로 여성적으로 간주되는 인형 등의 모습이 남아의 방에서는 전혀 없었고, 전통적으로 남성적이라 간주되는 자동차는 여아의 방에서 하나도 발견되지 않았다(Pomerleau et al., 1990 ; Rheingold & Cook, 1975). 라인골드Rheingold와 쿡Cook은 어린아이들의 방에서 나타나는 이러한 성적 차이는 상당 부분 부모의 선택으로부터 비롯된 결과라고 주장했다.

(7) 자존감발달 지원

자아개념은 성인과의 경험을 통하여 습득한 자신에 대한 개념이다. 유아 주변에서 유아를 소중하고 역량이 있는 사람으로 인정해 줄 때 긍정적인 자아개념을 형성한다. 자아개념발달에서 중요한 요인이 되는 자존감의 발달은 성취감과 자신에 대한 가치감에 기초하여 형성된다. 이 시기 유아는 자기 자신을 인식하게 되면서 자신을 타인과 비교할 수 있으므로 부모는 자녀의 긍정적인 자존감 형성을 돕기 위해서 자녀를 수용하고 존중해 줄 수 있어야 한다.

5. 아동기의 부모

1) 독특한 개인을 만나는 시기

아동기는 초등학교에 다니는 시기로 아동이 자기 나름의 생각과 특성을 갖는 한 개인으로 발달하는 시기이다. 아동이 점차 독립적이 되면서 자기 나름의 환경을 구성하고 어른은 아동의 호기심, 역량, 그리고 아동이 만든 세상을 공유한다.

이 시기는 배움의 시기이다. 학교에 입학하게 되면서 학교가 배움의 실험장이 된다. 학교는 시민사회를 배우는 장이 되며 다른 그 어떤 것보다 학교에서 어떤 일이 발생하는가가 중요하다. 이 시기 아동의 부모는 자녀에게 다음을 기대한다.

- 사회적 기술이 정교해지고, 친구 및 어른과 협동하는 능력
- 학교 공부에 도움이 되는 정보처리 역량의 획득
- 어른의 지도 없이 학교 공부를 해내고 어른이 정한 기준을 잘 지키는 것

이 시기는 자아에 대한 분별력, 건강한 자아존중감, 자아개념 등이 확장된다. 이 시기의 성공적인 보살핌은 유아기의 양육과도 연관된다. 이 시기의 부모는 유아기의 안전과 생존 등의 보호자의 역할이 조금 줄어 들고, 아동의 인지발달과 사회정서발달 등에 더욱 관심을 갖고 보다 심리적 차원의 부모역할, 즉 격려자의 역할을 할 수 있어야 한다. 부모는 배움의 과정에서 자녀가 실수나 실패하더라도 끊임없이 자녀를 격려해야 한다.

아동기 발달의 전반적인 특징은 다음과 같이 좀 더 성숙해지고 책임감이 증가하는 것이다.

- 규칙적으로 해야 할 일에 대한 책임감이 증가하고 해야 할 일에 대해서 긍정적인 태도가 발달한다.
- 학교교육에서 요구되는 읽기, 쓰기, 셈하기 등을 배우는 데 필요한 사회적 기술과

정신적 역량이 생겨난다.

- 개인적인 행동에 대한 연령에 적합한 책임감을 인식한다.

2) 아동기의 부모역할

(1) 배움의 시기, 학습경험과 습관의 형성

아동기는 배움의 시기이다. 아동이 학교생활에서 성취감을 획득하고 친구관계나 가정 밖의 사회관계에서 자신감을 가질 수 있도록 돕고, 긍정적인 자아개념을 형성하며 스스로 공부하는 습관을 갖도록 하는 것 등이 이 시기 자녀를 둔 부모의 중요한 과제이다. 이 가치로운 시기에 아동이 배우는 데 초점을 둘 수 있도록 학교나 가정, 부모가 도와야 한다.

아동기에 스스로 학습하는 습관은 부모와의 관계에서 자기에 대한 초기 인식에서 기반하고, 이후 학교와 주변사람들과의 경험을 통한 자신과 그리고 자신의 능력에 대해 어떻게 인식하게 되는가와 연관하여 발달한다. 부모는 아동이 자발적으로 학습하는 습관을 길러주고 발달에 맞추어 학습동기를 유지할 수 있도록 적절한 과제를 준다. 부모들은 자발적이고 능동적인 학습 대신 강요된 학습을 하지 않도록 주의하여야 한다.

이 시기에 아동 자신에게 부여된 과제를 성공적으로 마치고 이에 대해 부모, 교사나 친구 등으로부터 인정받게 되면 더 열심히 하려는 근면성이 발달되고 긍정적인 자아개념이 발달한다. 아동의 발달에 적절한 수준의 과제를 제시하여 성공의 경험을 할 수 있도록 하여 열등감을 갖지 않도록 돕는다.

이 시기의 아동에게 학교에서 일어나는 일은 사실 책보다 훨씬 더 중요하다. 학교는 시민적 참여경험을 할 수 있는 장소이다. 부모 모두에게 자녀의 학교선택은 교육과 경제적인 측면뿐만 아니라 정서적 · 심리적으로도 중요하다. 학교는 사회화 실험장소, 사고의 보고, 호기심을 발견하고 이에 대한 의미를 발견할 수 있는 장소이다. 교사와 부모는 학교가 안전하며 독보적인 탐험의 공간이 될 수 있을 것이라는 메시지를 주어야 한다(Noddings, 2015).

(2) 어려움에 대한 격려자

아동은 학교라는 새로운 사회적 환경에서 교사, 또래들로부터 평가받는다. 아동은 과제를 수행해야 하고 이에 따른 결과를 받아들인다. 아동은 평가에 대한 불안을 느끼며 이런 상황에 잘 적응하면 자신감을 갖지만 실패하면 좌절한다. 부모는 자녀가 동기와 흥미, 에너지를 가지고 과제를 수행하는 것을 격려하고 이런 행동이 이후의 삶과 연계될 수 있음을 설명해 준다. 노력은 보상을 가져다 주는 의미 있는 행위이지만 모든 아동이 좋은 결과를 얻는 것은 아니라는 것도 설명한다. 다만, 충분히 노력을 하고 동기를 가지고 있는 것이 중요한 것임을 알 수 있도록 돕는다. 부모는 아동의 노력에 대한 보상을 민감하게 해 줄 수 있어야 한다. 아동이 학교의 다양한 평가에서 어려움을 겪을 때 부모는 이를 잘 헤쳐나갈 수 있도록 도와주고, 이 어려움이 더 긍정적인 결과를 낳는 데 도움이 되도록 한다. 자녀 각자의 개성을 존중하고, 다른 사람이 나와 다를 수 있다는 것을 인정할 수 있도록 양육한다.

(3) 신체적 성숙에 대한 민감성

아동기 동안에 대부분의 아동은 사춘기에 접어든다. 사춘기의 시작은 여아가 남아보다 조금 더 빠르며 신체적 성숙과 더불어 책임감도 증가한다. 사춘기에 접어들면 2차 성징이 나타나고 이성에 대한 관심도 증가한다. 아동이 힘이 세져서 어떤 부모들은 자녀들의 나이를 넘어서는 운동을 하도록 권유하기도 한다. 안전하고 건강한 가운데 아동의 흥미와 관심사를 유지할 수 있도록 한다.

(4) 건강한 식습관 형성의 책임

아동의 건강한 식습관 형성은 새롭게 인식된 중요한 부모역할로 부모들에게는 하나의 도전이 된다. 아동기 식사습관은 성인기 건강에 영향을 미친다(Brown & Wright,

2016). 아동기의 주요 과제 중 하나는 건강한 식습관을 형성하는 것이다. 건강한 식습관은 음식에 대해 긍정적이고, 편안하며 유연한 태도를 갖는 것이다. 건강한 식사는 배고픔을 만족시킬 때 자기규제를 잘 활용하여 적절한 식사를 할 수 있는 것이다. 균형 잡힌 영양, 즐거운 식사경험은 아동의 신체발달을 돕는다. 비만문제는 잘못된 식이에서 기인한다. 부모가 인지하지 못하는 사이에 자녀가 비만해질 수 있는데, 아동 비만율이 점차 증가하고 있다.

(5) 건강과 안전의 위험에 대한 인식

아동은 다양한 위험에 직면한다. 하루 일과에서 다양한 사고 발생의 가능성이 있기 때문에 부모는 자녀가 맞닥뜨릴 수 있는 위험을 민감하게 인지하고 있어야 한다. 팀 경기를 할 때, 부모는 다양한 사고의 위험을 예측하고 안전한 환경이 되도록 해야 한다. 안전에 대한 민감성이 사고를 줄인다.

(6) 사고의 정교화에 대한 부모 양육태도의 변화

아동은 자기 나름의 방식으로 사건을 구성하고 세상을 이해한다. 학교규칙 등은 아동의 내적 가치체계, 행동규범을 발달시키는 데 도움이 된다. 이상적으로는 아동의 사고 재구조화가 부모의 양육과 조화를 이루는 것이다(Britto et al., 2017). 아동은 추상적인 사고를 발달시킨다.

부모는 아동기 자녀의 사고의 발달에 적응하기 위해 이에 적합한 수준의 양육태도를 모색한다. 부모는 아동의 성장에 따라 훈육방식을 변화시키는 게 어려울 수 있다. 부모는 자녀의 사고 패턴의 변화에 따라 부모 자신의 역할이 달라져야 한다는 것을 분명하게 인식하며, 자녀와 상호 의논할 수 있어야 한다는 것을 기억한다.

(7) 인지적 역량의 확대 그리고 지지

아동기는 인지적 관점에서 매혹적이다. 뇌발달의 관점에서 보면 정보를 습득하고 새로운 기술을 익히는 무한한 능력을 가지고 있는 것처럼 보인다. 청소년기 이전의 아동은 제2외국어를 모국어처럼 배울 수 있으며 원어민 수준의 발음을 구사할 수 있다(Melvor & Parker, 2016). 아동의 이와 같은 언어습득능력은 청소년기나 성인기에는 생각할 수 없는 능력이다. 특별한 재능을 가지고 있는지도 아동기에 확인할 수 있다.

학령기 아동은 일상생활에서 정신기능을 사용하는 것도 증가한다. 그러나 학령기 아동은 아직 모든 시간에 논리적 사고능력을 적용하지 못하기 때문에 부모는 아동이 발달수준에 맞도록 적절한 기준과 구조화한 환경 등을 제시할 수 있어야 한다.

(8) 또래집단의 의미와 영향력 인지

아동기 또래집단은 사는 곳이나 학교를 중심으로 형성된다. 함께 놀이하면서 또래집단을 형성하는데, 저학년 때는 집단이 덜 구조화하지만 학년이 올라가면서 집단은 안정적이 된다. 아동은 집단을 형성하면서 집단구성의 정치적 행위를 이해하기 시작한다(Bingham & Conner, 2015). 또래집단은 자기들만의 규칙, 의사소통방식, 제한 등이 있다. 또래집단을 통해서 아동은 우정을 쌓으며 사회적으로 수용 가능한 행동이 무엇인지를 배운다. 성역할을 발달하고 규칙과 논리적 결과를 이해한다.

읽 어 보 기

아동에 대한 소크라테스의 생각

모든 세대에서 어른들은 자신의 세대가 더 나았다고 하면서 아동을 성인의 시각에서 비판해 왔다. 이것은 21세기 이전인 소크라테스 시대에도 다르지 않았다. 소크라테스의 말에서 당시의 아동에 대한 생각을 엿볼 수 있다.

"요즘 아이들은 사랑스러운 장난감이지만 태도가 나쁘다. 어른을 존중하지 않으며 운동하는 장소에서 수다 떠는 것을 좋아한다. 아동은 이제 가정의 폭군이며 더 이상 종이 아니다. 부모를 경멸하고 잡담이나 하고 식탁에서 중얼거리고 다리를 꼬고 교사를 무시한다."(소크라테스, 469–399, B. C. E ; Bigner, J. & Gerhardt, C. 2019에서 재인용)

아동기에 이르기까지 자녀는 부모의 양육에 따라 부모의 영향하에서 성장하였기 때문에 점차 증가하는 자녀의 또래관계와 다른 성인의 영향을 부모는 수용하기 힘들어 한다. 이 시기 부모는 자신이 아이들에게 필요한 존재로 남고 싶어 하는 욕구와 자녀가 부모를 벗어나 친구들과 원만하게 잘 지내도록 하고 싶은 욕구 사이에서 갈등한다.

(9) 긍정적인 자아개념발달 지원

아동기는 자아성장의 결정적인 시기로 아동은 부모와 가족, 교사, 또래친구가 아동의 생각과 감정을 신뢰하고 존중해 주면 자신을 가치 있는 사람, 무엇인가를 할 수 있는 사람이라는 긍정적인 자아개념을 형성한다. 반면, 아동의 행동에 대해 부정적인 평가를 하고 실수를 지적하면 자신이 역량이 부족하고 가치 없는 사람이라는 부정적인 자아개념을 형성한다. 자아에 대한 건강한 인식은 자신의 강점과 약점을 충분히 인식하고 자신의 주변을 탐색하는 데서 얻어질 수 있으며 일상생활에서 아동이 작은 성공을 경험하도록 지지하고 격려해 주어야 한다.

(10) 잠재적 재능을 가진 자녀

자녀가 잠재적 재능이 뛰어나도 부모의 역할은 일반 아동에 대한 양육행동의 범주를 크게 벗어나지는 않지만, 아동의 재능에 맞는 양육을 해야 할 필요가 있다. 학교교육과정이 적절치 않을 수 있어 다로 독립된 교육을 받을 수 있다. 영재아를 둔 부모는 다른 자녀와 마찬가지로 사랑을 주고 높은 기대를 가지고 지지적인 양육행동을 한다. 특별한 도움이 필요한 자녀를 양육하는 부모의 경우에도 아동의 개별적인 요구와 역량에 대한 민감성을 가지고 있어야 한다.

표 2-3 | 아동기 발달특징과 부모역할

구분	발달특징	부모역할(영향)
신체운동 발달	• 키와 몸무게의 증가가 둔화 • 매일 새로운 기술이 나타나고 운동능력의 정교화 • 식욕 감소 • 오른손, 왼손잡이 결정 • 대근육운동능력 습득(달리기, 기어오르기 등)	• 학습경험 제공, 학습습관 형성 • 또래관계와의 조화와 균형 • 인지적 역량의 확대 지지 • 건강한 식습관 형성의 책임 • 건강과 안전위험 인식 • 사고의 재조직화, 정교화 인지 • 긍정적 자아개념 발달 지원 • 영재아 양육의 이해
인지언어 발달	• 분류능력 획득 • 호기심이 최고조에 이름 • 세상에 대한 정보를 축적 • 전조작기 사고, 직관적 • 기억과 회상능력 향상 • 자기중심성	
사회정서 발달	• 자신과 타인 그리고 사물에 대한 인식 확대 • 성공과 실패를 통해서 배움 • 정서가 좀 더 복잡하게 분화 • 독립성, 자기규제능력 증가 • 공감, 공격성, 두려움이 나타남 • 사회화 시작 : 또래와 어울려 놀이할 수 있음 • 다른 사람들을 도와주고 독립적인 것을 좋아함	

6. 사춘기와 청소년기의 부모

1) 미래를 위한 지지자 되기

청소년기는 아동기, 성인기가 섞여 있는 모호한 시기로 아동기에서 성인기로 넘어가는 전이 시기이다. 대개는 13~18세까지의 시기로 초기와 후기 청년기로 나뉜다. 사춘기는 초기 청년기에 시작되며 신체적 · 성적 특징이 나타난다. 부모에게 자녀의 사춘기는 이전 시기의 양육행동의 보상을 받는 시기이고 자녀가 독립적인 행동이 안착할 수 있도록 도우면서 새로운 부모-자녀관계를 형성해야 한다.

부모와 청소년기 자녀 모두 역동적인 가족의 일원으로서 서로 영향을 주고받는다.

안나 프로이트Anna Freud는 '청소년기를 반드시 불쾌한 시기'로 보았다. 사춘기가 도래하면 자녀들은 부모와 말도 하고 싶어 하지 않을 만큼 10대들은 성적 변화와 개별화를 극복하려는 내적 투쟁을 벌인다. 청소년기는 독립을 추구하고 자기 자신에 대해 모든 책임을 지는 하나의 성숙한 인간으로 성장하는 시기이다.

이 시기에 부모와 자녀 사이에 발생하는 실질적인 문제는 귀가시간, 용돈, 학업, 정리정돈, 옷과 몸치장, 친구 선택, 이성관계 등이다. 이들은 부모에게 독립하려고 부모들을 밀어내기도 하지만 다른 한편으로는 부모로부터 자신들의 새로운 요구, 확장된 활동반경, 친구관계들을 인정받기를 바란다. 청소년기의 이상 추구는 부모 등의 어른과 갈등을 유발한다. 또한 부모의 기준을 거부하고 또래의 기준을 더 중요하게 여기기 때문에 부모와 갈등을 겪는다.

2) 사춘기와 청소년기의 부모역할

청소년과 부모의 관계를 생각할 때 가족상황을 염두에 두어야 한다. 부부의 결혼상태, 경제상황, 고용상태, 교육 등 가족의 구조는 청소년기 자녀와 부모의 관계에 영향을 미친다. 이 시기 부모는 대부분의 경우 청소년기 자녀의 요구에 의해서 부모역할의 변화 요구에 직면한다. 대부분의 부모는 청소년기 자녀도 여전히 돌봄이 필요하고 규칙을 적용해야 함을 안다. 부모의 양육 유형은 청소년기 자녀에 의해 받아들여져야 한다. 청소년기 자녀가 독립적이 되고 싶어 해도 이들 역시 부모의 보살핌과 도움을 여전히 바란다. 청소년기 자녀 역시 어머니와 보내는 시간은 청소년 시기의 낮은 비행과 연관이 있다(Milkie, Nomaguchi & Denny, 2015). 이는 다시 말해, 부모역할이 청소년기가 된다고 해서 끝나는 것이 아니라는 의미이다.

(1) 자녀를 개별적 존재로 인식하기

연구에 따르면 이 시기 부모가 겪는 가장 큰 어려움은 자녀의 독립성을 수용하면서 부모 자신의 제한이나 규칙을 어떻게 유지하는가이다(Lebowitz & Omer, 2013). 개별화는 청소년이 자기를 신뢰하고 자기의 주장을 고집할 때 나타나며, 의사결정을 독립적이고 자신 있게 하도록 해준다. 청소년기 자녀는 어떻게 의사결정하는지를 배워야 하고 때론 극단적인 결과를 가져올 수 있음을 배워야 한다. 부모는 의사결정으로 인한 어려움을 최소화할 수 있도록 자녀를 도와야 하고 의사결정과정에서 무엇을 고려하고 어떻게 해야 하는지에 대해 조언해 줄 수 있어야 한다. 부모의 책임이 점차 감소하고 자녀에게 규칙을 안내하고 기준에 따르도록 하는 것을 점차 줄여 나가야 한다.

가족원이 똑같은 신념, 가치를 가지고 행동하기를 원할 때 건강한 가족체계를 유지하지 못한다. 부모와 청소년 자녀가 의견의 일치를 봐야 하는 경우에도 관련 사항 모두를 검토하고 충분한 논의와 토론을 거쳐야 한다. 중류층의 부모는 설득과 협상의 민주적인 양육 유형을 보인다. 부모의 스트레스는 양육행동에 영향을 미치며 자녀를 통제하고 힘을 통해 자녀를 압박하려고 한다(Park & Wallton-Moss, 2012).

잘 숙련된 부모가 청소년기 자녀의 요구에 부응한다.

(2) 건강과 안전 살피기

청소년기의 건강과 안전은 현재뿐만 아니라 성인기까지 중요하게 영향을 미친다. 건강을 챙기는 것은 규칙적인 생활을 형성하고 습관화하는 데에도 중요하다. 건강한 생활습관을 형성하는 것 역시 중요하며 약물과 알코올 남용 등이 초래하는 문제에 대해서도 자각할 수 있도록 해야 한다.

(3) 식이장애에 대한 민감성 갖기

몇몇 청소년은 자신의 체중 때문에 낮은 자존감을 가지고 있거나 자신의 외모에 대한 잘못된 편견을 갖기도 한다. 식이장애는 정신질환을 유발할 수 있으므로 가족이 이를 진지하게 다루어야 한다.

(4) 긍정적인 가족분위기 형성하기

가족구조보다도 가족분위기는 가족원의 안정감 및 행복과 연관된다. 부모는 자녀가 영유아기 때 사용했던 규제, 조절, 제한 등으로부터 벗어날 수 있어야 하고 청소년 자녀가 스스로 자기규제를 작동하여 자신의 행동을 조절할 수 있도록 해야 한다. 민주적인 가족분위기는 청소년기 자녀의 긍정적 발달을 돕는다. 이 시기의 부모역할은 아주 중요하나 불안정하고 때로는 혼란스럽기도 하다. 이 시기의 부모는 격려자와 상담자역할을 감당해야 한다.

(5) 또래 영향력과 부모-자녀관계 조정하기

청소년기의 또래관계는 자아정체감을 발달시키는 데 특별한 영향력을 갖는다. 이 시기 또래 상호작용은 아동기와 비슷하다. 십대들은 자기 친구를 자기평가의 도구로 사용한다. 대부분의 경우 또래의 기준이 부모의 기준과 차이가 있거나 대립되기 때문에 부모들이 자녀들을 이해하고 수용하기는 쉽지 않다. 자녀들이 부모의 기준과 또래 사이에 통용되는 기준 사이를 오가며 '밀고 당기는' 단계를 반복할 때 부모는 어려움을 갖게 된다. 그러나 이들의 이러한 태도는 정체감을 찾아가는 과정에서 그들 자신들도 혼란스러워하고 있다는 표현임을 이해할 필요가 있다.

(6) 인지적 변화 지지하기

청소년기는 사람, 사건, 사물에 대해 이해하는 데 보다 융통성이 생기며 가능한 모든 추상적 추론을 한다. 이 시기의 인지과정은 추상적 사고가 증가하고 과학적인 추론의 특징이 있다. 귀납적 추론은 논리적으로 결과를 도출하도록 돕는다.

표 2-4 | 청소년기 발달특징과 부모역할

구분	발달특징	부모역할(영향)
신체운동 발달	• 이차성징의 발달 • 생활습관이 신체발달에 영향을 미침	• 신체적 · 심리적 변화에 대한 안내자 • 사회적 관계, 정서적 변화의 관찰자 • 갈등과 어려움에 처해 있을 때 지지자
인지언어 발달	• 구체적 조작기의 사고 • 도덕 판단이 좀 더 복잡해짐	
사회정서 발달	• 자아정체감 탐색 • 원만한 부모-자녀관계, 그러나 특정부분에서 갈등을 촉발할 수도 있음 • 또래집단의 이중적 영향력, 또래가 친사회적 행동과 반사회적 행동의 발달에 모두 영향을 미침	

생/각/해/보/기

자녀의 성장에 따라서 부모역할이 어떻게 변화해야 할지와 변화과정에서 예상되는 어려움이 무엇일지를 생각해 보자.

CHAPTER

03

부모교육의 이론적 접근

CHAPTER

03

누군가의 부모가 되어 부모역할을 하는 과정은 어떻게 형성되는가? 부모역할을 바람직하게 수행하기 위해 부모로서 배워야 할 것은 무엇이며 이는 어떻게 익혀야 하는지에 대해 주요 이론들을 중심으로 살펴본다.

1. 부모역할의 학습과정에 대해 설명하는 이론

이 절에서는 부모의 역할을 어떻게 학습하는지, 부모역할의 과정에 영향을 미치는 요인에 대해 이론들을 어떻게 설명하고 있는지 살펴보고자 한다. 브룩스Brooks(2013)는 부모역할의 학습과정에 대해 설명하는 다양한 이론을 크게 부모나 외부 영향을 강조하는 이론, 아동의 내적 특성을 강조하는 이론, 내외 영향을 모두 강조하는 이론으로 구분하였다.

1) 부모나 외부의 영향을 강조하는 이론

부모역할에서 부모의 영향이나 외부의 영향을 중시하는 이론들로는 애착이론, 학습이론 및 비고츠키의 사회문화이론을 들 수 있다.

(1) 애착이론

애착이론은 1950년대 보울비Bowlby에 의해 개발된 이론으로 부모-자녀관계의 질에 초점을 맞춘 것이다. 애착이란 영유아가 양육자와 형성한 심리적 유대감을 의미하며, 양육자가 민감하고 반응적이며 온정적인 양육태도를 보일 때 형성되는 것으로 알려져 있다. 양육자에게 안정된 애착을 형성한 영아는 주변 환경에 대해 안정감과 보호감을 느끼고 양육자를 안전기지로 삼아 세상에 대한 활발한 탐색을 할 수 있게 된다. 안정된 애착은 주 양육자인 어머니와 아버지에게도 형성할 수 있으며, 조부모나 어린이집 교사와 같은 기타 대리양육자와도 복합으로 형성할 수 있다. 그러므로 영유아를 대하는 주 양육자와 보조 양육자 간에 긴밀한 의사소통을 통해 영유아가 하루 일과를 통해 안정적인 양육환경에 노출될 수 있도록 노력할 필요가 있다.

애착은 통상 영아기에 형성하여 청소년기 이후까지 비교적 오랜 기간 동안 유지되는 안정적인 특성을 가지지만, 애착형성의 근원이 양육자가 영유아를 대하는 태도에서

비롯되므로 양육자의 태도 변화에 따라 애착특성이 왜곡될 수도 있다. 즉, 주요 양육자들이 자신의 심리적 어려움으로 영유아를 거칠게 대하거나 냉랭하게 대하는 등 영유아와의 관계에서 비일관적인 태도를 보이는 경우 영유아는 양육자와의 관계에서 부정적인 경험을 하게 되며 이는 영유아가 양육자에게 형성한 애착의 특성을 왜곡시키게 된다. 부모의 실직, 배우자의 죽음, 부부의 별거나 이혼 등의 과정은 성인에게도 힘든 과정이며, 특히 영유아에게는 자신의 양육환경에 급격한 변동이 생기거나 불안정한 심리적 파동을 겪는 시기가 될 수 있다. 이는 결과적으로 부모와 영유아 간에 형성된 안정된 애착을 저해한다. 이와는 반대로 애착의 질이 보다 긍정적인 방향으로 변화될 수도 있다. 주 양육자들이 양육태도에 있어 민감성과 반응성, 온정성 등 긍정적인 특성을 강화시키고 양육태도에 있어 자신감과 신뢰감이 높아지면 이는 영유아로 하여금 주 양육자

더 알아보기

애착육아란?

애착육아(AP : Attachment Parenting)는 미국 소아과의사인 윌리엄 시어스(William Sears)에 의해 주창되었다. 이 용어는 영아에 대한 부모의 온정과 민감한 반응을 통해 부모-자녀 간 애착을 증진시키는 데서 더 나아가 부모와 영아가 신체적으로 밀접한 접촉을 지속해야 한다는 것을 더욱 강조하고자 사용되었다. 실제 이 부모역할 철학에 따라 미국의 젊은 부모들이 아기 띠를 일상적으로 사용하기 시작하였다.

우리나라의 포대기

미국의 아기 띠

에게 형성한 애착의 질을 긍정적인 방향으로 바뀌게 해준다.

애착이론은 부모역할이 어떠해야 하는지에 관해 다음과 같은 것을 시사한다. 즉, 영유아가 자신에게 중요한 사람들과 맺는 관계의 질에 의해 성장에 영향을 받는다는 점, 영유아의 애착특성은 영유아가 세상을 이해하고 다른 사람들과의 관계에서 행동하는 방식의 기본토대로 작동한다는 점, 그러므로 주 양육자들은 영유아에게 반응적이고 일관된 양육태도를 보임으로써 영유아가 안정된 애착을 형성하도록 해야 한다는 점 등이다.

(2) 학습이론

학습이론은 영유아의 성장과 학습에 영향을 미치는 외부환경의 역할에 대해 설명하는 이론이다. 학습이론은 고전적 조건형성부터 조작적 조건형성, 사회학습이론에 이르기까지 다양한 이론가들에 의해 누적적으로 만들어져온 일련의 이론체계라 할 수 있다. 이에 따라 각 이론가들이 영유아를 어떤 존재로 간주하는지의 정도도 매우 다양하다. 가령, 어떤 이론에서는 영유아를 외부환경의 보상과 처벌에 의해 자신의 행동을 형성하는 '빈 서판blank slate'의 존재라 보기도 하고, 다른 이론에서는 영유아가 자신을 둘러싼 환경을 해석한 후 모방해야 할 모델이나 자신이 추구해야 할 목표를 선택하는 보다 적극적인 학습자 역할을 한다고 간주하기도 한다.

학습이론에서는 영유아가 자신의 행동에 따른 긍정적이거나 부정적인 결과에 의해 자신의 후속행동을 결정한다고 본다. 즉, 자신의 행동에 따른 결과가 지속적으로 긍정적인 결과를 가져온다면 그 행동은 증가할 것이고, 반대로 자신의 행동결과가 일관되게 부정적인 결과를 초래한다면 그 행동은 감소할 것이라 본다. 그러므로 영유아의 행동에 대한 보상이나 처벌, 소거 등을 어떻게 할 것인가가 주 양육자의 관심이 된다. 또한 이 이론에서는 영유아나 성인 모두 환경으로부터 자신이 중요하다고 간주하는 보상을 받을 수 있는 행동이 무엇인지에 관심을 가질 것이라고 본다. 가령, 영유아가 긍정적인 행동을 해도 주 양육자에게 온당한 관심을 받지 못한다면 영유아들은 징징거리거나 떼를 쓰는 등의 행동을 하여 주변의 관심을 끌어내고자 한다는 것이다.

더 알아보기

아기들의 엄마 · 아빠놀이

영유아는 주변 환경의 인물들을 보고 여러 가지 역할의 행위방식을 습득한다.

아빠 역할놀이 중인 유아

엄마 역할놀이 중인 유아

출처 : https://search.naver.com

사회학습이론에서는 여기서 더 나아가 영유아가 직접적인 보상 없이도 특정 행동을 습득할 수 있다고 보았다. 즉, 영유아는 자신이 좋아하고 자신에게 일관되고 반응적인 태도를 보이는 주 양육자를 동일시하고자 하며 이들이 중시하는 것을 자신도 따라하려고 노력하게 된다는 것이다. 반대의 경우 주변 환경에서 모델링할 긍정적인 인물상이 없다면 영유아는 적대적이며 공격적인 태도를 형성하게 된다고 보았다. 특히, 반두라는 영유아가 보다 능동적인 학습자역할을 한다고 보아 학습자의 목표설정, 추구하고자 하는 의도, 환경이 어떻게 긍정적 · 부정적인 보상을 하는지를 해석해내는 능력 등을 강조하는 학습과정을 이론화시키기도 하였다.

학습이론은 부모역할이 어떠해야 하는지에 관해 다음과 같은 것을 시사한다. 즉, 부모 자신이 일상에서 영유아에게 적합한 행동을 보여 주는 모델이 되어야 한다는 점, 영유아는 긍정적인 행동으로 부모의 관심을 얻지 못할 때는 부정적인 행동을 사용하여 관심을 촉발시키려 한다는 것을 이해하여야 한다는 점, 부모는 영유아가 어떤 조건하에서 가장 잘 배우는지 파악하여야 한다는 점 등이다.

(3) 비고츠키의 사회문화이론

비고츠키의 사회문화이론에서도 부모가 아동의 성장에 핵심적인 역할을 한다고 보지만, 학습이론에서 설명하는 방식과는 좀 다르다. 비고츠키에 따르면, 모든 문화에는 고유한 세계관이 있고, 문제를 해결하는 나름의 방식이 있다. 언어, 예술, 일상의 반복된 행위양식에 이런 가치관이 녹아 있으며, 아동은 부모와의 상호작용이나 반복된 사회적 경험을 통해 이를 받아들인다. 즉, 아동의 지식, 사고, 정신적 과정은 모두 유능한 사람과의 사회적 상호작용에 의해 영향을 받는다고 본 것이다. 사회적 상호작용이 이루어진 이후에는 아동이 이를 개인적인 수준, 심리적인 수준에서 내면화시키는 과정을 거치게 된다. 비고츠키는 이를 '근접발달지대zone of proximal development'라 명명하였는데, 이는 아동이 혼자 수행할 수 있는 행동과 유능한 지원자가 끌어올릴 수 있는 행동 간의 범위를 의미하는 것으로 아동이 내적 능력을 가지고 있음을 명백히 보여 주는 특성이라는 것이다. 좀 더 경험이 있는 사람이 아동과 상호작용을 통해 질문을 하거나, 힌트를 주거나, 시범을 보이는 등 적절한 지원을 해준다면 아동은 혼자 보다 성숙한 수준으로 행동하는 양식을 배울 수 있게 된다.

비고츠키의 사회문화이론에서 언어는 매우 중요한 의미를 가진다. 언어는 부모와 아동이 상호작용을 할 수 있는 가장 기본적이고 중요한 수단일 뿐만 아니라, 아동이 사회적 상호작용을 통해 배운 것을 내면화시키는 과정에서 아동의 사고과정을 돕는 지지 기능을 하기도 한다. 가령, 부모가 일련의 단계들로 이루어진 행위 순서들을 기억하도록 돕기 위해 언어로 상호작용을 하였다면, 아동은 이를 내면화시켜 기억하는 단계에서 자기 자신에게 독백어를 사용하면서 행위를 표상해내기도 한다. 이런 의미에서 엄마놀이나 아빠놀이와 같은 가장놀이도 아동이 부모와의 사회적 교류를 통해 배운 것을

더 알아보기

양육가치 : 독립성 vs 상호의존성

비교문화심리학에서 볼 때 서양문화에서는 개인주의 가치체계가 중시되는 데 비해, 동양문화에서는 집합주의 가치체계가 강조된다고 보았다. 트리안디스(Triandis)는 개인의 신념체계가 문화적 영향을 받아 형성되는 것을 개인주의(individualisem) vs 집합주의(collectivism)로 구분하였다.

자녀양육 및 부모역할과 관련하여서는 그린필드(Greenfield)의 독립성(independence) vs 상호의존성(interdependence)의 비교문화적 분류를 들 수 있다. 독립성은 자녀양육에서 자녀가 독립적인 인격체로 성장하는 것을 중시하는 부모의 신념체계를 나타내며, 상호의존성은 자녀양육에서 자녀가 가족, 친지, 이웃과 함께 서로 돕는 공동체의 일원으로 성장하는 것을 강조한다.

스스로 다시 반복하면서 내면화시키는 방법이 된다는 점에서 아동의 사고에 중요한 역할을 한다고 간주된다.

사회문화이론은 부모역할이 어떠해야 하는지에 관해 다음과 같은 것을 시사한다. 첫째, 부모의 역할은 소속 문화의 가치관과 행동양식을 자녀에게 전달해주는 것이다. 둘째, 부모는 그 문화의 숙련된 성원으로서 자녀의 행위와 사고의 발달을 이끌어 내는 촉발자의 역할을 한다. 셋째, 사회적 상호작용의 수단이자 아동의 내적 사고과정을 돕는 수단인 그 문화의 주 언어를 가르쳐주는 역할을 한다.

2) 자녀의 내적 특성을 강조하는 이론

부모역할에서 자녀의 내적 특성을 중시하는 이론들로는 발달적 진화이론, 피아제의 구성주의이론, 프로이트의 심리성적 발달이론을 들 수 있다.

(1) 발달적 진화이론

발달적 진화이론은 아동의 성장발달을 진화론의 관점으로 이해하고자 하는 것이다.

즉, 자연도태나 인류의 적응과정, 그리고 이를 통해 생존에 필요한 특성이 다음 세대로 전이되어 왔다는 진화론의 주요 내용이 현대인의 사회적 행동에 어떻게 나타나고 있는지 살펴보는 것이다. 이 이론에서는 수천 년간 이어져온 가족생활이 자연에서 살아남고자 하는 초기인류의 군집생활에 그 기원을 두고 있으며, 복잡하고 섬세한 사회적 행동들이 두뇌용량을 크게 했을 것이라는 점, 하지만 신생아의 두뇌크기는 모체의 산도를 통과하기 위해 작았다가 출생 후 급속한 성장을 통해 두뇌가 커진다는 점, 그리고 이 성장과정에서 부모의 보호와 지원이 결정적이라는 것을 강조한다.

이 이론은 자녀에게 집중투자를 하는 부모역할의 특성을 잘 설명해준다. 즉, 부모는 두뇌용량이 작은 상태로 태어나 폭발적으로 성장해가는 자녀의 발달을 가정에서의 지도, 학교생활, 가족활동이나 가족여행과 같은 문화적 활동 등을 통해 적극 지원한다. 부모는 유・무형의 자원을 집중 배분하려 하며, 원만한 가족생활을 연출해 냄으로써 자녀의 성장발달이 순조롭게 이루어지도록 노력한다. 역으로, 부모의 역할수행이 원만하지 못하거나 가족이 역기능적일 경우 자녀의 성장에 투자할 수 있는 자원이 제한적이며 이는 결과적으로 자녀의 발달을 저해하고 이들이 후세대 양성을 위한 부모역량을 갖춘 유능한 부모가 되게 하는 데 부정적인 영향을 미칠 수 있다.

발달적 진화론은 부모역할이 어떠해야 하는지에 관해 다음과 같은 것을 시사한다. 첫째, 자녀에 대한 부모의 애착과 친밀감은 자녀의 생존 가치에 매우 중요한 요소가 된다. 둘째, 부모의 역할이 순조롭지 못한 가정을 중재하고자 할 때에는 가족이 제한된 자원을 자녀의 성장과 발달에 보다 집중하여 사용하도록 지원할 필요가 있다.

(2) 피아제의 구성주의이론

피아제는 아동이 능동적으로 자신의 지식을 구성해가는 존재라고 보았다. 세상에 대한 학습은 보고 들은 것을 일방적으로 받아들이는 수동적인 과정이 아니라, 아동이 주변 환경을 탐색하고, 정보를 추구하며, 이를 소위 쉐마혹은 스킴, schemes라 불리는 내적 구조로 조직해내는 능동적인 과정이라는 것이다. 아동이 내면화시키는 정보를 기존의 구조에 그대로 받아들이는 것은 동화assimilation라 하며, 정보를 받아들이기 위해 기존의 구조를 변화시키는 것은 조절accommodation이라고 한다. 지식 구성은 이 두 가지 과정을 반복하면서 세계와 아동의 내면 간 평형equilibration을 추구해가는 것이다.

아동이 자신의 환경과 세상에 대한 정보를 받아들이고 지식구조를 구성해내는 방식은 아동의 연령 증가에 따라 질적인 차이를 나타내는데, 피아제는 이 단계를 감각운동기, 전조작기, 구체적 조작기, 그리고 형식적 조작기라 명명하였다. 각 단계는 아동이 세계를 이해하는 전반적인 방식의 두드러진 특성을 나타낸다. 즉, 생후 2년까지의 영아는 감각운동을 통해 주변 환경을 이해하며 점차 물체가 눈앞에서 시각적으로 보이지 않아도 그 물체가 사라진 것은 아닐 수 있다는 대상영속성을 갖게 된다. 취학 전까지의 유아는 주변 환경과 세계를 비논리적인 방식으로 이해하는 과정을 거친다. 즉, 태양과 같은 것은 매일 움직이기 때문에 살아 있다고 생각하고, 나의 관점과 다른 사람의 관점이 다를 수 있다는 것을 이해하지 못한다. 7~12세까지는 초기 아동기로 이 시기에는 세상의 물리적 특성을 구체적인 논리로 이해하는 시기이다. 즉, 대상의 특성이나 관계에 대해 논리적으로 이해할 수 있으나 연역논리나 추상적 사고를 하는 데에는 아직 미흡하다. 13세 이후의 중기 아동기에는 세계를 이해하는 방식이 성인과 유사해진다.

피아제의 구성주의이론은 부모역할이 어떠해야 하는지에 관해 다음과 같은 것을 시사한다. 먼저, 부모는 자녀가 세상을 이해하는 방식은 자신들의 것과는 완전히 다르며 연령의 증가에 따라 질적인 차이를 나타낸다는 점을 이해하여야 한다. 다음으로, 부모는 자녀가 그들만의 방식으로 주변 환경을 탐색하고 세상을 이해하는 과정을 기다려주어야 하며 이에 걸맞는 방식으로 적합하게 지원을 해줄 필요가 있다.

(3) 프로이트의 심리성적 발달이론

프로이트의 심리성적 발달이론은 우리로 하여금 아동이 성장기에 어떤 경험을 하는지 다시 생각해볼 수 있도록 해준다. 프로이트는 성인의 정서적인 문제가 아동기의 왜곡된 경험에 기원을 두고 있다고 보았다. 즉, 초기 성장기의 경험이 일생에 걸쳐 그 사람의 성격에 영향을 미친다는 것이다. 프로이트는 아동의 충동과 본능, 특히 성적 충동에 집중하였으며, 아동의 발달시기에 따라 이를 충족시키는 방식이 이후의 성격형성에 영향을 미친다고 하였다. 아동은 쾌락을 추구하는 존재이고, 부모와 사회는 아동이 이를 사회문화적으로 적합한 방식으로 충족시킬 수 있도록 지원하여야 하며 이 과정에서 원만한 성격을 형성할 수 있다는 것이다.

프로이트는 성격형성에 영향을 미치는 본능과 이의 충족방식을 아동의 연령에 따라 크게 다섯 가지 단계로 구분하였다. 각 단계는 성적 본능이 집중되는 신체부위와 본능의 충족방식을 토대로 명명되었으며, 각 단계는 구강기, 항문기, 남근기, 잠복기, 생식기이다. 구강기는 입을 통해 음식을 먹는 쾌락추구의 단계이며, 항문기는 괄약근의 성장이 이루어지는 배변훈련의 단계이다. 남근기는 이성의 부모를 향한 성적 본능의 시기로 거세불안이 있으며, 자신의 성적 본능을 사회적으로 용인되는 방식으로 충족시키기 위해 동성의 부모를 동일시하는 단계이다. 남근기는 동성의 부모에 대한 동일시를 통한 자아의 발달기제를 설명하고 있다는 점에서 심리성적 발달이론의 가장 핵심적인 시기라 할 수 있다. 잠복기는 성적 요구나 본능 충족의 욕구가 잠재되어 심리적 갈등이 별로 없는 시기이므로 아동은 이 시기에 대해 학교에서 배움에 집중하는 근면성실의 단계이다. 생식기는 청소년기 이후로 이 시기에는 신체적으로 성숙하여 점차 이성과의 교제, 배우자 선택 등을 통해 자신의 성적 본능의 욕구를 사회문화적으로 적합한 방식으로 추구해 갈 수 있는 시기이다.

프로이트의 심리성적 발달이론은 부모역할이 어떠해야 하는지에 관해 다음과 같은 것을 시사한다. 첫째, 아동은 내적 본능을 가지고 있으며 이것이 그의 행동을 추동해내는 존재이므로 부모가 자녀를 완벽하게 통제하는 것은 어렵다. 둘째, 부모는 권위적이고 적합한 부모역할을 통해 자녀가 자신의 내적 본능을 사회적으로 적합한 방식으로 충족시키도록 돕고, 이를 통해 자녀가 원만한 성격을 형성한 성인으로 자랄 수 있도록 지원해야 한다.

3) 내적 영향과 외적 영향을 모두 강조하는 이론

아동의 내적 요인과 환경으로부터의 외적 영향을 모두 강조하는 이론들로는 에릭슨의 생애주기발달이론, 브론펜브레너의 생태체계이론, 가족체계이론 등을 들 수 있다.

(1) 에릭슨의 생애주기발달이론

에릭슨의 생애주기발달이론은 인간의 전 생애발달에 영향을 미치는 문화와 사회적 경험의 중요성을 강조하고, 이 과정에서 건강하고 긍정적인 자아의 발달이 어떻게 이루어지는지에 관심을 둔다. 에릭슨은 출생부터 죽음에 이르기까지의 생애주기를 모두 여덟 가지 단계로 구분하고, 각 단계에는 고유의 '발달위기developmental crisis'가 있다고 보았다. 개인은 환경의 영향을 받고 이에 반응하는 과정을 통해 이 발달위기를 어떻게 극복해내느냐에 따라 각 단계를 특징짓는 긍정적 혹은 부정적 특성을 두드러지게 쌓아가며 그 발달궤적이 한 사람의 심리사회적 자아를 만들어 낸다.

에릭슨은 각 시기마다 욕구를 충족시키는 과정에서 부모 등 주변 환경으로부터 따뜻한 관심과 배려, 지원을 통해 위기를 극복하는 긍정적인 경험이 자아의 건강한 발달에 매우 중요하다고 보았다. 마찬가지로 그는 인간이 자아형성의 과정에서 때로 부정적인 경험을 하는 것도 중요하다고 보았다. 왜냐하면 이를 극복해내는 과정에서 자아의 성장에 바람직한 결실이 이루어질 수 있기 때문이다. 에릭슨은 인간이 각각의 위기를 한 번만 겪거나 한 번에 모두 해결해낼 수는 없다고 보고, 이후의 경험이 이전의 위기 해결을 더 나쁘거나 좋게 변화시킬 수 있다고 하였다. 가령, 성인기에 겪는 극심한 스트레스로 인해 이전까지 유지시켜온 성숙한 대처기제가 와해되어 미성숙한 대응을 할 수도 있다는 것이다.

에릭슨의 생애주기발달이론은 부모역할이 어떠해야 하는지에 관해 다음과 같은 것을 시사한다. 첫째, 인간의 심리적인 성장은 성인기에도 계속되며, 과거의 갈등을 해결하는 과정이 생애기의 후반에도 계속될 수 있다. 둘째, 아동은 능동적이고 적응적인 존재로서 생애주기의 각 단계를 지나가면서 성장하게 되는데, 개인이 심리사회적으로 성숙해진다는 것은 그 사람이 점차 독립적으로 되고, 자신을 둘러싼 환경이나 세상의 다른 사람들에게 개인적인 관심을 갖게 된다는 것을 의미한다. 셋째, 부모의 적합한 역할수행은 자녀에게도 중요하지만, 부모 자신에게도 중요하다.

(2) 브론펜브레너의 생태체계이론

브론펜브레너의 생태체계이론에서는 인간의 성장과 부모-자녀관계에 영향을 미치는 다양한 요인들을 가장 포괄적으로 설명하려 한다. 브론펜브레너는 인간이 성장하고 발달하면서 자신의 일상생활에서 마주치는 환경의 복합적인 생태적 속성을 강조한 체계이론가이다. 특히, 그는 인간의 발달을 이해하기 위한 PPCTProcess-Person-Context-Time Framework 분석 틀을 제시하였다. 여기에서 과정process이란 아동이 자신을 둘러싼 환경의 사람들, 상징들, 대상들과 일상적인 상호작용을 하는 것으로 발달이 이루어지게 하는 기제, 혹은 엔진이라 할 수 있다. 가령, 아버지가 아기에게 수유를 하는 것, 영유아가 놀잇감을 탐색하는 것, 아동이 코치로부터 축구기술을 배우는 것 등이 이 과정이라 할 수 있다. 사람person은 다양한 특징, 즉 연령, 성별, 인종, 기질적 성향, 자원 등을 가지고 아동이나 그의 반응에 영향을 미친다. 맥락contex은 브론펜브레너가 인간을 둘러싼 환경의 복합적인 특성을 체계화시키기 위해 설명하는 기제로서, 여기에서 환경은 대개 미시체계microsystem, 중간체계mesosystem, 외체계exosystem, 거시체계macrosystem로 나뉜다. 마지막으로 시간time은 아동의 삶에서의 규칙성과 안정성이 중요하다는 것을 나타낸다. 가령, 부모의 이혼이나 가정의 빈곤은 영유아가 성장함에 따라 여러 가지 영향을 미쳐 이는 아동의 삶의 궤적을 바꾸어놓을 수 있다. 뿐만 아니라 시간은 역사적 시간을 의미하기도 하여 인간의 삶과 환경이 역사적인 시간대에 따라 변화할 수 있음을 나타낸다.

브론펜브레너의 생태체계이론은 부모역할이 어떠해야 하는지에 관해 다음과 같은 것을 시사한다. 첫째, 경제적 변화, 역사적 사건, 노동시장의 변화 등과 같이 가족 외부에서 일어나는 힘이 부모가 부모역할을 수행하는 데 영향을 미친다. 둘째, 아동의 삶에서 규칙성과 안정성은 매우 중요하다. 셋째, 부모역할 수행을 증진시키기 위해서는 가족 내적 변화뿐만 아니라 가족 밖의 사회로부터 미치는 영향과 그 변화에 대처하려는 노력이 이루어져야 한다.

(3) 가족체계이론

가족체계이론은 가족의 구조는 매우 다양하지만 모든 가족은 서로 상호작용하며 상호 영향을 미치는 구성원들로 이루어진 체계system라는 점에 주목한다. 가족 성원의 변화는 다른 모든 가족원에게 영향을 미치며, 가족원의 반응은 최초에 영향을 미쳤던 가족의 성원을 변화시키기도 한다. 가령, 부모의 실직이나 가족원의 질병은 다른 모든 가족원의 생활과 상호작용에 영향을 미치며, 악화된 부부관계는 부모-자녀관계뿐만 아니라 자녀 간 관계에도 영향을 미친다. 마찬가지로 청소년기 형제자매 간 갈등은 가족 내 역동을 변화시키고 부모관계에도 부적인 영향을 초래할 수 있다.

가족체계는 가족 내에서 긴장을 해소하고 밀접한 관계를 이끌어 내는 균형balance을 유지하려 한다. 하지만 가족원은 성장하는 과정에서 늘 변화를 일으키며 가족체계는 여기에서 야기되는 문제를 성공적으로 해결해 냄으로써 재적응하여 균형상태를 이루고자 하기 때문에 가족체계 내에는 늘 일정한 긴장수준이 유지된다. 가족스트레스 대처는 가족이 계속 일상의 활동을 유지하고 밀접한 관계를 지속시키며 건전한 의사소통이 이루어지는 상태로 복원하기 위해 시간을 거쳐 노력하는 과정이다. 효율적인 대처가 이루어지면 가족은 스트레스를 촉발시킨 내적 혹은 외적 요인에 의한 문제를 극복하고 다시 조화로운 균형상태로 돌아가며, 가족원들은 이 과정에서 보다 바람직한 대처방식을 익히게 되고 위기가 발생하여도 이를 극복하고 원상으로 복귀하려는 복원력resilience을 키우게 된다.

가족체계이론은 부모역할이 어떠해야 하는지에 관해 다음과 같은 것을 시사한다. 첫째, 부모는 가족에게 발생하는 문제나 위기가 가족의 재적응을 필요로 하는 사건임을 명심하여야 한다. 둘째, 부모는 바람직한 부모역할을 통해 자녀가 일상생활의 스트레스나 사건을 경험하였을 때 이에 효율적으로 대처할 수 있도록 지원하고, 이에 필요한 대처능력을 키워줄 필요가 있다.

2. 부모교육 프로그램에 영향을 미친 주요 이론

이 절에서는 현대사회에서의 바람직한 부모역할 수행을 강조하고 부모역할의 효율성을 증진키고자 하는 부모교육 프로그램의 형성에 영향을 미친 주요 이론에 대해 살펴보고자 한다. 부모교육 프로그램에 영향을 미친 주요 이론가로는 드라이커스, 기노트, 고든, 번 등을 들 수 있으며, 행동수정이론의 주요 요소를 반영한 부모교육 프로그램도 있다.

1) 드라이커스의 민주적 부모교육이론

드라이커스Dreikurs는 아들러Adler의 아동상담센터에서 함께 일하던 동료로서 1939년 미국에 이민한 후, 전 세계의 부모교육, 결혼과 가족상담 및 교육, 심리치료에 큰 영향을 미쳤다. 그는 아들러의 개인심리학을 부모교육 분야에 적용함으로써 부모역할에서의 민주적 양육원리를 이론화시키고자 하였다. 드라이커스 주장의 요체는 가정, 학교, 사회 등 사람들이 함께 살며 서로 상호작용하는 곳에서는 갈등이 생기게 마련이며 사람들은 이 갈등을 민주적인 방식으로 해결할 수 있도록 노력해야 한다는 것이다. 드라이커스의 사상은 《어린이 : 도전Children: The challenges》이라는 저서에 잘 나타나 있다.

드라이커스의 부모교육이론에서는 가정에서 일어나는 사회화의 중요성을 강조한다. 아동은 가정이라는 단위 내에서 부모의 영향을 통해 그 사회의 문화와 가치체계를 배우기 때문이다. 가족은 아동에게 있어서 사회적 상호작용의 모델이 되는 것이다. 부모가 자녀에게 영향을 미치는 가정환경에서의 가장 큰 요소는 바로 부모가 자녀를 대하는 자녀양육태도라 할 수 있다. 전통적인 사회로부터 민주적인 현대사회로 들어오면서 부모가 자녀를 대하는 방식도 민주적으로 변화해야 하는데, 민주적 양육태도란 바로 민주적 상황에서의 기본 요소라 할 수 있는 상호존중과 동등한 대우를 바탕으로 하는 양육태도라 할 수 있다. 부모는 자녀를 훈육할 때 자녀를 성인과 동등한 존재로 간주하여 성심껏 듣는 자세를 취하고, 자녀와 대화를 할 때에도 부모로서의 권위를 내세워 일방적으로 훈계하기보다는 부모–자녀 간의 활발한 대화, 즉 주고받기의 방식으로 의견교류가 이루어질 수 있도록 해야 한다.

결국, 드라이커스가 주장하는 부모교육의 목적은 아동과 성인 부모 간의 평등성이라는 가정하에 바람직한 상호작용 형태를 찾는 것이라 할 수 있다. 드라이커스의 주장을 따르는 부모교육 프로그램에서는 부모에게 성인, 아동 간 평등의 개념과 이에 부합되는 양육방법을 가르친다. 드라이커스는 부모역할의 전략을 가르칠 때 다음을 전제한다. 즉, 모든 행동에는 목적이나 원인이 있으므로 행동의 사회적 배경을 이해할 필요가 있다. 아동의 행동을 이해하려면 아동이 스스로 설명하게 하고 이를 경청하여야 한다. 인간은 누구나 사회집단에 속하려는 기본 욕구가 있으므로, 아동을 포함하여 누구든 자기행동의 적당한 지침이것이 잘못된 것이라 할지라도에 근거하여 인생을 설계한다.

아동은 자기 행동의 가상적 목표를 세우게 되는데, 부모는 이를 바르게 이해하고 올바른 행동통제의 방법을 사용할 수 있어야 한다. 아동은 가정 내에서 자신의 위치를 확보하기 위해 성장과정에서 종종 잘못된 가상적 행동목표를 세우는데, 드라이커스는 이를 크게 네 가지로 들고 있다(Dreikurs & Stolz, 1991).

첫째, 관심 끌기는 아동이 자신이 가족 내에서 아무것도 할 수 없는 무기력한 존재라는 심리적 열등감에 사로잡혀 바람직하지 않은 파괴적인 방법으로 관심을 얻으려고 하는 것이다.

둘째, 권력행사는 아동의 자율감이 발달하면서 자신의 역량에 자신감을 갖고 스스로 하고자 하면서 나타난다. 아동에게 있어 권력행사는 자신이 하고 싶고 할 수 있다고 생각하는 것을 부모가 못하게 하면 자신이 이를 반드시 해야만 가정 내에서 확고한 위치를 유지할 수 있다고 생각하여 자신의 힘과 능력을 시험해보는 행위이다.

셋째, 보복은 자신이 상처받은 만큼 다른 사람도 상처받아야 한다고 느낄 때 추구하는 가상의 심리적 목표라 할 수 있다. 자신이 상처를 입고 그대로 있으면 다른 사람이 자신을 하찮은 존재로 간주하고 인정하지 않을 것이라 판단하여 다른 사람에게 상처를 되갚아준다. 부모가 자신을 꾸짖어 심리적으로 상처가 되면 아동은 이를 부모에게 되갚거나 혹은 어린 동생이나 강아지 등 다른 존재에게 상처를 주는 것으로 해소하기도 한다.

넷째, 부적절성 나타내기는 아동이 자신의 잘못된 행동에 대해 변명하는 것으로, 아동이 효과적으로 행동목표를 달성하지 못했다는 느낌을 갖게 되면 아동은 스스로에 대해 실망하고 성공하고자 하는 목표를 포기하고 자포자기하여 부적절한 언행을 하게 되는 것을 의미한다.

모든 사람과 마찬가지로 아동도 사회에 속한 성원이며, 아동은 가족이라는 사회에서 상호작용하면서 자신의 행동에 대한 가상적 목표를 세우고 목표달성이 가능한 행동들을 연이어 결정하게 된다. 그러므로 부모는 적합한 자녀양육 태도를 견지하여 아동으로 하여금 자신의 행동이 어떤 결과를 초래하는지 이해할 수 있도록 도와줌으로써 이들이 자신의 목표를 적합하게 달성할 수 있는 행동들을 스스로 선택할 수 있는 역량을 키워주어야 한다.

드라이커스는 부모가 자녀의 행동을 통제하기 위해 사용하는 훈육방법으로 자연적 귀결과 논리적 귀결을 특히 강조하였다. 자연적 귀결은 아동이 자신의 행동에 대해 자연스러운 결과를 경험하게 하는 것이다. 가령, 유아가 추운 겨울에 얇은 여름옷을 입고 외식을 나가겠다고 고집을 부리면 입고 가보게 하여 스스로 추위를 느끼고 주변 사람들로부터 부적절한 의복행동이라는 반응을 경험하게 하는 것이다. 논리적 귀결은 아동의 행동이 초래할 결과를 부모와 자녀가 함께 합의하여 결정하는 것이다. 가령, 초등학생 자녀가 양말을 뒤집어서 벗어놓으면 뒤집은 채 세탁 건조하여 서랍에 넣어놓음으로써 종국에는 양말을 스스로 뒤집어야 한다는 것을 인식하고 미리 뒤집어 내놓게 하는 것이다.

2) 기노트의 인본주의 부모교육이론

기노트Ginott는 이스라엘에서 초등교사로 재직하다가 미국에서 임상심리학을 전공하였다. 로저스Rogers의 내담자 중심이론을 따르는 액슬린Axline의 조교로 생활하면서 아동의 정의적 경험이 중요하다는 점을 인식하고 성인이 아동의 경험에 대해 민감하고 연민을 가진 태도로 상호작용하도록 하는 감정이입적 대화기술을 배우게 되었다. 이후 슬레이브슨Slavson의 지도하에 일하면서 심리역동이론에 대한 전문가가 되어 정상적인 행동이나 정신병리적 행동을 초래할 수 있는 아동의 발달수준과 부모와의 상호관계에 관한 이해를 높이게 되었다. 이러한 배경은 기노트가 부모교육자로서 인본주의 부모교육이론을 체계화시키는 데 이론적 토대가 되었다. 기노트의 사상은 《부모와 자녀 사이Between Parent and Child》라는 저서에 잘 나타나 있다.

기노트에 따르면 아동은 부모가 자신을 이해해주고 있다고 느끼면 심리적 상처나 외로움, 두려움 혹은 불안이 다 사라진다. 아동이 말하고자 하는 바를 주의 깊게 들어주는 부모의 사려 깊은 이해심은 아동에게 정서적인 치료제의 역할을 한다. 그러므로 부모는 자녀와 의사소통을 할 때 자신의 자존심만큼 아동의 자존심도 충분히 고려하여야 하며 충고나 지시를 할 때에도 부모가 먼저 자신이 하려는 말을 충분히 이해하고 난 후에 전달하도록 해야 한다.

기노트는 자녀의 행동지도에 대해 다음과 같이 강조하고 있다. 특히, 자녀의 행동을 비판하거나 칭찬하는 원리는 이후의 아동지도나 부모교육 프로그램에 많은 영향을 주었다.

첫째, 부모는 자녀의 어떤 특정 행동들이 성인인 부모 자신을 화나게 한다는 것을 스스로 인정하여야 한다. 부모가 화를 낼 일인데도 불구하고 이를 참거나 지나치면 자녀는 부모가 관심이 없는 것으로 받아들일 수 있으며 이는 부모 자신에게도 바람직하지 않다. 즉, 부모가 때로 자녀에게 화를 냈다고 해서 무조건 부모로서의 역할을 잘 수행하지 못했다는 막연한 죄의식이나 수치심을 느낄 필요는 없다는 것이다. 중요한 것은 화를 내는 방식이며 아동에게 전달하는 방식이라 할 수 있다.

둘째, 부모는 자녀가 부적절한 행동이나 무례한 행동을 했을 때에는 그 행동에 대해서만 지적하고 아동의 인성이나 성격 전반을 비난하거나 공격하지 않도록 한다. 단지 자녀의 잘못된 행동에 대해 이야기하되 자녀의 인성이나 성격을 비난하지 않으면서 자신의 감정을 나타내도록 노력하여야 한다. 비판적인 언행이나 위협은 부모-자녀관계를 악화시킬 뿐이기 때문이다. 기노트는 부모가 자녀에 대해 건설적인 비판을 하여야 한다고 했는데, 건설적인 비판이란 자녀의 행동 자체에만 한정을 하여 어떻게 해야 할 것인가를 지적하는 것이다.

셋째, 자녀의 행동에 대한 칭찬이나 선물 주기 등의 강화가 남용되지 않도록 유의할 필요가 있다. 기노트는 자녀를 칭찬할 때에는 아동이 노력한 점과 그에 따른 성취행위의 바람직한 결과를 중심으로 칭찬하고 자녀의 성격이나 인성 전반에 대해 좋고 나쁨을 이야기하지 않아야 한다고 주장하였다. 아동에게 바람직한 행동에 대한 보상으로 선물을 사주는 등 물질적 보상을 해주는 것은 일시적 행동 변화만을 초래하므로 바람직하지 않다.

넷째, 아동은 자신의 행동에 대해 여러 가지 선택의 기회를 가짐으로써 배우게 된다. 체벌은 아동에게 심리적 손상을 줄 뿐 아동의 행동을 내적으로 변화시킬 수는 없다. 부모는 자녀에게 합리적으로 제한을 설정해줌으로써 아동이 스스로 올바른 행동을 선택해갈 수 있도록 지원해주어야 한다. 이렇게 되면 아동은 성장하면서 자신의 행동에 책임을 질 수 있게 된다.

부모는 규율을 정해 자녀로 하여금 받아들일 수 있는 행동과 받아들일 수 없는 행동이 무엇인지 구분할 수 있도록 해주어야 한다. 부모는 자녀의 행동을 다음과 같이 세 가지 영역으로 구분할 수 있다(Maier, 1971). ① 무조건 중단시켜야 하는 행동으로, 아동 자신이나 다른 사람의 안전이 위험에 처할 수 있는 행동, 법이나 윤리로 금지된 행동, 사회적으로 용인될 수 없는 행동 등, ② 인정하지는 않지만 특별한 이유아프거나, 친구가 이사를 갈 때 등로 허용되는 행동, ③ 허용할 수 있는 행동으로 아이의 모든 행동을 받아들일 수 있다. 아동은 부모가 허락해준 행동의 한계를 인식하고 나면 스스로 안정감을 느끼며 점차 자율성을 키울 수 있게 된다.

3) 고든의 부모효율성훈련이론

고든Gordon은 미국에서 임상심리학을 전공하고 정서적 문제가 있는 아동을 치료하면서 아동의 정서적 문제는 정신의학적 원인보다는 부모–자녀 간의 인간관계에서 비롯된 경우가 많다는 것을 인식하고 부모효율성훈련 프로그램PET : Parent Effective Training Program을 개발하여 발전시켰다. 고든은 부모와 자녀 간의 바람직한 의사소통을 위한 기술로 적극적 경청, 나–전달법, 무승부법을 제시하였으며 이는 이후의 많은 부모교육 프로그램이나 아동생활지도에 영향을 미쳤다.

적극적 경청active listening은 반영적 경청이라고도 하며, 부모가 자녀의 생각이나 감정을 수용적인 태도로 들어주어야 한다는 것을 강조한다. 부모는 자녀의 말을 듣거나 대화를 나눌 때 자녀에게 섣부르게 충고나 훈계를 하기보다는 자녀가 말하는 내용과 나타내는 감정을 주의 깊게 듣고 자녀가 표현하고자 하는 바를 느낀 그대로 피드백해 주어야 한다.

적극적 경청은 침묵하며 들어주는 것에서부터 시작한다. 부모가 자녀의 문제에 반응을 보이는 가장 효과적인 방법은 자녀의 문제를 해결해주는 것이 아니라 자녀가 마음의 문을 열고 자신의 문제에 대해 말을 하게끔 경청하는 것이다. 경청의 기술은 단지 집중해서 듣는 것에서 나아가 언어적 · 비언어적 반응을 첨가하는 것으로 확장된다. 고개를 끄덕이거나 미소를 지으며 "그렇구나."라는 등의 언어적 반응을 통해 상대방이 자신의 문제를 진지하게 생각하고 듣고 있다고 느끼게 함으로써 더욱더 마음의 문을 열고 자신의 감정과 생각을 표현할 수 있도록 해주는 것이다. 부모는 여기서 한 걸음 더 나아가 보다 개방적인 반응을 보일 수도 있다. "그 문제에 대해 어떻게 느끼니?", "너는 그 문제를 해결하기 위해 어떻게 해보는 것이 좋을 것 같니?"와 같이 개방적인 질문을 함으로써 아동이 말하고자 하는 속내를 펼치게 하거나 대화의 숨은 의미를 끄집어 낼 수도 있다(Weger et al., 2014).

나-전달법I-message은 부모가 자녀와 의사소통하는 기술로서 자녀의 행동에 대해 느낀 감정을 솔직하게 표현하는 것이다. 나-전달법은 문제를 느끼고 있는 사람은 상대방이 아니라 나 자신이라는 점을 초점으로 대화내용을 구성하는 것이다. 가령, "네가 양말을 뒤집어서 벗어놓으면 엄마는 정말 짜증이 난단다. 왜냐하면 빨랫감을 세탁기에 넣을 때 더러운 양말을 일일이 다시 뒤집어야 하기 때문이야."와 같이 자녀의 행동을 비난하지 않고 부모의 솔직한 감정과 생각을 나타낸다. 자녀는 부모로부터 '양말을 벗을 때 바르게 벗어놓을 수 있겠니'라는 메시지를 전달받게 되고, 스스로 양말을 잘 벗어놓는 책임감을 느끼도록 유도한다. 반면에 너-전달법에서는 "네가 신던 더러운 양말을 똑바로 벗어놓지도 못하니?", "너 때문에 내가 더러운 양말을 다시 만져야 하잖아.", "너 때문에 세탁시간이 오래 걸려."와 같이 자녀에게 잘못이 있다고 비난하고 탓함으로써 자녀로 하여금 오히려 방어적으로 되게 한다.

무승부법no-lose method은 부모와 자녀 간에 갈등이 생겼을 때 어느 한쪽이 지거나 이기는 승부적 방법이 아니라, 어느 쪽도 이기거나 지는 사람이 없이 부모와 자녀 모두 자신의 욕구를 만족시키도록 할 수 있는 민주적인 갈등해결방법이다. 무승부법은 6단계로 구성되며, 단계별 특징은 표 3-1과 같다.

표 3-1 | 무승부법의 단계와 시행방법

단계	시행방법
1단계 : 갈등 확인하고 정의 내리기	부모-자녀 간 갈등이 되는 문제가 무엇인가를 적극적 경청과 나-전달법을 사용한 의사소통을 통해 함께 확인하는 것이다. 양쪽 모두 문제를 동일하게 인식하고 있다는 전제하에 인식된 문제가 무엇인지 명확하게 정의내릴 수 있도록 한다.

단계	시행방법
2단계 : 가능한 해결책 탐색하기	부모와 자녀가 함께 문제를 해결할 수 있는 해결방안을 모색하여 나열해본다. 이때 부모는 먼저 해결방안들을 제시해주기보다는 자녀가 스스로 궁리하여 해결방안을 찾아내보도록 기다려주고 격려해준다.
3단계 : 가능한 해결책 평가하기	부모와 자녀가 정직하게 제안된 모든 해결방안에 대해 적절성, 이행 가능성, 형평성 등을 평가한다. 이때 부모는 자녀가 해결책 평가에 있어 부모로서 힘의 우위를 이용한다고 생각하지 않도록 자녀 입장에서의 형평성을 충분히 고려해준다.
4단계 : 최상의 해결책 결정하기	부모-자녀가 협의하여 갈등을 해결할 수 있는 최선의 방안을 정하는 것이다. 이때 그 해결방안은 부모와 자녀 모두 수용할 수 있는 것이어야 한다.
5단계 : 결정된 해결책 시행하기	결정된 최상의 해결방안에 대해 구체적으로 누가, 언제, 무엇을, 어떻게 할 것인지 논의하고 시행에 옮기는 것이다. 이때 부모는 해결방안의 시행이 이루어질 수 있도록 솔선수범하여 행동하고 자녀도 이를 시행할 수 있도록 격려해주어야 한다.
6단계 : 실행과정 평가하기	평가하기는 부모와 자녀가 실행에 옮긴 해결방안으로 문제가 해결되었는지 점검하고, 실행과정에서 어려움이나 문제점은 없었는지, 만약 문제가 해결되지 못하였거나 예기치 않은 다른 문제가 생겼다면 이는 차후에 어떻게 해결해나가는 것이 좋을지 이야기하여 다음 번 문제해결에 반영한다.

출처 : 이순형 외(2010).

4) 번의 상호교류분석이론

교류분석transactional analysis은 미국 정신과의사인 번Berne에 의해 창안된 인간의 교류나 행동에 관한 이론으로 그는 기존의 정신분석을 비판하고 인간의 성격, 사회적 상호작용 및 심리치료에 관한 생각을 발전시켜 상호교류분석이론으로 체계화시키게 되었다. 번에 의하면 모든 인간은 자극을 받고자 하는 욕구가 있다. 이 욕구는 연령에 따라 다르게 나타나는데, 어려서는 스킨십을 해주거나 칭찬해주는 것을 원한다면 성인이 되어서는 인정의 욕구가 보다 커지게 된다. 자극 중 자신을 기분 좋게 하고 괜찮다는 감정을 느끼게 하는 것은 긍정적인 스트로크stroke이고, 반대로 고통을 느끼게 하거나 괜찮지 않다는 감정을 느끼게 하는 것은 부정적인 스트로크가 된다. 모든 사람은 생존하기 위해 긍정적이든 부정적이든 스트로크를 필요로 하며 인간으로 하여금 인생에 대해 긍정적 · 부정적 자세를 갖게 한다. 개인이 자신과 타인에 대해 느끼는 감정이 기본적 삶의 태도를 결정하게 되는데, 여기에는 네 가지 종류가 있다.

첫째, 자기긍정–타인긍정으로 이는 가장 바람직하고 건강한 삶의 태도이다. 이런 사람은 자신에 대해 만족하고 타인과의 관계에서도 편안함을 느낀다.

둘째, 자기부정–타인긍정으로 이는 자신은 무가치한 존재이며 타인이 가치가 있다는 생활 자세를 가지고 있는 것을 말한다. 이러한 자세는 영아가 많이 느낄 수 있는 것으로 무기력한 상태에서 태어나 생존을 양육자에게 의탁하고 있기 때문이다. 아동기를 통해 일상에서 많은 좌절과 부적절성을 경험하게 되면 열등감, 부적절감, 우울증 등의 성향을 갖게 되고 타인이 자신보다 우수하다고 보기 때문에 타인을 멀리하는 경향이 있다.

셋째, 자기긍정–타인부정으로 이는 자신은 옳고 바르며 다른 사람은 무가치하고 부적절하다고 보는 자세이다. 이는 생후 2, 3년의 걸음마기 아동에게서 보이기 쉬운데, 이 시기에는 부모로부터의 개별화가 이루어지며 자율성의 특징이 나타나면서 영아기에 가졌던 자기부정이 자기긍정으로 변하게 된다. 만약 이 시기에 부모로부터 학대나 부적절한 양육을 받게 되면 부모에게 형성했던 타인긍정이 타인부정으로 바뀌게 된다. 이런 사람은 성장해서도 좋지 않은 일이 발생하면 자기는 피해자라고 생각하고 타인의 탓이라고 책임을 전가하며 비난하는 태도를 보이게 된다.

넷째, 자기부정–타인부정으로 이는 유아기에 형성되는데, 자기 마음대로 해보려는 욕구가 부모 등 양육자에 의해 자주 통제되면서 이전의 자기긍정이 자기부정으로 변하게 되고 자신을 지속적으로 통제하려는 양육자에 대해서도 타인부정의 태도를 형성하게 된다. 이러한 삶의 태도가 커서도 지속되면 이런 사람은 자신뿐 아니라 아무도 믿지 않으며 삶이 냉혹하고 무가치하다고 느끼게 된다.

번은 개인의 성격구조는 자아상태ego state라 불리는 몇 가지의 요소로 구성되어 있다고 보았다. 자아상태란 행동, 가치, 감정의 복합체로 부모자아, 성인자아, 아동자아의 세 상태로 구분된다. 부모자아P : Parent ego는 자기 부모의 생각, 행동, 또는 느낌을 동일시한 부분으로 여전히 부모 자신에게 영향을 주고 있어 개인이 사회성원으로서 효율적으로 활동할 수 있도록 도와주는 기능을 한다. 성인자아A : Adult ego는 사실 중심으로 관찰하여 정보를 수집, 정리, 통합하는 데 부모자아와 아동자아를 중재하고 평가하며 양측에서 정보를 수집하여 처리하면서 현실을 다루어간다. 아동자아C : Child ego는 출생 시부터 존재하는 것으로 인간의 생리적인 욕구와 기본적인 감정을 저장하는 심리적 창고로서의 기능을 한다(Solomon, 2003).

상호교류는 두 사람 사이의 스트로크의 교환을 일컫는다. 각각의 상호교류는 한쪽에서 자극을 주면 다른 쪽에서 반응을 나타내게 된다. 한 사람이 다른 사람과 상호교류할 때 그 사람은 여러 가지 자아상태를 사용한다. 번은 상호교류의 형태를 크게 세 가지 유형으로 제시하였다.

첫째, 상보교류complementary transaction는 어떤 자아상태에서 보내는 메시지에 대해 예상대로의 반응이 되돌아오는 것으로, 자극과 반응의 주고받음이 평형된 교류를 말한다. 인간관계적 측면에서 보면 이 종류의 교류는 솔직하고 자연스럽고 이치에 맞는 것이라 할 수 있다.

둘째, 교차교류crossed transaction는 타인의 어떤 반응을 기대하기 시작한 교류에 대해 예상 외의 반응이 되돌아오는 경우를 말한다. 가령, 성인자아상태로 상호작용을 원하는 아동에게 통제적 부모자아상태에서 훈계와 비난을 하는 경우를 예로 들 수 있다.

셋째, 이면교류ulterior transaction는 상대방의 하나 이상의 자아상태를 향해서 현재적 교류와 잠재적 교류의 양쪽이 동시에 작용하는 복잡한 교류이다. 이면적 메시지를 전달할 때는 사회적으로 수용할만한 방식으로 나타내지만, 그 주된 의도나 진의는 이면에 숨겨져 있는 것이다. 가령, 아버지가 수험생 자녀에게 "시험 보느라 애썼다."라고 비아냥거리며 말했을 때, 그 이면에는 "남의 자식들은 시험도 잘 보던데 너는 대체 뭐 한 거냐?"라는 메시지가 숨겨져 있을 수 있고 대개 이 경우 자녀 쪽에서도 부모의 진의를 알아차린다.

교류양식분석은 일종의 대화분석으로 부모와 자녀 간의 일상적인 의사소통말, 태도,

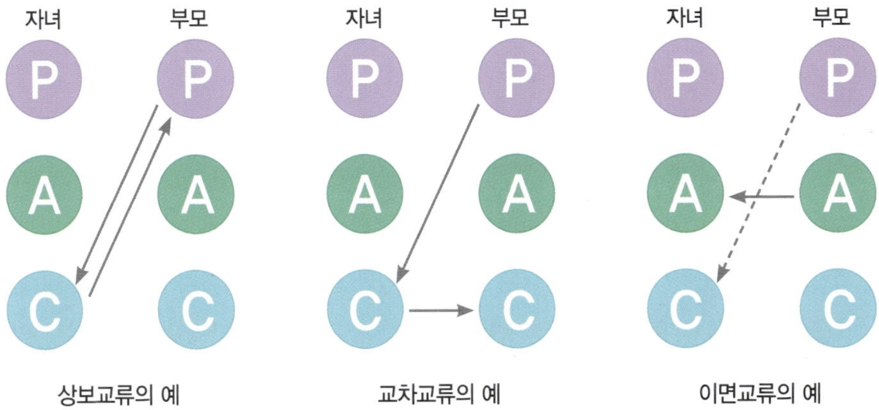

그림 3-1 | 교류양식

행동을 분석하는 것이며 대인관계를 눈으로 볼 수 있도록 도식화해서 나타내준다. 교류양식분석의 목적은 자신의 세 가지 자아를 깊이 이해하면서 자신과 타인이 어떠한 관계를 맺고 있는지, 각기 다른 자리에 상응하는 대처방법을 어떻게 하는 것이 좋은지 등을 의식적으로 통제하도록 하는 데 있다(이순형 외, 2010). 즉, 부모가 자기 자신에 대한 이해를 통하여 인간관계를 원만히 수행하고, 자녀와의 관계도 개선할 수 있도록 지원하는 것이라 할 수 있다.

5) 행동수정이론

행동수정이론은 인간의 행동은 타고난 것이 아니라 주변 환경과의 상호작용을 통해 학습되는 것임을 전제한다. 행동수정이론에서는 정신분석이론이 꿈이나 자유연상과 같이 지나치게 모호한 개념에 치중하고 있다는 사실을 비판하고 인간의 행동을 설명할 수 있는 과학적인 방법을 제시하고자 하였다. 이 접근에서는 자녀양육에 관한 많은 정보가 보급되어왔음에도 불구하고 부모가 종종 자녀훈육에 어려움을 느끼는 것은 전문가들이 보다 훌륭한 부모가 되고자 하는 부모에게 구체적이고 명확한 기술을 가르치려고 하지 않았기 때문이라고 비판한다. 행동수정이론의 기법들은 전문적이고 체계적인 훈련을 받지 않은 비전문가인 부모가 배워 익혀서 자녀의 행동지도에 사용할 수 있다는 것을 장점으로 내세운다.

행동수정이론의 발전과정은 크게 세 단계로 구분된다.

첫째, 고전적 조건형성이론은 파블로프Pavlov, 왓슨Watson 등에 의해 체계화된 것으로, 파블로프가 개를 대상으로 자극과 반응 간 관계를 구체화시켰다면 왓슨은 이 원리를 인간의 행동에 적용시켜 자극과 반응 간의 연합을 통해 인간행동이 이루어진다고 주장하였다. 이는 부모교육에 있어 부모가 자녀에게 바람직한 행동에 대해서는 자극과 반응의 조건형성을 반복적으로 제시하여 자녀가 계속하여 올바른 행동을 할 수 있도록 하는 반면, 바람직하지 못한 행동은 소거시키는 원리로 적용된다.

둘째, 조작적 조건형성이론은 스키너Skinner에 의해 발전된 것으로 인간의 행동은 자극에 따라 수동적으로 반응하는 행동이 아니라 오히려 자신이 한 반응 이후에 제시되는 자극의 종류에 따라 결정된다고 주장한다. 만약 반응 이후에 제시되는 자극이 긍정적인 것이라면 이후의 반응은 증가할 것이고, 반대로 혐오감을 주는 것이라면 이후의 반응은 감소할 것이다. 바람직한 행동을 증가시키는 자극을 정적 강화라 하며, 혐오자극을 철회함으로써 바람직하지 않은 행동이 일어날 확률을 감소시키는 자극을 부적 강화라고 한다. 이와는 별개로 벌은 혐오자극을 제시함으로써 바람직하지 못한 행동이 일어날 확률을 감소시키는 것이다. 이는 부모교육에 있어 부모가 자녀의 행동을 변화시키기 위해서 자극과 반응의 조건을 인위적으로 조정, 형성하여 지도하도록 하는 원리로 적용된다.

셋째, 사회학습이론은 반두라Bandura에 의해 발전된 것으로 인간의 행동은 외부로부터의 직접적인 자극이나 강화를 통해서 학습이 이루어지는 것이 아니라, 직접적으로 경험하지 않고도 단순히 타인의 행동과 그 결과를 관찰하고 모방함으로써 간접적으로도 학습이 이루어질 수 있다고 보는 것이다. 반두라의 이론은 추후 스스로 판단하고 실행하고자 하는 인간의 능동성을 보다 반영하여 자기효율성이론으로 발전하였다. 이는 부모교육에 있어 자녀가 부모의 행동을 모방함으로써 자연스럽게 그들의 태도가 형성되고 행동을 하게 된다는 원리로 적용된다.

행동수정이론은 부모교육에 있어 외현적으로 표현되는 구체적인 행동을 수정하는 것을 그 목표로 한다. 바람직하지 못한 행동을 소거시키거나 바람직한 행동을 증진시키는 행동수정의 기본원리 몇 가지를 제시하면 표 3-2와 같다. 표 3-2에 제시된 행동수정기법들은 일상에서 부모가 자녀를 훈육하는 데 자주 사용되는 방법이므로 특징을 파

표 3-2 | **행동수정의 기본원리**

바람직하지 못한 행동을 감소시키는 방법		바람직한 행동을 증진시키는 방법	
처벌 (punishment)	혐오자극을 제시함으로써 행동이 일어날 확률을 감소시키는 것	정적 강화 (positive reinforcement)	보상을 제시해줌으로써 행동의 발생 빈도를 높이는 것
소거 혹은 관심중단 (extinction)	문제행동을 무시함으로써 자연스럽게 소멸되도록 하는 것	부적 강화 (negative reinforcement)	혐오자극을 제거해줌으로써 바람직한 행동을 증진시키는 것(예 : 귀가시간을 지키면 잔소리가 없음)
고립 (time out)	아동을 문제행동이 일어나는 상황에서 일시적으로 격리시키는 방법	행동형성 (shaping)	한 번에 도달하기 어려운 새로운 행동을 가르칠 때 목표행동에 점진적으로 접근하도록 강화물을 제시하는 것
포만 (satiation)	하고자 하는 행동을 실컷 해보도록 함으로써 관심이 사라지게 하는 방법	행동연쇄 (chaining)	학습할 행동을 여러 단위행동으로 나누어 가르치는 방식
반응대가 (response cost)	즐길 수 있는 권리를 미리 준 후, 어겼을 때 권리의 일부를 철회하는 방법(예 : 10시인 귀가시간을 어겼을 때 9시로 앞당기는 것)	용암법 (fading)	과제수행방법을 전혀 모르는 상황에서 적절한 자극이나 단서 자극을 제시함으로써 기대하는 반응을 유도하는 것(예 : 손으로 가리키기 등)
대체행동 강화 (reinforcement of other behavior)	바람직하지 못한 행동과 상반되거나 동시에 수행할 수 없는 다른 행동을 강화함으로써 문제행동을 수정하는 방법	토큰강화 (token reinforcement)	그 자체로는 강화물로서의 효과를 얻기 어렵지만 다른 강화물과 적절하게 짝지어짐으로써 강화력을 얻는 자극을 주는 것(예 : 포인트를 모으면 뭔가를 제공)

출처 : 정옥분 · 정순화(2016). pp. 374-382.

악할 필요가 있다. 최근의 부모교육이론에서는 행동수정기법을 사용하는 것은 아동의 자발성을 저해하고 인간이라는 존재의 능동적 주체성을 인정하지 않는다는 측면에서 바람직하지 않은 측면이 있다고 보고 있다.

Activity
활동하기

다음 보기의 용어를 사용하여 본인이 근래에 경험한 부모-자녀 상호작용에서 바람직하지 않았던 사례를 분석하고, 이를 어떻게 개선할 수 있는지 작성해 보자. 그리고 소그룹을 형성하여 발표한 후 서로 코멘트해 보자.

보기

관심 끌기, 권력행사, 보복, 부적절성 나타내기, 논리적 귀결, 마음 읽어주기, 칭찬하기, 비판하기, 규율 정하기, 적극적 경청, 나-전달법, 무승부법, 자기긍정-타인긍정, 자기부정-타인긍정, 자기긍정-타인부정, 자기부정-타인부정, 상보교류, 교차교류, 이면교류, 바람직한 행동을 증진시키는 행동수정기법, 바람직하지 않은 행동을 감소시키는 행동수정기법

(전) 바람직하지 않았던 부모-자녀 상호작용	(후) 개선할 수 있는 방안

PART 2

가족의 다양성과 부모역할 위기

CHAPTER

04

다양한 가족의 부모들

CHAPTER

04

가족이 되기 위해서는 특정한 조건이 필요한가? 자율적 · 타율적으로 형성된 가족관계도 있으며, 혈연 · 비혈연으로 구성된 가족도 있다. 조손가족과 입양가족, 다문화가족의 부모의 특징과 아동에게 미치는 영향을 알아보고 효율적인 부모됨을 위한 교육에 필요한 측면들을 살펴보자.

1. 조부모와 조손가족

2017년 65세 이상 인구가 14%를 넘기면서 한국은 유래 없이 최단기간에 고령사회로 진입하였다. 평균수명의 연장과 함께 더 많은 사람들이 더 길어진 노년기를 살아가고 있다. 현대의 노년세대는 전통적 효사상에서의 수동적인 봉양의 대상자라기보다 본인 또는 가족들을 위해 더 적극적으로 생산적 활동을 하길 원하고 있다. 조손가정은 조부모와 손자녀가 함께 거주하는 가족 형태를 지칭한다. 조손가족은 조부모와 부모세대와의 동거형태에 따라 크게 두 가지로 나누어 볼 수 있다. 부모세대와 함께 3세대가 동거하는 형태와 부모의 사망 또는 가출 등 부모의 부재로 인하여 부모역할을 대신하는 형태로 나누어 볼 수 있다. 다양하게 변화하고 있는 노년세대의 활동과 역할 중 손자녀의 돌봄에서 '부모 같은parent-like' 영향을 알아보고, 부모교육현장에서 조부모의 효과적인 부모역할에 대한 지지와 지원방법에 대하여 살펴보고자 한다. 자발적 또는 비자발적으로 부모역할을 보조하거나 대신하는 조부모의 특징을 알아보고 조손가정의 손자녀양육과 교육에서의 문제점들을 이해하여 올바른 부모역할에 대한 지원을 한다.

1) 조부모의 역할

많은 부모들은 50대와 60대에 손자녀의 탄생과 함께 조부모가 되며, 갈수록 늦어지는 결혼과 출산 연령으로 인해 조부모가 되는 나이 또한 점차 늦어지고 있다. 조부모가 된다는 것은 인생에서 가장 기쁘고 벅찬 감동을 받는 경험이다. 하지만 조부모가 된다는 것은 성인자녀의 출산으로 인한 것으로써 조부모 자신의 계획과 본인의 의지와는 별개로 이루어지게 된다는 점에서 가족 내 역할의 변화와 함께 감정적 · 정서적 · 경제적 변화와 부담을 겪기도 한다.

우선 조부모가 손자녀의 양육에 개입하게 될 때 조부모의 긍정적인 영향은 다음과 같다(Bigner, 2019).

- 조부모는 성인자녀와 손자녀 모두를 지원하고 도와줌으로써 가족 돌봄자로서의 역할을 할 수 있다.
- 성인자녀가 첫 부모됨을 경험하면서 부모로서는 참기 힘든 아동의 행동과 특징들을 조부모는 수용할 수 있다.
- 조부모는 부모들이 제공하지 못하는 양육환경을 제공할 수 있다.
- 손자녀에게 가치와 윤리, 그리고 도덕에 대한 지침을 제공할 수 있다.
- 가족의 과거와 현재를 잇는 존재로서 가족정체성 확립에 중요한 역할을 하며, 지혜와 충고를 제공할 수 있다.
- 가족체계 내에서 균형을 유지하는 역할을 할 수 있다.

셜린과 프리스텐베르그Cherlin & Furstenberg(1992)는 조부모와 손자녀의 관계를 세 가지의 형태로 제시하였다. 첫째는 손자녀와의 관계에서 조부모의 '동반자적companionate'인 관계이다. 양육과 돌봄이 조부모의 일차적인 책임이 아니어서 재미있는 놀이와 긍정적 관계형성에만 집중할 수 있는 관계를 말한다. 둘째는 양육과 훈육 등 손자녀의 전반적인 돌봄에 있어 일차적인 책임인 '적극적 개입involved' 역할을 하는 조부모이다. 마지막은 손자녀의 돌봄에 어떠한 직접적 · 적극적 개입이 없는 감정적, 정서적, 지리적으로 '소원한remote' 관계이다.

조부모–손자녀의 관계에 영향을 미치는 요인들로는(Cherlin & Furstenberg, 1992) 첫째, 손자녀의 연령이다. 영유아기 손자녀에게는 직접적인 보호와 양육을 제공하면서 정서적 · 심리적 애착과 지지적 관계를 형성하는 반면, 손자녀가 청소년기로 접어들게 되면 조부모는 손자녀와의 관계에 덜 만족해하고 손자녀도 조부모와의 관계에서 갈등을 느끼게 된다. 이러한 관계는 손자녀가 대학을 가게 되는 나이가 되면 관계 회복시기를 맞이하면서 서로의 관계만족도가 높아진다. 둘째, 손자녀의 성별 또한 조부모–손자녀의 관계에 영향을 미친다. 조부는 손녀보다 손자와, 조모는 손자보다 손녀와 더 많은 상호작용을 한다. 셋째, 조부모와 성인자녀와의 관계이다. 조부모와 성인자녀의 관계가 긍정적일수록 조부모와 손자녀와의 관계도 긍정적이다. 따라서 조부모와 손자녀와의 관계를 이해하고 개입을 하기 위해서는 조부모–성인자녀–손자녀라는 삼각관계의 역동성을 고려해야 한다.

2) 갈등 없이 조부모역할 하기

조부모는 손자녀에게 직·간접적으로 영향을 미치게 된다. 손자녀에게 롤모델이 되거나 의논 상대자, 감정적 지원·지지자, 과제 수행 도움자 등의 역할을 하면서 상호작용을 한다. 조부모는 성인자녀, 즉 부모에게 영향을 주게 되고 연속적으로 손자녀에게까지 영향이 미칠 수 있다. 조부모는 부모가 된 성인자녀에게 부모역할에 대해 지지·지원을 제공하여 성인자녀의 양육 스트레스를 줄여주거나 효과적인 양육행동에 대한 지침을 제공하면서 손자녀에게 긍정적인 영향을 줄 수 있다(Coleman, 1988). 또한 조부모가 성인자녀와 일관된 양육 가치와 행동방식을 보여 줌으로써 손자녀에 대한 부모의 영향을 강화시키는 역할을 한다.

조손가정 아동의 특징에 대한 연구는 아직 미미한 실정이지만, 일반적으로 조부모에 의해 양육된 아동은 학업적 측면에서는 부진한 편이나 문제행동을 보이는 경우는 적으며, 신체적으로는 건강하다는 연구결과를 보이고 있다(Emick & Hayslip, 1996). 조부모–손자녀의 강한 정서적 교류와 응집력은 손자녀의 어머니가 우울증이 있더라도 어머니의 아동에게 미치는 부정적 영향을 제어해 주기도 한다(Silverstein & Ruiz, 2006).

손자녀에게 긍정적인 조부모가 되기 위해서는 성인자녀의 부모로서의 역할을 방해하거나 침범하지 않는 범위 내에서 역할을 해야 하기 때문에 조부모는 자신의 자녀를 양육했을 때와는 다른 책임과 부담을 갖게 된다. "너희들 키울 때에는 책 같은 건 보지도 않았지만 건강히 잘 키웠다."와 같은 조부모들의 신념은 성인자녀와 갈등을 낳기도 한다. 세대가 다른 손자녀에 대한 민감성, 새로운 양육 정보와 자원 활용에 대한 수용성도 함께 기대되어져야 한다. 부모교육 효과검증이 된 프로그램 지침에 의하면

(Phelan, 2016) 성인자녀의 손자녀의 훈육에 대한 조부모의 직접적인 개입과 간섭은 성인자녀의 부모역할을 방해하는 결과를 낳게 된다고 충고하고 있다. 손자녀가 있을 때 조부모가 성인자녀에게 "그 정도의 일로 타임아웃벌까지는 필요 없을 것 같다." 등의 직접적 발언과 간섭은 조부모-손자녀의 친밀한 관계를 형성하거나 유지에 도움이 될 수 있지만 손자녀와 성인자녀, 즉 손자녀의 부모와의 관계에는 긍정적인 영향을 주지 못한다.

조부모의 손자녀 돌봄에 대한 개입 프로그램의 목표는 다음과 같이 계획할 수 있다(Kirby, 2015). 첫째, 조부모에게 바람직한 행동을 격려하고 부적절한 행동을 통제할

더 알아보기

테크놀로지 활용하기

핸드폰 사용은 공간과 시간에 구애받지 않고 의사소통을 할 수 있다. 친밀한 애정표현이 서툰 동양문화에서 문자와 이모티콘 사용은 사랑과 애정, 관심을 표현하는 데 더욱 효과적으로 활용될 수 있다. 또한 사진을 찍고 일상을 기록할 수 있는 SNS는 감정과 이벤트 기록이라는 기능을 한다. 즐겁고 기쁜 순간들을 공유하기도 하며 어렵고 힘든 상황에 대해 주변사람들의 지지와 감사의 표현 등을 주고받으며 조부모의 고립감을 완화시켜줄 수 있다. 조부모들은 친구/동료들과 온라인상에서 관계 유지를 하며 조부모의 사회적 지지체계를 유지할 수도 있다. 더불어 조부모의 체력적 한계를 고려하여 손자녀와 함께 할 수 있는 비디오/컴퓨터 게임은 관계 유지에 긍정적 영향을 미칠 수도 있다.

수 있는 교육을 제공한다. 둘째, 부모가 된 성인자녀와의 긍정적인 관계를 형성할 수 있도록 조부모에게 의사소통기술과 문제해결전략을 제공한다. 셋째, 손자녀 돌봄에서 성인자녀의 부모역할에 대한 보조적인 역할을 하고 있음에 대해 명확히 인지하도록 하며, 조부모가 손자녀를 돌봄으로써 성인자녀와 손자녀에게 무엇을 기대하고 있는지에 대해 생각해 볼 수 있도록 한다. 넷째, 조부모 자신의 스트레스를 관리할 수 있는 기술을 익히도록 하며, 다섯째, 조손가족의 다른 조부모들과 교류하여 지지그룹을 형성할 수 있도록 한다.

조부모는 두 번째 부모역할이라는 것에 자신감을 가지고 노년기에 생산적인 활동을 할 수 있다는 것에 긍정적 태도를 가질 수 있지만, 더불어 조부모는 친구/동료와 함께 할 수 있는 시간이 줄어들게 되고 조부모의 부부관계에 여러 제약이 수반되며, 부모가 된 성인자녀와 갈등상태에 놓일 수도 있게 된다는 점을 알아야 한다.

3) 부모역할을 대신하는 조손가족

부모가 된 성인자녀의 부모역할을 보조하며 손자녀들에게 정서적 안정을 제공하는 조부모와 달리, 부모의 역할을 전적으로 대신하는 조부모들도 있다. 부모가 된 성인자녀의 이혼, 가출, 별거 등의 가족 해체 또는 질병, 사망, 사고로 인하여 부모 또는 부모역할의 부재가 발생되어 형성된 조손가정이 있다.

많은 조부모들은 이러한 상황에서 손자녀를 위해 더욱 목적의식을 가지고 조부와 조모가 더욱 협력적으로 손자녀 돌봄에 참여한다. 하지만 조부모의 건강상태, 재정상황, 사회적, 그리고 심리적 상황은 20~30대 부모들과는 다르다는 것을 이해하여야 한다(Glass & Hunneycutt, 2002). 신체 노화현상에 더하여 제2의 부모역할은 조부모에게 여러 측면에서 상당한 부담이 된다. 여러 관절질환과, 고혈압, 수면부족 증상을 겪기도 하며, 낮은 심리적 웰빙 정도를 보이기도 한다. 경제적 어려움은 은퇴한 조부모와 일을 하는 조부모 모두에게 해당된다. 양육과 교육에 필요한 비용은 증가하고, 일을 하는 조부모라도 손자녀의 돌봄을 위하여 일을 그만 두거나 근로시간을 줄이게 됨으로써 경제적으로 빈곤의 위험이 높아지게 된다. 또한 사회적 지지의 부족으로 조부모들은 스트레스를 받게 된다. 기대했던 여유로운 은퇴 이후 생활과는 다르게 바쁜 육아로 인하여 친구들이나 다른 대인관계가 적어지고 취미활동을 못하게 되면서 심리적 고립감과 스트레스가 증가한다(Bayder & Brooks-Gunn, 1998). 손자녀의 양육과 교육까지 전적인 책임을 갖는 것에 대한 심리적 불안감은 손자녀가 성장하면서 커지게 되고, 손자녀가 둘 이상 되는 경우에는 이러한 모든 위기상황들의 위험이 증가하게 된다.

부모역할을 대신하는 조부모를 위한 교육 프로그램에는 성인자녀의 부재에 대한 스트레스슬픔, 분노, 충격 등 관리법과 손자녀의 보육/교육시설/학교와 소통하는 방법, 재정관리, 성인자녀의 부재에 따른 손자녀와 관련된 여러 법적인 문제상속, 친권, 양육, 법적 보호자 등에 대한 교육과 상담 제공이 포함될 수 있다(Kirby, 2015).

4) 조부모를 위한 부모교육

현재의 조손가족에 대한 지원은 취약가구 저소득 지원이라는 측면에 초점이 맞추어져 있다. 하지만 경제적 지원뿐만 아니라, 조손가정의 구성원 개개인, 즉 자신의 부모로부터 돌봄을 받지 못하는 손자녀인 아동과 발달단계상 노년기에 양육을 담당해야 하는 조부모의 심리적 · 정서적 지원도 동시에 이루어져야 한다. 특히, 조부모가 경험하지 못한 디지털 사회에서 자라는 손자녀에 대한 효과적인 양육과 교육에 대한 정보 지원 교육이 절실히 필요하다(Choi, Sprang, & Eslinger, 2016).

성인자녀의 양육부담을 덜기 위하여 손자녀 돌봄에 참여를 하는 조부모와 부모가 된 성인자녀의 부재로 인해 손자녀의 돌봄에 일차적 책임자가 된 조부모 모두 손자녀의 양육을 맡게 되면서 조부모는 자신의 일상생활, 친구관계, 형제자매관계, 부부관계에도 변화를 겪게 된다. 조부와 조모에 대한 지지 · 지원체계가 필요하다. 또한 조손가족 아동에게도 조부모의 부모역할에 대한 이해를 구하는 교육과 상담이 필요하다.

훈육의 방법, 의사소통방법, 손자녀를 존중하는 태도, 조부모 자신을 돌보는 방법, 사회적 지지체계를 활용하는 방법에 대한 교육이 필요하다. 조부모는 본인이 부모였을 때의 양육과는 다른 양육 가치와 태도가 필요할 수도 있다는 것을 인지해야 하며, 본인세대에서 사용했던 훈육의 방법이 손자녀에게는 효과적이지 못할 수도 있으며, 심지어 아동학대로 취급될 수도 있는 행동이 있음을 알려주어야 한다. 훈육은 언제나 일관

표 4-1 | 조부모를 위한 긍정적 부모교육 프로그램

세션	프로그램 내용	
세션 1	긍정적 조부모됨	• 긍정적 조부모됨의 원칙을 소개한다. • 조부모들에게 원하는 목표를 세우도록 한다. • 조부모는 조부모와 손자녀의 행동 변화를 어떻게 관리하는지 배운다.
세션 2	손자녀의 발달 돕기	손자녀와 긍정적 관계 형성하기 방법과 조부모로서의 바람직한 행동을 가르치고 격려한다.
세션 3	바람직하지 못한 행동들 통제하기	조부모로서 바람직하지 못한 행동들을 통제할 수 있는 전략들을 배운다.
세션 4	긍정적 부모역할 팀 형성	• 조부모에게 부모인 성인자녀와의 관계에 부정적 영향을 줄 수 있는 조부모의 잘못된 행동들에 대하여 소개한다. • 조부모는 성인자녀와의 관계 개선/유지를 위하여 긍정적 의사소통기술과 문제해결전략에 대하여 배우고, 부모인 성인자녀가 스트레스를 낮추는 데 도움을 줄 수 있는 방법에 대하여 배운다.
세션 5	조부모의 생존전략	조부모는 스트레스, 불안, 우울, 분노 등의 감정에 대하여 배우고, 이러한 감정들이 성인자녀, 조부모 자신의 배우자, 손자녀에게 어떠한 영향을 주는지에 대하여 배운다.
세션 6	앞으로의 계획 세우기	조부모는 자신의 위기상황들을 어떻게 판단할 수 있는지 그리고 그러한 위기상황들을 어떻게 통제할 수 있는지에 대하여 배운다.
세션 7~8	전화 상담하기	조부모에게 직면한 문제뿐만 아니라 긍정적인 상황들에 대해 공유하고 의논할 수 있는 기회를 마련해 준다.
세션 9	프로그램 종료	조부모에게 교육 후 변화된 상황을 유지할 수 있는 방법과 앞으로 일어날 수 있는 문제점들이나 방해요인들을 어떻게 알아낼 수 있는지에 대하여 교육한다.

성 있어야 하며 긍정적 결과를 위한 올바른 방법을 사용해야 한다. 손자녀가 들려주는 일상과 감정에 반응하고, 인내하고, 이해하려는 노력이 필요하다. 손자녀의 취향과 취미, 또래관계에 필요한 것들에 대해서는 민감하게 반응하려 노력해야 한다. 또한 조부모는 체력적 한계를 고려하여 주변의 도움을 기꺼이 받아들일 수 있어야 하며, 충분한 휴식과 운동을 할 수 있어야 부정적 감정표현을 자제할 수 있다. 무엇보다 손자녀 돌봄이라는 상황에 부담을 느끼고 스트레스를 느끼는 것에 대해 지극히 정상임을 알려줘서 조부모가 고립감과 좌절감을 느끼지 않도록 해야 한다. 구체적이고 현실적인 부모역할 전략을 지속적으로 제공해 주며, 손자녀는 문제 없이 건강하게 자랄 수 있음에 대한 확신을 주어야 한다.

커비Kirby는 조부모를 위한 긍정적 부모교육 프로그램Grandparent Triple P-Positive Parenting Program을 9개의 세션으로 나누어 표 4-1과 같은 내용으로 구성하였다(Kirby, 2015).

2. 입양부모

역사적으로 입양은 생물학적 부모의 돌봄이 가능하지 못한 경우의 사회문제를 해결하는 가장 성공적이고 바람직한 정책으로 여겨져 왔다(Turner & Welch, 2012). 입양아동은 시설에서 자란 아동보다 건강한 정서와 신체발달을 보였으며, 심지어 생물학적 부모와 함께 살더라도 바람직하지 못한 양육환경과 태도를 가진 부모의 아동들은 입양가족의 아동보다 낮은 발달수준과 저조한 학업 수행능력을 보였다(Brodzinksy & Pinderhughes, 2005). 이러한 입양의 긍정적인 영향을 지속하고 높이기 위하여 입양부모와 입양아동에 대한 특징을 알아보고자 한다.

1) 입양과 새로운 가족

입양이란 혈연적으로 친자관계가 없는 사람 사이에 법률적으로 친자관계를 맺는 신분행위로, 양부모가 되는 사람과 양자가 될 사람 사이에 합의가 있거나, 가정법원의 허가를 얻을 때에 입양신고를 함으로써 그 효력이 발생된다「민법」 제883조 제1호, 「민법」 제867조 제1항. 법적으로 친자관계가 성립됨으로써 아동은 보호받을 권리와 함께 부양이나 상속 등에서도 생물학적 자녀와 동일한 권리를 가지게 된다.

불임으로 인한 입양은 2000년대 초 약 80% 이상을 차지하였지만 2000년대 후반으로 갈수록 의학의 발달에 힘입어 불임치료 성공률이 높아지면서 60%대로 감소하였다. 불임과 난임의 이유 이외에 인도주의적 동기를 가지고 입양을 결정하기도 한다. 입양을 원하는 부부의 수와 입양을 기다리는 아동의 수도 상당하지만 그 숫자에 비해 실질적으로 입양이 성사되는 경우는 적다. 입양을 원하는 부부는 건강하고 어린 아동을 원하기 때문에 장애가 있거나 유·아동기를 넘긴 아동의 입양은 힘들어지게 된다.

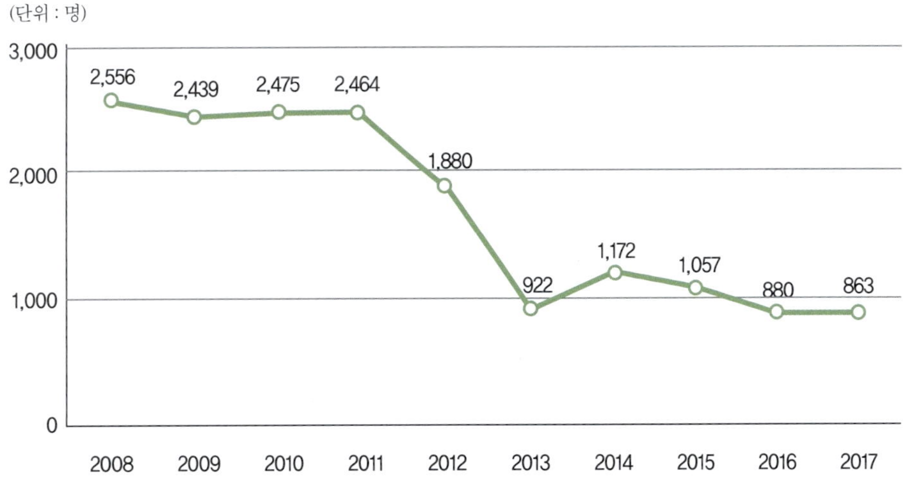

그림 4-1 | 입양아동 수

출처 : 보건복지부 내부자료.

2) 입양부모의 부모되기 조건과 부모역할

합법적 입양절차를 거치기 위해 필요한 요건을 충족해야 하기 때문에 입양가족 부모의 학력과 소득은 생물학적 두 부모 가족보다 높거나 비슷한 수준을 보인다. 전반적인 정신건강 측면이나 자존감, 가족에 대한 가치관, 자녀의 양육과 교육에 대한 관심과 양육태도 등에서도 입양부모와 생물학적 부모는 차이가 거의 없는 것으로 보고되고 있다.

하지만 입양부모의 정서·감정적 상태는 생물학적 부모와 다를 수 있다. 생물학적 부모와 가장 큰 차이점은 입양부모는 부모가 되기 위해 다른 사람들관련 전문가의 평가를 받아야 하며 법적인 인정을 받았어야 한다는 것이다. 10개월 뒤 출산이라는 계획 가능한 시기 없이 입양절차를 기다려야 한다는 점, 그리고 가족과 친구, 동료, 사회로부터 받는 부정적 시선과 참견을 견뎌야 한다는 것이다. 그리고 부모가 된 후 사후관리라는 절차와 이러한 과정 중에 비용이 지출된다는 것이다. 이렇듯 부모가 되기까지 입양부모는 생물학적 부모와 다른 경험을 하게 된다.

입양부모는 생물학적으로 연결되어 있지 않은 자녀라는 사실에 불안감을 느끼기도 하고, 자녀가 커서 나중에 생물학적 부모를 찾아서 떠나게 될지도 모른다는 두려움을 가질 수 있다. 많은 입양부모들이 부모역할에 대해 자신 없어 하기도 하고 불안해하기도 한다(Brodzinsky & Pinderhughes, 2005). 하지만 영아기 이전 아동을 입양한 부모와 생물학적 자녀를 둔 부모를 비교한 연구결과에 의하면 자녀의 유아기, 아동기, 청소년기 때까지 자녀에 대한 부모의 온정적 애착과 행동, 민감성에는 큰 차이가 없었다. 또한 아동의 기능적 발달에 대한 교사와 정신과의사의 객관적 평가에서도 입양부모의 아동과 생물학적 부모의 아동 간의 차이를 발견할 수 없었다(Golombok, Spencer, & Rutter, 2002).

입양부모의 아동에 대한 민감적 반응이 아동의 사회성기술과 인지능력 향상에 중요한 역할을 하였다는 연구결과(Stams, 2002)와 부부갈등과 어머니의 우울증이 입양가정과 비입양가정 모두에서 아동에게 부정적인 영향이 있음(Mannering, 2011)을 보여 주는 연구결과들은 혈연관계 유무로 인해 입양부모가 자녀양육에 불안해 할 필요가

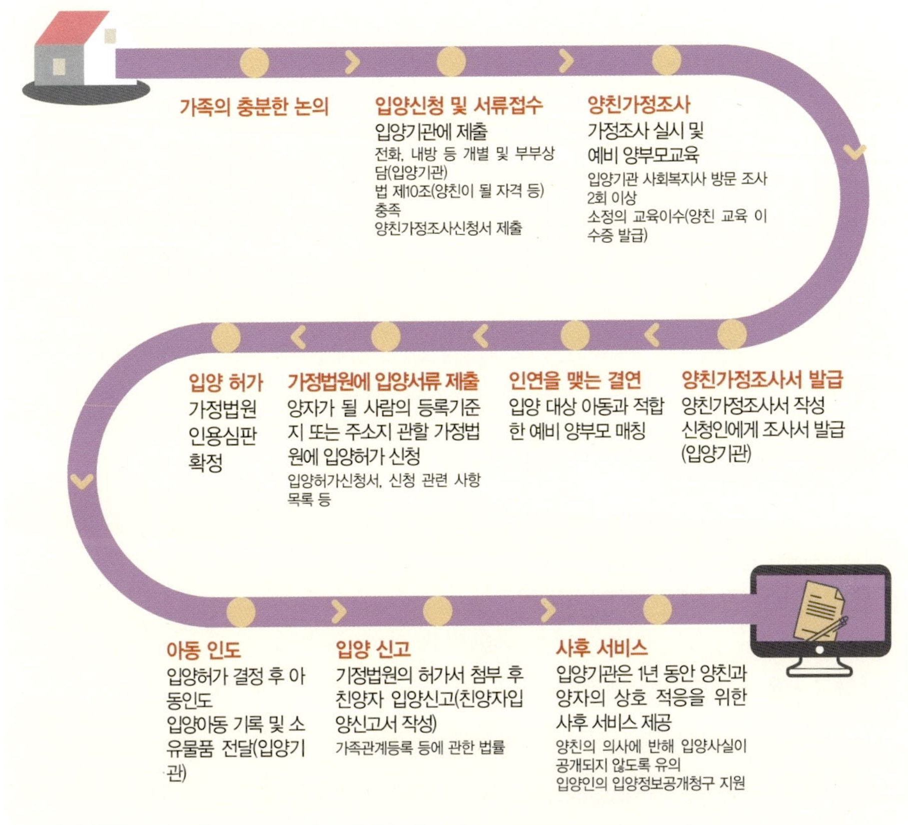

그림 4-2 | **국내 입양 절차**

출처 : 아동권리보장원(www.kadoption.or.kr).

없음을 보여 주고 있다. 생물학적 부모의 가족과 마찬가지로, 입양부모의 개방적인 의사소통방식과 구조화되고 일관성 있는 기준을 가진 양육태도가 입양아동의 발달과 문제행동에 긍정적 영향을 준다는 연구결과가 대세를 이루고 있다. 단, 이러한 긍정적인 영향이 생물학적 부모의 가정보다는 조금은 더디고 약하게 나타날 수 있다는 점에서 (Reuter & Koerner, 2008) 입양부모에 대한 지속적인 심리적 · 행동적 지침과 지지에 대한 지원이 필요하다.

더 알아보기

입양부모에 대한 편견

입양가족은 법이 인정한 친가족임에도 불구하고 사회의 부정적 시선은 여전히 심각하다. '남의 자식 키워봤자 소용없다', '남의 자식을 키우다니 대단하다', '머리 검은 짐승은 거두는 게 아니다' 이러한 표현들에 대한 입양부모들은 '자식을 키우는 이유가 소용 있자고 키우는가', '자식을 키우는데, 저런 의미 없는 칭찬(칭찬이 아닐 수도 있음)을 들어야 하는 이유가 없으며', '짐승이 아니라 사람이다.'라고 말한다.

또한 실제 아동학대의 75% 이상은 생물학적 부모이고 입양부모로부터 발생한 아동학대 건수는 0.4%에 불과하지만 언론에 계부모의 학대 뉴스가 나오면 2만 명이 넘는 입양부모를 잠재적 범죄자로, 입양아동은 아동학대의 피해자로 낙인찍어 버린다.

3) 입양아동의 부모와의 관계

입양아동은 입양부모를 애정적이고 긍정적이며 온정적인 부모로 여기고 있으며, 아동들의 심리적 건강상태는 생물학적 부모의 아동들과 다르지 않다(Borders, Black, & Pasley, 1998). 입양부모에 대한 아동의 애착 정도 또한 생물학적 부모의 아동과 비슷하다.

입양부모와 생물학적 부모와의 관계에 따라 입양가족을 세 가지 형태로 나누어 볼 수 있다. 첫째는 비밀관계이다. 입양부모와 생물학적 부모가 서로 어떠한 정보와 교류도 없는 상태이다. 둘째는 개방관계이다. 입양부모와 생물학적 부모 모두가 아동의 양육에 관하여 직접적이고 지속적인 관계를 유지하는 상태이다. 마지막은 중재관계이다. 직접적 교류가 아닌 제3자를 통해 자녀의 양육과 교육에 대한 정보와 의사교류가 이루어지는 관계이다.

입양아동이 생물학적 부모와 교류가 없을 경우 입양아동들은 청소년기와 청년기 초기에 생물학적 부모를 찾으려고 하는데, 그 이유는 다양하다. 정체성 확립을 위하여 생물학적 부모에 대해서 알고 싶어 하기도 하고, 의학적 · 신체적 문제로 인하여 유전적 정보를 얻기 위해 생물학적 부모를 찾기도 한다. 또는 입양부모의 죽음, 자신의 결혼과 출산 등 생애 사건들이 이유가 되기도 한다(Pacheco & Eme, 1993).

생물학적 부모의 학대, 방임, 유기 등을 경험한 아동들은 입양 후 정서적 · 행동적 문제와 학습 수행에 어려움을 보일 가능성이 높으며(Zeanah & Smgke, 2015), 이것은 입양부모의 양육 스트레스를 높이고 부정적 감정을 갖게 하여 파양의 가능성을 높인다. 여러 번의 파양을 겪은 아동들은 상대적으로 나이가 많아지게 되어 입양의 기회가 더욱 적어지며, 박탈감과 좌절감으로 더 많은 정서적 트라우마를 겪게 된다(Turner & Welch, 2012). 입양부모는 입양 전 아동의 이러한 부정적 경험으로부터 기인한 아동의 반응성 애착장애reactive attachment disorder, 탈억제 사회 관여장애disinhibited social engagement disorder 등 증상을 이해하고 적절한 지원을 받아야 한다.

입양아동은 시설아동 또는 바람직하지 못한 양육환경의 아동보다 정서적, 행동적, 학습적인 면에서 문제가 적다(Brodzinsky & Pinderhughes, 2005). 그러나 이러한 입양아동의 심리적 적응과 발달은 아동의 나이와 성별에 따라 조금씩 편차를 보인다. 영유아기 아동들은 입양 여부에 따라 다른 발달 양상을 보이지는 않지만, 약 5세 이후 아동은 생물학적 친부모와 입양의 의미를 이해할 수 있게 되면서 현재 가족 구성과 체계에 대해 불안감과 혼란을 느끼기도 한다. 이후 아동은 생물학적 부모와 조부모 그리고 형제자매가 어딘가 존재하고 있을 것이라고 인지하며 생물학적 부모가 양육을 포기한 이유에 대해 궁금해 하기 시작한다. 또한 자신에게 문제가 있거나 잘못해서 생물학적 부모가 양육을 포기했을 것이라는 추측을 하며, 입양부모가 자신에 대해 양육을 포기할 수 있을 것이라는 불안감을 키우기도 한다. 이러한 심리적 · 정서적 혼란과 감정들은 초등학령기 아동들에게 일반적으로 나타나며, 여아들보다 남아들이 혼란된 감정과 문제행동을 보일 가능성이 크다.

4) 입양가족을 위한 부모교육

입양 유무와 상관없이 겪게 되는 부모역할에서의 어려움과 입양가족이라는 특수성으로 인해 발생될 수 있는 부모역할에서의 어려움을 구분하여 교육하는 것은 입양부모에게 자녀교육에 대한 효능감과 스트레스 해소에 중요한 역할을 한다. 입양이라는 사실이 자녀양육 중 발생되는 모든 어려움과 문제의 원인인 듯 잘못 판단될 때 부모는 좌절감과 불안감, 혼란이 가중되기 때문이다. 입양부모와 입양자녀의 일반적인 특징과 공통적인 어려움, 해결과정과 성공적 경험들을 공유할 수 있도록 해야 한다. 또한 입양은 아동이 여러 심리 · 정서적 혼란을 겪게 되지만, 불안정한 가족이나 시설보다 아동에게 유익한 발달환경을 제공해 준다는 것을 확실하고 분명하게 입양부모에게 인식시켜 부모역할에 대한 불안감과 불확실감을 줄일 수 있다.

입양 전 아동의 환경과 경험이 입양 후 아동의 행동과 발달에 영향을 미칠 수 있음에 대한 교육과 그와 관련된 문제해결방법에 대한 지원이 이루어져야 한다. 생물학적 부모의 임신 전 또는 임신 중 부적절한 행동과 환경은 아동의 신체 · 인지발달에 영향을 주며, 방임과 학대 그리고 여러 기관으로의 이동경험은 안정된 애착형성에 영향을 미칠 수 있음을 알려준다. 입양아동은 생물학적 부모의 상실로 인한 슬픔과 충격으로 아동의 정서적 · 심리적 · 인지적 발달에 영향을 받을 수 있다. 이러한 입양 전 경험들은 아동이 나이에 맞는 적절한 의사소통기술이나 상호작용행동의 습득이 불가능하거나 힘들었을 수도 있다는 것을 입양부모에게 알려주어 입양부모는 입양자녀에게 적절한 기대를 가질 수 있도록 하고 아동에게 필요한 지원을 해 줄 수 있는 준비를 해야 한다. 여기에서 중요한 것은 순서와 질서에 대한 훈육에 앞서 안정된 애착을 형성할 수 있도록 입양부모를 지원한다. 왜냐하면 안정된 애착은 아동의 두뇌발달, 정서감정발달, 사회성발달, 자기조절능력에 영향을 주기 때문에 이후 양육과 훈육에 더욱 긍정적인 효과를 나타내기 때문이다. 또한 입양부모에게 알려줄 수 있는 긍정적 훈육에 대한 교육으로는 아동의 행동을 고치려고 하지 말고 행동에 대한 보상을 할 수 있도록 한다. "너는 착한 아이야."라고 칭찬하기보다 "네 순서를 잘 지켰다니. 대단한데"와 같이 아동의 구체적인 행동에 대한 칭찬으로 이후 아동 자신의 행동의 결과를 예측할 수 있도록 한다. 트라우마를 겪는 아동들에게는 타임아웃time-out이라는 훈육의 방법이 효과적이지 못할 수 있다. 불안과 혼란, 공포감을 더욱 가중시킬 수 있는 타임아웃보다는 아동이 안정될 때까지 물리적으로 부모와 더욱 가까이 있게 하는 타임인time-in의 방법을 쓸 수 있다(MacLeod & Macrae, 2006).

입양자녀에 대한 가장 중요한 부모역할은 항상 개방적 의사소통을 위한 분위기를 조성해야 하는 것과 아동이 입양부모의 감정을 고려하기보다는 자신들의 느낌과 부정적 · 긍정적 감정들을 표현하는 데 어려움이 없도록 해야 한다. 외국의 경우 갈수록 가족들이 입양에 대한 사실을 공개하는 추세이다. 입양 사실을 공개하는 경우의 장점은 부부뿐만 아니라 부부의 가족들과 친척, 친구들, 동료들에게 공개하면서 입양을 자연스럽게 준비할 수 있다는 것과, 교사와 돌봄에 관여하는 사람들로부터 아동이 겪을 수 있는 입양과 관련된 문제를 예방하고 적절한 도움을 받을 수 있다는 것이다(Turner & Welch, 2012). 특히, 어린이집이나 유치원은 집 다음으로 아동에게 일관성 있는 환경과 메시지를 전달할 수 있는 장소이기 때문에 교사와의 상호협조적인 관계는 입양아동이 겪는 문제 완화와 예방에 중요한 역할을 한다. 아동의 감정과 정서에 민감할 수 있는 자극과 주제에 대하여 교사에게 알려줄 수 있으며, 아기 때의 사진 등을 가져오는 과제 같은 것들에 대해 미리 고려해 볼 수 있게 할 수 있다. 최근 우리나라의 연구에서도 입양부모가 자녀에게 입양 사실을 개방하였을 때 입양아동에 대한 심리치료와 상담의 효과가 더욱 긍정적이었음을 보여 주고 있다(김혜경, 2016 ; 정황순, 2015). 이와 밀접하게 관련하여 입양에 대한 사회적 인식 전환으로 편견이나 잘못된 인식을 개선하려는 계몽과 교육 또한 지속적으로 필요하다.

스트레스 극복 모델stress and coping model은 입양아동의 적응력을 높이는 데 유용하게 쓰일 수 있다. 아동은 입양가족을 비정상적인 가족구조나 불안정한 상태로 인식할 경우에는 혼란, 불안, 슬픔, 창피함, 분노 등과 같은 부정적 감정을 더욱 많이 겪게 된다. 아동들은 이러한 감정에 대한 스트레스를 풀기 위해 여러 방법들을 사용하게 되는데, 부정적 감정의 표출을 과도하게 억제하는 전략을 쓸 경우 아동들은 부적응의 문제행동이 높아질 가능성이 더욱 많아진다. 아동의 인지능력발달 정도, 기질, 자존감, 자기

조절능력과 대인관계능력에 따라 아동은 본인의 입양에 대한 관점과 평가를 다르게 할 수 있다. 그렇기 때문에 입양에 대해 긍정적 피드백을 받게 하여 아동의 긍정적 감정을 증가시켜주고 스트레스와 부정적 감정을 감소시킬 수 있다. 주변인들과 또래가 입양에 대한 긍정적 태도를 가지고 있다는 것을 아동에게 인지시켜 주는 것이 중요하다.

3. 다문화가족의 부모

자녀의 올바른 양육과 교육은 다문화가족에게도 아주 중요한 문제이다. 낯선 나라로 이주해 와서 낯선 문화에서 가정을 형성하고 자녀를 양육함에 있어 어떠한 어려움들이 있는지를 파악하여 부모교육에서의 지원방법에 대하여 살펴보자.

1) 다문화가족의 부모역할 어려움

「다문화가족지원법」 제2조에 의하면「국적법」에 따라 대한민국 국적을 취득한 자와 대한민국 국적을 취득한 사람으로 이루어진 가족, 또는「재한외국인 처우 기본법」에 따라 결혼이민자와 대한민국 국적을 취득한 사람으로 이루어진 가족을 말한다.

다문화가족의 부모역할에 가장 큰 영향을 주는 환경적 요인은 문화적응이다. 문화적응acculturation은 새로운 문화에 대한 학습의 과정이며, 모국 문화의 어떤 측면을 간직하고 희생할지에 대한 결정의 과정으로 정의될 수 있다(Garcia Coll & Pachter, 2002). 여기서 문화의 측면들이란 언어와 음식, 관습과 태도 등을 일컬으며, 문화는 국가와 국경과는 다른 의미를 갖는다. 주류사회 문화와 모국의 문화라는 두 가지 측면에 대해 받아들이고 간직하는 정도에 따라 다음과 같이 4개의 패턴으로 분류된다(Berry, 1980).

- 통합integration : 모국의 문화를 유지하면서 주류사회 문화를 받아들이는 것
- 동화assimilation : 모국의 문화를 버리고 주류사회 문화를 받아들이는 것

• 분리separation : 모국의 문화를 유지하면서 주류사회 문화를 거부하는 것

• 주변화marginalization : 모국의 문화를 부정하고 주류사회 문화도 거부하는 것

부모의 문화적응 정도에 따라 자녀의 양육가치, 태도, 행동 등에 영향을 미치게 된다. 모국문화의 유지와 한국문화에의 적응 사이에서 통합의 상태를 유지하는 것이 부모와 자녀, 그리고 가족 전체에게 가장 긍정적인 영향을 미칠 것이라 예상되지만, 한국은 그동안 동화주의적 관점에서 다문화가족을 대하려는 경향이 강했다.

부모의 빠른 언어습득과 주류사회 문화에 대한 적응은 새로운 나라에서 부모역할에 대한 어려움을 해소하는 데 도움이 될 수 있을 것으로 기대되었다. 실제로 전국다문화가족실태조사에 따르면 5세 이하 자녀가 있는 응답자의 77.4%가 부모역할을 하는 데 어려움이 있다고 대답하였으며, 그중 자녀에게 한국어를 가르치기가 어렵다는 응답이 31.4%로 가장 큰 비중을 차지하였다(여성가족부 2015). 학령기 자녀가 있는 다문화가족 부모들은 한국의 학교생활을 잘 알지 못하는 것을 가장 큰 어려움으로 느끼고 있었다.

하지만 주류사회 문화에 대한 빠른 습득만이 아동의 사회정서발달에 반드시 긍정적인 영향을 주는 것은 아니다. 부모가 모국의 문화를 유지하면서 자아정체감과 자아존중감을 높이는 것이 아동에게 긍정적인 영향을 미친다. 동화assimilation정책에 의하면, 주류사회 문화의 빠른 습득만이 더 나은 사회경제적 지위를 차지하기 위한 유일한 방법으로 제시되었다. 하지만 주류사회 문화에만 적응한 경우보다 모국의 문화를 적절히 간직하고 유지하는 것이 부모와 아동의 심리적 · 인지적 · 신체적 발달에 더욱 긍정적인 영향을 미친다는 연구결과가 대세를 이루고 있다. 예를 들어, 이주한지 얼마 되지 않은 다문화가족들 중 모국의 문화에 대한 자부심과 높은 자존감을 갖는 아동들은 높은 학업 수행능력과 사회적 적응을 보였으며, 오히려 주류문화에 섣부르고 강박적으로 적응하려고 한 경우 문제행동과 일탈 등의 부적응적인 결과를 낳게 되는 사례들이 보고되고 있다. 이러한 동화주의적 관점의 예상과 반대의 결과를 나타내는 현상을 일컬어 '이민자 역설immigrant paradox'이라고 한다(Suarez-Orozco, Rhodes, & Milburn, 2009).

부모역할에 영향을 미치는 다른 요인으로 다문화가족의 경제적 어려움을 들 수 있

다. 비다문화가족에 비하여 다문화가족은 단순노무 종사자 및 서비스 종사자 비율이 높으며, 전국 가구 중 월평균가구소득 200만 원 비율이 가장 높게 나타났다(여성가족부, 2013). 본국에서 고소득, 전문직이었다 할지라도 언어와 문화의 차이와 자격인증에 대한 법적 근거가 없기 때문에 한국에서 비슷한 직업군을 유지하기 힘들며, 낮은 임금과 열악한 근로조건/대우 등을 받아들여야 하는 경우가 많고 이러한 부모의 근로 · 경제 여건은 아동의 양육과 교육에 영향을 미치게 된다.

2) 다문화가족의 아동과 부모

부모, 가족, 학교, 지역사회의 환경이 다문화가족 아동에게 미치는 영향은 비다문화가족 아동에게 미치는 영향과 다르지 않다. 일반적인 비다문화가족 아동의 양육과 성장에 영향을 주는 환경들 이외에, 다문화가족의 아동은 인종차별racism이라는 위험적 환경이 추가된다. 인종차별racism이란 기본적인 인간의 권리와 자유를 박탈하는 제재restriction, 배제exclusion, 그리고 편향bias을 뜻한다(Garcia Coll & Szalacha, 2004). 인종차별은 개인의 인종, 종교, 국적에 대하여 부정적인 생각, 감정, 판단과 같은 편견과 불공평한 대우라는 차별을 포함한다. 다문화가족이라는 편견예를 들어, 한국말이 어눌할 것이다 또는 가난하고 미개한 문화를 가진 나라에서 왔을 것이다 등(박미은 외, 2012)은 아동의 스트레스를 높이고, 학업성취도에 부정적인 영향을 미친다(Cohen et al., 2009).

다문화가족 아동은 성인인 부모보다 새로운 언어를 빠르게 습득한다. 빠른 언어습득은 교우관계와 학습에 긍정적인 영향을 준다. 반면, 언어습득이 느린 부모가 자녀에게 통역과 번역의 도움을 요청하게 되는 경우도 많아진다. 부모를 대신하여 관공서 업무부터 일상생활에 대해 통역자 역할을 하게 되는 경우가 많아지게 되면서(Wu & Kim, 2009), 아동은 학습시간과 여가시간이 줄어들게 된다. 아동이 알아서는 안 될 사건과 사고내용을 알게 되는 경우도 생기게 되며 심지어 가족 구성원이 연류된 의료적 정보질병, 치료, 성 관련, 고통, 사망 등, 법적인 문제소송, 불법행위, 처벌 등와 같이 아동이 심리 · 정서적으로 감당하기 힘든 일들을 겪게 될 가능성도 커진다. 또한 아동 본인의 통역과 번역에서의 실수로 가족에게 해가 될까 하는 스트레스와 부담감도 커지게 된다. 가족 중 한 명이라도 빠른 적응을 보이는 것이 가족 전체에게 도움이 될 수도 있지만, 위의 경우처럼 아동 개인의 부담감과 스트레스가 커지게 되면 부모에 대한 신뢰를 떨어뜨리는 위험요인이 될 수도 있다. 부모-자녀 간의 문화적응 차이를 적게 하여 가족의 응집력을 높이고 아동의 심리정서 안정에 도움을 주도록 해야 한다(Kim, Chen, Li, Huang, & Moon, 2009). 문화적응은 개인의 문제가 아니라 가족 구성원 전체가 균형을 이룰 수 있어야 한다.

다문화가족 자녀의 평일 오후와 저녁시간 활동을 보면, 그냥 쉬거나 잠자기, 또는 TV · 비디오 보기, 인터넷 게임 등이 대부분이었으며, 비다문화가족 아동들보다 집에서 공부나 숙제하기, 학원이나 과외 등의 구조적 활동은 월등히 적었다(여성가족부, 2013). 방과 후 이러한 비구조적 활동들은 다문화가족 아동들의 낮은 학업성취도를 설명해 줄 수 있다(McHale, Crouter, & Tucker, 2001). 또한 다문화가족 아동에게 또래는 '문화적응의 중개자' 역할을 하게 되는데(Pantin, Schwarts, Sullivan, Coatsworth, & Szapocznik, 2003), 비구조적 활동과 여유시간에서 만나게 되는 또래들이 비행이나 문제행동을 가진 또래들일 가능성이 크고 이것은 다문화가족 아동들의 비행과 문제행동에 직접적 영향을 주게 된다. 아동들에게 그룹 또는 또래로부터 배제되고 소외된다는 것은 엄청난 스트레스이다. 그룹/집단에 대한 소속감과 충성심을 표현하기 위해 아동들은 또래들의 문제행동을 쉽게 받아들이며 과장되고 폭력적인 행동을 보이기도 한다. 아동은 새로운 언어와 문화를 잘 이해하지 못하는 부모에게 실망하거나 덜 의지하게 되면서 또래에게 더 의지하려는 경향을 보일 수도 있다.

다문화가족 아동들은 외모와 억양, 국적으로 인해 배제와 소외를 당할까 불안해하며, 아동의 이러한 차별에 대한 경험은 심리적 · 정서적 상태와 사회적 적응력에 상당히 부정적인 영향을 미친다(Berry, 2007). 인종적 욕설, 모욕적인 비방, 신체적 위협, 근거 없는 허위 등의 차별을 경험한 아동들은 우울 증세와 품행장애를 보일 확률이 높고, 이러한 부정적인 영향은 여아보다 남아들에게 더 심각하게 나타난다(Brody et al., 2008). 심지어 온정적인 부모와 좋은 교우관계를 유지하는 아동들에게도 인종차별 피해경험은 매우 부정적인 결과를 보였다. 인종차별은 다문화가족 부모에게도 위험요소로 작용한다. 차별을 경험한 부모는 스트레스와 관련된 신체적 증상과 우울증상을 보이며, 덜 긍정적인 양육방식을 보인다(Brody et al., 2008). 다문화가족 아동발달을 위해서 아동이 경험할 수 있는 인종차별에 대한 예방과 함께 다문화가족 부모가 겪을 수 있는 차별에 대한 예방책도 필요하다.

3) 다문화가족 부모교육

「다문화가족지원법」에 근거하여 다문화가족지원센터가 설립 · 운영되고 있다. 다문화가족지원센터에서는 결혼이민자의 조기적응과 안정적인 가족생활 지원을 위하여, 입국 전 결혼 준비기, 입국 초 가족관계 형성기, 자녀양육 및 정착기, 역량 강화기 등 4단계로 나누어 '생애주기별 맞춤형 서비스'를 제공하고 있다.

다문화는 다양한 가치와 믿음, 신념 등을 서로 존중하며 공존할 수 있는 문화를 일컫는다. 하지만 아직까지 우리나라는 다문화가족의 문화를 이해하고 공존에 익숙해지려 하기보다는 다문화가족들에게 하루 빨리 한국어를 습득하도록 재촉하고, 우리의 관습과 문화를 똑같이 따르기를 기대하는 경향이 더 크다. 폭발적으로 늘어나고 있는 다문화가족을 위해서 다문화가족 개개인 구성원들의 어려움과 문제점은 무엇인지, 그리고 가족이라는 단위로서의 역할과 그들이 처한 환경을 제대로 이해하여 교육 · 상담 · 문화 프로그램들이 개발되고 실행되어야 할 것이다. 다문화가족을 위한 적응 프로그램뿐만 아니라, 비다문화가족과 개개인에게 편견과 차별에 대한 교육 프로그램이 동시에 이루어져야 한다.

표 4-2는 다문화가족 자녀를 위한 학교와 지역사회의 협력적 관계형성 프로그램의 전략에 대한 소개이다(Education Department Center, 2011).

표 4-2 | 다문화가족의 부모를 위한 지원전략

구분	내용
가족, 학교, 그리고 지역사회의 관계	• 서로에 대한 신뢰를 쌓을 수 있도록 한다. • 다문화가족의 문화에서 장점을 찾고 강화할 수 있도록 한다. • 지역사회는 다문화가족의 자녀양육과 교육문제 이외의 어려움에 대해서도 원조를 하며 신뢰를 쌓도록 한다. • 다문화가족의 문화와 주류사회 문화 사이에서 다리역할을 하는 사람들을 존중한다. • 지역사회의 이벤트와 회의에 참여를 유도한다. • 다른 문화의 배경을 가진 다문화가족들의 지지 그룹 형성을 도와준다. 다문화가족의 부모들이 겪고 있는 문제의 원인이 그들의 부모역할 스킬이 아니라, 이민과정, 경제적 어려움, 제한된 정보, 교육에 대한 기회 부족 등이라는 것을 알게 하여 부모로서의 역량을 키울 수 있도록 한다. • 학교/돌봄/시설 관계자와의 자리를 만들어 정규 부모상담시간에 다문화가족 부모가 물어보지 못했거나 이해하지 못했던 것들에 대해 상담할 수 있는 시간을 갖게 해준다. • 다문화가족을 위한 프로그램에는 부모와 자녀 모두가 참여할 수 있는 프로그램을 계획하도록 하여 서로를 이해할 수 있는 기회를 만들도록 한다.
다문화 가족과 아동 강화하기	• 다문화가족 부모가 아동의 숙제나 과제를 도울 수 있는 프로그램을 운영한다. • 부모와 자녀가 서로를 가르치고 새로운 것을 배울 수 있는 활동들을 계획한다. • 다문화가족은 단일한 배경을 가진 동질적 집단이 아니라는 것을 비다문화가족에게 교육한다. 다문화가족의 이야기들을 들을 수 있는 기회를 계획한다.
언어문제에 대해 지원하기	• 이중언어가 가능한 인력을 활용한다. • 행사 또는 알림을 위해 다문화가족의 언어를 사용하고 통역과 번역 서비스를 활용하여 다문화가족 부모와 아동이 소수로 취급되어 무시되거나 소외되지 않도록 한다. • 의료 또는 법률과 관련된 통역과 번역을 위해 다문화가족 중 가족 구성원을 활용하지 않는다. • 부모와 아동에게 새로운 언어로 읽고 쓰는 것은 몇 년 혹은 그 이상 걸릴 수 있음을 이해시킨다.
다양한 필요와 요구를 존중하기	• 모든 다문화가족이 동일한 문제와 어려움을 겪는 것은 아니라는 것을 알아야 한다. • 아동과 부모의 발달단계를 이해하여 교육목표와 전략을 계획한다. 유아기 자녀를 가진 20대 부모의 가족과 아동기 자녀를 가진 30대 부모의 가족이 자녀에 대해 필요로 하는 사항은 다를 것이다.
아동의 적응에 집중하기	• 다문화가족 부모들의 가장 큰 걱정과 바람이 자녀의 성공적인 적응이라는 것을 공감해 주며, 제공되는 서비스와 프로그램들이 아동의 적응에 도움이 될 것이라는 것을 이해시켜준다. • 아동이 겪은 또는 겪을 수 있는 차별과 부당한 대우 같은 부정적 상황에 대해 알고 부모가 치료와 예방을 할 수 있도록 돕는다. • 아동이 주류문화의 언어능력에 기초한 학습능력평가가 아닌 익숙하고 편한 언어로 객관적인 학습능력평가를 받을 수 있도록 한다. • 아동에게 완성할 수 있는 수준의 과제를 준다.

전체 다문화가족 중 6세 미만 아동이 있는 다문화가족이 50% 이상이라는 점에서 유·아동 보육·교육현장의 중요성은 더욱 커지고 있다(여성가족부, 2013). 초등학교 저학년 아동들이 자신이 속한 그룹에 대하여 긍정적 감정을 갖는 반면, 타 그룹에 대하여 부정적인 인식을 하고 있다는 사실에 비추어(Brooks, 2013), 다문화 아동이 본인이 속한 다문화 그룹에 부정적 감정을 갖기 시작하기 전인 유·아동시기에 효과적이고 효율적인 개입이 필요하다.

Activity
활동하기

1. 4세 손녀의 돌봄을 맡게 된 50대 조부모와 70대 조부모 각각에게 부모교육을 계획하려고 한다. 손녀의 돌봄을 맡게 된 여러 경우의 원인을 가정해 보고 조모와 조부에게 필요한 신체적 · 정서적 · 경제적 지원에 대하여 생각해 보고 토론해 보자.

2. 5세 입양아동을 둔 부모를 위한 부모교육을 계획하려고 한다. 10회 세션으로 진행을 하려고 할 때 어떠한 주요 토픽들을 선정할 것인지 토론해 보자. 그리고 세션별 주제와 관련하여 어떤 전문가를 초청할 수 있을지 생각해 보자.

3. 다른 언어와 피부색 등으로 놀림을 받는 유아의 다문화가족 부모에게 부모교육 제공자로서 해줄 수 있는 지원방법에 대하여 토론해 보자. 또한 일상생활에서 다문화가족 부모와 자녀가 마주칠 수 있는 편견과 차별의 경우에 대하여 생각해 보고 부모교육 프로그램에 포함되어야 할 내용에 대하여 토론해 보자.

CHAPTER

05

가족구조의 역동에 직면한 부모들

CHAPTER 05

부모의 숫자가 아동에게 영향을 미치는가? 한부모가족과 이혼가족, 재혼가족에서의 부모역할의 특징과 어려움을 알아보고 아동의 발달을 위해 부모에게 어떠한 측면의 교육과 지지가 필요한지에 대하여 살펴보자.

1. 한부모가족

한부모가족이란 부모 중 한 명과 자녀로 구성된 가족구조를 일컫는다. 여기서 한부모라는 가족구조 자체가 결함 또는 결손을 의미하는 것이 아니다. 가족의 숫자, 구성원의 특성에 상관없이 모든 가족의 형태는 강점과 약점을 가지고 있으며, 약점의 기회가 많을 경우 어려움을 겪게 되고, 강점이 많아지면 그 위기를 극복하게 되는 것이다. 즉, 부 또는 모의 부재가 자동적으로 모든 문제의 원인이 되는 것이 아니다(Seifer, Sameroff, Baldwin & Baldwin, 1992). 이러한 한부모가족의 부모는 이혼, 사별, 별거 또는 선택적 미혼 등 여러 형태의 혼인상태를 유지하고 있으며, 소득적인 면에서도 직업적인 면에서도 다양한 형태를 가지고 있다. 부와 모의 연령대 또한 다양하여 한부모가족을 동질적인 집단으로 오해하거나 취급 또는 대우해서는 안 된다. 한부모됨이라는 것은 일회성의 사건, 사고, 합의에 의해 일어난 일시적인 상태가 아니라, 여러 다양한 상황 속에서 부모와 자녀에게 영향을 주는 과정으로 이해하여야 한다(Turner & Welch, 2012).

전통적으로 한부모라는 가족구조가 일반적이지 않았던 시기에는 두 부모 중의 한 명의 부재가 가족 전체와 자녀에게 부정적인 영향을 줄 가능성이 클 것이라고 가정하여 한부모가족구조를 정상적이지 않고 결함deficit이 있는 가족으로 여겨왔다(Brandwein, Brown, & Fox, 1974). 하지만 곧 한부모가족은 부모의 숫자가 자동적으로 자녀에게 영향을 주는 것이 아니라 시기적 취약점과 강점의 균형 사이의 문제로 인식이 되면서 가족과 자녀에게 영향을 주는 것(Seifer et al., 1992 ; Morrison, 1995)이라는 관점이 더욱 설득력을 갖게 되었다. 두 명의 부모에게 분산되고 공유되었던 역할을 한 명의 부모가 담당하게 됨으로써 어떠한 부모역할의 특징이 있는지 알아보고 아동의 발달에 어떠한 영향을 미치는지에 대해 살펴보자.

1) 한부모가족의 부모역할 어려움

(1) 경제적 어려움

대부분의 부부 중 남성배우자는 생계를 위한 소득을 책임지고 있고, 맞벌이를 하더라도 여성은 사회구조적인 이유 또는 가사와 자녀양육의 병행을 위해 근무시간이 자유롭고 특별한 기술을 필요로 하지 않는 낮은 임금의 직종을 선택하는 경우가 많아 부수적 수입원일 경우가 많다. 이러한 상황에서 남성배우자의 부재는 모자가족에게 경제적으로 큰 영향을 미치게 된다. 생계를 위한 비용뿐만 아니라 아동보호에 필요한 비용을 부부 둘이 아닌 혼자 책임을 져야 하면서 경제적으로 더욱 어려움을 겪게 될 확률이 높아진다. 가정에서 자녀의 양육을 책임지던 전업주부였다면, 그동안 지출되지 않았던 보육시설 이용 비용이 추가로 발생하게 된다. 경력관리 및 개발을 하지 못했던 여성이 모자가족이 되면서 경제활동을 하게 될 경우 복지혜택이 제공되지 않거나 고용불안을 겪게 되는 낮은 임금에 종사하게 되면서 경제적인 어려움은 더욱 커진다.

일반적으로 모자가족에 비하여 부자가족의 수가 적어 부자가족은 관심을 덜 받아왔다. 싱글대디부자가족의 부는 싱글맘모자가족의 모에 비해 원가족의 부모, 즉 조부모 또는 친

더 알아보기

양육비 미지급 부모의 신상공개

아동의 생존권과 관련된 양육비를 지급하지 않는 부모들의 신상을 공개하는 사이트가 있다. 이 사이트는 양육비 미지급 부모로부터 초상권과 명예훼손으로 소송을 당하기도 했지만, 1년 동안 약 181건의 양육비 미지급을 해결하는 성과를 냈다. 현행법상 양육비 지급을 강제하는 제도가 있지만 회사를 그만두거나, 위장전입, 재산은닉, 잠적 등으로 명령을 피하여 10명 중 7명은 양육비를 받지 못하고 있는 실정이다. 외국의 경우 양육비 미지급 부모에게 운전면허 정지 · 취소(영국 · 캐나다 · 미국 등), 출국금지(호주 · 캐나다 등), 형사기소(미국 · 노르웨이 · 독일 · 프랑스 등) 등의 이행강화제도를 운영하고 있다.

출처 : 2018년 양육비 이행관리제도의 문제점 및 개선과제, 국회입법조사처, 입법 · 정책보고서

지로부터 자녀양육과 가사도움을 받으면서 취업상태를 유지하는 경우가 많다. 하지만 모자가족과 마찬가지로 부자가족도 두 부모가족보다 경제적인 어려움을 겪게 될 가능성이 커진다. 양육에 대한 추가적인 책임으로 인해 근로시간, 출장업무, 동료와 상사와의 사적 교류시간에 제약을 받으며 승진과 급여에 영향을 받기도 한다.

(2) 건강

경제적인 문제와 더불어 싱글맘과 싱글대디는 우울, 불안, 좌절 등 정서적인 문제에도 쉽게 노출이 된다(Simons, Beaman, Conger, & Chao, 1993). 비슷한 어려움을 겪는 사람들의 이야기를 듣거나, 조언을 구할 수 있는 사회적 지지체계에 대한 정보를 구하는 것이 쉽지 않을 수 있다. 정보 접근에 대한 지식과 기술의 부족은 위기상황 극복을 지연시키고 그만큼 스트레스 상황에 놓이게 된다. 이러한 경우 부모는 우울증과 낮은 자아존중감을 보이며 부모역할에 대한 부담감과 불안감을 나타낸다. 싱글대디는 싱글맘에 비해 고혈압과 음주의 확률이 높으며, 싱글맘은 불면증과 피로감을 더 호소한다(Buelhler, 1988). 이러한 감정・정서적 불안은 한부모가족이 된 상황, 예를 들어 질병, 이혼, 별거 등의 상황이 한부모가족이 되기 이전부터 만성적으로 싱글맘과 싱글대디의 정서적 우울감과 스트레스를 높여왔을 가능성도 크다.

(3) 자녀양육과 부모역할

소득을 위한 적극적 경제활동을 해야 하는 상황에서 가장 큰 어려운 점은 자녀를 돌봐야 하는 시간과 여건을 같이 확보해야 한다는 것이다. 두 부모가족은 수입원이 최대 두 명일 수 있지만 한부모가족은 수입원이 한 명인 상황에, 더불어 자녀양육비용은 꼭 지출해야만 하는 상황이라는 점에서 한부모가족은 이중으로 불리한 입장에 놓이게 된다(McLanahan & Booth, 1991). 이혼 또는 별거하는 배우자로부터 양육비를 받을 수 있지만, 이전 배우자가 본인의 소득으로 양육비를 감당하지 못해 지급이 어려운 경우도 있으며, 양육비를 지급하더라도 그 금액이 자녀양육에 충분하지 못할 경우도 있다.

또한 이전 배우자에 대한 적대감, 양육비 판결에 대한 불만 등의 이유로 양육비 지급을 고의적으로 회피하는 경우도 발생하게 된다.

가중된 가사와 부모역할에 대하여 어머니는 아버지와 다르게 반응하기도 한다(Brooks, 2013). 일반적으로 싱글맘은 자녀양육의 일차적 책임은 어머니라는 주변의 시선과 기대로 인해 가사와 양육을 전적으로 본인의 책임이라고 생각하여 혼자 도맡아 하면서 부담과 긴장상태를 높인다. 반면에 싱글대디는 가사와 관련된 일로 본인의 부모로서의 책임과 능력을 증명해 보이려 하지 않기 때문에 가사와 양육에 관련된 일에 대하여 외부의 도움조부모, 친척, 동료, 친구, 외부 서비스에 좀 더 수용적이고, 자녀들에게 가사업무 분담을 시키는 것에 대해 감정적으로 어려움을 느끼지 않는다. 아들보다 딸에게 가사 분담의 역할을 주게 되는 경우가 많기 때문에 자녀양육에서 성차별적인 양육방식이 자녀에게 부정적인 영향을 미칠 수 있음에 대해 알고 있어야 한다.

위에 열거한 상황적 어려움은 부모로서의 삶의 만족도를 떨어뜨리고 가족의 사회적 기능에도 부정적인 영향을 미치며 부모-자녀관계에까지 영향을 준다(Amato & Booth, 1996). 정서적 스트레스는 비효율적인 양육행동을 유발하고 자녀와의 관계의 질을 악화시킨다. 스트레스가 많은 부모는 억압적이고 통제적인 훈육방법을 사용하게 되고 자녀와의 관계에 부정적으로 작용을 하게 된다. 여러 가중된 역할을 완수해야 되는 상황적 환경으로 자녀와 함께할 시간이 부족해지고 자녀를 보호하고 모니터링해줄 기회가 줄어들면서 자녀의 문제행동과 학교생활 적응에 영향을 미치게 된다.

2) 한부모가족을 위한 부모교육

한부모가족의 부모는 경제활동, 자녀양육, 가사업무 수행이 미숙해서 어려움을 겪는 것이 아니라 여러 역할들을 동시에 수행해야 하는 상황적 제약으로 어려움을 겪게 된다. 따라서 안정적이고 지속적인 사회적 지지체계가 절실히 필요하며 가장 효과적인 개입방법이 필요하다. 예를 들어, 친구와 친지, 같지 살지 않는 배우자의 도움은 한

부모가족의 부모의 양육 스트레스를 줄여주고 효과적인 부모역할을 할 수 있게 해준다(Ryan, Kalil, & Leininger, 2009). 필요할 때 돈을 빌릴 수 있는 지인이 있다고 생각하는 경우, 위급 시 자녀를 돌봐줄 수 있는 지인이 있다고 보고한 싱글맘은 낮은 우울 증세와 낮은 불안감을 보였다. 가족, 친지, 친구, 동료부터 받는 지지와 공감은 한부모가족의 부모에게 정서적·감정적 안정에 큰 영향을 준다. 한부모의 사회적 네트워크 활동을 원활히 할 수 있는 지원체계가 필요하다.

한부모가족의 아동들은 두 부모가족의 아동들보다 문제행동의 빈도가 높다고 보고되고 있다. 한부모가족 자녀가 아동기일 경우 가족의 경제적 안정과 부모역할에 대한 지지가 이루어지면 이러한 아동의 문제행동들은 사라질 가능성이 큰 반면 자녀가 청소년기일 경우 문제행동들은 지속될 확률이 높은 만큼(Turner & Welch, 2012) 조기 개입이 중요하다.

한부모가족에 대한 안정적인 사회적 지지체계를 위해서 부모 개인의 갈등해결능력과 주변 사람들과의 효과적인 의사소통방법에 대한 개입 프로그램이 필요하다. 또한 개별적 상황에 대한 지원과 더불어 전체적인 상황에 대한 스트레스 관리를 할 수 있는 능력을 향상시킬 수 있는 개입 프로그램도 요구된다. 특히나 경제적 어려움은 한부모가족의 부모의 스트레스를 높이고 신경질적이며 폭력적인 훈육행동을 야기할 가능성이 크기 때문에 부모-자녀관계에 매우 부정적인 영향을 미치는 요인이 되므로 전반적 상황에 대한 부모의 위기관리대처능력에 대한 개입이 중요하다. 부모가 주변 사람들과 잘 어울리고 원만하게 관계를 맺고 있는 것을 보여 주는 것은 자녀에게 다른 사람들과 관계를 맺고 유지하는 기술뿐만 아니라 사회적 기준·도덕적 가치를 배우고 내재화하는 것에 대한 모델이 되기도 한다(Amato & Booth, 1996).

이렇듯 주변인으로부터 받는 지지는 물질적·비용적인 면뿐만 아니라 정서적·감정적 이득이 크기 때문에, 한부모가족이 단순히 주변인으로부터 주거지문제와 양육시간/비용에 대하여 문제가 해결되었다는 이유만으로 정책적 지원에서 제한되거나 배제되지 않도록 주의해야 한다.

3) 한부모가족을 위한 레질리언스 모델

다음은 한부모가족 아동에게 긍정적인 영향을 주기 위한 방법으로 부모의 웰빙을 향상시키는 레질리언스 모델이다(Taylor & Conger, 2017). 레질리언스 모델은 아동의 발달과 교육에만 초점을 맞추려 하기보다 부모의 역량강화를 통해 부모-자녀관계를 향상시키고 가족의 기능을 원활하여 하여 아동에게 장기적이고 긍정적인 영향을 주는 개입방법을 계획한다. 여기에서는 두 개의 레질리언스 요인을 활용하여 한부모가족의 부모의 웰빙에 개입한다. 첫째는 부모의 사회적 지지이다. 부모는 취약한 시기에 본인이 주위의 관심을 받을 자격이 있으며 필요할 때 도움을 받을 수 있는 환경이라고 믿을 수 있도록 해야 한다. 가족이나 친척과의 관계뿐만 아니라 동료와 친구들과의 진실한 관계형성으로 이러한 믿음은 커질 수 있으며, 이러한 관계에서의 만족도는 한부모가족 부모의 우울감, 불안감, 외로움, 공허함을 줄여주며, 부모역할에 대한 자신감을 높여준다. 두 번째 레질리언스 요인은 부모 자신의 내적 강화요인이다. 낙천적 · 긍정적 성향의 개발과 향상은 스트레스를 조절할 수 있는 능력을 높여주며, 온화하고 자신감 있는 부모역할에 긍정적 영향을 준다.

구체적인 부모행동기술에 대한 교육보다 부모의 웰빙을 높이는 인지-행동 개입 프

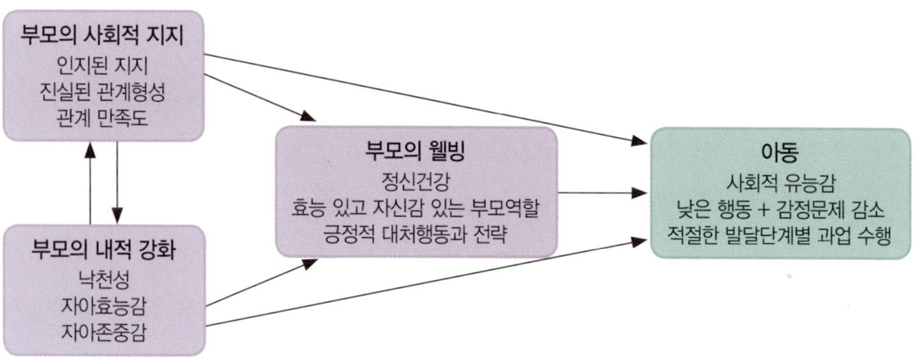

그림 5-1 | **한부모가족을 위한 레질리언스 모델**

출처 : Taylor & Conger(2017). 원문에서 어머니를 부모로 대체하여 사용함

로그램이 선행될 수 있도록 한다.

2. 이혼가족의 부모

이혼가족은 한부모가족의 형태를 이루는 가장 큰 유형이다. 가족체계이론은 이혼을 가족체계를 혼란시키는 가장 큰 사건으로 묘사한다. 부모의 이혼은 이전에 행해졌던 가족규칙과 개개인의 역할에 대한 변화를 가져오면서 가족구성원 전체가 큰 스트레스를 받게 된다. 이혼은 부모와 자녀들에게 모두 영향을 미친다. 부모 개개인의 우울, 분노, 적개심 등의 감정적 상태는 직·간접적으로 자녀에게 영향을 주게 된다. 따라서 부모는 그들의 이혼으로 인해 자녀들이 겪게 될 다음과 같은 상황과 변화에 대해서 인지하고 있어야 한다(Hetherington & Arasteh, 2014).

표 5-1 | **부모의 이혼으로 인해 자녀들이 겪게 되는 상황과 변화**

구분	내용
현실인지	자녀는 부모의 이혼이 곧 이루어질 것이라는 것을 인지하게 된다. 이혼과정 중 부모는 본인의 불안감, 슬픔, 분노, 증오 등과 같은 감정적 표현들이 자녀에게 전달될 수 있음을 알고 있어야 한다.
물리적 분리	부 또는 모의 부재로 인해 자녀는 버려졌다는 느낌을 겪을 수도 있다.
가족 재구성	이혼한 부모는 변화된 환경에 적응하기 위하여 새로운 가족 내 규칙을 정하고 자녀와 새로운 관계를 구축하게 된다.
가족 재정의	하나였던 가족이 자녀에게는 아버지 가족과 어머니 가족이라는 두 개의 가족으로 나누어지면서 새로운 생활양식과 역할이 요구된다.

이혼가족의 부모의 특징과 자녀의 발달에 미치는 영향을 파악하여 이혼부모를 위한 부모교육에 필요한 측면들을 살펴보자.

1) 이혼가족의 부모역할 어려움

이혼과정을 거치면서 어떤 부모들은 가족 내 체계의 안정을 위해 더욱 엄격해지거나 과도한 통제력을 행사하기도 하며, 어떤 부모들은 자녀에게 더욱 관대해지고 너그러워지기도 한다(Leonoff, 2018). 모자가족이 된 어머니는 자녀양육에 대한 기준을 설정하는 데 어려움을 겪는다. 자녀의 양육과 교육에 대한 가중된 심리적 부담감으로 인하여 자녀에게 엄격한 행동규제를 하기도 하며, 반면에 아동의 정서적인 안정과 적응을 위해 자녀의 감정상태에 민감하게 반응하려는 노력으로 때때로 지나치게 관대해지기도 한다. 아동기 자녀에게 과한 자유와 선택권을 주기도 하고 청소년기 자녀에게 지나친 규제와 제한을 두면서 자녀에게 혼란을 주기도 한다. 반면, 부자가족이 된 아버지는 어린 자녀의 감정을 고려하고 이해하려는 것에 대해 필요성을 못 느끼고 아동의 감정을 살피는 데 익숙치 않기 때문에 부자가족이 된 이후 오히려 자녀행동에 대한 규칙과 제한을 설정하는 데 큰 어려움을 느끼지 않는다. 아동의 의사와 상관없이 아버지가 가지고 있는 기준대로 행하려 하기 때문이다. 또한 자녀와 같이 살지 않는 부모는 자녀에게 허용적이고 관대한 경향을 보인다.

이혼을 겪은 어머니는 자녀들 중 맏이에게 감정적으로 의지를 하게 되고 맏이와 아버지 역할을 나누어 하려는 기대를 하며, 그런 자녀는 또래 이상의 조숙함을 보이기도 한다. 이혼 부모는 자녀와 새로운 관계를 정립하려 하지만 이전 배우자와 의사소통의 문제, 문제해결방법에서 어려움을 겪었던 부모는 근본적인 문제의 원인을 고치지 않고서는 자녀와의 관계에서도 의사소통의 문제를 또다시 직면하게 된다(Deshpande & Pandey, 2014). 이혼 후 이전 배우자에 대한 부정적인 감정을 노골적으로 표현하거나 경제적인 어려움에 대하여 자녀에게 하소연을 하게 될 경우 자녀들은 엄청난 스트레스를 느끼지만 그 감정을 솔직히 표현하지 못하고 문제행동이나 신체화 반응으로 나타나는 경우가 많다. 부모는 이전 배우자를 상기시키는 자녀에게 부정적으로 반응하기도 하고, 또는 지나치게 의존하기도 하며, 자녀를 버거워하기도 한다. 부모의 이러한 감정적·정서적 상태는 부모를 양육에 집중할 수 없게 한다.

이혼한 부모가 가장 많이 하는 감정표현은 분노이다. 분노의 표현이 노여움과 화로 나타나기도 하며 그와 동시에 슬픔과 두려움과 같은 감정을 감추기 위하여 분노로 표출될 수 있다는 것을 알아야 한다. 이러한 표현방법은 남들에게 강하게 보이려고 하는 노력의 일환이기도 하다. 하지만 화는 부모 자신과 자녀 모두에게 어느 면에서도 도움이 되지 못한다. 이혼부모는 이전 배우자의 도발적인 언행에 반응하지 않으려고 노력하고, 우선순위의 일들에 집중하며, 이혼과정과 이혼 후 상황을 중립적이고 절차상의 문제로 인지하려는 노력을 해야 한다. 자녀와 함께 있을 때에는 자녀에게 최대한 집중

더 알아보기

자녀의 부모화 & 성인화

자녀의 부모화 스트레스

나이에 맞지 않게 또래보다 성숙한 어린 아동들이 있다. 발달적으로 우수하여 성숙한 경우가 아닌 부모와 환경의 영향으로 인하여 부모화/성인화(parentification/adultification)를 겪는 경우 아동의 발달에 부정적인 영향을 주게 된다. 이혼이나 별거 등 가족체계에서의 변화과정 중 다음의 상황들이 어린 자녀들의 성인화와 부모화를 초래할 위험성이 커진다. 부모가 자녀를 친구처럼 대하거나, 어른들의 문제를 어린 자녀에게 이야기하거나, 자녀에게 누구와 함께 살고 싶은지에 대해 물어본다거나, 어린 동생을 부모 대신 돌보도록 하거나, 자녀로부터 정서적 위로를 받고 싶어 하는 경우가 지속될 때이다. 부모가 자녀가 아이답게 구는 것을 힘들어하거나 거부하게 되는 경우 자녀는 발달단계에 맞지 않는 역할을 시도하려고 하며 스트레스를 받게 된다. 또래와의 시간, 아이다운 놀이시간과 아이답게 행동하는 것에 대한 죄책감을 가지며 혼자된 부모가 부모역할을 해야 하는 것에 대해 항상 걱정과 근심을 같이 하게 되면서 스트레스와 우울증에 취약해진다. 대부분의 부모들은 이러한 자녀들의 스트레스를 인지하지 못하고 어른스러운 행동에 만족할 가능성이 크기 때문에 부모에 대한 교육과 개입이 절실히 필요하다.

출처 : Nixon, Greene & Hogan(2012).

할 수 있도록 하기 위해 분노의 감정을 다스릴 줄 알아야 한다(Brooks, 2013). 반면, 아동에게는 부정적이든 긍정적이든 아동이 느끼는 모든 감정들을 부모에게 표현할 수 있도록 하여 부모가 반응할 수 있도록 한다. 그렇게 함으로써 이혼이 아동 자신 때문이 아닌 부부간의 문제로 인한 것이라는 것을 인식할 수 있도록 해야 한다.

이혼한 부모의 자녀에 대한 죄책감은 부모역할에 도움이 되지 못한다. 애정과 통제를 적절히 잘 사용하는 권위 있는 양육태도는 이혼 전과 후 과정 동안 아동의 역량과 웰빙에 지속적으로 긍정적으로 영향을 미칠 수 있다. 자녀에게 이혼의 결정을 이야기할 때에는 가능한 간결하고 분명하게 이혼의 원인과 과정, 그리고 이혼 후 변화될 생활에 대하여 사실적으로 전달해야 한다. 변화될 환경들과 변화하지 않는 것들에 대해 분명히 하여 아동이 불안감을 느끼지 않도록 해야 한다. 또한 부모는 자녀가 부모를 걱정하고 있다는 사실도 인지하고 있어야 한다.

2) 이혼가족 부모의 자녀와의 관계

부모의 이혼에 대한 아동의 가장 큰 반응은 상실감과 슬픔이다. 아동은 부모의 이혼으로 변화되는 환경에 적응하기 위하여 다음과 같은 정서적 · 감정적 변화단계를 보인다(Papernow, 2015).

- 부모가 이혼에 대한 결정을 자녀에게 알리는 초기 단계에는 아동의 스트레스와 갈등상태, 불행감이 최고조에 이른다.
- 부모의 이혼 후 1~3년 사이의 과도기적 시기는 같이 살지 않는 부모와의 접견 등 새로운 가족 패턴을 형성하고 감정을 안정시키는 단계이다.
- 이혼 후 5년 정도 이후는 재정립의 시기로 아동은 변화된 가족구조에 안정적으로 적응을 할 수 있는 단계이다.

아동의 발달단계에 따라 이혼에 대한 정서감정적 · 행동적 반응은 다르게 나타난다(Vélez, Wolchik, & Sandler, 2014). 유 · 아동기 자녀는 징징거리거나 장난감을 부수는 등의 문제행동을 보인다. 이전에 자신이 잘못한 행동으로 부모가 이혼을 하게 되었다는 걱정을 하며, 퇴행의 반응을 보인다. 학령기 아동들은 버려졌다거나 거부되어졌다는 느낌을 받고, 또래와의 원만한 관계를 형성하는 데 어려움을 겪을 가능성이 크다. 위급한 상황에서 어머니나 아버지의 부재를 두려워하며, 혼자된 부모가 자신을 양육하는데 힘들어 할까봐 걱정을 하게 된다. 청소년은 공격적 행동 또는 비행행동 가능성이 크고 부모와 갈등상태를 유지하면서 한편으로는 우울증세를 겪을 가능성이 커진다.

아동의 반응은 크게 외현화와 내재화 문제행동으로 구분할 수 있다. 분노와 혼란의 상태를 일탈, 공격적, 충동적 행동으로 나타내는 것을 외현화 문제행동이라 하고, 여아에 비해 남아들에게서 많이 나타난다. 반면, 불안과 슬픔, 우울, 죄책감, 상실감의 상태를 나타내는 반응을 내재화 문제행동으로 분류한다. 내재화 문제행동은 여아에게서 많이 관찰되며, 이러한 감정상태는 학교생활이나 학업에 집중하는 것을 힘들게 하여 성적이 떨어진다거나 학교생활의 부적응으로 이어지게 된다. 많은 아동은 이혼이라는 변화에 불안과 분노의 감정을 공격적이고 일탈된 행동으로 표현한다. 이러한 행동은 이미 너무 많은 스트레스 상황을 감당하고 있는 부모를 더욱 힘들게 한다. 스트레스가 많은 부모는 아동의 문제행동의 원인에 민감하게 반응하지 못하여 부모-아동 간의 관계의 악순환을 겪을 가능성이 크다.

하지만 이혼이 모든 아동들에게 부정적인 영향을 주는 것은 아니다. 이혼 전 부모의 부부간의 갈등과 폭력을 경험한 아동은 부모의 이혼을 긍정적 해결책으로 받아들이며, 이혼 후 생활에 낙관적인 태도를 가지고, 안정된 생활을 위해 노력하려 한다. 이러한 이혼가족의 자녀는 부부간 불화와 갈등을 겪는 두 부모가족의 자녀들보다 이후 성인이 되었을 때 만족도가 높고 주변인과 원만한 관계를 형성할 가능성이 크다.

3) 이혼가족을 위한 부모교육

대부분 이혼은 부모가 자녀만을 위해서 내린 결정이라기보다는 부모 자신에게 초점이 맞추어진 결정이다. 그렇기 때문에 아동에게 미칠 수 있는 부정적인 영향에 대해 잘 인지하고 대처할 수 있어야 한다. 잘 준비된 이혼과정을 거친 많은 이혼가족의 아동은 변화된 환경에 탄력성 있게 적응을 하지만 적대적 분위기에서 부모의 이혼과정을 겪은 아동은 즉각적인 문제행동뿐만 아니라 아동이 성인이 된 이후 이성과 대인관계에서도 문제를 겪을 가능성이 커진다(Brooks, 2013). 즉, 이혼과정에서 아동이 겪을 수 있는 부정적 영향을 최소화할 수 있는 효과적인 지원체계와 개입이 필요하다.

모든 아동이 시간이 지남에 따라 부모의 이혼에 알아서 잘 적응하는 것은 아니라는 점을 전제하여 개입 지원 프로그램을 계획해야 한다. 이혼은 부부에게만 영향을 끼치는 사건이 아니라 가족 전체 체계에 영향을 주는 과정으로 이해해야 한다. 또한 이혼은 아동에게 즉각적이고 장기적인 영향을 준다는 것을 명심해야 한다. 개입 프로그램은 이혼 때의 아동의 발달단계 시기, 그리고 부모가 이혼과정을 얼마나 계획적으로 진행하였는지를 고려해야 한다.

페드로-캐롤Pedro-Carroll(2010)은 이혼가족 부모에게 다음과 같은 행동을 지속시킬 수 있도록 해야 함을 강조한다.

- 아동에게 이혼에 대하여 솔직하게 이야기한다. 단, 아동에게 행복하고 즐거웠던 기억과 추억을 파괴할 만큼 배우자에 대한 비난과 부부간 불화와 관련된 구체적인 에피소드에 대한 이야기는 피한다.
- 자녀 앞에서 신체적 · 언어적 싸움은 절대 허용될 수 없으며, 자녀에게 아버지와 어머니 모두를 사랑해도 괜찮다는 것을 알려주어야 한다.
- 자녀에 대한 애정과 사랑의 표현은 적극적이고 지속적으로 해야 한다. 단, 자녀로부터 상대 배우자보다 더 애정 있는 부모로 취급받고 싶어서 과도한 선물을 주어서는 안 되며, 상대 배우자를 대하는 자녀의 태도와 행동을 통제해서는 안 된다.

이혼 후 부모가 자녀에게 상대 배우자에 대하여 부정적인 이야기를 할 경우 아동은 그 부모의 부정적인 부분이 생물학적인 자녀인 본인 자신에게도 해당될 수 있다는 불안감과 좌절감을 느낄 수 있다. 또한 이혼한 부모 사이를 왕래를 하면서 메시지 전달자 역할을 할 경우 아동은 본인의 전달 메시지와 태도가 이혼한 부부관계에 영향을 주게 될까 걱정하며 과도한 스트레스와 부담감을 느끼게 된다. 심지어 아동에게서 이전 배우자의 생활에 대한 스파이 역할을 기대하는 부모도 있다. 부모를 관찰하고 보고하라는 행동은 아동의 부모에 대한 신뢰에 부정적 영향을 주게 된다(Turner & Welch, 2012).

표 5-2는 부모의 이혼을 겪는 아동의 레질리언스에 영향을 줄 수 있는 위기요인과 보호요인이다(Pedro-Carroll, 2011). 위기요인을 최소화하고 보호요인을 강화하여 가족구조의 변화와 일상의 변화에 대해 아동이 탄력성 있게 반응하고 적응할 수 있도록 계획한다.

부모행동은 온정적이어야 하며 동시에 효과적인 훈육방식을 사용하고 적절한 규제와 일관성 있는 제한을 설정할 수 있도록 한다. 온정적인 부모행동을 위해 부모가 언어적인 애정표현뿐만 아니라 행동적으로도 표현할 수 있도록 하며, 자녀의 감정에 민감하게 반응하고, 자녀와 함께 할 수 있는 활동들을 가능한 많이 만들도록 한다. 효과적인 훈육방식을 위해 부모는 명확하고 일관성 있는 기준과 자녀의 나이에 맞는 기대를 갖도록 한다. 효과적 훈육방식은 아동이 자신의 행동의 결과와 환경에 대해 예측할 수 있게 해줌으로써 아동 스스로 감정과 행동을 조절하는 데 도움을 준다. 부모의 이러한 적절한 훈육은 기준과 규칙을 세우는 것뿐만 아니라 아동의 행동에도 관심을 가지고 모니터하는 것까지도 포함이 된다. 그럼으로써 아동은 긍정적 · 부정적 감정을 느끼는 것

표 5-2 | **아동의 레질리언스에 영향을 줄 수 있는 위기요인과 보호요인**

위기요인	보호요인
• 폭력적이고 학대적인 부부관계 • 부모역할에 대한 자신감 상실 • 아동의 일상에 대한 모니터링 부족 • 여러 번의 이혼과 재혼으로 인한 일상의 변화 • 부모의 정신적 질환/문제 • 악화된 부모-자녀관계 • 경제적 어려움	• 부부간의 갈등으로부터 보호 • 협조적인 부모행동 및 역할 • 부모-자녀 간의 원만한 관계 • 부모의 심리적 안정 • 권위 있는 부모역할 • 지지적인 형제자매 관계 • 경제적 안정 • 조부모, 친척들의 지지

은 괜찮지만, 모든 행동들이 허용되지 않는다는 것을 이해할 수 있게끔 한다.

부모-자녀관계의 질을 높이기 위하여 부모는 자녀의 이야기를 판단하려 하거나 비판하려 하지 말고, 자녀의 일관성 없고 양가적인 감정들을 있는 그대로 받아들일 줄 알아야 하며, 자녀가 말/대화 없이 침묵할 수 있는 시간과 공간에 대해서도 인정할 수 있어야 한다. 가족만이 공유할 수 있는 새로운 일상이나 패턴을 만드는 것은 자녀와의 관계를 강화시키고 여전히 가족이라는 것을 느낄 수 있게 해줄 수 있다. 또한 아동은 본인이 받는 스트레스를 스트레스라고 지각하지 못하는 경우가 많다. 따라서 두통이나 복통, 불면증 등 신체적인 증상에 대해 민감하게 반응할 수 있도록 한다. 또한 이전 배우자도 자녀의 부모임을 잊지 말고, 이전 배우자에 대한 적대적 감정을 조절할 수 있도록 한다.

3. 재혼가족의 부모

한 명의 부모로 구성된 가족구조가 비정상적인 혹은 결함 있는 상태라고 가정하는 관점에서 재혼가족을 바라본다면, 두 명의 부모가 있는 가족이 되면 한부모가족에서의 문제점이 해결될 것이라는 기대를 하며 다른 어려움과 고충들에 대해서 둔감해지기 쉽다. 실제로 재혼을 함으로써 부모는 정서적 안정감과 친밀감으로 삶의 만족도와 자존감이 높아지고, 혼자 맡아왔던 가족을 위한 경제적 책임과 양육의 책임을 나누어 공유할 수 있다는 점에서 이점이 있다. 이러한 이점을 최대화하기 위하여 재혼가족이 갖는 공통적 특징과 어려움이 무엇인지 파악하여 새로 형성된 가족 구성원 모두의 성장과 웰빙에 도움이 될 수 있는 부모를 위한 교육 프로그램을 계획할 수 있도록 한다.

1) 재혼가족 부모의 역할

재혼부모는 새로운 가족이 된 아동과의 충분한 유대감을 형성할 수 있는 시간이 부족하여 재혼과정에서 아동이 겪는 스트레스 극복을 도와주는 데 어려움을 겪을 수 있다. 또한 재혼부모는 원가족에서의 역할을 유지하면서 늘어난 가족 구성원에 대한 책임을 맡게 되면서 여러 상황적 어려움에 놓이게 된다. 예를 들어, 재혼 이전 친자녀와의 원만한 관계를 유지해야 하는 것은 물론 재혼자녀에 대한 부모역할을 새로이 수행해야 하며, 이전 배우자와 친자녀와의 관계, 재혼 배우자와 친자녀와의 관계, 친자녀와 재혼자녀 간의 관계도 고려하여 관계를 재정립해야 한다. 부모역할에 대한 어려움은 이전 배우자뿐만 아니라 이전 배우자의 조부모로부터 관심과 간섭 때문에도 힘들어지며, 뿐만 아니라 재혼자녀의 친부, 친모, 조부모로부터 양육에 대한 간섭을 받을 수도 있다.

헤더링턴과 아라스테Hetherington & Arasteh(2014)는 재혼을 계획하는 부모의 비현실적인 기대를 다음과 같이 4가지로 분류하였다.

- 새로운 가족 구성원 모두는 서로를 사랑하고, 자녀들은 부모를 존경할 것이다.
- 이전 결혼생활에서의 부족한 점을 재혼 배우자와 가족들에게서 보상받을 수 있을 것이다.
- 재혼 배우자와 자녀들은 금세 친해지고 강한 유대감을 형성하게 될 것이다.
- 재혼 배우자는 자녀양육과 경제적 문제를 해결해 줄 것이다.

이러한 비현실적이고 이상적인 믿음은 재혼부모와 자녀들 모두에게 실망감과 좌절감, 스트레스를 유발시키고, 이전의 가족생활에서보다 더 심각한 어려움을 겪을 수도 있으며 또 다른 이혼을 경험할 가능성도 커진다.

부모는 재혼자녀보다 생물학적인 친자녀와 더욱 강한 유대감을 가지게 된다. 또한 계부와 계모에 대한 주변의 부정적 편견 때문에 재혼자녀에 대한 적극적인 부모역할에 대해 주저하게 되기도 하며, 부모로서의 명확한 역할 정립에 혼란스러워 한다. 대부분의 재혼부모는 재혼자녀에 대한 자신의 역할에 대해 불확실해 하고, 어떻게 관계형성을 시작하며, 어떻게 훈육해야 하는지에 대해 가장 큰 어려움을 겪는다. 어린 재혼자녀에게는 관대하고 온정적인 태도로 관계형성을 시작하는 것이 바람직하다. 남아들의 경우 관계형성이 비교적 쉬운 반면, 여아들은 재혼부모 때문에 친모 또는 친부와의 친밀한 관계를 박탈당했다는 상실감에 저항적인 반응을 보이는 경우가 많다. 청소년기에 재혼부모를 맞이한 경우에는 자녀는 더욱 저항적인 반응을 보이는데, 재혼부모는 그런 자녀의 삶에 쉽게 관여하지 못하게 되고 좌절감을 느끼게 된다. 청소년 재혼자녀의 반항적 · 공격적 행동을 염두에 두어 무조건적이고 허용적인 태도보다는 온정적이지만 적절한 통제와 제한적인 양육태도를 사용하는 것이 관계형성에 효율적이다.

대부분 부부간의 관계 만족도가 높으면 부모-자녀관계에 긍정적인 영향을 주지만, 재혼가족에게서는 간혹 다른 결과를 보여 주기도 한다. 부부간의 관계 만족도가 높을수록 아동은 부모에 대해 부정적이고 반항적인 행동을 보일 수도 있는데, 특히 여아의 경우 재혼가족 이전에 누려왔던 친모/친부와의 특별한 유대감과 친밀감을 새로운 재혼부모에게 빼앗겼다는 것에 분노감을 느끼기 때문이다(King, 2006).

2) 재혼가족 부모의 자녀와의 관계

재혼가족을 형성하는 과정 동안 여러 상황적 변화와 사람들과의 관계적 변화는 아동에게도 스트레스이며, 학업문제, 문제행동, 일탈행동과도 관련성을 보인다(Hetherington & Arasteh, 2014). 많은 재혼부모들은 자녀들이 변화에 잘 적응하리라고 기대한다. 하지만 자녀의 적응은 이러한 변화와 혼란의 시기에 친부모와 재혼부모가 어떻게 환경을 만들어 주고 어떠한 양육태도를 보였는지에 따라 달라진다.

재혼과정과 후에 아동이 느끼는 감정적 · 정서적 경험은 다음과 같다(Bigner & Gerhardt, 2019). 부모의 재혼의 결정에 아무런 기여와 통제를 할 수 없었다는 것에 아동은 무력함을 느낀다. 또한 이혼가족의 아동처럼 재혼가족의 아동도 이러한 변화와 과정들이 본인의 책임이라는 죄책감을 가질 수도 있다. 예를 들어, 친모 또는 친부 혼자서 자신을 돌보고 교육시키는 것에 비용이 너무 많이 들어간다거나 힘들어하는 것 때문에 부모가 재혼을 결정했다고 생각할 수 있다. 새로운 부모와 형제들을 인정한다는 것이 같이 살지 않는 친부모를 배신하는 것이라고 생각하기도 한다. 재혼부모를 싫어하는 것보다 친부모를 버려야 한다는 두려움이 더 크게 작용을 하여 죄책감을 느낄 수도 있다. 이러한 모든 과정에서 아동은 스트레스에 대한 반응으로 분노를 표현하게 된다. 이러한 감정적 불안정은 가정에서 또래로, 학교로 확장하게 되며, 또래관계, 학업성취도, 교사관계에도 영향을 주게 된다. 부모는 아동의 부정적 감정표현이 지극히 정상적인 반응이라는 것을 알아야 하며, 아동의 분노표현은 현재의 상황이 아동에게 적절하지 못한 환경이기 때문에 부모가 개입해야 됨을 알려주는 신호라는 것을 알아야 한다.

재혼부모가 자녀의 친부모와 관계를 인정하고 친밀감을 형성할 수 있도록 하는 것은 재혼부모에 대한 유대감과 신뢰를 높여주고 아동의 문제행동의 발생빈도도 줄여준다. 이것은 친자녀를 이전 배우자에게 두고 온 재혼 배우자에게도 해당된다. 재혼배우자에게 같이 살고 있지 않은 친자녀와 시간을 보낼 수 있도록 해주는 것은 이전 가족에 대한 미안함과 죄책감을 덜고 새로운 가족형성과정에서의 만족도를 높이며 재혼자녀들에게 긍정적 영향을 줄 수 있다.

청소년 재혼자녀의 특징 중에 하나는 재혼가족보다는 친구의 가족과 유대관계를 맺으려고 하는 경향이다. 같이 사는 친부/친모와 재혼부모에게는 적대적 반응을 보이면서도 같이 살지 않는 친부/친모에게 더 친밀감을 느끼기도 한다. 가족들에게 덜 의존하려 하며 더욱 독립적이 되려고 하는 경향을 보이기도 한다.

3) 재혼가족을 위한 부모교육

재혼가족은 이전 가족에 대한 경험과 감정들이 공유되는 가운데 새로운 관계를 정립해야 되는 매우 혼란스럽고 복잡한 적응단계를 겪는다. 부모는 새로운 배우자와 스스로 알아서 관계를 형성할 수 있는 반면, 아동의 적응은 온전히 친부모와 재혼부모가 어떠한 신념으로 어떻게 행동하는지에 따라 달라짐을 인지하고 있어야 한다.

재혼 후 약 2년 동안은 재혼가족에게 매우 중요한 시기이다. 이 시기는 모든 가족 구성원들의 긴장상태와 스트레스 상태가 최고조에 달할 때이다. 첫 결혼생활에서는 부부간에 신혼이라는 시기에 결혼 만족도가 최고로 높은 단계에서 생활이 시작되지만, 재혼가족의 부부는 서로의 가족에게 중계자/중재자 역할을 해야 한다는 부담감으로 인하여 중간단계의 결혼 만족도에서 생활을 시작하게 된다. 부부간, 부모-자녀 간, 자녀들 간의 서로의 성향을 파악하고, 각자 이전의 배우자와의 관계를 재정립하며, 새로운 가족과의 연대감을 형성하게 되는 결정적 시기이다.

모든 가족구조에서 긍정적인 영향을 미치는 개방적인 의사소통방식, 다름을 인정하는 관점, 적절한 애정과 통제의 양육태도는 재혼가족에서도 긍정적인 역할을 한다. 추가적으로 개인의 공간과 프라이버시에 대한 존중과 신뢰구축은 재혼가족의 연대감을 강화시키고 변화에 대한 스트레스를 줄일 수 있다(Brooks, 2013).

다음은 효과검증이 된 재혼가족을 위한 개입 프로그램들에 대한 공통된 구성내용과 프로그램 형식이다(Whitton, Nicholson, & Markman, 2008). 재혼가족의 부부간 문제와 자녀에게 미치는 영향은 가족 구성원들의 개인적 성향에 문제가 있어서라기보다 재혼가족을 형성할 때 따르는 여러 어려움에 대한 준비와 대처기술이 부족했기 때문일 가능성이 크다는 전제로 프로그램을 계획한다. 그렇기 때문에 치료가 아닌 교육으로 접근하는 것이 바람직하다.

- '재혼가족이란' 물음에 대한 교육 : 부부뿐만 아니라 가족 구성원 서로에 대한 이해와 현실적인 기대를 갖게 함으로써 성공적인 하나의 가족을 형성할 수 있다는 믿음과 희망을 갖게 한다.
- 재혼가족 부부간의 관계형성 : 비재혼가족은 부부간의 관계형성이 부모-자녀 간의 관계형성보다 선행되지만, 재혼가족은 부모-자녀관계 형성 이후 부부간의 관계가 형성된다. 효과적 부모역할을 위해 부부간의 긍정적인 관계형성을 할 수 있는 교육이 필요하다.
- 부모의 의사소통기술과 문제해결방식에 대한 교육 : 개입의 효과성을 높이는 가장 중요한 교육구성내용이다. 효과적인 의사소통기술과 문제해결방식에 대한 교

육은 부부간의 만족도를 높임과 동시에 가족환경을 긍정적으로 인지할 수 있도록 해준다. 부모의 재혼으로 인한 하나의 가족으로써 새로운 규칙과 역할을 조정하고 합의하는 등 재혼가족 이슈와 관련된 의사소통기술을 익히고 향상시킨다.

- 친자녀와 재혼자녀에 대한 부모역할 : 자녀양육과 훈육에 대한 올바른 방법에 대한 교육과 양육과 훈육에 대한 부부간 서로의 지지에 대한 중요성을 알도록 한다. 재혼가족의 부모는 재혼 이전부터 행하여왔던 양육과 훈육에 대한 방식이 있을 것이다. 서로의 양육/훈육방식에 대한 불만과 갈등을 줄이기 위해 협력적이고 협조적인 부모양육기술을 위한 교육을 제공한다.
- 양육권이 없는 이전 배우자와의 관계 : 이전 배우자와 적대적이지 않으며 감정에 치우치지 않는 태도를 갖도록 한다. 자녀를 위한 비즈니스 관계 같은 협조적인 관계형성이 자녀의 교육과 발달에 긍정적인 영향을 미친다는 것에 대해 교육을 한다. 이러한 이전 배우자와 적대적이지 않은 관계는 재혼배우자와의 관계에도 긍정적인 영향을 미친다.

재혼가족 부모교육 프로그램을 위한 그룹교육과 가족별 그룹에 대한 특징은 표 5-3과 같다.

재혼 이후 시간이 지나면서 서로에게 적응할 것이라는 막연한 기대감보다는 예방적 차원의 교육에 대한 적극적 개입이 필요하다. 예방적 차원이 유독 더 강조되는 이유로는 재혼가족 초기에는 부부간의 만족도가 높은 시기이므로 여러 어려움이 예상되는 자

표 5-3 | 그룹교육과 가족별 교육에 대한 특징

구분	내용
그룹교육	비슷한 이슈와 문제를 겪고 있는 다른 가족들과 함께 교육을 받음으로써 본인들의 문제가 재혼가족을 형성하고 유지하는 데 수반되는 아주 정상적인 상황임을 이해할 수 있다. 비슷한 경험들을 공유하면서 소외감을 감소시키는 데 효과적이다.
가족별 교육	해당 가족이 특정한 문제가 있다거나 특수한 문제가 예상될 때 효과적인 방법이다. 특정 문제에 대해 효과적인 부모역할기술을 배우고 연습할 수 있는 기회를 제공하도록 한다.

녀양육과 교육에 대한 부부간 적극적인 합의점을 찾기에 가장 쉬운 단계이기 때문이다. 또한 재혼 이전의 가족형태에서부터 지속되어 오던 주변과 사회의 낙인적인 시선에 더하여 재혼 이후 재혼가족에 대한 또 다른 사회적 편견으로 아동들의 스트레스는 더욱 커질 수 있기 때문에 재혼가족의 형성 이전과 이후에 적극적 교육이 필요하다.

Activity
활동하기

1. 한부모가족의 어머니와 아버지를 구분하여 실시하는 부모교육 프로그램을 찾아보고, 양육 · 가사 · 경제활동 등에 대한 시간관리, 직업 · 경력관리, 양육행동, 지지그룹 형성에 대한 보완점에 대하여 토론해 보자.

2. 지역의 동 또는 구에서 실시하고 있는 이혼 전후 부모를 위한 프로그램을 조사하여 프로그램의 구성내용, 이용시간/기간, 비용 등을 비교해 보고 각 프로그램의 강점과 보완할 점에 대하여 토론해 보자.

3. 3년 전 이혼하여 5살짜리 아들을 둔 친구가 7살, 13살 딸을 둔 남자와 재혼을 고려하면서 조언을 구하고 있다고 가정하여, 친구에게 해줄 수 있는 조언들에 대하여 생각하고 논의해 보자.

CHAPTER

06

일하는 부모의 자녀양육

CHAPTER 06

현대사회에서는 경제활동에 참여하는 것과 부모로서 자녀양육을 양립하는 것이 일반화되었는데, 일과 자녀양육의 양립은 누구에게나 시간적 측면이나 심리적 측면에서 매우 도전적인 과제라 할 수 있다. 이 장에서는 일 · 자녀양육 양립의 어려움과 이를 설명하는 이론 및 전략을 중심으로 알아본다.

1. 일과 자녀양육 간의 긴장

자녀를 양육하는 부모가 각자 경제활동에 참여하여 일을 할 경우, 혹은 자녀가 있는 한부모가 일을 하는 경우 부모의 입장에서는 자신의 일과 자녀양육을 양립시켜야 하는 어려움을 겪는다. 부모 개인으로서는 일과 자녀양육, 가사뿐만 아니라 자신의 개인적인 휴식이나 여가를 가질 필요도 있기 때문에 시간이 부족하다고 느끼기 쉽고, 자신이 일터나 가정에서 업무를 하는 동안 자녀의 안전 보호를 염두에 두어야 하는 부담을 갖는다. 이런 이유로 부모는 늘 죄책감에 시달리기 쉬우며 주변 사람과의 상호작용에서 여러 가지 긴장을 겪게 된다.

1) 시간 부족에 따른 역할 갈등

부모가 경제활동과 부모역할을 동시에 수행할 경우 가장 부족한 자원은 시간이다. 자본주의 생산체제에서 일·생활 균형의 양태와 성격을 결정짓는 궁극적인 요소는 노동시간인데, 그 이유는 노동시간이 임금을 결정하기 때문이다. 자본주의 사회에서 임금은 노동자의 생산과 재생산의 비용으로, 재생산을 위해 투입할 경제 자원이 많다는 것은 만족과 행복의 기초 척도가 된다. 이런 이유로 일과 자녀양육을 병행해야 하는 부모는 시간과 임금 간 자원 사용에서 항상 갈등을 하게 된다.

배규식 등(2013)은 다양한 직종의 종사자들을 대상으로 이들의 노동시간과 일-가정 양립현황 및 문제점을 살펴보았다. 이 연구에서 조사한 대상 직종은 우정산업 종사자, 지방자치단체 종사자, 보건의료산업 종사자, 제조업 근로자, 변호사 등 전문직 종사자 등을 망라하였다. 연구결과 임금노동이 전개되는 직무영역에서의 주요 요소들, 즉 업종, 직종, 사업체 규모, 사업체의 여성 직원 규모, 노동조합 유무, 사업체의 제도 유무, 노동시장의 성격, 그리고 조직문화에 따라 개별 노동자가 일과 생활을 조성하는 전략과 인식에는 상당한 차이가 있다는 것이 확인되었다.

배규식 등(2013)은 노동시간이라는 제1요소에 다른 경제 · 사회적 요소들이 결합되어야 일 · 가정 균형 혹은 불균형에 대해 의미 있는 분석을 할 수 있다고 보았다. 연구결과 사적 영역의 주요 요소들, 즉 결혼 여부, 자녀 유무, 자녀 연령, 자녀 수, 가족 지원 유무, 배우자의 직장, 배우자의 재생산노동 참여도에 따라 사적 영역에서의 일 · 생활 패턴이 달라지며 균형도 달라지는 것으로 밝혀졌다. 아울러 재생산영역의 주요 요소들은 임금노동영역과 사적 영역의 균형을 조정하는 데도 결정적인 영향을 주는 것으로 확인되었다. 가령, 자녀 돌봄의 강도는 배우자의 재생산노동 참여를 변화시키며, 여성 노동자의 개인 수면시간, 개인 활동시간, 심지어 근무시간의 변화를 수반한다.

우리나라의 경우 가사업무에서의 성별 분리로 인해 여성이 경험하는 시간 스트레스는 더욱 큰 편이다. 대부분의 일하는 부모는 특히 아침시간에 시간압박을 받는다. 가령, 배규식 등의 연구(2013)에서 제조업 생산직과 사무직 종사자를 대상으로 한 생활시간 사례분석에서 부부의 시간 사용에 뚜렷한 차이가 있는 것으로 나타났다. 여성 노동자들은 아침 출근 전에 '식사, 자녀 등교 준비, 본인과 남편의 출근 준비' 등의 재생산노동에 1시간 30분에서 2시간가량을 사용하는 반면, 남성 노동자들은 아침 출근 전에 '식사와 세면'만을 언급하였으며 이에 30분가량의 시간을 사용하고 있었다. 이러한 경향은 저녁시간 사용에서도 반복되고 있었다. 흥미로운 점은 여성의 경우 자신이 아침과 저녁, 주말에 자녀양육 및 가사의 재생산노동을 어떻게 하는지 상세하게 응답한 반면, 남성의 경우 자신이 가정에서 수행하는 재생산노동의 내용이나 방식에 대해 잘 알지 못하고 따라서 분명하게 응답하기보다는 모호하게 답하였다는 것이다.

2) 안전 모니터링의 한계

많은 연구들이 아동은 부모가 일을 할 경우 어린 시기부터 부모의 감독을 받지 않는 시간을 보낼 가능성이 더 많고, 이는 결과적으로 아동의 학업 수행에 부정적인 영향을 미치며, 위험행동에 참여할 가능성을 높인다고 보았다(Heinrich, 2014). 부모가 모두 일을 하게 되면 부모 중 한 명 이상이 재택근무를 하지 않는 한, 자녀의 안전을 모니터링하는 것이 어렵다. 즉, 자녀는 혼자 혹은 형제자매와 부모나 성인이 없이 집에 있는 시간이 발생할 수도 있고, 하루 일과 중 등원이나 등교, 하원이나 하교, 방과 후 활동을 위한 이동 등을 위해 여러 번의 수평적 전이transition를 경험하면서 성인 양육자들끼리의 약속이 어긋나 적절한 돌봄을 받는 데 문제를 겪을 수 있다. 이 외에 부모가 모두 일을 하면 자녀들이 TV 시청을 과도하게 하거나, 컴퓨터 접속시간이 길거나, 게임에 중독되는 것을 적절하게 예방하는 데 어려움이 발생할 수 있다. 중기 아동기 자녀의 교우관계에서의 문제, 청소년기 자녀의 흡연이나 음주 혹은 위험한 성행동과 같은 문제를 미리 예방하거나 초기에 적절하게 중재하거나 지원해줄 수 있는 기회를 놓칠 위험도 더 커진다. 이는 일하는 부모에게 무한한 책임감과 부담감, 이를 적절하게 감당하지 못할 수 있다는 불안감과 죄책감을 유발하며 일과 가정을 양립하는 데 있어 직업영역에 부정적인 영향을 미치는 요인이 되기도 한다.

3) 죄책감 등의 심적 부담

자녀양육은 돌봄의 요구나 충족 기준이 개인마다 다르기 때문에 부모역할을 수행하면서 자녀양육에서 필요한 요구를 잘 충족시키지 못하였다는 데서 기인하는 죄책감을 느끼기 쉽다. 자녀를 둔 여성의 경우 어머니의 취업으로 영유아기 자녀와 분리불안의 문제나 안정애착형성의 어려움이 생길 수 있고 이로 인해 자녀의 발달에 부적인 영향을 미칠 수 있다는 심리적 부담에 시달린다. 이를 해결하기 위해, 특히 자녀의 연령이 어린 시기에는 조부모나 친인척 등으로부터 육아 지원을 받거나 개인 육아돌보미를 집으로 부르기도 한다. 이런 대안이 어려울 경우, 자녀가 다녀야 하는 보육시설의 질이 우수한지, 보육교사와의 애착형성이 순조롭게 이루어질 수 있을지에 중점을 두고 보육시설을 찾아야 한다. OECD 각국에서는 근래 지역사회에 보육지원센터를 두고 일하는 부모가 자녀를 위한 양질의 보육시설이나 보육도우미를 구할 수 있도록 지원하고 있다.

더 알아보기

자녀를 위해 양질의 보육시설을 찾을 때 고려해야 할 요소

- 교사 대 영유아 비율이 낮다.
- 집단 크기가 작다.
- 보육교사의 학력수준이 높으며, 계속 교육을 받고 있다.
- 관리자의 경험이 풍부하며 교육수준이 높다.
- 보육교사의 이직률이 낮다.
- 보육교사와 영유아의 상호작용이 긍정적이다.
- 보육시설이 인증을 받았다.
- 연령에 적합한 활동을 하는 곳이다.
- 영유아의 건강과 안전을 배려한다.

출처 : What are the indicators of high quality child care? (http://www.childcareservices.org)

또한 현대사회에서 자녀를 키우는 맞벌이 부부는 노년기 수명 증가로 부부 각자의 노부모에 대한 돌봄과 지원 요구에 부응해야 하며 이른바 샌드위치 세대sandwich generation로서의 부담이 큰 편이다. 샌드위치 세대인 맞벌이 부부는 자녀와 노부모에 대한 지원요구를 해결하고 관련 스트레스를 줄이기 위해 다양한 대처전략을 사용하는데, 주로는 자신들의 생활요구를 감소시키고 양 세대를 지원하기 위한 자원을 증가시키게 된다. 맞벌이 부부는 직장의 근무 스케줄 조정, 직장의 의료보험 지원, 가족 간병을 위한 휴직제도 등 여러 가지 가족지원제도를 이용하여 필요한 자원을 늘릴 수 있고, 지역사회나 이웃으로부터 돌봄 서비스 지원을 받음으로써 지원을 늘릴 수도 있다. 이 과정에서 관련 요구를 조화롭게 충족시키고 스트레스를 줄이는 가장 중요한 방법은 배우자로부터의 지원을 받는 것이다. 아내와 남편이 서로에게 긍정적이고 지원적일수록, 부부는 생활만족도가 높아지고 개인적인 삶의 만족도 역시 높아진다. 뿐만 아니라 배우자로부터 지지를 받는 것은 각자에게 보다 편안하고 안정된 느낌을 주고 보다 효율적으로 역할 수행을 할 수 있게 해준다. 그러므로 한부모가정의 경우 친인척, 친구, 이웃 및

표 6-1 | 일하는 부모가 자녀와 노부모를 돌보기 위한 대처전략

구분	내용
정서적 전략	• 자신이 가진 좋은 것들에 집중한다. • 상황마다 가능한 유머감각을 가지려고 노력한다. • 주변 사람들로부터 도덕적 지지와 위로를 받는다. • 자신이 모든 것을 해결할 수는 없다는 사실을 인정한다.
인지적-행동적 전략	• 필요한 것들의 우선순위를 정하고 순서대로 한다. • 자신의 시간과 에너지를 어떻게 사용할지 결정한다. • 도와줄 사람이 아무도 없다면 그것을 담담하게 감당한다. • 자원봉사에 해당하는 업무는 가능한 줄인다.

출처 : Brooks(2013). p. 387.

지역사회로부터 긍정적인 지원체계를 수립하는 데 중점을 두는 것이 중요하다. 자녀를 키우며 일하는 부모가 자녀와 노년기 부모를 지원하기 위해 사용하는 주요 전략은 표 6-1에 제시된 바와 같다.

4) 자녀와의 상호작용에서 나타나는 어려움

가족체계이론은 가족을 지역사회와 같은 보다 큰 체계의 하위체계로 간주한다. 가족원에게 영향을 미치는 큰 체계의 요소나 변화는 이 가족원이 다른 가족원들과 상호작용하는 과정에 영향을 미치며 다른 가족원들의 기능에도 영향을 미치게 된다. 일하는 부모가 직업영역에서 경험한 스트레스나 부담은 부모가 자녀와 상호작용하는 가족 내 체계에 영향을 미치기 쉽다. 긴 노동시간, 직무 자율성 부족, 직업 불안정성, 과중한 업무부담 등은 모두 부모의 정신건강에 위협적이며, 이는 자녀와의 상호작용에 영향을 미침으로써 간접적으로 자녀의 신체・정서발달에 부적 영향을 준다(Heinrich, 2014). 일반적으로 부모는 자녀와 식사를 함께 하거나, 숙제를 도와주거나, 함께 놀이를 하는 시간을 보내면서 부모역할 수행에 충족감과 만족감을 느끼게 된다. 미국에서 수행된 연구결과에 따르면, 1965년의 부모에 비해 2001년의 부모는 자녀와 더 많은 시간을 함

표 6-2 | 맞벌이 가정의 저녁시간에 관찰된 가족원의 행동 비율

가족원의 행동	%	가족원의 행동	%
아버지가 혼자 보내는 시간의 비율	34	부부와 자녀가 함께 보내는 시간의 비율	24
자녀가 혼자 보내는 시간의 비율	34	아버지와 자녀 둘이 보내는 시간의 비율	22
어머니가 혼자 보내는 시간의 비율	29	전 가족이 함께 보내는 시간의 비율	14
어머니와 자녀 둘이 보내는 시간의 비율	27	부부만이 함께 보내는 시간의 비율	8

출처 : Campos et al.(2009).

께 보내는 것으로 나타났다. 일-가정 양립에 적응적인 부모는 자녀와 함께 있는 시간에 함께 TV를 보면서 빨래를 개는 등 이중의 역할을 동시에 수행하는 경우가 많지만 그럼에도 불구하고 자녀와 긴밀하게 의사소통을 한다. 부모는 TV가 켜져 있고 빨래를 정리하거나 식사를 준비하면서 자녀가 학교에서 경험한 일들, 친구와의 관계, 주말에 할 가족활동 등에 대해 활발한 대화를 나눈다. 부부는 주말 레저에 자녀를 포함시키는 경우가 많으며, 자녀와 시간을 보내기 위해 부부만의 시간, 친구와 만나는 시간, 여타 시민으로서의 시간을 줄이는 경향이 있다. 그 결과 일부 연구자들은 일하는 부모의 자녀들이 보육시설에서 또래와의 사회적 상호작용에 더 노출되며, 집에 있을 때에도 부모와의 상호작용에 더 효율적으로 노출된다고 주장하기도 한다(Brooks, 2013). 하지만 이와 반대로 맞벌이 부부 가정의 저녁시간을 녹화한 캄포스 등Campos et al.(2009)의 연구에 따르면 실제로 가족원들은 혼자 있는 시간의 비중이 가장 큰 것으로 밝혀지기도 하였다표 6-2.

2. 일과 자녀양육의 조화를 설명하는 이론 모델들

쿠마와 재너카이럼Kumar & Janakiram(2017)은 일과 가정, 일과 자녀양육의 양립에 관

해 설명하는 모델들을 제시하면서 각 모델이 일과 자녀양육을 분리된 별개의 체계로 보느냐 아니면 서로 유기적인 영향을 미치는 복합적인 것으로 보느냐의 연속체상에 위치해 있다고 보았다. 여기에서는 일과 자녀양육의 양립을 설명하려는 이론 혹은 모델들에 대해 간략히 살펴본다.

1) 구조기능주의이론

구조기능주의이론Structural Functionalism Theory은 일과 가정을 분리된 요소로 본다. 즉, 일은 공적이고 이성적이며 생산적인 측면으로서 주로 남성이 담당하는 데 비해, 가정은 사적이고 정서적이며 재생산을 담당하는 것으로 주로 여성이 담당한다. 이 이론은 20세기 초 산업화가 진전되면서 남성부양 핵가족 모델의 이론적 기반이 되었다.

이 이론에 따르면 모든 개인의 삶은 분리된 두 가지 측면과 관련이 있으며, 여성은 가정에서 표현적인 역할을 맡아 남성이 일터에서 돌아와 가사부담 없이 편히 쉴 수 있도록 해주고 남성은 일터에서 도구적인 역할을 담당하고 가정사에 대한 책임에서 벗어나 부담 없이 지낼 수 있다면 가정과 일터가 각자 효율적으로 기능하면서 사회가 조화롭게 유지될 수 있다.

2) 생태체계이론

생태체계이론Ecology Systems Theory은 일과 가정이 그 과정, 방법, 상황, 인물 및 시간 특성에 있어 서로 연합적인 기능을 하며, 각자의 복합적인 특성이 일과 가정에서의 경험에 부가적인 영향을 미친다고 본다. 일과 가정에 대한 생태이론은 환경 속의 개인을 강조하여, 개인들과 집단들이 서로의 사회적 · 신체적 · 자연적 환경과 활기찬 관계를 맺는다고 주장하였다.

일터나 가정의 미시체계에서 나타나는 맥락적 요인들이 각자 일-가정 갈등에 영향을 미치며, 특히 가정에서든 직장에서든 개인과 환경 간의 상호작용이 고도로 부정적일 경우 이는 일-가정 갈등을 촉발하게 된다. 대조적으로 배우자의 지지와 같이 개인과 환경 간의 상호작용이 고도로 긍정적일 경우 이는 직장에서의 스트레스를 경감시키는 데 영향을 미친다. 시간의 차원에서 볼 때 첫 자녀의 연령과 같은 요소는 일-가정 갈등에 영향을 미친다고 알려져 있다(Grzywacz & Marks, 2000).

3) 분리 모델

분리 모델segmentation model에서는 산업혁명 이후 일과 비노동영역은 시간, 공간, 기능적인 측면에서 분리되어 왔다는 점에 주목하여, 일과 비노동non-work이 분리되어 있고 서로 영향을 미치지 않는 별도의 개별 삶의 영역이라고 간주한다. 즉, 개인은 직장에서는 직장업무와 관련된 생각, 정서, 문제를 경험하고, 비노동영역에서는 자신의 사적인 문제, 생각, 정서를 경험한다고 보는데, 이 모델은 초기 이론 틀로만 존재할 뿐 경험적으로는 부정되는 편이다.

4) 보상 모델

보상 모델compensation model은 일의 영역이나 가정의 영역에서 어느 한쪽의 부족한 측면이 다른 쪽에서 채워질 수 있다고 본다. 즉, 일이나 가정의 어느 한 영역이 만족스럽지 못할 때 개인은 다른 영역에 치중함으로써 자신의 성취감을 높이고자 한다는 것이다.

보상 모델은 개인이 어느 한 영역에서 부정적인 경험이나 사건에 맞부딪칠 때 다른 영역에 몰입하고자 하는 속성이 있다는 점에 주목하고 있다. 제덱과 모시어Zedeck & Mosier(1990)에 따르면, 이때의 보상은 두 가지 범주가 있는데, 그것은 보충적인supplemental 측면과 반응적인reactive 측면으로 구분된다. 보충적인 측면은 개인이 한 영역의 특성이 불만족스러워 다른 한쪽에서 높은 보상을 얻는 것을 추구하고자 하는 것을 말하며, 이에 비하여 반응적인 측면은 한쪽에서의 긍정적 경험이 충분하지 못할 경우 다른 쪽에서 이를 더 찾고자 하는 것을 의미한다. 가령, 자율성이 부족한 직장에 다닐 경우 이 사람은 개인영역에서 자율성을 추구하고자 하는 것을 보상 모델의 반응적인 측면이라고 볼 수 있다.

5) 자원유출 모델

자원유출 모델resource drain model은 개인이 유용한 자원시간, 돈, 관심 등을 일과 가정의 한쪽 영역에서 다른 쪽으로 이전하여 자원을 최적의 상태로 활용하고자 한다고 보는 것이다. 이 외에 개인은 자신의 자원을 일이나 가정과 상관이 없는 제3의 영역, 가령 지역사회나 개인만의 사적 영역으로 이전시키기도 한다.

이 모델은 일-가정 양립에서 일이나 가정의 한쪽 측면에서 볼 때 개인의 어떤 자원이 어떤 순위로 어느 정도 유출되는가에 관심을 가질 때 유용한 모델이라 할 수 있다. 가령, 시어머니의 입장에서 볼 때 며느리가 직장업무를 중시하고 손자녀의 양육이나 남편의 식사준비는 상대적으로 소홀히 하지나 않을까 염려할 수 있는데, 이 모델은 이런 현상을 설명해줄 수 있다.

6) 파급 모델

파급 모델spillover model은 일-가정 양립에 관한 가장 유명한 모델이다. 이 모델에서는 개인이 직장영역에서 가지게 된 자신의 감정, 정서, 태도, 기술이나 행동특성 등을 가정영역으로 이전시키며, 그 반대 방향으로도 이루어진다고 보는 것이다. 파급은 한 역할에서 경험한 것이 다른 쪽 역할의 수행에 영향을 미치는 과정process이다. 특히, 정서나 감정은 한 개인이 서로 다른 여러 가지 역할을 수행할 때 전이되기 쉬운 요소이다.

파급은 긍정적이거나 부정적으로 이루어진다. 긍정적인 파급은 한쪽 영역에서의 성취나 만족이 다른 영역에서의 성취나 만족을 초래하는 것을 의미한다. 이에 비해 부정적인 파급은 한쪽 영역에서의 문제나 좌절이 다른 쪽 영역에서의 문제나 좌절의 원인으로 작용하는 것을 의미한다. 또한 파급은 일반화generalization, 동형화isomorphism, 지속persistence, 확장extension, 습득acquaintance, 유사성likeness 등의 의미로 사용된다. 파급에는 두 가지 범주가 있다. 첫째, 일과 가정에서의 만족감은 일과 가정에 대한 가치부여로 연결된다. 둘째, 기술과 행동의 총체는 영역 간에 호환된다. 가령, 일터에서 피로할 경우 가정에서도 그러하다. 가족으로부터의 요구는 일터에서의 요구 충족을 방해한다. 윌리엄스와 알리저Williams & Alliger(1994)의 연구에서 유자녀 근로자는 일과 관련된 감정을 가정에 가져가는 정도가 가정과 관련된 감정을 일터로 가져오는 정도보다 높은 것으로 나타났다.

7) 일 충실화 모델

일 충실화 모델work enrichment model은 일이나 가정 어느 한쪽에서의 역할경험이 다른 쪽의 역할 충실화를 증진시켜준다고 본다. 그린하우스와 파우얼Greenhaus & Powell(2006)은 충실화의 의미를 '한 역할에서의 경험이 다른 역할에서의 삶의 질을 증진시켜주는 정도'라고 정의하면서, 근로자들이 종종 일과 가정영역에서의 역할 수행이 반대쪽에서의 수행능력을 증진시켜준다고 보고한다고 강조하였다.

이 모델은 일-가정관계의 긍정적인 측면을 설명하고자 한다. 이에 따라 일 충실화 모델은 한쪽 영역에서의 도구적 자원기술, 능력, 가치 등이나 혹은 정서적 자원기분, 만족감 등의 정도가 다른 쪽 영역의 질을 증진시켜주는 정도에 관심을 둔다.

8) 경계 모델

일-가정 경계 모델border model은 일영역과 가정영역은 서로 경계가 있으며, 개인은 매일 매일의 일상생활에서 두 경계를 넘나들게 되는데, 일이나 가정영역 중 어느 한쪽 이상의 영역이 유연할 경우 개인의 일상 전이가 용이하게 이루어지는 데 비해, 일이나 가정영역 중 어느 한쪽 이상의 영역이 경계를 굳건히 유지하고 있을 경우 개인의 일상 전이에 어려움이 생기며 이는 결과적으로 개인의 일-가정 양립에 어려움을 초래할 수 있다고 본다.

근래 IT기술의 발달, 공간적 분리의 애매해짐, 유연한 근무제, 성과주의 문화의 압력 등으로 일-가정영역 간 경계가 모호해지고 있는데, 이러한 현상은 개인의 일-가정 양립을 순조롭게 해줄 수도 있으나 반대로 일영역에서 가정영역을 지나치게 침범하는 결과를 초래할 수도 있다. 즉, 일-가정 경계 모델의 핵심은 경계의 유연함이나 경직성, 매일 경계를 오가는 것의 순조로움이나 어려움, 그 결과로 나타나는 일-가정의 문제나 만족감을 알아보고자 하는 것이다.

9) 통합 모델

통합 모델integration model은 포괄적인 관점을 가지고, 일-가정 간 경계가 유연하고 건강한 체계system일 때 일, 가정 및 지역사회 생활영역 간 효율성을 증진시켜 준다고 본다. 메이슨Mason(2002)은 통합 모델을 사용할 경우 기존의 일-가정 양립구조에 지역사회와 같은 추가적인 맥락적 요소를 포함시키는 것이 가능하다고 본다. 즉, 기존의 일-가정 패러다임을 재조정하여 지역사회를 포함시켜야 하며, 고용주, 근로자, 지역사회 성원이 공히 동등한 목소리를 낼 수 있어야 한다는 것이다. 이 모델에 의하면 전체론적인 접근holistic approach을 취할 경우, 기존에 일과 가정영역이 고립되어 각자 자신의 문제를 해결해야 했던 한계를 벗어나 일, 가정, 지역사회 등 모든 참여자들이 책임을 공유할 수 있다.

10) 전반적 평가 모델

전반적 평가 모델overall appraisal model은 일과 가정생활 균형을 맞추는 데서 얼마나 성공적인가에 대한 전반적인 평가를 조사하는 데 사용된다. 이는 일-가정 양립의 정도를 일-가정 풍부함enrichment과 일-가정 갈등conflict의 차원으로 구분하여 각각의 정도를 측정하는 이른바 구성요소 모델components model의 한계점을 극복하고자 하는 것이다. 전반적 평가 모델은 일-가정 양립의 정도가 각각의 개념적 측정치에 대한 반영적 산물이라기보다는 개인이 주관적으로 지각하는 구성적이고 총체적인 산물이라는 점에 주목하고자 한다.

전반적 평가는 한 개인이 자신의 삶에 대해 전반적으로 느끼는 일반적인 만족감의 정도를 평가한다. 가령, 전반적 평가 모델에서 일-가정 양립은 개인이 일이나 가정에서의 역할갈등 없이 일-가정에서의 균형상태 혹은 전반적인 조화의 상태를 이룬 정도를 의미한다. 이 모델에 기반한 일-가정 양립 조사에서는 한 개인이 가진 일과 가정에서의 자원 총량이 일이나 가정영역에서의 요구를 충족시킬 수 있을 정도로 충분한지를 조사한다.

3. 일하는 부모를 위한 부모교육

1) 그린하우스와 파우얼의 강화 모델

전통적으로 직업과 가정의 양립문제에 대해서는 갈등론이 지배적이었다. 갈등론의 전제는 사람에게는 시간과 에너지가 한정되어 있으며, 이를 직업과 가정영역에 나누다 보면 필연적으로 딜레마와 갈등이 발생한다는 것이다. 근래에는 직업과 가정이 긍정적인 상호영향을 미치는 상호의존성interdependencies을 유지할 수 있다고 보는 관점이 증가하고 있다. 이 관점에서는 역할축적role accumulation에서의 중첩된 역할이 세 가지 측면에서 개인에게 긍정적인 결과를 줄 수 있다고 본다. 첫째, 직업과 가정영역에서의 역할 수행이 잘 이루어질 때 이는 개인의 삶의 질을 총체적으로 높여줄 뿐만 아니라 개인이 느끼는 전반적인 행복감, 생애 만족감을 증가시켜준다. 둘째, 일과 가정영역에서 이중 역할을 수행할 경우 한쪽 역할에서 어려움이나 문제가 있을 때 다른 쪽 역할에서의 적응이 첫 번째 역할에서의 실패에 대한 보상이 될 수 있으며 이를 통해 스트레스 감소 효과를 볼 수 있다. 셋째, 한쪽 역할에서의 경험과 연륜이 다른 쪽 역할의 수행에 도움을 준다.

그린하우스와 파우얼Greenhaus & Powell(2006)은 일-가정 강화 모델work-family enrichment model에서 직업과 가정의 강화가 이루어지는 메커니즘을 두 가지로 구별하였다. 첫 번째는 역할 A에서의 자원이 직접적으로 역할 B로 전이되어transferred 역할 B의 역량을 강화시켜 주는 도구적인 경로instrumental paths이다. 개인이 한쪽 역할에 익숙해지고 역량이 생기면 이 역량은 그 개인으로 하여금 다른 쪽 역할을 수행할 수 있는 기반으로 작용한다는 것이다. 여성관리자를 대상으로 한 루더만 등Ruderman et al.(2002)의 연구에서 여성관리자들은 가사업무의 중복성, 동시다발성, 여러 사람들과의 인간관계 맺기 등을 통해 쌓은 역량이 자신의 관리자역량에 직접적인 영향을 주었다고 보고하였다. 맥컬리 등McCauley et al.(1994)의 연구에서는 직장에서의 적응이 성인의 리더십 개발로 이어지며 이는 그 성인이 청소년기 자녀에게 긍정적인 부모역할을 수행하는 데 영향을 주는 것으로 나타났다. 한쪽 역할을 통해 얻게 된 자긍심, 자기효율성, 자기신뢰와 같은 심리적 자원은 다른 쪽 역할을 수행하는 데 있어 목표 수립, 동기부여, 노력과 지속성에 직접적인 영향을 미친다. 심리적인 자원의 측면뿐 아니라 물질적인 자원의 측면에서도 도구적 경로가 발생한다. 즉, 직업을 통해 얻는 금전 자원은 가정생활을 유지하는 데 직접적인 도움이 된다. 바넷과 하이드Barnett & Hyde(2001)의 연구에서 소득은 결혼안정성 및 결혼만족도와 정적인 관계를 보이는 것으로 밝혀졌다. 또한 직장의 근무유연성flexibility은 성인이 부모로서의 역할을 책임 있게 수행하는 데 직접적인 영향을 미친다. 결국, 일과 부모역할을 동시에 수행하는 성인이 자신의 직업과 가정영역에서 얻게 된 긍정적인 심리적·물질적 자원이 무엇인지 인식하고 부족한 시간과 에너지 자원 등을 어떻게 상쇄시킬지 조율할 수 있는 역량을 키우도록 지원할 필요가 있을 것이다.

두 번째는 역할 A를 통해 일반화된 자원이 역할 A에 긍정적인 영향을 증가시켜, 그 결과 역할 B의 수행력을 증진시키는 것으로, 이는 정서적인 경로affective paths라 불린다. 로스바드Rothbard(2001)에 따르면 한쪽 역할을 잘 수행한 결과 얻어지는 긍정적인 정서가 다른 쪽 역할을 잘 수행하는 데 영향을 미친다. 먼저, 긍정적인 정서는 일반적으로 도움행동이나 자선 욕구와 관련되어 있어, 이 정서가 그 사람의 다른 역할 수행행동을 긍정적으로 바꾸는 효과를 보인다. 뿐만 아니라 긍정적인 정서는 자신에게 집중된 행동보다는 타인과의 관계 등 외부를 향한 관심을 촉진시키므로, 다른 역할에서의 관계 수립에 긍정적인 영향을 미친다. 아울러 긍정적인 정서는 일반적으로 개인의 에너지 수준을 높여주기 때문에, 이 사람이 다른 역할을 수행하는 데 도움이 될 수 있다. 결국, 직업과 가정에서의 부모역할을 동시에 수행하는 성인이 직무나 부모역할에서 얻게 된 긍정적인 정서를 토대로 자신의 총체적인 에너지수준을 높일 수 있도록, 그리고 긍정적인 정서가 다른 쪽 역할의 수행에 바람직하게 작용할 수 있도록 하는 과정을 개인이 분명하게 인식하고, 이를 촉진시켜 가도록 지원할 필요가 있다.

2) 터너와 웰치의 강화전략

터너와 웰치Turner & Welch(2012)는 많은 부모들이 직업역할과 부모역할을 함께 수행하면서 때로 어려움을 겪지만, 대부분은 일과 가정을 양립하는 것이 분명히 필요하며 궁극적으로 비용보다는 이익이 크다고 인식하고 있다고 하였다. 이들은 자녀를 키우는 부모의 일-가정 양립을 위한 강화전략을 다음과 같은 열 가지로 제시하고 있다.

첫째, 가족가치를 중시하는 것이다. 에어와 에어Eyre & Eyre(2008)의 연구에 따르면 부부관계와 자녀를 우선시하는 맞벌이 부부가 가족관계에서 보다 큰 만족감과 이익을 얻는 것으로 나타났다. 이런 부부는 일과 가정 간 균형을 위한 결정을 내릴 때 가족을 일순위로 두며, 가족을 위한 시간, 부부를 위한 시간을 내기 위해 서로 노력하고, 어렵게 만들어 낸 이 시간을 가치 있게 보낼 수 있도록 최선을 다한다. 이들은 부부관계를 만족스럽게 만드는 것이 긍정적인 부모역할 수행으로 이어진다고 본다.

둘째, 파트너십을 구축하는 것이다. 결혼관계에서의 동등성과 파트너십을 구축하는 것이 맞벌이 부부의 성공에 결정적인 영향을 미친다. 가정에서의 파트너십을 이루기 위해서는 부부간 역할을 동등하게 하려고 끊임없이 노력하는 것이 가장 중요한데, 이는 가사업무의 분담, 의사결정을 함께 하는 것, 그리고 부부가 한 팀이라는 정체성을 가지는 세 가지 방식으로 구현될 수 있다. 파트너십을 가진 부부는, 한 사람이 뭔가를 얻고 다른 한 사람이 잃는 상황이라면 이는 곧 둘 다 실패한 것이라는 신념을 강하게 가지고 있다.

셋째, 직업의 의미를 찾는 것이다. 직업에서 보람을 얻는 것이 항상 가능한 것은 아니지만, 일-가정 양립을 잘 하는 부부는 직업에서 의미를 찾고, 직무경험을 나누면서 긍정적인 에너지를 끌어내는 경향이 있다. 이런 부부들은 직업에서 목표와 즐거움을 찾아내는 경향이 있고, 이는 개인의 전체적인 삶에 에너지, 열정, 즐거움을 주며, 이는 다시 직업과 관련된 피로와 부담에 견딜 수 있는 완충제buffer 역할을 한다.

넷째, 직업 경계를 유지하는 것이다. 자신의 삶에서 가족이나 자녀를 우선순위에 두는 성인은 직업생활과 가정에서의 사적 생활 간 경계를 확고히 유지하는 경향을 보인다. 이런 사람들은 직업이 자신의 생활 속도를 방해하지 않도록 하고, 직무 수행역할이 사적 영역을 침범하지 않도록 미리 예방한다. 이를 위한 가장 기본적인 원칙은 직무를 장소에 따라 구분하는 것이다. 즉, 직장에서는 직무만 생각하고 이에 열중하며, 대신 집에 와서는 직무를 생각하지 않는 것이다.

다섯째, 직장에서는 직무에 집중하여 생산성을 높이는 것이다. 일-가정 양립을 잘 하는 부부들의 보고에 따르면, 이들은 직장과 가정 간 경계를 확실히 유지하지만, 자신들이 직장에서 생산성이 높을 경우 확실히 고용주나 상사가 가족생활도 더 잘 이해하고 지원해준다고 하였다.

여섯째, 가족과 함께할 때는 즐겁게 지내도록 최선을 다하는 것이다. 일-가정 양립을 잘 하는 부부는 가족이 함께 보내는 시간이 즐겁도록 노력한다. 가족이 함께 즐거운 시간을 보내면 긴장을 완화하고 스트레스가 줄어들 뿐만 아니라 가족이 정서적 유대감을 구축할 수 있고, 이를 가족의 전통으로 만들 수 있다. 가족시간이 즐겁기 위해 반드시 비싼 해외여행을 갈 필요는 없으며, 매 주말 보드게임, 팝콘을 먹으며 영화 보기, 자전거 타기 등의 소소한 가족활동을 즐겁게 하도록 관례화시키는 것이 중요하다. 유머감각은 일–가정 양립에서 나타나는 여러 가지 부담과 긴장을 완화시키는 데 큰 역할을 한다. 가족과 함께 즐겁게 보내는 시간을 통해 유머감각을 키우고 함께 웃으면 이는 가족분위기로 자리 잡고 가족원에게 완충제buffer 역할을 한다.

일곱째, 맞벌이를 한다는 사실에서 긍지를 찾는 것이다. 여성의 경제활동 참여가 늘고 있지만, 여전히 일부 여성과 남성은 자녀를 가진 여성이 집에서 자녀양육과 가사에 전념하지 않고 일을 해서 돈을 벌어야 한다는 것은 결핍된 것이라고 생각한다. 일–가정 양립을 성공적으로 유지하는 부부는 맞벌이가 가족원 모두에게 긍정적이라는 태도를 확고히 가지고 있으며, 친인척이나 친구, 이웃으로부터 동정적이거나 부정적인 평가를 받는 것을 거부한다. 이런 부부들은 더 이상 죄책감에 시달리지 않으며 자신의 여분 시간 전체를 자녀양육에 바쳐야 한다는 사실에 분노하지 않는다. 이들은 자녀가 부모의 맞벌이를 보고 자라면서 남녀평등의식을 자연스럽게 갖추게 되고 이는 자녀의 생애에 큰 도움이 된다는 것을 확신한다.

여덟째, 미니멀리즘을 생활철학으로 삼는 것이다. 일–가정 양립을 성공적으로 유지하는 부부는 생활을 간편하게 유지한다. 가령, 자녀가 원하는 만큼 많이 활동에 참여하도록 허용하기보다는 각각의 자녀가 진정으로 즐겁게 몰입할 수 있는 활동을 한두 개만 참여하도록 제한을 둔다. 이렇게 한계를 설정함으로써 가족생활이 혼란스러워지는 것을 예방할 수 있다. 이러한 부부들은 자신들의 소득한도 내에서 생활을 간편하게 유지함으로써 재정 부담이 커지지 않도록 예방한다. 뿐만 아니라 시간을 절약할 수 있는 방향으로 가사업무를 유지하려고 노력한다. 가령, 자녀들이 일주일 동안 입을 옷을 주말에 정해두거나 혹은 전날 저녁 다음날 입을 의류 및 준비물을 세팅해두면 매일 아침 바쁜 시간에 양말이나 벨트, 특별한 셔츠 등을 찾으면서 혼란을 느낄 필요가 없다.

아홉째, '안 돼요'라고 거절하는 방법을 배우는 것이다. 부부가 자신들의 생활에서 무엇을 우선시해야 하는지 서로 합의하고 이를 명백하게 알면, 결혼관계, 자녀, 가족 및 직업 이력에 최선이 될 수 있는 결정을 내리기가 보다 용이해진다. 일-가정 양립을 성공적으로 유지하는 부부는 스케줄이 자신들의 생활을 압도하도록 하지 않는다. 이런 부부는 바쁜 일정 때문에 미칠 것 같다거나 정신이 없다는 푸념을 하지 않으며, 이런 감정이 든 순간 자신이 앞으로는 좀 더 일정을 줄이기 위한 결단을 내려야 하며 필요할 경우 '안 돼요'라고 말해야 한다는 사실을 안다. 일-가정을 성공적으로 양립하고자 하는 부모는 자신이 우선시해야 하는 것이 무엇인지 명백하게 알고 있어야 하며 마음속에 큰 그림big picture을 가지고 있어 자신이 중요하지 않은 것에 몰두함으로써 균형 잡힌 경로에서 벗어나지 않도록 예방하여야 한다.

열째, 시간에 가치를 두는 것이다. 부부가 함께 시간을 보내는 것, 가족이 함께 시간을 보내는 것을 중시하는 부부는 함께하는 시간을 의미 있게 잘 보낼 수 있도록 노력함으로써 시간자원의 효율성을 높인다. 가족과 함께 하는 시간을 중시하는 부부는 다른 사람이나 문제가 가족시간을 방해하지 않도록 한계를 짓는다. 또한 부부가 체력을 위해 운동을 할 때 함께 테니스를 배우거나 등산을 하는 등 함께 할 수 있는 것을 찾는데, 이는 나중에 자녀가 성장하여 빈 둥지 시기가 되었을 때 부부간 결속을 강화시켜 주는 자원이 되기도 한다. 일-가정을 양립한다는 것은 종종 부부나 가족원 모두에게 긴장을 일으키고 갈등을 발생시키지만 가족이 이를 함께 해결하고자 긍정적으로 노력하는 것만으로도 가족은 공유경험을 통해 결속감을 가질 수 있으며, 이런 태도를 견지하기만 한다면 부부는 결국 일-가정 양립을 유지하는 역량을 갖추게 된다.

4. 일과 자녀양육 양립 지원 방향

1) 직장과 일 중심 문화 혁신을 통한 일-가정 양립문화 정착

우리 사회에서 일-가정 양립문화가 정착되기 위해서는 우리나라 직장의 일 중심 문화, 장시간 노동문화를 개선해야 하고, 이와 동시에 가정 내 성차별적인 분업구조와 문화를 속히 개혁해야 한다. 배규식 등(2013)은 정부가 일-생활 균형의 개선을 위해 직장과 가정에서의 일-생활 균형을 주요 국정의제로 삼아야 한다고 주장하였다. 즉, 일-생활 균형 제고는 여성의 경제참여를 높이고 직장과 가정에서 남녀평등을 실현할 수 있는 핵심과제로 우리 사회가 남성 외벌이 모델에서 부부 맞벌이 모델로 이행하기 위한 기초조건이라는 것이다.

직장 중심 문화에서 직장, 가정과 자녀양육, 지역사회 간의 적절한 시간 배분과 중요도를 조정하기 위해서는 우리 사회 전반의 인식과 관행이 변화될 필요가 있다. 근로자들이 직장에서 오래 머물도록 하는 장시간 노동문화가 바뀌어야 자녀를 키우는 부모가 저녁시간을 자녀와 함께 보내는 것이 비로소 가능해지고 이를 통해 삶의 질이 높아질 수 있을 것이다. 뿐만 아니라 남녀가 직장과 가정 내에서 균등한 분업을 하는 맞벌이 모델에 기반한 새로운 고용질서를 창출해야만 국민 전체의 삶의 질이나 행복수준이 높아질 수 있다.

일본은 내각부가 주관하여 관련 부처, 경영계, 노동계, 지방자치단체 등의 대표로 일-생활의 조화 추진 정상회의를 구성하여 일-생활조화 헌장을 제정하고 행동지침을 정하였다. 또한 지역, 기업, 민간단체, 해외의 사례나 활동을 소개하고 관련 자료를 제공하는 등 지속적인 캠페인을 벌이고 있다. 배규식 등(2013)은 우리 정부도 고용노동부, 여성가족부, 안전행정부, 기획재정부 등을 포괄하는 범부처수준의 일-생활 균형 제고 추진본부 등을 만들어 정부에서 수행할 수 있는 관련 법과 제도의 개정, 남녀차별적인 비공식 관행의 발굴과 시정, 일-생활 균형을 촉진시키는 바람직한 관행이나 제도의 도입과 정착을 위한 여러 가지 시범사업 등을 전개할 필요가 있다고 보았다.

2) 노동시간 유연화를 통한 일-가정 양립문화 정착

일하는 성인이 자녀를 임신, 출산하고 영유아기와 아동, 청소년기를 거쳐 양육, 교육하는 과정은 생애주기 발달단계를 따른다. 성인이 일과 자녀양육을 양립할 수 있도록 국제노동기구ILO 총회에서 '모성보호에 관한 협약'이 1955년부터 발효되었다. 이는 임산부의 출산휴가제3조 제1항, 그 휴업 중의 금전과 의료의 급여제4조 제1항, 육아시간제5조 제1항, 출산휴가 중의 해고 제한제6조 등을 정하여 여성근로자의 출산에 따른 모성보호를 목적으로 한 국제노동협약이다. 또한 협약내용을 보완하는 모성보호에 관한 권고제95호에 따라 출산휴가의 연장, 모성급부, 육아·탁아시설 등에 대하여 규정하고 있다.

우리나라는 기존의 「근로기준법」, 「남녀고용평등법」, 「영유아보육법」, 「고용보험법」에 모성보호를 규정하는 조항이 포함되어 있었으며, 2001년 모성보호 관련 3법「근로기준법」, 「남녀고용평등법」, 「고용보험법」의 개정안이 통과되면서 산전후 휴가일이 90일로 확대되었고, 육아휴직급여 신설 및 직장 내 성희롱 행위자에 대한 벌칙규정이 신설되었다. 또한 연장·야간·휴일근로는 18세 이상 여성근로자부터 조정 가능하게 되었다. 취업금지 직종도 일반 여성은 1개로 축소, 임산부는 12개로 강화되었다. 이후 2005년 모성보호 관련 3법 개정 법률에 따라 유산·사산휴가 규정의 신설과 산전후 휴가급여 지원이 확대되었다.

우리나라에서는 2008년 「남녀고용평등과 일·가정 양립 지원에 관한 법률」 개정을 통해 근로자의 부성 및 모성 보호를 더욱 확대시키고자 하였다. 가령, 자녀를 출산한 여성의 배우자도 3일간의 출산 휴가를 얻을 수 있도록 규정하였다.[1] 또한 육아휴직을 신청할 수 있는 영유아기 자녀의 연령범위를 넓힘으로써 맞벌이 부부가 교대로 육아휴직

1) 제18조 제2항(배우자 출산휴가) ① 사업주는 근로자가 배우자의 출산을 이유로 휴가를 청구하는 경우에 3일간의 휴가를 주어야 한다.

을 통해 동일 자녀에 대해 최장 2년까지의 육아휴직을 이용할 수 있도록 하였다.[2] 이외 육아휴직을 신청할 수 있는 근로자가 육아휴직 대신에 근로시간 단축을 신청하는 경우 이를 허용하도록 하였으며,[3] 이때 단축된 근로시간은 주 15시간 이상 주 30시간 이내(고용노동부, 2008)가 되도록 하였다. 그리고 산전후 휴가, 육아휴직 또는 근로시간 단축을 마치고 복귀한 직장인에 대하여는 이들이 원만하게 업무에 복귀할 수 있도록 사업주가 지원할 것을 규정하고 있다.[4] 사업주는 근로자의 취학 전 유아에 대한 육아 지원을 위해 그 밖의 조치를 할 것도 규정되어 있다.[5]

이 외 근로자에게 일하는 시간이나 장소의 유연성flexibility을 부여하게 되면 일하는 부모의 스트레스가 줄어들고 생활 만족도가 높아진다. 일반적으로 근로자는 이러한 유연성을 희망하지만, 현실적으로는 고소득 직종을 중심으로만 근무유연성이 허용되는 편이다. 근로자들은 대부분 이 권리를 남용하지 않으며, 근로자의 업무집중도와 업무효율성이 높아지고 이직률이 낮아지므로 새로운 근로자를 채용하고 훈련시켜야 하는 비용이 줄어든다는 측면에서 고용주에게도 이익이 된다(Brooks, 2013). 배규식 등(2013)은 근로자들이 생애주기상 개인이나 가정의 필요, 즉 현재 법, 제도적으로 보장된 것보다 더 광범위한 조건육아돌봄, 노인돌봄, 장애인돌봄, 환자돌봄, 개인건강, 학습, 점진적 퇴직 등에서 근무시간의 길이를 줄여 정규직 시간제로 근무할 수 있도록 하되, 후에 원상복귀

2) 제19조(육아휴직) ① 사업주는 생후 3년 미만 된 영유아가 있는 근로자가 그 영유아의 육아를 위하여 휴직을 신청하는 경우에 이를 허용하여야 한다.

3) 제19조 제2항(근로시간의 단축) ① 사업주는 육아휴직을 신청할 수 있는 근로자가 육아휴직 대신 근로시간 단축을 신청하는 경우에 이를 허용할 수 있다.

4) 제19조 제6항(직장복귀를 위한 사업주의 지원) ① 사업주는 이 법에 따라 육아휴직 중인 근로자에 대한 직업능력 개발 및 향상을 위해 노력하여야 하고, 산전후 휴가, 육아휴직 또는 근로시간 단축을 마치고 복귀하는 근로자가 쉽게 적응할 수 있도록 지원하여야 한다.

5) 제19조 제5항(육아지원을 위한 그 밖의 조치) ① 사업주는 초등학교 취학 전까지의 자녀를 양육하는 근로자의 육아를 지원하기 위하여 다음 각 호의 어느 하나에 해당하는 조치를 취하도록 노력하여야 한다.

1. 업무를 시작하고 마치는 시간 조정
2. 연장근로의 제한
3. 근로시간의 단축, 탄력적 운영 등 근로시간 조정
4. 그 밖의 소속 근로자의 육아를 지원하기 위하여 필요한 조치

점진적 퇴직은 제외하여 전일제로 근무할 수 있도록 청구할 수 있는 권리를 확실하게 근로자들에게 부여할 필요가 있다고 주장하였다.

3) 일하는 부모를 위한 돌봄 지원 인프라 구축

취학 전 영유아, 방과 후 아동, 65세 이상의 노인은 집중적인 돌봄 서비스를 필요로 한다. 맞벌이 부부가 돌봄 노동을 구매할 수 있도록 세금을 감면해주거나 구매비용을 직접 지원해 주는 정책과 제도가 큰 도움이 되지만, 돌봄 노동의 서비스 질quality이 만족스럽지 않으면 총체적인 정책만족도는 떨어진다. 우리나라의 경우 2013년부터 미취학 영유아에 대해 전면 무상보육제도가 실시되고 있으나 부모들은 믿고 맡길만한 영유아기관이 충분하지 못하다고 인식하고 있다. 이런 측면에서 사회투자정책의 실행에 있어서 인프라의 기 구축 여부는 정책의 성패를 가르는 주요한 요인으로 작용한다고 할 수 있다. 가령, 질 높은 보육 서비스 제공을 위한 인프라가 전국적으로 잘 운영되고 있는 경우 무상보육정책을 중심으로 보육비용 보조에 중점을 둔 정책을 실시하면 그 즉시 효과를 발휘할 수 있다. 하지만 기존의 인프라가 구축되어 있지 못할 경우, 전면 무상보육 실시로 많은 예산을 투여해도 기대하는 성과는 쉽게 나타나기 어려울 수 있는 것이다.

우리나라는 돌봄 서비스에 대해 국가가 직접 서비스를 제공하기국공립화보다는 시장에 돌봄 서비스를 위탁하고 비용을 지급하는 방식을 취하고 있다. 이때 원칙적으로 서비스 시장에 대한 국가의 규제수준은 시장화에 실질적인 영향을 미친다. 규제가 강하면 서비스 시장의 영향력이 제한되고, 규제가 약하면 순수한 자유시장의 속성이 관철되기 때문이다. 돌봄 서비스 시장의 성장과 그 시장이 실제로 얼마나 잘 작동하느냐는 복지혼합경제에서 중요한 변수가 된다. 시장에 대한 규제는 크게 4가지 차원에서 선택이 이루어진다(석재은, 2007). 첫째, 제공자 선별 메커니즘이다. 국가는 서비스 제공 참여자를 제공 주체 혹은 제공자 최소자격기준 등의 참여자 선별 메커니즘을 통해 선별

할 수 있다. 우선 정부는 지역별로 영유아나 노인의 연령별 인구, 부모의 인구동태적 경향에 따라 시설의 개수를 조절한다. 이 외 정부는 서비스 제공자 자격을 제한할 수도 있고, 영리 민간을 포함하여 제공자의 진입을 완전히 개방할 수도 있다. 둘째, 가격규제에도 두 가지 차원이 있다. 하나는 서비스를 표준화하고 통일되고 표준화된 서비스 가격을 설정할 것인가의 문제이다. 다른 하나는 서비스 가격에 상한을 둘 것인가의 문제이다. 이는 곧 시장에서 차별화된 소비를 인정할 것인가를 의미한다.

셋째, 투입 측면에서 서비스 질을 규제하는 것으로, 노동시장에 대한 개입 차원이다. 서비스 인력의 질이 곧 서비스의 질이므로 서비스 인력에 대한 교육, 훈련과 자격관리를 어느 정도 하느냐의 문제이다. 또한 서비스 인력의 임금, 근무조건과 사회보장 적용에 대한 규제이다. 근무자에 대한 처우는 장기적으로 보육인력의 수급과 보육노동시장의 전망과 밀접한 관련이 있다.

넷째, 산출 측면에서 서비스 질을 규제하는 것이다. 여기에는 모니터링 체계를 구축하여 수집한 정보를 소비자에게 투명하게 공개하는 것이 포함된다. 정보공개는 정보비대칭으로 인한 시장 실패를 막기 위해 필수적이기 때문이다. 가령, 정부는 어린이집 질관리를 위해 어린이집 평가제를 실시하고 있으며, 이 제도의 실시로 어린이집 질적 수준 개선에 비약적인 발전을 가져왔다. 하지만 이 과정에서도 어린이집의 재정관리 투명성까지 관리하기에는 역부족인 것이 현실이다.

결국, 일하는 부모가 늘어나면서 자녀양육은 일정부분 사회화될 수밖에 없고, 이들의 노년기 부모에 대한 돌봄 지원 또한 가정 밖으로 이양될 수밖에 없다. OECD국가는 돌봄 지원 인프라를 어떻게 효율적으로 구축하고 관리할 것인가에 대한 제도 개발과 정책 논의를 지속하고 있다. 정부에서는 비용 지원과 서비스의 질 관리라는 두 가지 정책과제를 정교하게 풀어냄으로써 성인의 일-가정 양립을 지원해야 할 필요가 있다.

4) 부모교육 프로그램의 개발 및 시행

퀸즈랜드 대학의 부모 및 가족지원센터[6]에서는 일하는 부모를 위한 부모교육 프로그램Workplace Triple P[7]을 실시하고 있다. 8시간 분량으로 진행되며 일하는 부모가 아침에 집에서 떠날 때와 저녁에 집에 돌아왔을 때 느끼는 스트레스를 줄여주는 것을 목표로 하고 있다. 이 프로그램은 소규모집단으로 진행되며 두 가지 전략을 집중적으로 다루고 있다. 첫 번째 전략은 깊은 호흡, 근육 이완, 부정적 생각을 조절하기와 같은 대처기술coping skills을 익히도록 하는 것이고, 두 번째 전략은 자녀와 함께 활동하기, 자녀의 문제행동을 다루기와 같은 아동발달 지원을 위한 부모양육기술parent skill training을 습득하도록 하는 것이다. 프로그램에 참여한 부모들은 자녀와 보다 효율적으로 시간을 보낼 수 있게 되었을 뿐만 아니라, 개인적인 스트레스 수준이 낮아졌으며, 자기효율성이 증진되었고, 자신의 일에 대한 만족감이 커졌다고 응답하였다. 이러한 효과는 프로그램에 참여한 후 12개월이 지난 후에도 유지되어, 프로그램에 참여한 부모들이 일과 자녀양육의 두 영역에서 프로그램 효과를 유지하고 있는 것으로 밝혀졌다.

자녀를 양육하면서 직업을 유지하는 것은 부모의 입장에서 볼 때 지속적인 변화에 대한 적응을 필요로 한다. 이는 주로 자녀의 연령이 증가하면서 아동발달의 특성이 바뀌는 데에 기인한다. 또한 노년기 부모의 경우 나이가 들면서 질환을 앓거나 쇠약해지는 속도가 커지면서 일과 자녀양육을 병행하고 있는 성인기 자녀에게 장기간의 부담이 되기 쉽다. 일과 가정을 양립하고자 하는 부부로서는 현재의 스트레스를 조절하고 앞으로 다가올 변화를 예상하며 이에 대비함으로써 생활에 대한 통제력을 놓치지 않을 필요가 크다. 큰 범위에서는 예상할 수 있는 변화라 하여도 실제로 이에 대처하려면 여러 가지 세세한 정보와 전략이 필요하므로 일하는 부모를 위한 다양한 부모교육 프로그램을 통해 성인의 일-가정 양립을 지원해 줄 필요가 있을 것이다. 우리나라의 경우

6) https://pfsc.psychology.uq.edu.au

7) 이 프로그램은 증거기반 프로그램(evidence-based program)으로 구체적인 효과에 대해서는 https://pfsc-evidence.psy.uqFedu.au를 참조한다.

건강가정지원센터나 육아종합지원센터 등의 지역사회에서 가족의 생애주기에 따른 부모역할 지원 외에, 특히 일하는 부모의 일-가정 양립 지원을 위한 부모교육 프로그램을 개발하여 실시할 필요가 있다.

Activity
활동하기

부모님이나 주변 성인과 면담하여 일-가정 양립, 특히 직업인으로서의 역할과 부모로서의 역할을 동시에 수행하기 위해 자녀의 연령대별로, 자신의 직업 경로나 지위별로 어떤 어려움을 겪었으며, 또한 이를 어떻게 극복해왔는지 '구체적인 문제 사례 및 전략'을 중심으로 알아보고, 이를 팀에서 간략하게 체계화시켜 발표해 보자.

※ 참고할 문헌 : Haddoc, S. A., Ziemba, S. J., Zimmerman, T. S., & Current, L. R.(2001). Ten adaptive strategies for family and work balance: advice from successful families. J. of Marital and Family Therapy, 27(4), 445-458. 논문의 결과 부분에 사례연구를 통한 면담자료들이 풍부히 제시되어 있음

PART 3
부모역할 지원을 위한 개입 프로그램

C H A P T E R

07

위험요인을 가진 부모의 자녀양육

CHAPTER 07

지금부터 바람직한 부모–자녀관계의 형성과 아동의 건강한 발달에 부정적인 영향을 주는 위험요인에 대하여 살펴보도록 하겠다. 전쟁, 국가적 경제위기 같은 사회적 위험요인도 있지만 이 장에서는 가정, 부모 그리고 아동이 가지고 있는 위험요인을 중심으로 살펴보고자 한다. 또한 이러한 위험요인이 아동발달, 부모–자녀관계, 나아가 양육에 주는 부정적 영향을 최소화하기 위해서 어떤 중재와 부모교육이 필요한지 알아보도록 하겠다.

1. 위험요인을 가진 부모와 자녀에 대한 이해

아동의 발달은 환경적 · 생물학적 · 사회문화적 요소가 복합적으로 작용하는 일련의 과정이다. 아동을 둘러싼 여러 요인들 중 어떤 요인은 아동의 발달에 긍정적으로 작용하기도 하지만 어떤 요인은 아동의 발달에 방해가 되거나 심지어는 아동을 정상발달 궤적에서 이탈하게 만들기도 한다. 부모의 신체적 · 정신적 질병과 장애, 자녀의 신체적 · 정신적 질병과 장애, 빈곤, 아동학대는 아동의 발달에 부정적인 영향을 주는 대표적인 가정 내 위험요인이다. 이러한 위험요인들은 가정 혹은 개인 내부에 존재하기 때문에 밖으로 잘 드러나지 않는다. 그러나 가장 미시적인 환경인 가정 내에 상존하며, 일상적이고 장기적으로 부모와 자녀에게 영향을 준다는 점에서 그 부정적 파급력이 매우 심각하다. 위험요인을 가진 부모와 자녀를 효과적으로 돕기 위해서는 어린 시절 위험요인에 장기간 노출되면 어떤 결과가 초래되고, 위험요인이 어떠한 경로로 부모의 역할과 자녀의 발달을 교란하는지 이해하는 것이 반드시 필요하다.

1) 어린 시절 위험요인에 노출되었던 성인들

어린 시절 가정 내 위험요인에 장기간 노출되었던 성인들은 과연 어떤 모습을 하고 살고 있을까? 아동기 외상적 경험Adverse Childhood Experiences과 성인발달과의 관계는 1990년대 중반 미국의 한 연구를 통해 어린 시절 외상적 경험을 가진 성인들이 여러 가지 신체 및 정신건강문제를 겪고 있는 것(Felitti et al., 1998)이 보고된 이후 주목받기 시작하였다. 미국 캘리포니아 지역의 한 건강재단은 비만 클리닉의 중도탈락 원인을 파악하기 위해 사람들을 인터뷰하게 되었는데, 이들의 대부분이 아동기에 성적 학대를 당한 공통점이 있었다. 이들의 신체적 질병인 비만은 사실 성적 학대로 인한 불안, 공포, 분노와 우울감에 대한 대처전략으로 폭식을 하는 것과 관련이 있었다.

이후 여러 국가에서 어린 시절 가정 내 위험요인의 노출이 성인의 삶에 어떠한 영향을 주는지가 연구되었는데, 전 세계적으로 유사한 연구결과가 나타났다. 즉, 어린 시절 심각한 외상적 경험을 한 성인은 신체 · 정신건강에 문제가 있거나 사회적응에 어려움을 겪을 확률이 높았다. 특히, 어린 시절 경험한 외상이 다양하고 심각할수록 더 많은 성인기 문제를 겪는 용량-효과dose and effect관계도 성립한다.

세계보건기구World Health Organization는 아동기 외상적 경험이 건강에 미치는 부정적 영향에 대한 심각성을 인식하고, 각국이 이를 공중보건문제public health issue의 하나로 다룰 것을 권고하고 있다. 이를 위해 일반 국민의 아동기 외상적 경험을 정의하고 이를 측정할 수 있는 설문조사도구도 개발하였다. 즉, 각 국가가 아동기 외상적 경험의 위험성에 대한 인식의 수준을 높이고 이를 예방할 것을 촉구하고 있다.

아동기 외상적 경험은 어린 시절에 역기능적인 가족 내에서 성장하거나 여러 가지 형태의 학대, 방임, 폭력을 경험하는 것을 의미한다. 생애 초기에 이러한 경험을 하면 아동은 심각한 수준의 스트레스에 노출될 수밖에 없다. 세계보건기구가 제시한 13가지 구체적인 형태의 아동기 외상적 경험은 표 7-1에 제시되어 있다.

아동기 외상적 경험은 가정의 사회경제적 계층, 인종, 지역에 상관없이 발생한다. 보통 어린 시절 세 개 혹은 네 개 이상의 외상적 경험을 하면 성인기에 여러 가지 어려움을 겪을 가능성이 매우 높아진다. 약 60%의 성인이 어린 시절 적어도 하나 이상의 외상을 경험하는 것으로 알려져 있다. 우리나라 대학생의 경우 여자 대학생은 약 58%, 남자

표 7-1 | 세계보건기구가 정의한 13가지 아동기 외상적 경험

구분 \ 학대	성적 학대	정서적 학대	신체적 학대	
방임		정서적 방임	신체적 방임	
폭력	가정 구성원 간 폭력	또래에 의한 폭력	지역사회에서 폭력 경험	군경에 의한 폭력 경험
가족의 역기능	가족 구성원의 중독(예 : 알코올)	가족 구성원의 정신적 문제(예 : 우울증, 자살 시도)	이혼 또는 죽음으로 인한 부모와의 이별	가족 구성원의 구속 또는 수감

출처 : https://www.who.int/violence_injury_prevention/violence/activities/adverse_childhood_experiences/en/ 참조

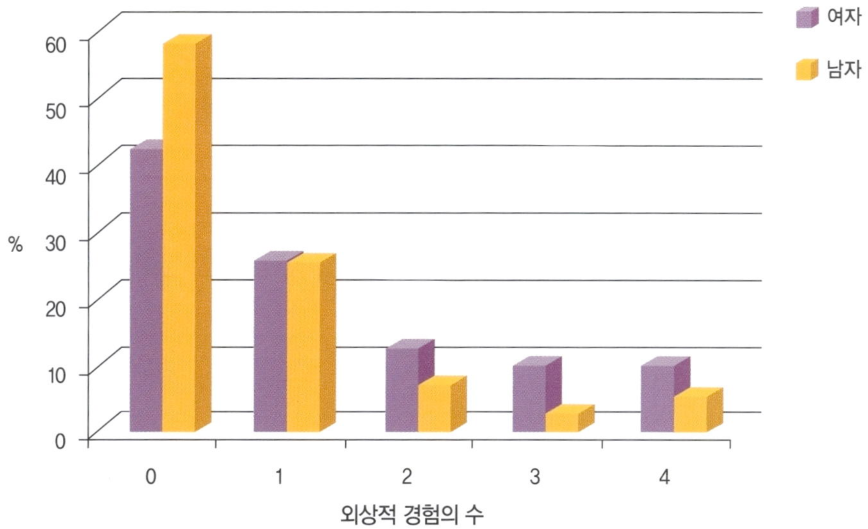

그림 7-1 | 우리나라 대학생들이 보고한 아동기 외상적 경험의 수

출처 : Kim(2017).

대학생은 약 42%가 하나 이상의 외상을 경험한 것으로 나타났다(Kim, 2017). 네 종류 이상의 외상적 경험이 있다고 보고한 여자 대학생은 약 10%, 남자 대학생은 약 6%였다.

어린 시절 외상을 경험한 아동은 커서 어떤 부모가 될까? 어린 시절 외상적 경험은 성인이 된 후 자녀양육방식에도 흔적을 남긴다. 어린 시절 심각한 외상을 경험한 어머니는 양육 스트레스에 민감하며(Steele et al., 2016), 자녀가 정서행동문제나 발달지연을 보일 확률이 더 높다고 알려져 있다(Folger et al., 2018 ; Schickedanz, Halfon, Sastry, & Chung, 2018). 외상적 경험을 가진 부모들은 자신이 경험한 가정폭력이나 학대를 되풀이하기도 한다(Hughes & Cossar, 2016 ; Lamers-Winkelman, Willemen, & Visser, 2012). 이는 안타깝게도 부모가 경험한 어린 시절의 외상이 부모의 양육을 통해 다시 자녀 세대에 외상으로 전달되는 '외상의 세대 간 전이intergenerational transmission of adverse childhood experience'가 이루어지고 있음을 뜻한다(Letourneau et al., 2018).

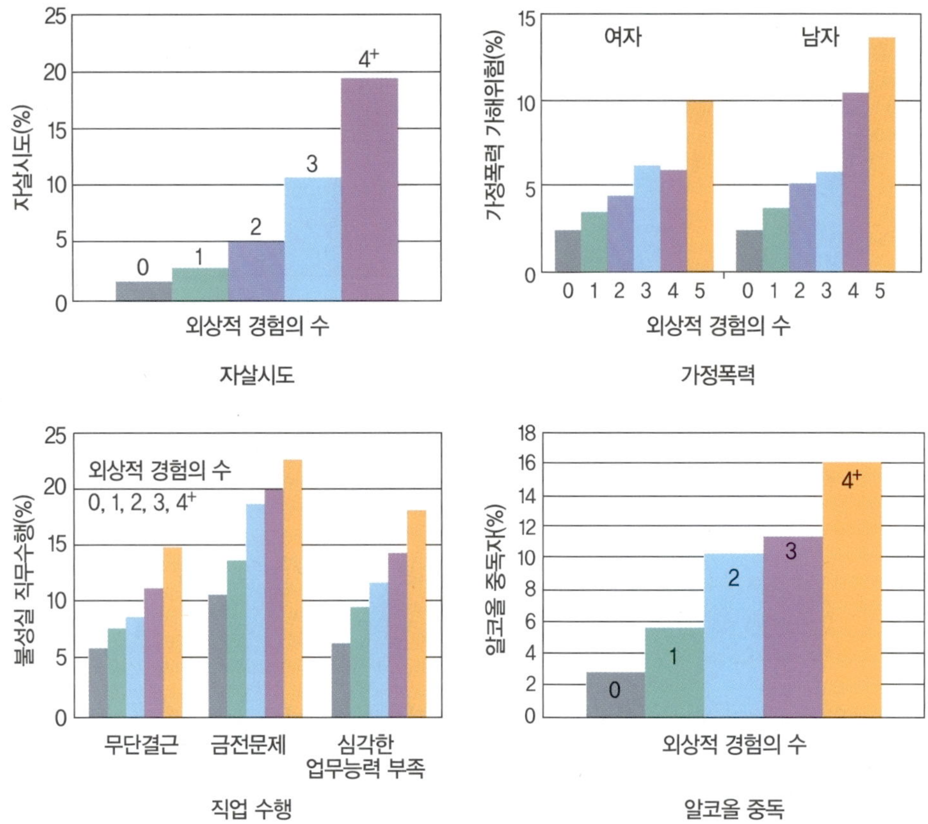

그림 7-2 | 아동기 외상적 경험과 성인의 자살 시도, 가정폭력, 직업 수행, 알코올 중독과의 관계

출처 : https://acestoohigh.com/got-your-ace-score

2) 가정 내 위험요인, 스트레스 그리고 발달

그렇다면 어린 시절 가정에서 경험한 외상적 경험은 과연 어떤 경로를 통해 신체·정신건강 및 사회적 기능의 어려움으로 나타나는가? 최근 신경과학neuroscience의 눈부신 발전으로 인해 가정 내 위험요인이 인간의 발달, 특히 생애 초기의 아동의 두뇌형성과 발달에 어떠한 영향을 주는가에 대해 많은 것이 밝혀졌다.

인간의 두뇌발달은 생애 초기에 급격하게 이루어지며, 이때 형성된 두뇌발달의 기초는 개인의 학습, 인지, 사회, 건강에 평생 동안 영향을 준다. 생애 초기 아동의 두뇌는 신경망의 연결과 제거를 반복하며 발달하는데, 초당 수백 개 이상의 새로운 뇌신경망이 연결되며, 불필요한 신경망은 두뇌의 효율적 사용을 위해 제거되기도 한다. 이때 아동이 어떠한 경험을 하는가가 이러한 뇌신경망의 연결과 제거에 결정적인 역할을 한다. 뇌 신경망의 연결은 반복적인 경험이나 사용을 통해 연결되거나 강화되기 때문에, 어린 시절 긍정적인 경험을 통해서 바람직한 인지·사회·정서기술과 관련된 뇌 신경망이 정상적으로 활성화되도록 하는 것이 중요하다. 연령이 증가하면 두뇌의 가소성이 떨어지기 때문에 생애 초기에 형성된 개인의 두뇌구조는 좀처럼 바뀌기 어려우며, 평생에 걸쳐 인간의 사고와 행동에 영향을 미친다. 인간은 쉬운 기술을 먼저 습득하고 그것을 토대로 고차원적인 기술을 습득할 수 있으므로, 만약 생애 초기에 형성된 두뇌의 구조가 취약하다면 고차원적인 인지발달이나 정교한 사회적 능력을 습득하는 것이 힘들어진다.

한편, 학대, 방임, 폭력, 가족의 역기능 같은 위험요인은 아동의 생애 초기 두뇌발달을 심각하게 교란하고 훼손하는 것으로 알려져 있는데, 그 이유는 이러한 위험요인들이 독성 스트레스toxic stress 반응을 유발하기 때문이다. 사실 일상생활 스트레스는 자연스러운 것으로 스트레스를 유발하는 상황을 경험하고 이를 극복하는 것은 누구나 거쳐야 할 건강한 발달적 과정이다. 스트레스를 유발하는 상황을 마주하면 누구나 심장박동수가 빨라지고 혈압이 상승하며 스트레스 관련 호르몬이 분비된다. 그러나 이러한 상황이 끝나면, 다시 모든 수치가 정상으로 돌아오는 것이 일반적이다. 만약 어린 아동이 심각한 스트레스 상황에 장기간 노출되면, 아동은 자신의 스트레스 대응체계를 쉬지 않고 가동시키는 셈이 된다. 이를 독성 스트레스 반응이라고 한다. 신체의 스트레스 대응체계가 과도하게 장기간 활성화되면, 정상적인 뇌신경 연결을 방해하거나 손상시킨다. 두뇌발달의 결정적 시기에 이러한 상황에 처하게 되면 아동은 정상발달 궤적에서 이탈할 가능성이 높아진다.

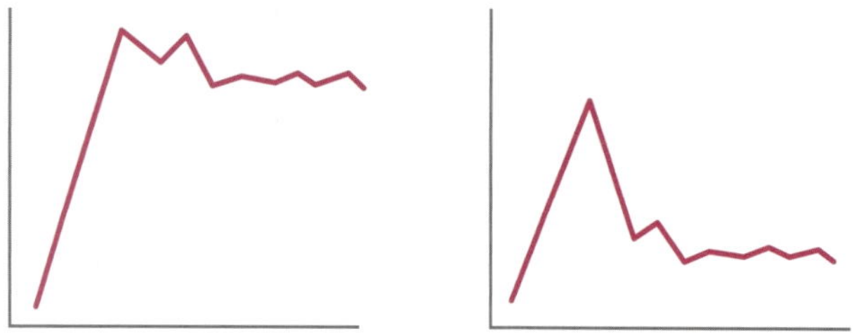

독성 스트레스 반응

심각한 수준의 스트레스 상황에
지속적으로 빈번하게 노출됨
(예 : 신체 · 정서학대, 가정폭력)

일반적인 스트레스 반응

정서발달에 어느 정도 필요한
일상적인 스트레스 상황
(예 : 예방주사 맞기, 새 학년에
처음 적응하기)

그림 7-3 | 독성 스트레스 반응과 정상적인 스트레스 반응

물론 특정 스트레스 상황을 독성으로 인식하고 대응체계를 장기간 활성화시키는 정도에는 생물학적 개인차가 존재한다. 또한 위험요인에 언제어릴수록 나쁨, 얼마 동안장기간일수록 나쁨 노출되었는지, 아동을 지지하고 도와줄 성인이 존재하였는지에 따라 두뇌발달에 미치는 부정적 영향은 달라질 수 있다.

만약 가정 내 심각한 위험요인으로 인해 부모와 자녀가 독성 스트레스 상황에 노출되었다면, 이들을 도와줄 수 있는 방법은 크게 두 가지가 있다. 첫 번째는 가능한 빨리 독성 스트레스 반응을 발생시키는 위험요인을 최소화하거나 제거하는 것이다. 만약 부모나 아동 스스로 이러한 위험요인에서 벗어나기 어렵다면, 공적 감시체계나 사회적 지원을 통해 위험요인이 감소되어야 한다. 두 번째는 부모와 자녀에게 상황을 개선하고 안정적인 관계를 맺을 수 있는 프로그램이나 서비스를 제공하는 것이다. 위험요인에 심각하게 노출된 부모와 자녀를 단순히 그 환경이나 상황에서 벗어나게 하는 것만으로는 충분하지 않다. 위험요인에서 벗어난 이후에도 부모와 자녀에게는 집중적이고 치료적인 중재가 제공되어야 한다.

2. 가정의 빈곤

빈곤은 앞서 밝히 세계보건기구의 아동기 외상적 경험과 높은 관련이 있는 포괄적 문제로서, 가족 구성원 생활의 전반에 영향을 주는 심각한 위험요인이다. 빈곤은 단독으로 오지 않는다. 빈곤한 가정은 다른 여러 문제를 복합적으로 가지고 있을 가능성이 크다. 따라서 빈곤한 가정의 부모와 자녀를 돕기 위해서는 그들이 처한 상황 및 그들이 가지고 있는 가치와 문화를 정확하게 이해하고, 그들의 욕구에 부합하는 포괄적인 부모교육과 중재가 제공되어야 한다.

1) 빈곤과 아동발달

빈곤은 아동의 사회 · 정서 · 신체 · 인지발달의 모든 측면에 영향을 준다(Feinstein, 2003 ; Korenman, Miller, & Sjaastad, 1995 ; Yoshikawa, Aber, & Beardslee, 2012). 빈곤한 가정의 자녀는 비만이나 천식 등의 신체건강문제, 우울증이나 불안 등의 정신건강문제, 반사회적 행동이나 문제행동 같은 정서행동문제를 가질 확률이 중산층이나 상류층 가정의 자녀에 비해 높다고 알려져 있다. 빈곤한 가정의 자녀는 가정에서 상대적으로 낮은 교육적 자극이나 언어적 자극을 받는 경향이 있고, 학습과 인지발달에도 어려움을 겪을 가능성이 크다. 불안정한 경제적 사정이나 부모의 잦은 실직 및 이직으로 인하여 이사를 자주 다니기도 하며, 가정불화, 가정해체, 가정폭력, 학대 및 방임, 부모와의 분리를 경험하기도 한다. 빈곤한 아동은 빈곤한 지역사회에서 거주할 가능성이 크며, 이는 낮은 수준의 교육시설 및 지역사회 폭력에 노출될 가능성이 크다는 것을 의미한다.

앞서 밝힌 외상적 경험과 마찬가지로 빈곤으로 유발된 독성 스트레스 반응은 아동발달 전반에 영향을 주고, 성인기에서도 어린 시절 경험한 빈곤의 영향을 받는다. 빈곤의 영향력은 아동이 빈곤을 경험한 시기, 기간, 정도에 따라 달라진다. 성인도 빈곤을 경험하면 여러 가지 심리적 · 신체적 어려움을 겪지만, 특히 발달의 결정적 시기인 어린 시절에 빈곤을 경험하거나 빈곤에 노출된 시간이 길거나 빈곤의 정도가 극심할수록 그 부정적인 영향이 더 커진다.

빈곤으로 인한 심리적 · 물리적 · 문화적 자원의 결핍, 예를 들면 건강한 음식, 안전한 주거, 안전하고 문화적 자원이 풍부한 지역사회, 부모의 따뜻한 정서적 보살핌, 가정에서의 적절한 인지적 자극, 롤 모델, 좋은 취향, 좋은 교육시설에 접근하기 어려움 등이 아동의 환경에 만성적으로 작용하면, 빈곤가정의 아동과 중류 계층 이상의 또래와의 발달 차이는 점점 더 벌어지게 된다. 빈곤은 이렇듯 생애 출발선에서부터 또래와의 격차를 만드는 결정적인 역할을 한다. 따라서 최대한 빠른 시기에 효과적인 방법으로 이러한 격차를 줄여주지 않으면, 아동은 평생에 걸쳐 이 격차로 인해 학업의 지속, 건강한 일상영위, 안정적인 가정생활, 직업적 성취를 이룩하는 데 어려움을 겪는다. 이러한 어려움은 아동이 성인이 되어서도 다시 빈곤한 상태에 쉽게 처할 수 있다는 것, 즉 빈곤의 악순환에서 벗어나지 못하게 될 수도 있음을 의미한다.

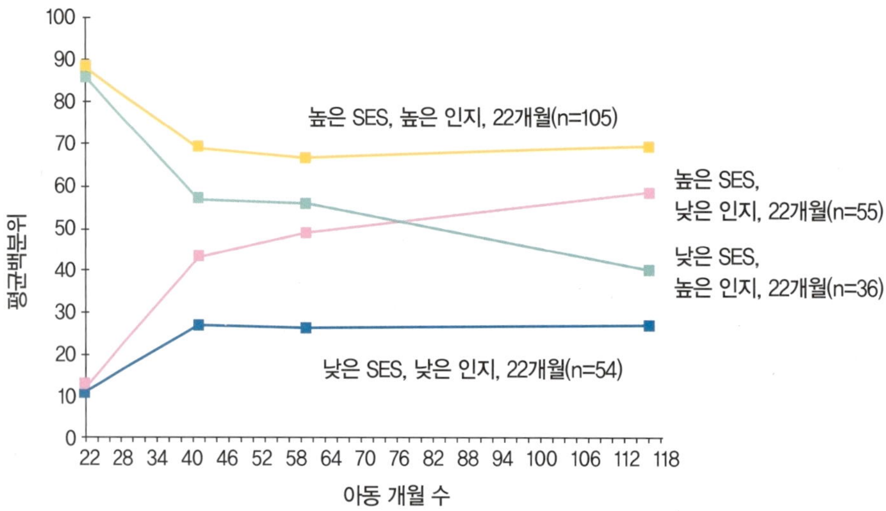

그림 7-4 | **빈곤과 인지발달**

출처 : Feinstein, L.(2003).

아동이 빈곤한 가정에서 경험하고 학습하는 빈곤문화culture of poverty도 빈곤이 주는 부정적 영향 중의 하나이다. 빈곤한 환경에서 자란 아동은 무력감, 의존적 태도, 비조직적인 의사결정, 빈곤한 상태에 적응하려고 하는 성향 등 빈곤에 처한 사람들이 흔히 보이는 생활양식과 가치를 비판 없이 수용하기 쉽다. 이러한 태도와 가치는 향후 아동이 독립적이고 합리적으로 삶을 헤쳐나가는 데 걸림돌이 될 수 있다.

2) 빈곤한 부모와 양육

사실 아동이 빈곤하다기보다는 빈곤한 부모와 가정에서 성장하는 아동이 빈곤을 경험한다고 보는 것이 정확하다. 그렇다면 가정의 빈곤은 아동에게 어떻게 영향을 주는가? 가정의 사회경제적 지위는 부모의 직업, 교육수준, 소득에 따라 결정되는데, 부모의 양육태도와 방식은 사회경제적 지위에 따라 다르게 나타난다(Brooks, 2013 ; Hoff, Laursen, & Tardif, 2002).

높은 사회경제적 지위의 부모는 아동 중심적인 양육방식을 취하는 경향이 있으며, 아동의 생각과 의견을 경청하고, 양육에 있어 아동을 파트너로 존중하며, 규칙을 정할 때에도 아동의 의견을 반영하는 경향이 있다. 낮은 사회경제적 지위의 부모는 부모 중심적이고, 권위적인 방식으로 아동을 대하는 경향이 있으며, 아동이 자신의 권위에 순종하기를 원한다. 만약 아동이 순종적이지 않다면, 엄하게 벌하거나 처벌하는 경향이 있다.

인지적 · 정서적 자극 측면에도 사회경제적 지위에 따라 큰 차이가 나타난다. 전문직에 종사하는 부모는 낮은 사회경제적 지위의 부모에 비해 자녀에게 훨씬 더 많이 말을 걸어주고 다채로운 단어를 사용하며, 긍정적으로 반응하는 경향이 있으나, 낮은 사회경제적 지위의 부모는 금지나 부정적인 반응을 훨씬 더 많이 하는 것으로 알려져 있다. 이러한 사회경제적 지위에 따른 부모의 자극과 반응의 차이는 직접적으로는 아동의 인지발달과 언어발달에 차이를 가져오고 나아가서는 아동의 자존감과 자율성발달 및 사회적 적응에 계층 간 차이를 가져오게 된다.

그렇다면, 빈곤한 부모는 왜 높은 사회경제적 지위를 가진 부모처럼 양육하지 못하는가? 이를 설명한 대표적인 이론은 가족과정 모델과 인적자본 투자이론이다(김효진, 2008).

가족과정family process이란 각 가족이 가지고 있는 심리 · 사회 · 관계적 기능을 뜻한다. 빈곤한 부모는 부족한 물질적 자원과 생계에 대한 불안으로 인해 높은 스트레스를 경험한다. 심리적으로 불안정한 부모는 양육에 대한 관심을 일관성 있게 유지하고, 온정적인 양육태도를 유지하거나 자녀와 수준 높은 상호작용을 하기 어렵다. 결과적으로 빈곤에 의해 초래된 부모의 낮은 심리적 복지상태는 수준 낮은 양육 실제로 이어지고 이는 빈곤 자녀의 낮은 발달수준으로 귀결되기 쉽다는 것이 가족과정이론이 주장하는 바이다.

투자이론investment theory은 빈곤가족의 심리 · 사회 · 관계적 측면보다는 빈곤가족의 물질적 자원에 초점을 두고 있다. 투자이론은 아동의 발달은 가족이 아동을 위해 투자할 수 있는 물질적 자원에 따라 달라질 수 있다고 본다. 빈곤한 가족은 아동의 발달에 필요한 물품, 서비스, 시간 등에 투자할 자본이 부족하다. 이들의 자원은 가족 전체의 생계를 유지하기 위해 대부분 투자되어야 하기 때문에 자녀의 발달을 위해 장난감, 책, 교육 서비스, 안전한 주거, 건강한 음식에 투자하기 어렵다. 자녀를 위해 투자할 수 있는 물질적 자원의 부족은 결국 빈곤가정 자녀가 또래수준의 발달을 이룩하는 것을 어렵게 만든다.

더 알아보기

빈곤문화와 문화자본

빈곤문화(culture of poverty)는 빈곤한 사람들의 생활양식, 태도, 가치관 등에서 발견되는 특징으로 정의되며 오스카 루이스(Oscar Lewis)에 의하여 처음 제시되었다. 인류학자인 오스카 루이스는 멕시코 빈민지역에 오랜 시간 거주하며, 빈민들이 중상류층과는 다른 생활양식을 가지고 빈곤에 적응하며 살아가고 있는 현상에 주목하였다. 이러한 생활양식의 특징은 희망 없는 태도, 삶에 대한 단편적인 시각, 충동 자제력의 결여, 빈곤에 적응하고 안주하려는 경향이며, 이러한 태도와 가치로 인해 빈곤에서 쉽게 벗어나지 못한다고 하였다(Lewis, 1969). 이후 빈곤문화에 대한 그의 개념은 '빈곤을 집단이나 개인의 탓으로 돌리고 사회적 책임을 회피하려고 한다', '또 다른 계급문화의 부활이다'라는 거센 공격과 비판을 받았다. 그러나 빈곤문화 개념이 빈곤을 타파하기 위한 정책과 학계에 끼친 영향은 매우 크다. 최근에는 빈곤문화에 대한 계급적 · 이념적 논란을 넘어서 실제로 빈곤문화가 존재한다면 이를 적극적으로 연구하고 활용하여야 한다는 주장이 다시 주목받고 있다.

한편, 프랑스의 사회학자인 피에르 부르디외(Pierre Bourdieu)에 의해 개념화된 문화자본(culture capital)은 빈곤문화와는 상반되는 개념으로 상류사회가 좋아하는 사회적으로 널리 존중받는 태도, 취향, 행동양식을 의미한다(Bourdieu, 2011). 상류계층의 부모는 자녀에게 무의식적으로 그들만이 소유한 가치, 문화, 태도를 자산처럼 물려주는데, 이러한 문화자본을 체득한 상류계층의 자녀는 교육기관이나 사회생활에 있어서 대접받고 존중받을 만한 행동을 하게 되고 이는 이들의 교육적 · 직업적 성취에 긍정적인 영향을 준다. 빈곤문화처럼 문화자본도 상류계층의 자녀들이 계속 상류계층의 삶을 유지하도록 하는 기능이 있다.

빈곤가정을 위한 프로그램을 시행하는 부모교육 전문가들은 이 빈곤문화와 문화자본에 대하여 깊이 고민해 볼 필요가 있다. 다른 문화적 환경은 다른 문화적 취향, 습관, 행동양식을 남긴다. 부모교육 전문가들이 빈곤가정의 부모에게 전달하고자 하는 부모-자녀 상호작용방식(예 : 온정적 양육태도, 수평적 인간관계)이나 문제해결양식(예 : 민주적 · 합리적 의사결정)은 대부분 그들이 접해 보지 못한 중류 이상의 문화일 가능성이 크다. 빈곤가정의 부모들이 그들의 문화에서는 생소한 생활양식과 가치관을 단번에 수용하고 행동에 옮길 것이라고 생각한다면 오산이다. 태도와 가치를 변화시켜야 행동의 변화가 오기 마련이다. 빈곤가정의 부모와 자녀를 돕기 위해서는 장기적이고 포괄적인 투자와 지원이 필요한 이유라고 볼 수 있다.

3) 빈곤한 부모를 위한 부모교육

빈곤한 가족에게 물질적 자원을 풍족하게 제공하면 모든 것이 해결되는가? 빈곤은 일단 경험하게 되면 아동의 발달에 심각한 외상을 남기기 때문에 또래수준의 발달을 회복하는 데에는 상당한 시간이 걸린다. 또한 아동마다 빈곤의 후유증이 다른 양상으로 나타날 수 있으므로, 교육적 · 치료적 욕구를 잘 파악하고 적절한 서비스를 제공해야 한다. 또한 빈곤에서 벗어났다고 할지라도 부모가 기존의 태도, 가치관 및 양육방식을 그대로 유지할 경우 발달에 주는 부정적인 영향은 지속될 수 있다. 빈곤가정을 위한 효과적인 중재를 위해서는 아동 또는 부모만을 대상으로 하기보다는 아동, 부모, 지역사회를 함께 포함하는 포괄적이고 장기적인 서비스와 지속적인 추적이 필요하다.

빈곤가정을 위한 부모교육 프로그램의 가장 기본적인 형태는 아동의 발달을 촉진하는 상호작용방법을 부모에게 교육시켜 아동의 발달을 간접적으로 돕는 것이다. 여기에는 언어발달과 인지발달을 촉진하는 상호작용방법, 아동과 정서적인 유대를 맺는 방법, 체벌 대신 사용할 수 있는 훈육방법 등이 포함될 수 있다. 또한 가정에서 자녀와 상호작용할 때 필요한 책이나 장난감 같은 교육적 도구를 무상으로 제공하거나 대여해 주는 것도 도움이 된다. 빈곤가정의 경제적 상황을 개선하기 위해 부모에게 취업교육을 시키거나 취업을 알선해 주는 것도 중요하다. 또한 빈곤에 지친 부모의 정서적 안정을 돕는 심리상담이나 지원사업도 필요하다.

빈곤가정의 아동의 발달을 돕는 가장 효과적이고 직접적인 방법은 양질의 보육이나 유아교육 프로그램을 제공하여 아동들이 그 안에서 오랜 시간 지내면서 발달적 역량을 키우도록 하는 것이다. 그러나 빈곤가정의 아동들은 상류계층 자녀들에 비해서 양질의 유아교육이나 보육 프로그램에 접근할 가능성이 떨어진다. 또한 또래와의 상호작용이 발달에 주는 영향도 매우 크기 때문에 빈곤한 아동들끼리 모여서 진행되는 프로그램이라면 발달에 주는 긍정적 영향이 상대적으로 적을 수 있다.

그러나 일단 빈곤층 자녀들이 양질의 프로그램에 참여하게 되면 그 효과는 매우 놀라운 것으로 알려져 있다. 따라서 세계 여러 나라는 막대한 공적 자금을 투자하여 빈곤계층 어린이들을 위한 유아교육·보육 서비스를 제공하고 있다. 빈곤 계층의 부모와 자녀를 돕기 위한 프로그램의 대표적인 사례가 전 세계의 스타트Start 프로그램이다. 스타트 프로그램은 빈곤과의 전쟁의 일환으로 빈곤계층 아동에게 보육 프로그램을 제공한 미국의 헤드스타트head start와 조기 헤드스타트early head start 프로그램을 시작으로, 이제는 영국의 슈어스타트sure start, 호주의 베스트스타트best start, 우리나라의 드림스타트dream start와 위스타트we start 등으로 확산되어 실시되고 있다. 각 나라의 스타트 프로그램은 그 시작점, 내용, 대상, 포괄성 면에서 차이가 있으나, 모든 아동들에게 동등한 '출발'의 기회를 주어야 한다는 철학적 공통점이 있다.

3. 부모의 우울과 알코올 중독

건강에 어려움을 겪고 있는 부모라고 할지라도 모두 부모역할을 수행하는 데 어려움이 있다고 볼 수는 없다. 우리 주변에는 질병이나 장애에도 불구하고 훌륭하게 부모역할을 수행하는 부모도 많다. 그러나 건강문제로 인하여 자녀에게 안전한 환경과 발달에 필수적인 적절한 자극을 제공해 주지 못할 경우, 전문가가 개입하여 부모의 요구와 아동의 요구를 적절하게 파악하고 부모교육이나 지원을 통해서 자녀가 건강한 발달을 이룰 수 있도록 도움을 주어야 한다. 우울증과 알코올 중독은 우리나라 성인들이 겪고 있는 대표적인 정신건강문제이다. 우울증과 알코올 중독이 아동의 발달과 부모역할에 어떻게 영향을 주는가를 살펴보고, 적절한 부모교육과 아동을 위한 지원책이 무엇인지 알아보도록 하겠다.

1) 부모의 우울과 아동발달

우울증은 대표적인 정신질환으로 마음의 감기라고도 불린다. 대표적인 증상은 기분

저하와 우울한 정서상태이지만 생각, 의욕, 관심, 수면, 식욕 등 정신과 신체기능의 전반적인 저하도 동반한다. 우울증은 생화학적 · 유전적 · 환경적 원인이 복합적으로 작용하는 것으로 알려져 있다.우울증의 증세는 단순한 우울감에서부터 심각한 주요 우울증major depressive disorder까지 다양하고, 어떤 사람은 단순히 며칠 만에 우울감에서 벗어나기도 하지만 어떤 사람은 수년간 우울증에서 헤어나오지 못하기도 한다.

우울은 부모역할에 크게 영향을 미친다(Betts, Williams, Najman, & Alati, 2015 ; Esposito, Manian, Truzzi, & Bornstein, 2017 ; Lebel et al., 2016). 우울한 부모의 자녀는 부모의 유전적 성향을 물려받아서 생물학적으로 우울에 취약할 가능성이 크다. 임신 중인 어머니가 우울하면, 우울과 관련된 어머니의 생리적 반응이 태아에게 직접 전달되어 태아발달에 부정적인 영향을 주기도 한다. 아이가 태어나면 부모는 아동의 신호와 관심에 민감하게 반응해야 하는데, 이는 많은 에너지를 필요로 한다. 우울증은 정신기능과 신체기능의 저하를 수반하기 때문에 우울한 부모는 아동에게 민감하고 반응적인 양육을 제공하기 힘들다.

따라서 부모의 우울은 아동발달에 부정적인 영향을 줄 수밖에 없다. 특히, 영유아기 자녀를 둔 어머니의 우울증에 대하여 많은 연구가 이루어졌는데, 어머니의 우울증은 아동의 신체 · 사회 · 정서 · 인지발달 전반과 관련이 있다(Brennan et al., 2000 ; Goodman et al., 2011). 만약 적절한 개입이 없다면, 빈곤 및 외상적 경험과 마찬가지로 우울한 어머니의 자녀는 발달상 위험에 쉽게 노출된다. 우울한 어머니의 영아는 일반 어머니의 영아에 비해 쉽게 긴장하고 까다로우며, 불안정한 애착을 형성하는 경향이 있다. 유아기에는 불안, 위축, 사회적으로 관계를 맺는 데 어려움을 보일 가능성이 높고, 초등학교 때에도 비슷한 문제를 지속적으로 보이거나 학습에 주의를 기울이는 데 어려움을 겪기도 한다.

2) 부모의 우울과 양육

우울증은 양육과 아동발달에 어떠한 경로로 영향을 미치는가? 부모, 특히 주 양육자의 역할을 하는 어머니가 우울감에 시달리면 행동과 생각이 위축되고 기분이 저하되어서, 아동이 보내는 신호를 잘못 해석하거나 무시하게 된다. 우울한 어머니의 양육은 우울하지 않은 어머니에 비해 부정적인 반응은 많고 긍정적인 반응은 적은 특징이 있다. 어머니-아동 간 상호작용이 이렇게 손상된 방식으로 장기간 지속되면 아동에게 독성 스트레스 상황으로 작용한다. 즉, 아동은 신경발달학적 손상을 입게 되고(Lebel, 2016), 이는 사회 · 정서 · 인지 · 신체발달에 부정적이고 장기적인 흔적을 남긴다(Betts, Williams, Najman, & Alati, 2015). 특히, 출산 전후에 지속되는 산후 우울증은 어머니들이 영아와 애착관계를 형성하는 것을 방해한다. 우울한 어머니들은 영아가 보내는 신호에 민감하게 반응하지 못하기 때문이다(Esposito, Manian, Truzzi, & Bornstein, 2017).

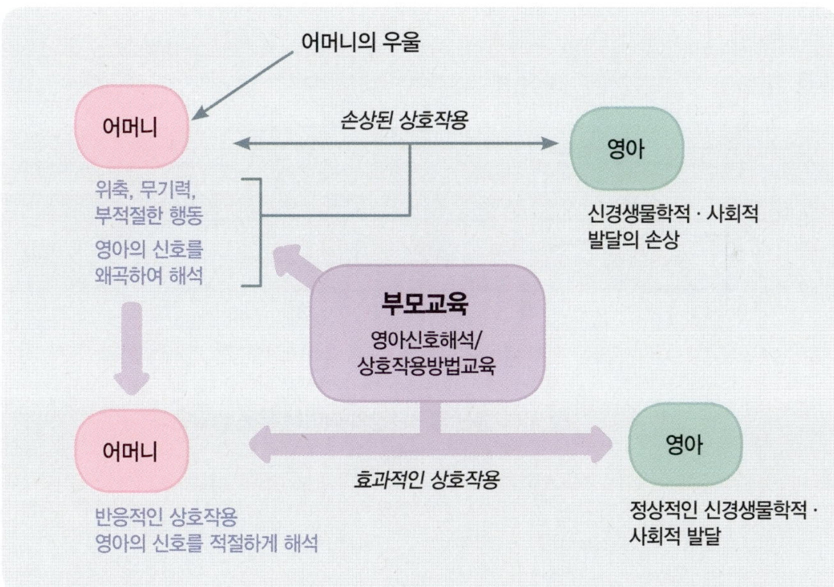

그림 7-5 | 우울과 어머니-자녀 상호작용

그렇다면 과연 어린 자녀를 둔 우리나라 어머니들의 우울감은 어느 정도일까? 최신 연구에 따르면 첫 자녀 출산 이후 어머니들의 약 19%가 경도우울을, 약 6%가 중도우울을 지속적으로 경험하는 것으로 나타났다(김연하, 2018). 경도우울과 중도우울을 경험한 어머니들의 첫 자녀의 6세 때 문제행동은 우울하지 않은 어머니 자녀의 문제행동에 비해 훨씬 높은 수준이었다. 어머니들의 강도 높은 지속적인 우울증상이 자녀의 사회성발달에 부정적으로 작용했음을 알 수 있다.

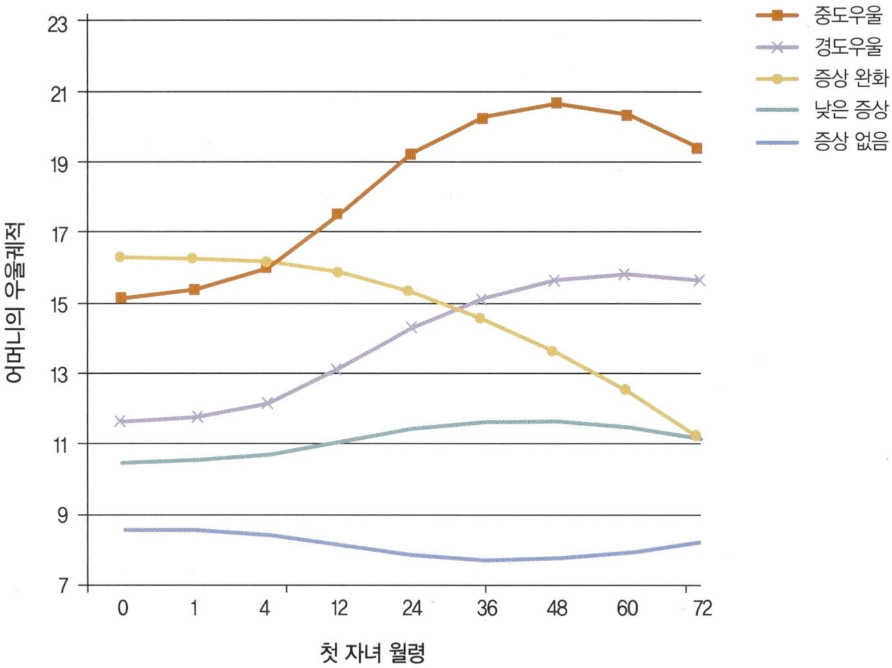

그림 7-6 | 첫 자녀 출산 후 6년간의 어머니 우울 발달궤적

출처 : 김연하(2018).

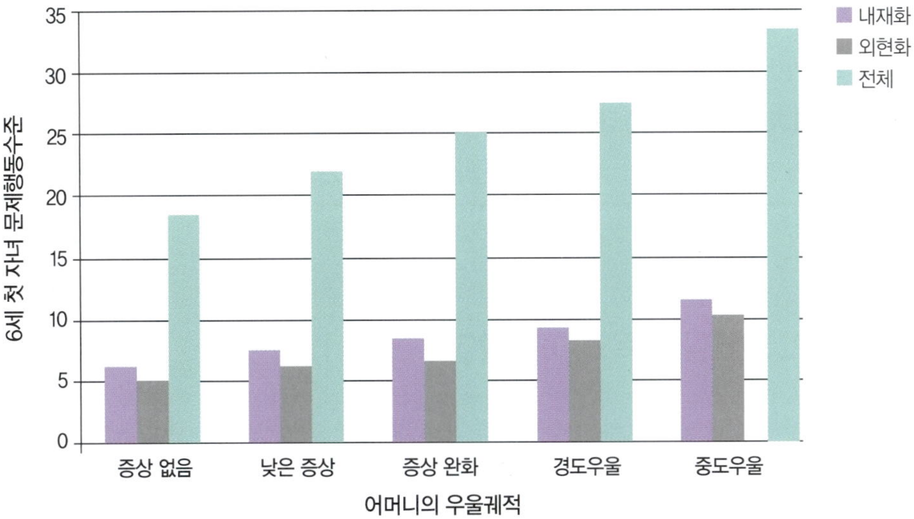

그림 7-7 | 어머니의 우울발달궤적과 자녀의 문제행동

출처 : 김연하(2018).

3) 우울증이 있는 부모를 위한 지원

부모가 비록 우울증으로 인해 질 높은 양육을 못할 수도 있지만, 여전히 좋은 부모가 되고자 하는 마음은 있으며, 자녀에 대한 사랑이 정신건강을 회복하고자 하는 동기가 될 수도 있다. 우울증은 비교적 쉽게 완화될 수 있는 정신건강상의 문제임에도 불구하고 사회적 편견으로 인해 이를 드러내거나 적극적으로 치료받지 못하는 현상은 안타까운 일이 아닐 수 없다. 더 심각한 상황은 자신의 우울증을 인지하지도 못하면서 자녀에게 부정적인 상호작용과 부적절한 양육을 지속하는 경우이다. 이를 위해 일반 부모를 대상으로 한 부모교육에 우울증 자가진단검사를 소개하고, 우울증에 의한 양육태도의 특징을 설명하여, 위험을 자각하게 하거나 우울 위험요인을 가진 부모를 선별하는 것이 필요하다.

우울증으로 어려움을 겪고 있는 부모를 위해 가장 시급한 해결책은 우울증상을 완화할 수 있는 적절한 치료를 받도록 하는 것이다. 우울증상 개선에 대한 치료와 함께 양육 관련 기술을 교육하면 우울증상 또는 양육기술만 교육하는 것보다 훨씬 부모-자녀관계 및 아동발달에 효과적이다. 우울증은 심각할 경우 자살로 이어질 확률이 꽤 높은 정신문제이니 만큼 만약 부모, 특히 영유아기 자녀를 둔 어머니의 우울증이 심각한 수준이라면 가정방문, 부모의 입원, 자녀와 분리 등 적극적 개입을 통해 사고를 미연에 방지해야 한다.

4) 부모의 알코올 중독과 아동발달

알코올 중독은 대표적인 물질 중독이다. 알코올 중독은 일상생활, 심리적 기능, 건강과 안전에 심각한 부정적인 영향을 초래함에도 불구하고 충동적이고 지속적으로 알코올을 섭취하는 것을 뜻한다. 이들은 알코올 섭취를 통해 빠르고 쉽게 만족을 얻는 보상체계가 확립되어 있다. 때문에 일상적인 생활, 작업, 인간관계를 통해 만족을 얻는 대신 쉽게 알코올 섭취를 선택한다.

우리나라는 음주에 상당히 관대한 문화를 가지고 있으며, 이와 관련한 심각한 어려움을 겪고 있다. 우리나라 성인의 알코올 중독률은 전 세계적으로 매우 높은 편이다. 약 30%의 아동청소년이 문제음주 혹은 알코올 중독인 부모와 생활하고 있는 것으로 추정된다(노충래 · 허지인, 2003). 임신 중 음주를 하는 여성의 비율도 약 15% 정도로 알려져 있다(도은영 · 홍연란, 2011). 알코올 중독은 사실 앞서 논의한 우울증과 관련성이 매우 높은 정신건강문제이다. 즉, 알코올 중독과 우울증을 함께 겪고 있는 부모도 많으며, 이외에도 가정폭력, 가정해체, 아동학대 및 방임, 빈곤 등의 문제가 동시에 나타나기도 한다.

알코올에 중독된 부모와 사는 것은 심각한 독성 스트레스 유발요인이므로 아동의 발달 전반에 부정적인 요인으로 작용한다. 우울과 마찬가지로 알코올 중독 부모를 둔 자녀도 알코올 중독에 유전적으로 취약하다. 어머니가 임신 중에 음주를 했을 경우 태아는 태아알코올증후군fetal alcohol syndrome의 직접적인 위험에 노출이 된다.

알코올 중독 부모를 둔 자녀들은 인지발달, 충동억제, 집중력, 학업에 어려움을 겪거나, 가정폭력을 경험하고 부모로부터의 학대에 노출되기 쉽다. 알코올 중독 부모들을 둔 자녀들은 가족 갈등이나 경제적 어려움을 겪을 가능성이 크다. 문제는 부모의 알코올 중독이 지속되는 한 이러한 어려움이 자녀가 성인이 되어서도 계속 지속된다는 것이다. 알코올 중독자 자녀들은 우울이나 불안장애에 시달리기도 한다.

5) 부모의 알코올 중독과 자녀양육

알코올 중독은 부모역할에 어떻게 영향을 주는가?

첫째, 어머니가 임신 중에 알코올을 섭취하면, 태아에게 직접적인 영향을 준다(Flak, Su, Bertrand, Denny, Kesmodel, & Cogswell, 2014). 어머니의 체내에 흡수된 알코올로 인하여, 태아의 뇌신경발달이 교란되고, 태아는 출생 후에 과도하게 민감한 반응, 까다로움, 수면장애 등을 보일 수 있다. 알코올 중독인 부모는 이러한 영아를 돌보는 데 어려움을 겪고, 양육 스트레스로 인해 알코올에 더 의존하는 악순환이 일어날 수 있다.

둘째, 도파민과 옥시토신은 사회관계를 맺거나 친밀감을 맺는 것을 촉진해 주는 호르몬인데, 부모가 자녀를 양육하고 애착을 형성하는 데 꼭 필요하다. 부모의 지나친 물질 의존은 이러한 호르몬의 분비를 조절하는 두뇌의 기능을 망가뜨린다(Mennella, Pepino, & Teff, 2005). 이러한 호르몬의 분비가 정상적으로 이루어지지 못하면, 부모는 영아가 보내는 신호에 기쁨을 느끼지 못하고, 양육에서 보람을 얻고자 하는 일반 부모들과는 달리 중독물질에 의존하여 만족을 찾고자 한다. 양육 대신 알코올에서 만족을 찾고자 하는 알코올 의존증 부모 특유의 보상체계는 손상된 부모-자녀관계, 인지적 · 사회적 자극의 부족, 방임 등으로 이어질 수 있다.

셋째, 만성적으로 알코올에 의존하는 부모는 자신의 감정을 조절하는 데 어려움을 느끼므로 자녀에게 안전한 환경을 만들어 주기 어렵다(Widom & Hiller-Sturmhofel,

2001). 부모가 직접적으로 자녀에게 정서적 · 신체적 학대를 가하기도 한다. 알코올 의존 부모들은 알코올을 열망하고, 알코올을 얻고자 하는 데 상대적으로 관심이 집중되어 있어서 자녀에게 인지적 자극을 주거나 정서적 유대관계를 맺는 것이 쉽지 않다.

넷째, 알코올에 의존하는 부모는 가정폭력, 빈곤, 우울과 같은 다른 정신건강문제를 함께 가지고 있는 경우가 많다. 부모의 알코올 의존 하나만으로도 자녀양육과 아동발달에 큰 위험요인이긴 하지만, 만약 다른 요인들이 누적되어 함께 작용한다면 그 부정적인 영향력은 더욱 커진다.

6) 알코올 중독 부모를 위한 지원

부모교육 전문가들은 알코올로 인해 고통받는 부모들을 비난하거나 부모역할을 하지 못하는 것에 분노하기보다는 이들이 질병으로 고통받고 있다는 것을 인정하고 도와주려는 자세가 필요하다. 우울증과 마찬가지로, 부모를 위한 알코올 의존치료와 양육과 관련된 부모교육이 함께 이루어지는 것이 필요하다.

부모를 위해서는 알코올 의존치료와 더불어 스트레스 대처능력이나 감정을 조절할 수 있는 방법을 알려주면 도움이 된다. 부모에게 아동이 그들의 취한 모습이나 감정이 통제되지 않은 양육방식을 두려워하고 있다는 것을 알려주고, 이러한 것들이 자녀와의 관계를 긍정적으로 형성하는 데 방해가 된다는 것을 인식시켜주어야 한다.

알코올 의존은 치료가 가능하지만 장기간 노력이 필요하다. 알코올에 의존하는 부모는 자칫하면 자녀를 위험에 빠뜨릴 수 있기 때문에예 : 음주운전하는 차에 태우기 무엇보다도 자녀의 안전에 대하여 경각심을 일깨워 주는 것이 필요하며, 아동보호전문기관과 협력하여 모니터링하고 대처해야 한다.

알코올 중독 부모를 부모교육 프로그램에 참여시키고, 지속적으로 출석하게 만드는 것은 쉽지 않은 일이다. 너무 가난해서, 자녀를 돌봐줄 사람이 없어서, 교통수단이 없어서 등의 이유로 참석하지 않을 수 있다. 또한 알코올 중독자로 알려지는 것이 두려워 부모교육에 참석하지 않기도 한다. 미국은 이러한 문제에 대처하기 위한 방안의 하나로 가족약물치료법정family treatment drug courts을 운영하고 있다. 자녀를 양육하기 어려울 정도로 부모가 약물이나 알코올에 의존하면 가족약물치료법정에 의뢰된다. 부모는 자녀에 대한 양육 권리를 제한받지 않기 위해 법적인 모니터링, 치료, 수시 약물 반응검사 등에 응해야 하며, 프로그램에 얼마나 잘 참여하고 있는지에 대해 인준을 받아야 한다. 이러한 가족약물치료법정은 아동의 안전과 부모의 약물의존치료를 동시에 다루는 좋은 예라고 할 수 있다https://ncsacw.samhsa.gov/resources/resources-drug-courts.aspx.

4. 아동학대와 방임

1) 아동학대와 아동발달

아동학대는 인류의 역사와 더불어 언제나 존재하였으며, 국가, 문화, 종교, 가정의 사회경제적 지위와 상관없이 모든 곳에서 발생한다. 우리나라도 아동학대가 빈번하게 발생하고 있으며, 최근 아동학대에 관한 사회적 인식의 개선으로 신고율이 꾸준히 상승하고 있다.

아동학대는 크게 신체학대, 정서적 학대, 성적 학대로 구분되며, 중복학대를 경험하는 아동도 많다. 신체학대는 보호자가 고의로 아동의 신체에 손상을 주는 모든 행위를 뜻하며 때리기, 꼬집기가 대표적이다. 영아의 경우 과도하게 흔들기, 던지기, 숨을 못 쉬게 막기 등도 포함된다. 신체학대의 결과로는 멍, 화상, 피부의 찢김, 골절, 장기파열 등이 나타날 수 있으며, 이로 인해 직접적으로 사망에 이르기도 한다. 정서적 학대는 아동의 정신건강에 해를 입히는 고의적인 정서적 행위를 의미한다. 언어적 위협과 협박, 정서적으로 괴롭히고, 모욕하고, 따돌리기, 아동의 인격을 심각하게 침해하는 부당한 대우 등을 예로 들 수 있다. 성적 학대는 성인이 성적 만족을 얻기 위한 대상으로 아동

더 알아보기

숨진 두 살배기의 손등에 난 방어흔

신체적 학대를 받은 아동에게는 이유를 알 수 없는 상처가 지속적으로 생겨나거나 혹은 납득하기 어려운 방식의 상처가 발견된다. 방어흔이란 외부의 폭력으로부터 자신의 신체를 방어하기 위해 막다가 생긴 상처를 의미한다. 우리나라의 한 보육시설에서 장파열 및 복막염으로 사망한 두 살배기 영아의 손등에 멍이 발견되었다(2007년 울산 성민이 사건). 어른도 손등에 멍이 들 만한 상황은 쉽게 일어나지 않는다. 영아라면 그러한 상황은 더욱 드물다. 성민이의 경우 자신에게 가해지는 외부의 물리적인 힘으로부터 본능적으로 자신을 보호하기 위해 손으로 얼굴이나 몸을 감싸다가 손등에 상처가 생긴 것으로 의심해 볼 수 있다.

이렇듯 전혀 예상치 않은 신체부위에 의문의 상처가 발견되었다면, 일단 아동에게 상처가 왜 생겼는지 물어보는 것이 필요하다. 그러나 아동이 공포에 질려 사실대로 대답을 하지 않을 수도 있고, 너무 어려서 말로 원인을 설명하는 것이 쉽지 않을 수도 있다. 또 어떤 경우에는 아동의 증언이 신빙성을 문제로 받아들여지지 않기도 한다. 의문의 상처를 지속적으로 입는 아동이 있다면, 부모교육 전문가들은 이를 주변에 알리고 면밀하고 지속적으로 아동의 상황을 살펴볼 의무가 있다고 하였다. 의심스러운 상황에 대해서는 사진을 찍고 기록을 하는 등의 자료를 수집하는 것도 도움이 될 수 있다.

을 이용하는 일체의 행위를 일컫는다. 직접적인 성 행위 이외에도 아동의 신체를 성적 만족을 얻기 위해 만지거나 아동에게 신체를 노출하도록 요구하거나, 아동에게 성인의 신체노출을 목격하도록 하는 등의 여러 행위가 성적 학대에 포함될 수 있다.

아동학대도 독성 스트레스 반응을 야기하는 강력한 가정 내 위험요소이다. 학대를 경험한 아동들은 독성 스트레스로 인해 신경생리기능이 교란되고 이는 다시 전두엽을 위주로 한 두뇌발달에 부정적인 영향을 준다. 이로 인해 심각한 인지 · 정서 · 신체 · 사회성발달 관련 후유증과 여러 정신병리문제를 겪게 된다. 학대를 경험한 아동은 전두엽의 손상을 입는 경우가 많기 때문에, 주의집중, 억제, 단기기억 같은 학습이나 행동조절에 꼭 필요한 기능이 훼손되어 있을 수 있다(Teicher, Samson, Anderson, & Ohashi,

2016). 이로 인해 인지적 성취나 직업적 성취에 문제가 생기기도 한다.

학대를 경험한 아동은 감정을 조절하는 것을 어려워하고, 자신의 힘으로는 도저히 빠져나올 수 없는 학대를 오랜 시간 참아내다 보니 심각한 무력감에 빠져 있는 경우가 많다. 학대적인 사건과 정서에 압도되어 스스로에 대한 부정적인 생각과 낮은 자존감을 갖게 된다. 신뢰와 사랑의 원천이 되어야 할 주 양육자로부터 어린 시절부터 심각한 학대를 당할 경우, 정상적인 신뢰감과 애착의 발달은 기대하기 어렵다. 이들은 기본적인 인간관계에 대한 틀이 건강하게 형성되어 있지 않으므로, 또래관계나 사회관계에서 어려움을 겪고, 학교적응도 어려울 수 있다.

2) 방임과 아동발달

방임이란 아동의 양육에 주요 책임을 지고 있는 성인이 고의적, 반복적으로 이를 소홀히 함으로써 아동의 발달에 심각한 부정적인 영향을 초래하는 것을 뜻한다. 방임도 학대의 일종이지만 직접적인 폭력과 상처가 눈에 쉽게 드러나는 아동학대에 비하여 상대적으로 낮은 사회적 관심을 받아왔다.

방임의 형태도 다양하다. 고의로 아동에게 필요한 의복과 주거를 제공하지 않거나물리적 방임, 아동의 건강 유지에 필요한 식사를 제대로 제공하지 않거나영양 방임, 아동에게 적절한 관심, 애정, 위로를 주지 않거나정서 방임, 의무교육이나 특수교육 대상자인 학생을 학교에 보내지 않거나교육 방임, 예방접종이나 치료를 적절하게 해주지 않는 것의료 방임 등이 있다.

최근 방임이 아동의 발달에 미치는 부정적인 영향이 학대에 비해 결코 가볍지 않다는 것이 과학적으로 밝혀지면서 방임에 대한 관심과 우려의 목소리가 커지고 있다. 아동은 발달기술을 습득할 수 있는 생물학적 준비를 하고 세상에 태어난다. 아동이 발달기술을 습득하려면 환경의 도움, 즉 부모, 환경, 또래와의 수준 높은 상호작용이 필요하다. 심각한 방임은 아동이 비록 준비된 상태로 세상에 오더라도 발달할 기회가 주어지

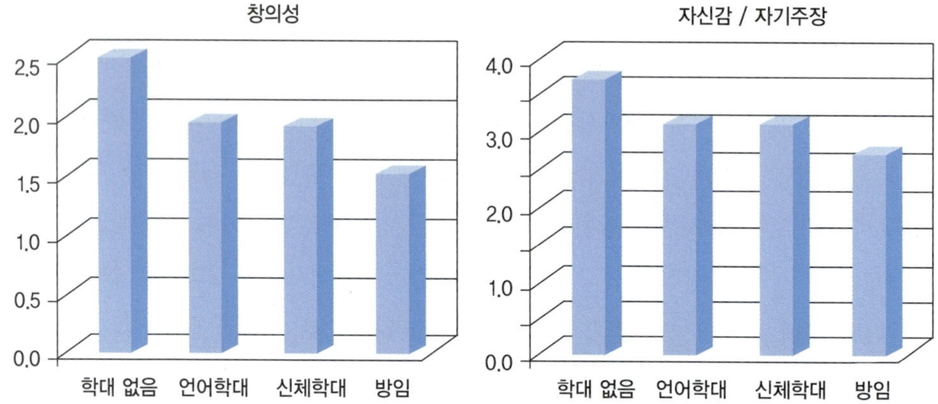

그림 7-8 | **방임의 부정적 영향**

출처 : Egeland, Sroufe, & Erickson(1983).

지 않는 '발달 기회의 박탈'을 의미한다. 발달 기회를 박탈당한 아동은 또래와 같은 수준의 인지적 · 정서적 · 사회적 · 신체적 발달을 이룩하기 어렵고, 이러한 영향은 평생 동안 지속된다.

방임이 얼마나 심각하게 지속되는가에 따라서 아동의 발달적 손상이 달라지며, 부모교육과 중재도 다르게 제공되어야 한다. 어느 가정에서나 아동이 잠시 주 양육자의 관심에서 멀어지는 일시적인 방임이 있을 수 있다. 이런 경우는 중재가 필요치 않고, 오히려 아동이 독립성을 기를 수 있는 발달적 기회로 보는 것이 타당하다. 그러나 가정에서 주 양육자의 특별한 사정예 : 우울, 빈곤, 질병으로 인한 입원 등으로 인해 아동에게 필요한 적절한 자극이 지속적으로 제공되지 못하면 이는 아동의 발달적 손실로 이어질 수 있다. 이럴 경우에는 양육자가 당면한 어려움을 해소할 수 있도록 지원을 해주고, 아동에게는 양질의 보육시설을 연결해 주는 것이 필요하다. 어떤 아동은 비록 가정의 울타리 안에 살고 있지만 생존이 위험할 만큼 심각한 방임에 처해 있기도 하다. 이러한 경우 즉각적인 개입이 필요하다. 부모가 과연 양육을 지속할 능력이 있는지 심각하게 판단하여야 하며, 아동이 방임으로 인해 발달적 손상을 입었는지 여부를 즉각 판단하여 치료적 개입을 해야 한다. 어떤 아동은 아예 가정이 아닌 보호시설에서 생활하기도 한다. 이러한 경우 생존에 필요한 의식주는 어느 정도 해결이 되는 경우가 대부분이지만, 한 명의 성인이 여러 명의 아동을 돌보기 때문에 가정에 있는 일반 아동에 비하여 극심한 성인-아동 상호작용의 부재를 경험한다. 이럴 경우, 아동이 최대한 빠른 시간 내에 이러한 환경에서 벗어나 안정적이고 따뜻한 사회적 상호작용을 경험할 수 있는 가정으로 갈 수 있도록 해야 한다.

3) 아동학대 및 방임 부모를 위한 지원

아동학대 및 방임이 꼭 부모에 의해 일어나는 것은 아니지만, 가해자의 대부분은 부모이다. 아동학대 및 방임의 원인을 아동요인, 부모요인, 가족요인, 사회문화요인으로 나누어 살펴보는 경우가 일반적이나 사실 아동이 어떠한 요인을 가지고 있더라도 학대나 방임의 피해자가 되어서는 안 된다. 다만, 부모교육 전문가는 아동학대 및 방임의 고위험군은 누구이며, 이들을 위해 어떠한 지원과 개입이 필요한가를 알아두어야 한다.

아동학대 및 방임이 발생하기 쉬운 가족은 가족 간의 갈등수준이 높고, 사회적으로 고립되어 있거나 사회적 지지를 받을 만한 인적 자원이 없는 특성이 있다. 폭력에 대한 가치와 규범이 지나치게 관대하거나 아동에 대한 권리 인식이 낮고, 자녀를 소유물로 생각하는 경향도 존재한다. 만약 부모가 미성숙하고 양육에 대한 지식이 부족하며 아동에 대하여 비현실적인 기대를 가지고 있거나, 부부갈등이나 위기를 겪고 있거나, 어릴 때 학대받은 경험이 있거나, 우울 및 중독 같은 정신적 문제를 가지고 있고 정서 통제가 안 되는 정서불안을 겪고 있다면 아동학대 및 방임의 고위험군이라고 할 수 있다. 아동의 경우 태어날 때부터 장애를 가지고 있거나 기질적으로 특이하거나, 발달이 늦거나, 까다롭고 수면이 불규칙하거나, 문제행동을 보이거나, 고집스럽거나, 반응이 없고 지나치게 경계하는 등의 특성이 있으면 아동학대 및 방임에 노출될 가능성이 높다고 알려져 있다.

아동학대 및 방임이 발생하면 이미 늦기 때문에 예방이 중요하다. 고위험군 가정예 :

10대 부모, 중독자가정, 빈곤가정, 한부모가정, 사회적으로 고립된 가정, 부부갈등이 심한 가정의 부모와 자녀를 위해 예방적 프로그램을 실시하는 것이 필요하며 가정방문 및 모니터링, 아동학대 및 방임에 대한 인식 개선을 위한 부모교육, 양육지식, 부모-자녀 상호작용방법 등이 예방 부모교육의 내용으로 포함될 수 있다.

일단 아동학대 및 방임의 정황이 발견되면 아동학대에 관한 법률아동복지법에 따라 신고하는 것이 바람직하다. 아동학대 신고는 학대정황을 발견한 사람이라면 누구나 할 수 있지만 '아동학대 신고 의무자'로 법에 규정된 보육교사, 유치원교사 같은 각급 학교의 교사, 의료인, 상담 관련 기관 종사자는 반드시 신고해야 하는 법적 의무가 있다.

아동학대 및 방임 피해아동은 사실 역기능적인 가정의 결과로 생겨났기 때문에 가족과 부모가 정상적인 기능을 회복하도록 돕는 것이 최우선이다. 다만, 그 가족의 기능이 과연 단시간 안에 회복될 수 있을지, 그 부모가 아동의 안전을 보장할 수 있을지에 대한 판단을 신중하게 내려야 하며, 필요하다면 아동을 격리 보호조치하여야 한다. 예를 들어, 성적 학대가 가족 구성원에 의해 이루어졌다면 피해아동과 그 가족 구성원을 격리시켜야 한다. 그러나 단지 피해아동을 안전한 환경으로 이동시키는 것만으로는 학대로 인한 후유증이 저절로 극복되기는 어렵다. 피해아동이 가정을 떠나 새로운 곳에서 생활하고 적응하는 것도 쉽지 않은 일이다. 학대 및 방임의 피해로 감정조절과 사회관계 형성이 힘든 피해아동에게는 더욱 그러하다. 이러한 아동들은 의료, 인지, 정서, 행동 면에서 집중적인 치료적 중재intensive therapeutic intervention가 필요하다.

피해아동에게 집중적인 치료적 중재를 제공하는 것은 학대가 다음 세대로 전이되는 악순환을 끊는 것과도 관련이 있다. 아동기 학대 피해경험이 있는 성인의 약 30%는 좋은 부모가 되지만 40%는 다시 자녀를 학대하는 것으로 알려져 있으며, 나머지 30%는 학대의 경계선에 근접한 양육을 하는 것으로 알려져 있다(홍강의, 2014 ; Brooks, 2013). 어린 시절 학대 피해경험에도 불구하고 좋은 양육을 하는 부모의 특징은 가족 구성원 이외에 정서적 유대관계를 맺을 사람이 있었거나, 정서 · 심리치료를 받았거나, 배우자로부터 정서적 지지를 받은 공통점이 있었다(Sroufe, Egeland, Carlson, &

Collins, 2009).

아동을 학대하거나 방임하는 부모를 교육하는 것은 매우 어렵고 전문적인 지식과 기술이 필요하다. 이러한 부모들에게는 양육태도, 기술, 지식과 관련된 교육 이외에도 부모의 정서적 고통이나 스트레스를 경감시켜 줄 수 있는 조치가 필요하다. 따라서 아동 전문가, 부모교육 전문가, 아동복지기관, 지역사회기관이 모두 참여하는 포괄적 서비스가 필요하다. 부모를 가정 밖으로 불러서 교육하는 것보다는 가정방문을 통해 그들이 필요로 하는 도움을 필요로 하는 때에 주는 것이 효과적이다. 학대 및 방임이 이루어지는 가정의 부모들을 이웃이나 지역사회기관과 지속적으로 연계해 주는 것도 필요한데, 이를 통해 필요한 도움을 제공하고 학대 및 방임이 발생하는지 모니터링할 수 있다.

5. 특별한 요구를 가진 아동

1) 장애를 가진 아동을 위한 부모교육

아동이 장애를 가지고 태어났거나 장애로 진단을 받게 되면 부모는 충격, 슬픔, 분노와 같은 감정을 경험하여, 이를 인정하고 받아들이는 데에는 시간이 필요하다. 어떤 부모는 이러한 과정이 특별히 오래 걸리기도 하며, 장애를 가진 자녀를 양육하면서 많은 시행착오를 경험한다. 장애를 가진 아동의 부모는 일반 아동의 부모에 비해 더 많은 양육 스트레스와 피로감을 호소한다. 부모교육 전문가는 장애아동의 부모들이 자녀의 장애를 수용하기까지 이러한 과정을 거쳐야 하며, 자녀를 양육하는 데 심리적 고통과 스트레스가 많음을 이해하고 공감해 주어야 한다.

장애를 가진 아동의 발달적 요구는 일반 아동과 많이 다르기 때문에 특별한 양육기술이 필요한 경우가 많다. 장애의 종류도 매우 다양하고 이에 따른 아동의 기능도 매우 다양하기 때문에 우선 아동이 어떤 장애를 가지고 있고, 또래에 비하여 어떤 수준의 기능을 하고 있으며, 어떠한 특별한 요구를 가지고 있는지 파악해야 한다. 일단 아동의 특별한 교육적·발달적 요구가 파악되면 아동을 위해 개별화된 계획을 세우고예 : 개별화된 교육계획안, individual educational plan, 부모, 교사, 교육기관, 지역사회가 이를 실행하기 위해 노력해야 한다.

이를 위해서는 먼저 장애에 대한 정확한 선별과 진단이 필요하다. 인간의 두뇌발달은 생애 초기에 대부분 이루어지고, 가소성도 높은데, 이는 장애아동도 마찬가지이다. 두뇌의 가소성이 높은 영유아기에 장애에 대한 체계적인 선별-진단-중재가 이루어져야만 보다 긍정적인 발달적 예후를 기대할 수 있다. 가끔 부모가 자녀의 장애를 인정하지 않거나, 발달적 지식이 부족하거나, 기타 여러 가지 이유로 아동의 장애를 선별하고 진단하는 시기가 늦어지기도 한다. 조기중재의 기회가 소실되면 그만큼 장애아동이 또래와의 발달적 차이를 극복할 수 있는 기회가 줄어드는 것을 의미한다. 우리나라에서는 최근 국민건강보험공단에서 실시하는 영유아 건강검진에 발달선별검사 및 상담이 포함되었다질병통제센터, http://www.cdc.go.kr/CDC/cms/content/mobile/27/26627_view.html 참조. 이는 전체 영유아를 대상으로 장애선별을 할 수 있는 국가적 기초가 마련된 매우 바람직한 일이라고 하겠다.

그렇다면 장애아동의 부모를 위해서는 어떤 부모교육이 필요할까? 부모는 자신의 아동에 관하여 가장 잘 알고 있는 사람이며, 자녀를 위해 최선을 다할 준비가 된 최적의 교육대행자이자 중재자이다. 부모교육 전문가는 장애아동의 부모가 부모교육의 대상임과 동시에 장애아동교육의 대행자이자 주체임을 이해하고, 그 가치를 잘 활용해야 한다.

최근 장애아동을 위한 중재방법 중 강조되고 있는 것이 가족 중심 접근법family centered approach이다. 기존의 장애아동을 위한 중재는 아동에 초점을 두고 교육기관에서 교사나 치료사에 의해 이루어졌다. 그러나 아동에만 초점을 둔 기관-전문가 중심의 중재는 시간과 공간이 한정되어 있고, 교육기관에서 습득한 기술이 자연스러운 상황에서 쉽게 일반화되지 않는다는 한계가 있다. 반면, 가족 중심 접근법은 부모가 적극적인 중재자이자 교육자로 역할을 하며, 아동에게 가장 자연스러운 환경인 가정이나 지역사회에서 중재가 이루어진다. 따라서 배운 기술을 일반화할 기회가 많이 주어진다. 교육기관과 부모가 같은 중재목표 아래 가정에서도 동일한 중재방식을 사용한다면 더 큰 효과를 볼 수 있다.

장애아동을 위한 중재에 있어서 부모에게 제공할 수 있는 교육은 크게 네 가지로 나뉠 수 있다. 첫 번째는 장애아동의 부모들이 겪고 있는 심리적 고통과 스트레스를 완화해 주는 프로그램이다. 장애아동 부모의 정서조절, 스트레스, 우울 등을 경감시켜 줄 수 있는 프로그램이 필요하다. 이를 통해 장애아동 부모의 심리적 고통과 스트레스가 완화되면 양육의 질도 향상될 수 있다.

두 번째는 부모-장애아동과의 관계를 개선할 수 있는 관계 증진 프로그램이다. 특정 장애예 : 자폐 스펙트럼 장애의 경우 사회적 관계형성이 어려운데, 이로 인해 부모-자녀 관계도 형성이 어려울 수 있다. 부모 또한 자녀의 장애로 인한 실망, 스트레스, 양육의 어려움 등으로 인해 자녀와의 긍정적 관계형성에 어려움을 겪기도 한다. 일반 아동들과 마찬가지로 장애아동도 부모와의 애착이 매우 중요한 발달적 과업이며, 좋은 부모-장애아동관계는 모든 양육과 교육의 기초가 된다. 따라서 부모에게 장애를 가진 자녀와의 관계를 증진할 수 있는 양육기술을 교육하는 것이 필요하다.

세 번째는 자녀의 발달기술을 증진시킬 수 있는 교수방법을 부모에게 교육시키는 것이다. 예를 들어, 부모에게 자녀의 말하기, 읽기, 쓰기 등의 인지적 기술을 증진할 수 있는 교수방법을 알려주고 이를 가정에서 자연스럽고 적절하게 시행하도록 한다면 효과를 기대할 수 있다.

마지막으로는 부모에게 장애아동의 문제행동을 다루는 방법을 교육시키는 것이다. 장애로 인해 원활한 의사소통이 어렵고, 사회적으로 바람직한 방식으로 원하는 바를 습득하는 것이 학습되지 못하면 문제행동으로 표출된다. 문제행동은 일반 아동에게도 나타나지만, 문제행동이 특정 장애와 결합할 때예 : 주의력결핍과잉행동장애 그 강도가 심하고 지속기간이 길기 때문에 조기에 적절하게 개입하여 아동이 환경으로부터 받는 부정적 피드백을 최소화해야 한다. 최근 긍정적 행동지도positive behavior supports를 통해 문제행동을 지도하는 것이 권고되고 있다. 긍정적 행동지도는 그 효과가 과학적으로 입증된 문제행동지도방식으로 가정, 학교, 지역사회에서 널리 사용되고 있다. 다음 부분에서 자세하게 살펴보도록 하겠다.

2) 경계선상의 문제행동을 보이는 아동을 위한 부모교육

문제행동이란 사회적으로 바람직하지 않거나 받아들여지기 어려운 행동을 뜻한다. 문제행동의 원인은 다양하다. 발달의 단계에서 나타나는 특성일 수도 있고, 빈곤, 학대, 방임, 부적절한 양육 같은 환경적 원인, 정신 장애, 신체 장애, 기질 같은 신경 생물학적 원인으로 발생하기도 한다. 문제행동은 불안, 위축, 우울 같은 내현화된 문제와 학대, 폭력, 기물파괴, 자해 등 외현적 문제행동으로 나뉜다. 어떤 아동은 내현화된 문제와 외현적 문제를 동시에 보이기도 한다. 아동의 문제행동을 파악할 때에는 발달적 적합성, 만성성, 연합성, 심각성을 동시에 고려해야 한다.

그 원인이 어떠하든 아동의 문제행동은 빠른 개입을 통해 가능한 최소화하거나 사회적으로 바람직한 행동으로 대체시켜야 한다. 문제행동이 지속되면 아동은 부모, 또래, 교사와 긍정적인 관계를 맺을 수 없는데, 이는 아동의 인지 · 사회 · 정서발달에 치명적인 한계로 작용한다. 즉, 문제행동으로 인해 관계가 나빠지고 나빠진 관계로 인하여 인지 · 사회 · 정서적 기술을 습득할 수 있는 사회적 기회를 잃게 되는 악순환에 빠지게 된다.

긍정적 행동 지원positive behavior support이란 긍정적이고 예방적인 문제해결지도전략을 통해 아동의 문제행동이 기능을 잃게 하거나 바람직한 다른 사회적 기술로 대체될 수 있도록 돕는 중재방식이다. 긍정적 행동 지원은 생태학적 · 환경적 접근법으로 '인간의 행동은 사회적 맥락에서 이해되어야 하며, 문제행동도 반드시 특정한 기능을 수행한다.'는 철학을 가지고 있다. 따라서 예방적으로 문제행동이 기능하지 못하게 환경을 만들거나 문제행동과 똑같은 기능을 가진 대체행동을 가르쳐서 문제행동을 감소시키고자 한다. 긍정적 행동 지원은 치료실이나 상담실보다는 문제행동이 기능을 수행하고 있는 아동의 실제 생활 속예 : 유치원, 학교, 가정, 놀이터에서 교사나 부모에 의해 실시된다. 따라서 효과적으로 실생활에 일반화될 수 있다.

긍정적 행동 지원을 하려면 문제행동의 기능평가가 우선되어야 한다. 문제행동은 반드시 환경 내에서 어떠한 기능을 수행한다. 따라서 문제행동이 일어난 상황과 맥락을 분석하여 문제행동이 수행하는 기능을 찾아내는 것이 바로 문제행동의 기능평가이다. 아동이 문제행동이 나타나기 직전의 선행사건antecedent, 문제행동behavior이 일어난 직후에 일어난 후속결과consequence를 면밀하게 관찰하여 아동의 문제행동이 수행하는 기능을 찾아내야 한다.

영유아기 문제행동의 주요 기능은 싫어하는 것을 회피하기, 감각적 자극을 얻기, 타인의 관심 끌기, 선호물건활동 얻기가 대표적이다. 만약 아동이 문제행동으로 인해 계속적으로 원하는 것을 얻게 되면, 그 문제행동은 지속될 수밖에 없다. 예를 들면, 동생을 때리거나 울릴 때마다 부모가 계속 형에게 관심을 주거나 장난감을 주었다면 이 행동은 지속될 수밖에 없다. 따라서 동생을 때리거나 울려도 부모가 형에게 관심과 장난감이라는 보상을 주지 말아야 그 문제행동의 기능이 달성되지 않는다. 부모는 때린 형보다는 우는 동생에 관심을 보이는 것이 바람직하다. 문제행동의 기능평가를 통해 동생을 때리기 전 항상 형이 심심해하고 무료해 한다는 선행사건이나 손님이 오면 더 심해진다는 배경사건이 기능평가를 통해 밝혀지면 이를 바꾸는 것도 필요하다. 아동에게 손님이 오면 같이 대화에 참여하게 한다든가, 아동들을 방치하고 어른들만 대화를 오랜 시간 이어가지 않는 등의 예방적 전략이 필요할 수 있다.

일단 문제행동의 기능이 파악되면 중재방법을 선택해야 한다. 문제행동 중재전략은 문제행동이 일어난 시점을 기준으로 예방적과 반응적, 그 방식에 따라 긍정적과 부정적으로 분류된다. 가능한 긍정 예방적 전략이나 긍정 반응적 전략을 사용한다. 긍정 예방적 전략이란 문제행동이 일어나기 전에 예방하는 전략으로 교육기관에서 문제행동을 예방하기 위해 특정 아동들을 분리해서 자리 배정하기, 명확한 규칙을 미리 알려주기, 일관성 있는 하루 일과 운영을 통해 예측 가능하고 안정감 있는 일상 만들기, 아동의 발달단계에 맞는 교육활동과 교육방식 사용하기 등을 예로 들 수 있다.

긍정 반응전략이란 문제행동이 일어난 후에 문제행동의 기능과 똑같은 기능을 수행하는 대체행동을 알려주는 것이다. 예를 들면, 친구를 때리고 장난감을 빼앗는 아동에게 이러한 행동을 대체할 수 있는 간단한 언어적 의사소통방법을 알려주기예 : 나도 하고 싶어, 집중시간이 짧아서 대집단활동 중에 자리를 이탈하는 아동이 선생님께 신호를 보내면예 : 손들기 조용한 곳에서 쉬게 해주기 등이 있다. 이때 문제행동을 대체하는 행동은 반드시 문제행동과 똑같은 기능을 수행하면서 훨씬 쉽고 효과가 좋아야 한다. 교사나 부모는 아동이 문제행동 대신 대체행동을 선택하면 반드시 강화를 해주어서 이후 대체행동의 발생빈도를 높여야 한다. 단, 부정적인 예방전략예 : 발달단계에 맞지 않는 너무 강한 규칙, 겁주기이나 부정적인 반응전략예 : 혼내주기, 체벌의 사용은 가능한 지양해야 한다. 이러한 부정적 전략은 그 효과가 미미할 뿐 아니라 아동에게 심리적 불안과 공포감을 주며, 교사-아동, 부모-아동 간 관계를 나쁘게 만들 가능성이 크다.

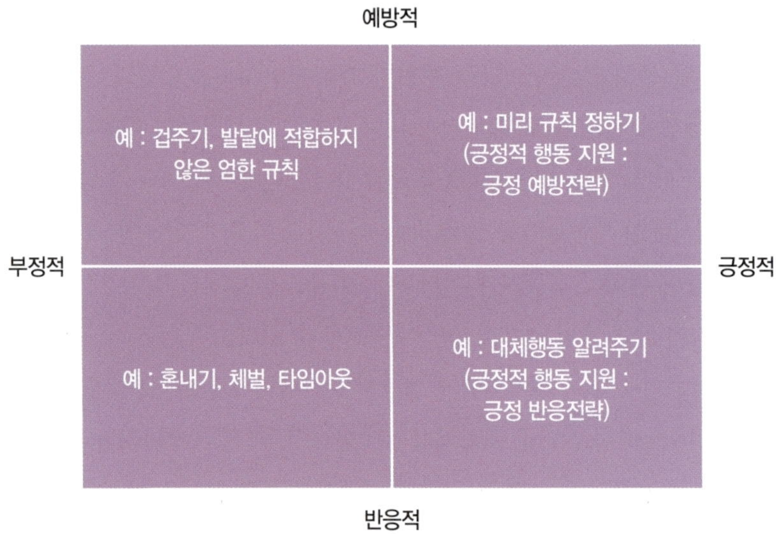

그림 7-9 | 문제행동 중재방식의 차원

표 7-2 | 문제행동, 기능평가 및 긍정적 행동 지원

	배경사건 (previous event)	선행사건 (antecedent)	행동 (behavior)	후속 결과 (consequence)
문제행동	손님이 오면 더 심해진다.	심심하거나 집중할 놀이가 없다.	동생을 괴롭히고 때린다.	부모가 즉시 달려와서 신체접촉(막기 위해 팔을 잡거나 안아주기)을 하거나 장난감을 준다.
기능평가	문제행동 간접원인	문제행동 직접원인	문제행동	문제행동 지속요인
긍정적 행동 지원	손님이 오면 대화에 아동을 참여시킨다.	아동이 관심을 집중할 수 있는 놀이를 찾아준다.	"엄마 심심해요, 같이 놀아요."라고 말할 수 있도록 대체행동을 알려준다.	동생을 때리거나 울려도 관심을 주지 않는다. 대체행동을 하면 즉시 칭찬해 주고 같이 놀아준다.
	선행사건 중재		대체행동 중재	후속사건 중재

Activity
활동하기

최근 가정에서 발생한 부모나 보호자에 의한 아동학대 사건을 하나 정해서 다음을 조별로 논의해 보자.

1. 어떤 유형의 아동학대 사건이었는가?
2. 그 가정은 아동학대 위험군에 해당하였는가?
3. 이러한 학대를 예방하기 위해 어떤 방법이 취해졌으면 좋았을까?

CHAPTER

08

회복탄력성과 부모교육 프로그램

C H A P T E R

08

처음 부모가 되는 대부분의 부모가 부모역할에 어려움을 겪을 수 있는데, 특히 부모역량을 발휘하기 어려운 상황의 부모들은 부모역할의 위기에 직면한다. 부모가 처한 부모역할 위기요인의 영향력은 자녀의 연령과 발달시기에 따라서 차이가 있다.

본 장에서는 부모역할 위기 초래의 몇 가지 요인과 이 위기요인이 자녀의 성장에 미치는 영향력을 살펴보고, 위기부모를 둔 자녀들의 자아회복력에 대해서 탐색하고자 한다. 이와 더불어서 부모역할을 지원하기 위한 우리나라의 부모교육정책과 프로그램에 대해서도 살펴보고자 한다.

1. 부모의 위기상황에서 아동의 회복탄력성과 조기개입

부모를 둘러싼 환경에서 비롯된 부모의 위기를 한마디로 규정하기는 어렵다. 부모역할의 위기는 대체로 가족위기의 관점에서 다루어졌다. 위기가족은 한 가족이 처한 어려움을 기존에 가족이 가지고 있던 대처방식으로는 해결할 수가 없어서, 가족이 이전의 평행상태로 회복되지 못하는 상태의 가족을 의미한다. 대체로 가정폭력, 이혼, 자살, 사망, 사고, 경제 · 사회적 어려움 등은 가족의 위기요건으로 구분된다. 빈곤은 가족위기의 중요한 요소이며, 부부갈등가족, 병사가족, 재혼가족, 가족 구성원 간 갈등가족, 장애인가족, 알코올 중독자가족, 치매노인가족, 가정폭력가족 등 역시 가족의 위기를 초래한다고 알려졌다.

부모역할의 위기상황에서 자녀는 어떻게 건강하게 성장할 수 있을까? 부모의 위기로 인한 아동의 발달적 위험성은 인간의 회복탄력성을 작동시키고, 조기개입 등의 사회적 보호 및 지원 등과 같은 서비스를 통해서 최소화되어야 한다.

1) 아동의 회복탄력성

어떻게 하면 위기부모 밑에서 자란 아동의 자기회복력을 증가시킬 수 있을까? '회복탄력성'은 역경을 딛고 일어서는 마음의 힘으로 이해한다. 본디 정신적 '저항력'을 의미하는 독일어 'Resilienz'는 라틴어 'resilire'에서 파생되었는데, 이 동사는 '되튀다, 다시 일어나다'라는 의미로 사용되었다(Martin, 2016). 회복탄력성은 개인이 정상상태뿐만 아니라 평형점 이상으로 나아가려는 의지에 도전하면서, 삶에서의 스트레스, 역경을 극복하고 주어진 상황을 긍정적으로 바라보는 것을 의미한다. 회복탄력성은 변화 가능한 특성으로서 위험한 환경에서 정상적으로 발달하기 위해서 알맞은 능력을 습득하는 과정에서 길러진다(masten & Coastworth, 1998 ; Rutter, 2000). 자아탄력성이 상황적 요구에 따라 자아통제를 강화 혹은 완화시키는 능력을 의미하는 것으로, 당면한 상황에 대처하기 위해 자아통제의 수준을 변화시키는 자아의 동기조절능력과 인지적 능력 등을 포괄하는 개념이다(Block & Block, 1980).

회복탄력성에 대한 연구는 지난 30년 동안 크게 확장되었다. 베르너Werner는 카우아이 섬에서 태어난 698명의 아동을 대상으로 30년 이상 종단연구를 실시한 결과, 출생 초기에 다양한 생물학적 · 사회심리학적 위험요인, 스트레스가 많은 삶의 사건을 경험한다고 해도 다른 중요한 사람과의 애착형성과 주변환경을 통해서 건강한 성인으로 성장할 수 있음을 보여 주었다(Werner & Smith, 1992). 회복탄력성은 지능, 낙관주의, 높은 자아존중감, 귀인 스타일, 인지기능, 자기인식, 사회적 능력 및 대처 스타일 등(Bogar & Hulse-Killacky, 2006 ; Rogosch & Manly, 2009) 개인적 특성과 연관이 있다. 회복탄력성은 개인적 특성 외에도 개인을 둘러싼 가족과 지역사회요인의 영향을

더 알아보기

베르너(1971)의 '카우아이의 아이들' 연구

하와이 북서부의 화산섬 '카우아이'에 사는 아이들 700여 명을 대상으로 오랜 기간 연구한 결과 그곳 아이들은 가난과 질병 등 매우 열악한 환경에 놓여 있었지만, 그 가운데 약 3분의 1은 이런 악조건과는 상관없이 지극히 정상적으로 성장하였다. 놀랍게도 3명 중 1명(남성 30명, 여성 42명)이 유능하고, 자신감 있고, 이타적인 젊은 성인으로 성장하였다. 72명의 회복탄력적인 사람들의 삶을 돌아보면 개인들 안에서, 가족 내에서 그리고 그들의 회복탄력성에 이바지한 가족 밖의 외부에서 많은 특징을 찾을 수 있었다. 비록 아동이 역경이나 외상에 심한 노출을 겪었음에도 좋은 동료와 우애, 건강한 친구관계, 관련 성인 및 비관련 성인(예 : 교사, 코치, 목사 등)과 건강한 애착관계를 형성하고 지역사회활동에 적극적으로 참여하였다.

연구에 따르면 탄력적인 청소년은 자신의 삶에 대한 개인적인 통제를 찾고, 지원을 요청하고 수락할 의향이 있었으며, 목표를 설정하고, 성공하기 위한 강한 의지를 지니고 높은 수준의 지속성을 보여 주었다. 이 연구를 통해 명백히 알 수 있는 것은 아무리 가혹한 운명이라도 굴복하지 않는 사람들이 많으며 이들의 공통점은 '회복탄력성'이 높다는 것이다.

출처 : Martin(2016).

받는다(Werner, 1993).

최근 뇌과학은 뇌 가소성을 통해 회복탄력성이 생겨날 수 있다고 본다. 뇌가소성은 뇌의 신경회로와 뉴런이 외부 자극이나 삶의 다양한 경험과 학습으로 인해서 뇌구조나 기능의 변화를 이끌어 낸다고 보는 것이다. 유전자가 환경적인 상황에 대해 다른 감수성을 부여하는 방식으로 유전자가 변이하여 아동의 역경에 대해서 반응의 차이를 이끌어 낸다(Taylor & Kim, 2007). 이것은 기분조절과 스트레스 반응과 관련된 두 개의 신경전달물질인 5-HTT와 MAO-A의 조절에 달려 있다. 영유아기는 발달이 급격하게 일어나는 시기인데, 이 시기의 뇌발달은 관계와 경험의 영향을 받는다(Harvard University, 2016). 아동기의 긍정적인 경험은 건강한 발달을 예측해 준다.

사회 역시 가족에게 영향을 미친다. 사회구조와 운영, 경제상황 등은 모두 부모의 역할에 영향을 미치는데, 가능한 최선의 부모기가 되도록 사회의 다양한 요소들이 활용되어야 한다. 사회적 위기가 가족에게 영향을 미치고 부모 개인의 어려움으로 인한 위기도 있다.

2) 조기개입

아동은 지지받고 자신이 가치로운 존재라고 인정받는 환경에서 성장할 때 잘 자란다. 지리적 환경, 문화적 인정 그리고 그 외의 여러 변인들이 아동의 성장에 영향을 미친다. 아동의 뇌는 적절한 자극을 받을 때 발달하고 지속적으로 자극과 반응의 교환이 일어날 때 성장한다. 아동기 방임 등의 학대는 아동에게 해롭고 아동을 불안하게 한다. 이웃과의 관계 등 아동을 둘러싼 사회관계가 문제발생의 완충역할을 하는 경우가 있다. 스트레스가 없고 자유로우며 반응적이고 지지적인 환경에서 성장하는 아동은 위기환경에서 자라는 아동에 비해서 더 나은 성취를 한다.

가능한 아동이 스트레스를 덜 받고 자극적인 환경에서 자라 자신의 요구와 필요가 충분히 수용되는 환경을 제공받아야 한다. 지속적인 스트레스 등은 빈곤을 유발한다.

CASE 위기 부모 밑에서 성장한 아동에 대한 통념을 깬 몇 가지 사례

한부모 자녀가 경제적인 어려움에 따라 스트레스를 겪지만, 실패하는 경우만 있는 것은 아니다. 미국 오바마대통령은 일찍이 한부모 밑에서 성장하였고, 클린턴도 그렇다. 모두 외할머니 손에서 성장하였고, 계부를 경험하였다. 최초의 미국의 히스패닉계 연방 대법원 판사인 소니아 소토메이어는 어려서 당뇨병 진단을 받았으며, 8세부터 인슐린 주사를 맞았다. 아버지는 알코올 중독이었고 취직하는 데에도 어려움이 있었다. 가난하여 뉴욕주 브롱스 빈민가의 위험한 지역에서 살았다. 부모 모두 푸에토리코 이민자이다. 학교에 입학하고 난 이후에야 영어를 배웠다. 어려서는 영어를 읽고 쓰는 데 어려움을 겪으며 9세에 아버지가 사망하면서 엄마, 남동생과 빈곤생활을 하였다. 그는 자신의 성공을 엄마의 지원덕이라고 생각한다. 배우는 것을 중요하게 여겼으며 가톨릭 학교에 다닐 수 있도록 엄마가 희생하였기 때문이다. 엄마를 통해서 헌신을 배우고 열심히 일하는 것을 배웠다. 다른 친척들과도 잘 지냈으며 대가족문화가 긍정적인 역할을 하였다. 타고난 재능과 동기, 그리고 놀라운 직업윤리가 경제적인 어려움, 언어 장벽, 학업, 그리고 다양한 사회적인 역경을 극복할 수 있게 해주기도 한다. 소니아 소토메이어 판사는 성공하기를 원하는 많은 젊은이들에게 영감을 주는 역할 모델이 되었고, 강한 의지로 역경을 극복한 살아 있는 증거가 되고 있다.

그러나 노숙자나 난민의 자녀라 할지라도 부모 중 한 사람이 자녀에게 좀 더 효과적으로 반응하고 어려운 상황을 헤쳐 나가는 특성을 보이면 그 자녀도 보다 적응적으로 성장한다(Masten, 2015).

위기상황의 아동에 대한 조기개입을 통해서 건강하게 성장할 수 있도록 도와야 한다. 아동이 건강 서비스를 제공받고, 충분한 영양을 공급받으며, 성장에 필요한 적절한 자극이 있는 환경을 제공해 줄 수 있어야 한다. 이럴 때 아동이 학교생활에도 적응을 잘하게 된다. 이러한 조기개입의 효과는 중 · 고등학교 시기까지 이어져 결국, 성공적인 노동인력의 양성까지 이어질 수 있다. 전 세계 국가의 효과적인 아동발달 개입 프로그램의 예는 많이 있다.

2. 국내의 부모교육 프로그램

부모역할을 지원할 수 있는 다양한 방법 중 부모교육은 부모역할 지원을 위해 우리나라에서 주로 시행되고 있는 대표적인 프로그램이다. 대집단 중심의 강의가 대부분이며 캠프 등을 통해서 위기가족을 지원하는 프로그램도 있다.

1) 부모교육정책

정부는 아동학대 사건이 빈번하게 보고되면서 아동학대 예방을 위한 대책 마련의 일환으로 부모교육 활성화 정책을 마련한 바 있다. 아동학대 행위자의 79.8%가 부모(보건복지부 중앙아동보호전문기관, 2016)로 압도적 우위를 차지한 것에 대한 문제의 심각성에 근거하여, 2016년 3월 여성가족부, 보건복지부, 교육부 등 관계부처는 '부모교육 활성화 방안'을 발표하였다. 정부는 '생애주기별 맞춤형 부모교육 강화로 일회성이 아닌 지속적 교육을 받을 수 있는 시스템 구축', '교육 사각지대에 놓여 있는 취약가정 부모를 중점 지원하여 자녀양육 역량 강화', '부모교육 필요성 및 효과성을 지속적으로 홍보하여 자발적인 부모교육 참여 유도' 등을 추진방향으로 설정하고, 6대 중점과제를 제시하였다(여성가족부, 2016).

정부의 부모교육정책은 생애주기별 접근을 하면서 발달시기별로 맞춤교육을 제공하는 데 중점을 둔다. 고교생은 가족의 가치 및 부모되기에 대한 교육을 받는다. 대학생은 교양과목을 통해 예비부모교육을 수강한다. 교육부는 2016년 각 대학에 "예비부모교육에 대한 강좌를 확대하라"는 공문을 보냈다. 군 장병을 대상으로는 정신교육과 국방일보, 국방부 인터넷 TV IPTV에 올바른 부모되기에 대한 내용이 교육과정에 추가된다. 임신·출산기 부모를 위해서는 산부인과와 산후조리원에서 부모교육과정을 운영하도록 지원한다. 여성부는 대한산부인과의사회와 부모교육 프로그램 마련 및 배포를 위한 업무협약을 체결했다. 보건복지부는 영유아 부모가 보육료 및 양육수당을 신청할 때

그림 8-1 | **정부의 부모교육 활성화 추진방향**

출처 : 관계부처합동(2016).

부모교육 동영상을 먼저 봐야 가능하도록 시스템을 개선하겠다고 밝혔지만 아직 시행되고 있지는 않다. 교육부는 학령기 자녀를 둔 부모를 대상으로 학교의 학부모 상담주간을 활용하여 사춘기 자녀 이해 및 소통법, 학대 방지 등에 초점을 맞춘 교육을 실시할 계획임을 밝혔다.

보건복지부의 부모교육은 「영유아보육법 시행령」 제13조에 근거(보건복지부 · 중앙육아종합지원센터, 2015 : 15)하여 육아종합지원센터를 통해 제공된다. 육아종합지원

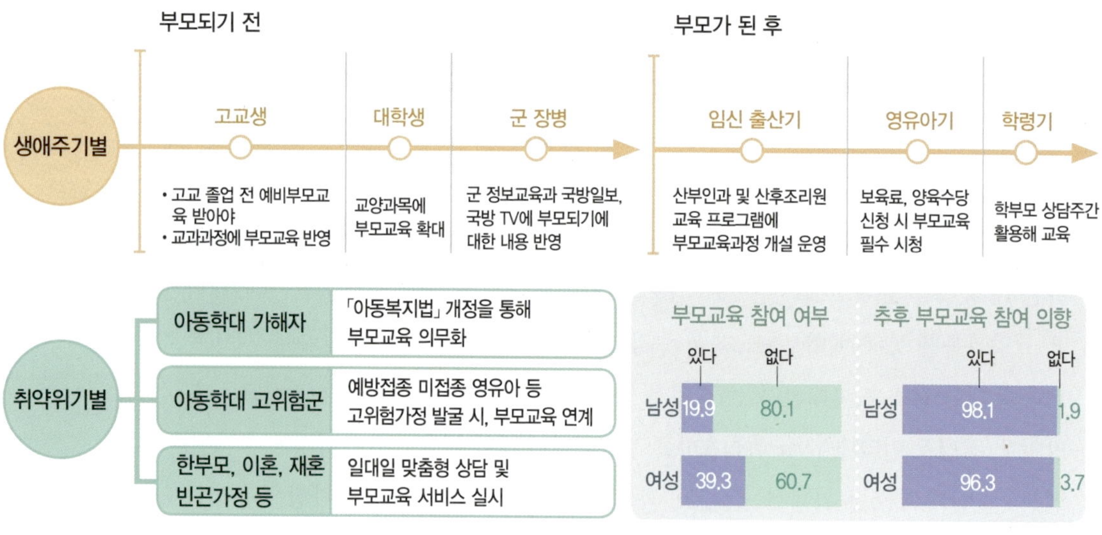

그림 8-2 | **정부 추진 부모교육**

출처 : 동아일보(2016. 5. 31). http://news.donga.com/BestClick/3/all/20160531/78407229/1

센터는 지역사회 내 육아 지원을 위한 거점기관으로서 어린이집 지원관리 및 가정양육 보호자에 대한 맞춤형 지원으로 어린이집 지원기능과 더불어서 2013년부터 부모상담, 교육 등의 가정양육을 지원하는 기능을 하고 있다. 2015년 육아종합지원센터에서 실시한 부모교육의 내용을 보면, 자녀양육과 관련한 내용이 50.6%로 가장 많았으며, 영양 안전 관련 교육, 출산 관련 교육, 양육 스트레스 해소 관련 교육이 18.6%, 부모 인성교육이 17.5%이었다. 2016년에는 일관적이고 체계적인 부모교육 프로그램을 실시하기 위해 '클로버 부모교육'을 개발하여 보급하였다. 보건복지부(2018)는 2018년 '클로버 부모교육'을 확대하여 입문과정, 기본과정, 심화과정의 3단계 부모교육과정을 개발하였으며, 이를 전국의 육아종합지원센터를 통하여 보급하고 있다표 8-1.

여성가족부에서 운영하는 부모교육은 「건강가정기본법」을 근거로 추진되고 있다.

표 8-1 | **육아종합지원센터 부모교육과정**

과정	과목	내용(교육 횟수)
입문 과정	① 클로버 부모교육	• 나, 아이, 가족, 이웃을 주제로 각 주제별 2회기 부모 대상 교육 진행(총 8회기) • 아이와의 바람직한 대화법, 성격검사 및 나의 가치 찾기, 긍정적 가족 소통법, 아이와 함께하는 부모–자녀 체험활동(32개 활동) 등
기본 과정	② 존중받는 아이, 함께 크는 부모	사례별(20개) 자녀의 권리를 존중하는 양육 · 훈육 · 상호작용방법 교육(2회기)
	③ 아동학대 0%, 가족 행복 100%	가정 내 아동학대 예방을 위한 양육방법 교육(1회기)
	④ 육아정보는 어디? 여기! 가득~	다양한 정부 및 지방자치단체 양육지원제도에 대한 정보 제공(1회기)
심화 과정	⑤ 우리집 놀이환경은?	자녀 연령에 적합한 놀이환경조성방법 제시(2회기)
	⑥ 발견! 아이 강점, 키움! 가족 놀이	자녀 강점에 따른 놀이방법, 상호작용법 안내(2회기)
	⑦ 자녀 놀이에 어떻게 참여하나요?	부모의 자녀 놀이 참여태도 점검 및 놀이행동 촉진방법 안내(2회기)

출처 : 보건복지부(2018).

「건강가정기본법」에서는 '건강가정사업'의 일환으로 '건강가정교육'법령 제32조을 국가 및 지방자치단체의 책무로 규정하고 있으며, 이에 따라 가족교육은 건강가정지원센터의 주요 사업의 하나로 진행되고 있다(김소영 외, 2016).

여성가족부는 자체 사업으로 저소득 한부모 등 취약가족 지원 서비스미혼부모 초기 지원, 법원 연계 이혼위기가족 회복 지원사업, 스마트폰 중독 청소년 부모 대상 부모교육 등을 수행하고 있다. 여성부 출연 건강가정지원센터는 생애주기별 가족교육사업을 시행하고 있으며 일반가족은 물론 한부모가족, 조손가족, 다문화가족, 일탈청소년가족, 수용자가족, 맞벌이 가족, 조손가족 등의 다양한 가족 지원을 위한 상담, 교육 및 문화 프로그램이 결합된 맞춤형 통합 서비스를 제공하고 있다. 건강가정지원센터는 예비부모를 포함한 부모교육을 실시하고 있으며, 자녀의 연령단계별 부모역할 및 부모와 자녀 간 관계지원에 주안점을 두고 교육하고 있다(여성가족부, 2016). 여성가족부는 자체 사업으로 저소득 한부모 등 취약가족 지원 서비스, 스마트폰 중독 청소년 부모 대상 부모교육 등을 수행하고 있다(육아정책연구소, 2015). 여성가족부는 2016년 전국 건강가정지원센터의 부모교육에 참여한 304명을 대상으로 사전사후 효과분석을 실시한 결과, 자녀와의 친밀도, 자녀와의 유대감, 양육 스트레스, 양육기술과 지식 측면에서 부모교육이 긍정적인 효과가 나타난 것으로 확인하였다.

교육부의 부모교육은 「교육기본법」에 따라 학부모를 대상으로 교육 및 상담, 정보 서비스 제공 등 자녀교육 역량 강화를 지원하고 있다. 교육부의 부모교육은 학부모지원센터를 통해 이루어지며, 초·중·고등학교 학부모 또는 예비 학부모를 대상으로 진행된다. 학부모교육내용을 살펴보면, 크게 학부모 역량강화, 자녀교육 정보 제공, 학부모 평생교육 세 영역으로 구분되어 있다. 학부모 역량강화는 자녀교육 역량강화, 자녀이

생/각/해/보/기

「영유아보육법」과 「건강가정기본법」, 「교육기본법」에서 적시한 부모교육 관련 조항을 찾아보고 이의 의미를 토론해 보자.

표 8-2 | **부모교육 대상 부모요건 비교**

<table>
<tr><th rowspan="3">구분</th><th>임신 · 출산기</th><th>자녀 영유아기</th><th colspan="4">자녀 학령기</th><th rowspan="3">아버지 교육</th></tr>
<tr><th rowspan="2">예비부모</th><th>영유아기</th><th colspan="2">아동기</th><th colspan="2">청소년기</th></tr>
<tr><th>취학 전</th><th>초등학교 저학년</th><th>초등학교 고학년</th><th>중학교</th><th>고등학교</th></tr>
<tr><td>여성가족부</td><td>○</td><td>○</td><td colspan="2">○</td><td colspan="2">○</td><td>○</td></tr>
<tr><td>보건복지부</td><td>–</td><td>○</td><td colspan="2">–</td><td colspan="2">–</td><td>–</td></tr>
<tr><td>교육부</td><td>–</td><td>○</td><td>○</td><td>○</td><td>○</td><td>○</td><td>–</td></tr>
</table>

출처 : 김소영 · 송효진 · 손보영(2016). 한국여성정책연구원.

해 및 성장 지원으로 구성되어 있고, 자녀교육 정보 제공은 학교참여와 교육정책 이해를 다루고 있으며, 학부모 평생교육은 정보화교실, 교양교실과 같은 학부모 평생교육 교실이 있다(한국여성정책연구원, 2016). 교육부 학부모교육은 온라인 교육센터를 통해 부모교육 프로그램을 제공하고 있는 것이 특징이다. 교육 프로그램에는 자기 주도 학습 코칭 매뉴얼, 자유학기제, 학부모교육 매뉴얼, 부모와 함께하는 진로진학지도, 자녀를 위한 행복교육, 우리아이 유치원 보내기 등이 있으며, 이는 모두 온라인으로 이수가 가능하다. 더불어 다양한 워크북, 동영상 자료, 부모교육 교재를 유아교육유치원, 초등, 중등, 고등으로 구분하여 탑재하고 있다(이미화 외, 2015).

이 외 정부의 여러 부처가 부모교육을 실시하고 있다. 고용노동부는 직장보육지원센터를 통해 부모교육을 실시하고 있으며, 직장보육센터는 주로 맞벌이 부모의 역할을 지원한다. 농림축산식품부는 여성농업인센터를 중심으로 돌봄과 결혼이민여성 대상 프로그램, 지역 여성농업인 대상 문화, 건강, 취미 프로그램, 여성농업인 리더십 교육, 부모역할훈련 등을 제공한다. 미래창조과학부는 한국정보화진흥원에서 수행하며, 주로 스마트폰 중독 예방을 위한 부모교육을 전개하고 있다.

2) 위기 부모를 위한 부모교육 프로그램

위기상황의 부모역할을 지원하기 위한 프로그램은 빈곤계층 부모, 이혼절차 중의 부모, 아동학대 부모, 사법절차의 보호를 받는 아동의 부모 등을 대상으로 한 부모교육이 대부분이다. 정부 지원 기관의 위기 부모역할 지원을 위한 프로그램을 정리하면 다음과 같다.

(1) 빈곤가정을 위한 부모역할 지원

드림스타트는 빈곤가정아동을 위한 우리나라의 대표적인 조기개입 서비스이다. 드림스타트는 신체발달 지원, 인지발달 지원, 가족 지원을 하고 있다. 「아동복지법」은 아동의 성장 및 복지여건이 취약한 가정을 드림스타트의 주요 대상으로 명시하였다. 드림스타트는 기초수급자, 차상위계층, 한부모가족 등 취약계층 아동이 일차 서비스 대상자이다. 2018년 현재 전국의 모든 시 · 군 · 구, 읍 · 면 · 동에 설치 · 운영되고 있는 드림스타트는 중앙사업지원단을 중심으로 빈곤가정아동의 성장과 발달을 지원하기 위한 조기개입 기제로서, 대상 아동을 비롯한 위기가족에 대한 사례관리를 하고 있다. 2016년 드림스타트 이용아동은 13만 4,853명으로 상대빈곤아동 대비 드림스타트 접근율은 30.7%이었다. 행복e음 정보시스템을 활용해 드림스타트가 2016년 취약계층 대상 아동으로 파악한 수는 24만 7,978명이었다. 취약계층아동의 드림스타트 접근율은 28.3%라 할 수 있다(이상균, 2017).

부모 지원은 드림스타트의 주요 사업으로 각 드림스타트마다 그 지역의 특성과 요구에 맞게 다양한 형태로 부모역할의 위기를 극복할 수 있도록 지원한다. 가장 많이 제공한 서비스는 보육 및 교육으로 총 서비스 중 37.8%이다. 양육상담, 부모교육, 보육 및 양육 지원, 인지발달 및 학습 지원, 특기적성 지원, 진로지도 및 상담, 장애특수교육, 보육 및 교육비용 지원 등이 포함된다.

다음으로는 건강 및 보건의료 서비스로 20.4%를 차지한다. 질병 예방 및 건강관리,

검진, 진단 및 치료, 재활치료, 산전후 관리 보건의료비용 지원 등이 포함된다. 드림스타트에 등록된 많은 아동이 비만 등의 건강문제를 가지고 있고, 위생관리가 취약한 주거 환경에서 성장하고 있는 까닭에 의료진과 연계한 건강상태 체크 등의 의료 지원 서비스는 드림스타트의 주요 지원 서비스이다. 학습 지원에 대한 드림스타트 등록 부모들의 요구가 높아서 학업을 도와주는 프로그램을 연계하여 부모역할의 위기를 지원하기도 하며, 부모-자녀관계의 친밀성을 높이기 위한 각종 캠프를 열기도 한다. 양육 무능감이나 무력감을 호소하는 부모를 대상으로는 개별 사례관리의 일환으로 상담원이 부모를 면담하고 양육 정보를 제공한다.

문화 및 여가 관련 서비스는 16.7%를 차지하였다. 공연 및 전시관람, 체육 · 취미활동 지원, 체험 및 여행 지원, 문화 · 여가비용 지원 등이 포함된다. 정신건강 및 심리정서 서비스는 9.2%를 차지하였는데, 정신건강교육, 심리검사 및 진단, 정서 · 심리상담, 정서발달 및 치유 지원, 정신질환자 치료 및 사회복귀 지원, 정신건강비용 지원 등이 포함된다. 일상생활 서비스는 5.6%로, 가사 지원, 식사 · 식품 지원, 위생이미용 지원, 활동이동 지원, 생활용품 지원, 일상생활비용 지원 등이 포함된다.

(2) 이혼가정을 위한 부모역할 지원

사법부는 이혼절차에서 부모교육을 반드시 이수하도록 규정하였다. 「가사 재판 · 가사 조정 및 협의이혼의사확인 절차에서의 자녀양육안내 실시에 관한 지침」대법원 재판 예규 제1400호의 제정에 따라 미성년 자녀를 둔 이혼절차의 부부는 이혼과정에서 원칙적으로 부모교육을 이수해야 한다. 이 지침은 자녀양육안내의 정의, 적용범위, 실시방법, 안내의 내용, 안내의 주체 등을 규정하고 있다. 여기서 '자녀양육안내'란 부모의 이혼이 자녀에게 미치는 영향, 이혼과정상 자녀의 보호와 정서적인 안정을 위한 고려사항과 이혼 이후 자녀양육에 있어서 부모의 역할분담 등에 관한 구체적인 행동지침을 안내하는 것을 의미한다. 이 지침은 2012년 9월 19일 재판 예규로 제정되어 2012년 11월 1일부터 시행하고 있다.

표 8-3 | 가정법원의 이혼절차 부모에 대한 부모교육의 몇 가지 사례

시행기관	대상	형태	내용	법적 근거
서울가정법원	협의이혼절차 중의 부모	자녀양육안내, 부모교육	• 부모의 이혼과 지속적 갈등이 성장과정에 있는 자녀에게 미치는 영향 • 이혼과정 및 이혼 이후 자녀의 정서적인 안정과 심리적 · 물리적 보호의 중요성 및 고려사항 • 이혼 이후 자녀양육에 있어서 부모의 역할분담과 구체적인 행동지침 • 친권자 및 양육자의 지정 또는 변경 • 양육비 및 면접교섭 등 양육에 관한 사항 • 이혼 후의 양육협력관계 구축을 통한 자녀의 복리증진에 관한 사항	• 민법 제837, 843, 909호 • 가사조정 및 협의이혼의사 확인절차에서의 자녀양육 안내 실시에 관한 지침(재특 2012-2) 제정(2012. 9. 19) [재판 예규 제1400호, 시행 2012. 11. 1]
부산가정법원, 여성가족부, 부산광역시	이혼 이후 비양육부모와 미성년자녀	1박2일 가족캠프	• 비양육부모와 자녀의 면접교섭 지원 • 가족문화 체험 • 부모-자녀 친밀감 향상 프로그램 등 (주관 : 부산광역시 건강가정지원센터)	
서울서부 지방법원	이혼가정과 이혼위기가정	가족캠프	레크리에이션, 부모교육, 자녀집단상담 등 프로그램	
대구가정법원	이혼 부모와 자녀	상담	• 아동 : 미술과 놀이 등을 활용한 집단상담 • 부모 : 자녀양육에 관한 부모교육 및 부모상담	

이혼절차 중에 있는 부모를 대상으로 한 부모교육은 강의, 가족캠프, 상담 등과 같은 다양한 형태로 진행된다. 가정법원은 이혼절차 중의 부모를 대상으로 한 교육에서부터 지역의 건강가정센터와 연계한 이혼 후 비양육부모와의 캠프 등과 같은 다양한 형태의 부모교육을 진행하고 있다. 대부분의 법원에서 동영상 상영과 강의식으로 교육을 실시하고 부모교육의 시점은 재판상 이혼의 경우 소장 접수 후 1~3개월 이내, 또는 판사의 권고나 명령이 있을 경우이며, 협의이혼의 경우에는 대부분 신청서 접수 시 진행된다(이소영 외, 2015). 서울가정법원은 협의이혼 신청 부부 자녀의 불안과 고통을 최소화하기 위해 후견 프로그램을 시행하고 있다. 협의이혼 당사자가 미성년 자녀가 있는 경우에는 숙려기간 안에 후견 프로그램 중 하나의 프로그램에 반드시 1회 참여해야 한다.

부모교육 실시 3개월 이후의 부모교육 참여 효과성 조사결과에 따르면, 부모교육이

표 8-4 | 건강가정지원센터의 이혼가정 부모에 대한 부모교육의 몇 가지 사례

시행기관	대상	형태	내용	법적 근거
부산가정법원, 여성가족부, 부산광역시	이혼 후 비양육 부모와 미성년 자녀가족	1박2일 가족 캠프	• 비양육부모와 자녀의 면접교섭 지원 • 가족문화체험 • 부모-자녀 친밀감 향상 프로그램 등 (주관 : 부산광역시 건강가정지원센터)	민법 제837, 843, 909호
대전시건강가정센터, 다문화가족 지원센터	이혼위기가정	강의	소통을 위한 대화법(특이사항 : 대전가정법원과 연계 프로그램)	
부산광역시 건강가정지원센터	이혼을 신청한 부부, 이혼갈등을 겪는 부부	강의	• 법원연계 이혼위기가족 회복 지원사업 • 이혼과정에서의 부모 및 자녀의 심리 변화 이해 • 이혼이 자녀에게 미치는 영향 등	

자녀양육에 도움이 된 정도는 10점 만점에 평균 6.29점이었다. 프로그램의 전반적인 만족도는 5.44점이었고, 동영상에 대한 부모 만족도는 6.67점이었다. 재판상 이혼 및 협의이혼에서의 부모교육을 이수한 부모들은 자녀의 행동과 발달특성을 이해하는 데 도움이 되었다는 평가가 74.3%이었고, 자녀와의 올바른 대화방식을 인지하게 되었다는 부모도 76.9%이었다. 대체로 조사에 참여한 부모들은 부모교육이 자녀양육에 대한 바람직한 태도를 형성하는 데 효과적이라고 평가하였고, 부모교육 이전보다 바람직한 행동을 더 많이 실천하게 되었다고 보고하였다. 자녀의 안전과 행복 등의 삶의 질에 대한 관심이 부모교육 이전보다 이후에 더 높아진 것으로 나타났다.

이혼위기가족을 위한 부모교육 프로그램은 여성가족부가 전국 7개 기관에 위탁하여 가족기능 강화를 위한 이혼상담, 교육, 문화 서비스 등이 무료로 제공되고 있다(김길숙 외, 2016). 특히, 여성가족부는 각 지역의 가정법원과 연계한 이혼절차 중의 부모를 교육하는 프로그램을 건강가정지원센터에서 시행하고 있다. 여성가족부는 새롭게 가정을 꾸리는 재혼가정을 위한 부모교육도 실시하고 있는데, 재혼가족에 대한 사회의 편견을 해소하고 건강한 자녀양육에 필요한 정보를 제공하고 있다.

(3) 입양가정을 위한 부모역할 지원

「입양특례법」 제10조 제3항은 양친이 되려는 사람은 입양의 성립 이전에 입양기관으로부터 보건복지부령으로 정하는 소정의 교육을 마치도록 규정하였다. 「입양특례법 시행규칙」 제5조는 양친이 될 사람은 자녀양육방법을 교육받아야 한다. 「민법」상의 가사소송규칙 제62조 제9항에서도 가정법원이 입양을 허가하는 심판을 함에 있어서 필요한 경우에 양부모가 될 사람에 대하여 미성년자 양육에 관한 교육을 실시하거나 입양기관, 사회복지기관 등에서 실시하는 미성년자 양육을 위한 교육의 이수를 명할 수 있다.

그러나 예비입양부모교육은 1일 8시간, 1회 단기교육으로 입양부모로서 입양에 대한 전문적 · 체계적 지식을 갖추고 양육역량을 준비하기에는 부족하다. 입양예비부모교육을 타 기관에 위탁교육하는 경우가 있는데, 교육의 내용과 질적 우수성에 대한 안정적인 관리가 필요하다는 지적이 있다. 예비입양부모교육 교재는 입양아동의 특성을 고려하여 단계별, 모듈별로 개발되어 있고, 필수교육 프로그램, 선택교육 프로그램, 재입양가정을 위한 단축 프로그램으로 나뉘어 구성되어 있다. 선택교육 프로그램은 입양부모의 특성을 고려하여 난임가정, 영아입양, 특별한 요구를 가진 아동, 유자녀 입양가정, 재입양, 친족입양, 독신자입양, 국제입양가족을 위한 부모교육으로 구분하였다.

(4) 소년보호사건 부모역할 지원

보호자교육이란 「소년법」에 따라 소년부 판사로부터 교육 명령을 받은 보호자를 대상으로 실시하는 교육이다. 보호자가 자녀를 이해하고 바람직한 훈육방법을 학습해 갈등을 긍정적으로 해소함으로써 가족관계를 회복하도록 하는 것이 목표이다. 「소년법」 제32조의2(보호관찰처분에 따른 부가처분 등) 제3항은 소년부 판사는 가정상황 등을 고려하여 필요하다고 판단되면 보호자에게 소년원 · 소년분류심사원 또는 보호관찰소 등에서 실시하는 소년의 보호를 위한 특별교육을 받을 것을 명할 수 있다. 보호소년에 대한 보호처분을 집행하고 있는 곳에서 교육하는 것이 원칙(보호관찰소, 소년원, 법원, 청소년상담복지센터 등)이다. 교육 대상 부모가 교육을 이수하지 않을 경우에는 「소년법」 제71조에 의해 300만 원 이하의 과태료를 부과한다.

「보호소년 등의 처우에 관한 법률」 제42조의3보호자교육의 제1항은 소년원과 소년분류심사원은 「소년법」 제32조의2 제3항에 따라 교육명령을 받은 보호자 또는 보호소년 등의 보호자를 대상으로 역할 개선 중심의 보호자교육과정을 운영한다. 소년원과 소년분

• 입양 시 부모교육 이수 관련 조항 •

- 「입양특례법」 제10조(양친이 될 자격 등) 제3항
- 「입양특례법 시행규칙」 제5조(양친이 될 사람에 대한 교육)
- 가사소송규칙 제62조의9(미성년자 양육에 관한 교육 등)

류심사원 원장은 법 제42조의3에 따라 보호자교육이 필요하다고 인정되면 교육목적과 대상, 시간 및 장소, 프로그램 등의 내용이 포함되는 교육계획을 수립·시행하여야 한다. 교육 프로그램에는 가족기능 회복 및 문제해결능력 함양, 자녀의 일탈행동에 대한 원인분석 및 이해 증진, 양성평등의식 및 민주적 양육태도 함양, 자녀의 훈육지도 및 효과적인 대화기법, 자녀의 학습동기 유발과 진로지도방법이 포함되어야 한다.

(5) 아동학대가정에 대한 부모역할 지원

「아동학대범죄의 처벌 등에 관한 특례법」 제8조 제1항에서 법원은 아동학대 행위자에 대하여 유죄판결을 선고하면서 아동학대 치료 프로그램의 이수명령을 병과할 수 있다고 명시하였다. 제36조에 아동학대 행위자에 대하여 상담, 치료 또는 교육받는 것을 조건으로 기소유예를 할 수 있다는 조항에서도 부모교육의 필요성을 강조하였다.

아동학대범죄의 처벌 등에 관한 특례법 제36조(보호처분의 결정 등)

① 판사는 심리의 결과 보호처분이 필요하다고 인정하는 경우에는 결정으로 다음 각 호의 어느 하나에 해당하는 보호처분을 할 수 있다.

1. 아동학대행위자가 피해아동 또는 가정 구성원에게 접근하는 행위의 제한
2. 아동학대행위자가 피해아동 또는 가정 구성원에게 「전기통신기본법」 제2조 제1호의 전기통신을 이용하여 접근하는 행위의 제한
3. 피해아동에 대한 친권 또는 후견인 권한 행사의 제한 또는 정지
4. 「보호관찰 등에 관한 법률」에 따른 사회봉사·수강명령
5. 「보호관찰 등에 관한 법률」에 따른 보호관찰
6. 법무부장관 소속으로 설치한 감호위탁시설 또는 법무부장관이 정하는 보호시설에의 감호위탁
7. 의료기관에의 치료위탁
8. 아동보호전문기관, 상담소 등에의 상담위탁

아동학대 가해부모에 대한 부모교육의 필요성에 대한 인식이 높은 반면에 구체적인 실행은 미진하다. 최근 중앙아동보호전문기관은 아동학대가정 재학대 예방을 위한 홈케어 플래너 서포터즈를 시행하고 있다. 이 재학대 예방 프로그램은 2018년 기준으로 피해아동 1,660명을 대상으로 학대 행위자 946명과 가족 431명을 대상으로 한다. 이 서비스는 학대피해아동 가족의 심리정서 회복을 돕고 맞춤형 서비스를 중시한다. 아동학대 고위험 가정을 집중적으로 지원한다.

3. 국내 부모교육 프로그램의 쟁점

앞서 살펴본 대로 부모역할의 위기를 지원하기 위한 다양한 시도가 있다. 법률의 재정비를 통해서 특별한 요구를 가진 부모, 역할 위기의 부모를 위한 부모교육이 최근 들어 더욱 활발하게 모색되었다. 부모교육 공화국이라고 할 만큼 부모와 관련된 부서들이 준비하고 시행하는 부모교육이 부모들의 역량을 강화하고 위기를 지원하는 데 기능적으로 작동하고 있는지를 확인할 수 있어야 한다.

1) 부모교육 프로그램의 몇 가지 취약성

맞춤형 부모교육이라는 미명으로 부처와 기관에 따라서 제각기 부모교육과정이 마련되고 일회성의 집단강의 중심의 교육이 얼마나 실효적일지는 여러 면에서 의문이다. 각 부처의 산하기관 중심의 문제 중심 맞춤형 부모교육은 몇 가지 한계를 갖는다. 이를 정리하면 다음과 같다.

첫째, 생애주기 부모교육을 표방하고 있지만 예비부모교육이 취약하고 각 생애주기별 교육내용의 연계성이 낮다. 여성가족부가 예비부모교육을 시행하고 있지만 시민교육과 인간발달 측면에서 중·고교생을 대상으로 부모됨의 의미를 가르치고 있는 서구

사회에 비하면 부모교육의 출발이 늦다. 또 다루어지는 내용의 대부분이 아동기에 따른 발달특성을 이해하고 대화하는 방식에 초점이 맞추어져 있다. 생애주기별 맞춤형 부모교육이라는 것은 부모의 입장과 자녀의 입장이 공히 고려되어야 하는데, 이 둘의 개념이 혼재되어 있다. 따라서 생애주기별 각 내용의 연계가 매우 취약하다.

둘째, 개별교육이 취약하다. 대부분의 교육이 형식적이고 이론 중심의 강의이다. 사실 부모의 양육역량 강화를 위해서는 개별적인 정기적인 상담 등이 필수적으로 제공되어야 한다. 특히, 산후 우울 등을 겪고 있는 부모나 위기상황의 부모에게 개별적인 부모역할 지원은 매우 중요하다. 그러나 대부분의 우리나라 부모교육은 일대일의 개별 접근이 아닌 교육이나 캠프 등의 집단형태로 시행되고 있다.

셋째, 부모교육의 내용이 중복되어 특화된 내용이 부재하고, 부모교육기관 간 연계도 활발하지 않다. 우리나라 부모교육은 우리나라 아동 관련 서비스의 중복과 분절문제가 고스란히 나타나고 있다. 정부부처의 산하기관별로 부모교육이 시행되고 있는 상황이다보니 교육내용과 대상의 중복이 심하다. 특수한 요구를 가진 부모에 대한 특별한 지식과 역량개발이 요구되는데, 부모의 특별한 요구를 충분히 반영하지 못하고 있다. 뿐만 아니라 아동학대 등의 사회적 이슈에 대한 보편적 가치가 부모교육기관마다 차이가 있을 수 있다. 가정법원과 건강가정지원센터의 연계, 중앙입양원과 입양기관과의 연계가 있지만, 관련 기관 간의 연계를 넘어선 연계를 거의 찾아보기 어렵다. 예컨대 입양부모의 경우, 입양부모교육을 중앙입양원의 부모교육과 교육부의 학교교육에서의 부모교육과 연계되어야 할 것이다. 이렇듯 분절적인 부모교육은 사회적 합의가 필요한 부모양육의 원칙이 부모교육 시행기관마다 다를 경우 부모가 양육원칙을 발달시키는 데 오히려 혼란을 갖게 될 수 있다.

넷째, 효과성이 대부분 측정되지 않은 채 똑같은 프로그램이 반복·시행되고 있다. 가정법원은 만족도 조사를 통해서 효과성을 측정하였지만 이는 주관적 만족도이며 실제 부모교육을 이수한 사람들의 위기상황 극복비율 등이 위기 관련 준거를 중심으로 산출되어야 한다. 부모교육의 효과성에 대한 측정 없이 개발된 교육과정을 반복적으로 적용 · 시행하고 있다.

다섯째, 부모교육이 사후적이다. 부모역할의 위기 이전에 부모의 역할 역량을 키워줄 수 있는 예방적 차원의 부모교육이 시행되어야 하는 데 반해, 우리나라 부모교육은 위기 발생 이후 위기 적응 역량을 키워주기 위한 부모교육이 대부분이다. 그래서 부모교육의 대상자는 특정 위기상황에 봉착하여 문제에 노출된 경우가 대부분이다. 특히, 아동학대나 보호사건의 경우 이와 같은 양육 위기요인을 가지고 있는 부모를 예측하여 이들에게 사전 부모교육을 시행할 수 있어야 한다.

여섯째, 전 부처를 포괄한 부모교육 이수자 수, 비율, 예산 등 부모교육과 관련한 전반적인 통계가 산출되지 않고 있다. 특히, 법무부와 보건복지부, 여성가족부 등이 부모교육 교재를 개발하여 보급하였지만, 이들 교재가 누구를 대상으로 어떤 형태로 연간 몇 명의 부모들이 교육을 받는지를 총괄적으로 파악하지 못한다.

일곱째, 낮은 접근성이다. 특정 개인이 부모역할의 위기를 느끼고 도움이 필요할 때 도움을 받을 수 있는 개인과 기관을 어떻게 찾아야 하는지에 대한 정보가 부족하다. 부모교육이 부처 산하의 센터 중심으로 시행되고 있어서 접근성이 떨어지고, 자녀양육에 관심이 있는 일부 부모나 법적으로 의무사항에 해당하는 부모만 교육을 수강한다는 문제가 있다.

2) 부모교육의 효율성을 높이기 위한 방안

아동양육과 관련한 사회적 문제가 제기될 때마다 사회 전반이 강조해 온 것이 부모교육의 강화이다. 그래서 각 부처마다 부모교육 교재와 과정을 개발하고 시행하게 되었다. 이러한 정부의 호응이 교육과정이 턱없이 부재하던 시절에 비하면 매우 반가운 일이지만, 이제는 너무 성급한 대응이 자칫 예산을 비효율적으로 사용하는 결과를 초래하고 있지는 않은지 부모교육과정의 구성과 운영의 효율성을 살펴봐야 한다. 그동안 논의되었던 몇 가지 개선방안을 다음과 같이 정리할 수 있다.

첫째, 생애주기별 부모교육의 주된 내용은 자녀의 시기별 발달과업과 이 시기에 부모가 겪게 될 곤란 및 어려움에 초점을 맞춰서 부모의 역할을 지원하는 내용들로 구성되어야 한다.

둘째, 이혼가족, 입양가족, 아동학대 등의 다양한 가족 위기상황에 따른 부모교육 프로그램은 특수한 가족상황에 맞도록 그에 맞는 부모교육내용을 포함해야 한다. 예컨대, 아동학대 부모는 인식의 실패, 애정과 관련한 정보의 오해, 반응 선택과 실행의 실패를 극복할 수 있는 교육과 지원이 필요하다.

셋째, 부모의 개별적인 요구를 반영한 부모교육 프로그램이 필요하다. 일대일 가정방문을 통한 부모역할 지원은 부모역할 위기요인을 찾고 개별적인 필요와 요구에 맞는 부모교육을 제공할 수 있다. 특히, 산후 우울 부모의 경우 다양한 위기에 처할 수 있는데, 이의 위기에 효과적으로 대처할 수 있다.

넷째, 범부처 합동의 부모역할 원칙을 기술한 교재가 개발되어야 한다. 제공기관마다 차이가 있을 수 있는 현재의 개별적인 교재개발보다 보건의료 분야를 포괄한 범부처의 양육지도서가 개발 보급되어야 할 것이다.

다섯째, 접근성을 높이기 위한 다양한 방식의 부모교육방법이 개발되어야 한다. 주말, 야간, 온라인을 통한 프로그램과 더불어서 찾아가는 오프라인 부모역할 지원 서비스가 제공되어야 한다. 찾아가는 서비스는 부모교육에 자발적으로 참여하기 어려운 부모와 위기 부모에게 효과적이다. 24시간 부모역할 위기를 상담할 수 있는 상담전화의 운영도 필요하다.

여섯째, 의료 분야의 부모역할 내용이 추가되어야 한다. 출산 직후 그리고 영유아기 및 아동기에 걸쳐서 건강한 신체운동발달이 중요하다. 부모교육 교재 등에 건강, 위생 관련 내용이 보강되어야 한다.

일곱째, 부모교육 강사진의 전문성 강화와 유지를 위한 지속적인 교육이 필요하다. 강사진의 역량에 따른 교육내용과 서비스의 질적 차이가 없도록 강사진의 전문성 강화 유지를 위한 노력이 필요하다.

여덟째, 가족이 겪는 다양한 위기를 다룬 부모역할 지원이 요구된다. 이를테면, 자살, 경제 · 사회적 어려움, 부부갈등가족, 가족 구성원 간 갈등가족, 장애인가족, 알코올중독자가족, 치매노인가족 등 가족이 겪는 양육의 위기는 다양하다. 이들 가족을 위한 부모역할 지원이 필요하다.

아홉째, 효과성 평가가 있어야 한다. 효과성을 측정할 때, 아동의 회복력을 촉진하고 장기적으로 부정적인 결과를 감소시키는 것을 목적으로 하는 부모교육이 가능하다.

열째, 부모교육 관련 정책과 교육과정, 내용 등을 총괄하는 기구가 필요하다. 각 부처 시행 부모교육과 정부 지원 민간기관의 부모교육의 상이함은 예산의 비효율적 사용으로 이어질 수 있다. 부모교육 시행의 전 과정을 확인하고 정보를 공유할 수 있는 총괄기구가 마련되어야 한다.

CHAPTER

09

효과적인 부모교육 프로그램이란?

CHAPTER 09

부모교육이라는 이름으로 실시되는 수많은 프로그램들 중에 과연 실제로 부모의 양육지식, 양육태도, 양육행동의 변화를 이끌어 내는 프로그램은 몇 개나 될까? 부모교육 프로그램이 실제로 가족과 부모의 역량을 강화해서 아동의 복지에 기여했는가를 어떻게 입증해야 할까? 효과가 입증된 부모교육 프로그램들이 공통적으로 가지고 있는 특징은 무엇일까? 마지막으로 어떤 부모교육 프로그램을 선택해야 하는가?

지금부터 과학적으로 효과가 입증된 부모교육 프로그램이란 무엇이며 이를 선별하는 기준에 대해 살펴보고자 한다. 또한 효과가 입증된 부모교육 프로그램의 특징과 이를 현장에 적용할 때 고려해야 할 점도 알아보자. 부모교육 전문가는 우수한 프로그램이 가지는 공통적인 특성을 잘 이해해서 현장에서 프로그램을 설계하고 실시할 때 이를 적용할 수 있어야 한다.

1. 증거에 기반한 부모교육

1) 효과가 입증된 부모교육 프로그램이 왜 중요한가?

부모교육은 다양한 형태와 방법으로 이루어진다. 자녀교육에 관심 있는 모든 사람들을 위한 캠페인 형태의 교육이 있는가 하면, 한 명의 부모교육 전문가가 한 명의 부모를 상대하는 일대일 교육도 있다. 교육의 방법도 다양하다. 직접 교수, 토론, 시청각자료 시청, 모델링, 또래 코칭 등의 방법이 부모교육에 활용된다. 부모교육의 목적도 아주 구체적인 것부터 광범위한 것까지 다양하게 설정될 수 있다.

일반적으로 부모와 아동을 위한 중재는 그 대상과 목적에 따라 다음의 3단계로 나뉠 수 있다. 1단계 부모교육은 부모교육에 관심이 있는 다수의 사람들을 대상으로 하는 일반적인 부모교육이다. 많은 수의 학부모를 대상으로 실시하며, 대규모 강연, 책자, 안내문, 비디오 상영 등의 교육방식이 사용될 수 있다. 교육내용도 양육지식, 바람직한 상호작용방식, 아동의 안전, 건강한 식습관처럼 모든 부모에게 해당하는 일반적인 사항을 다룬다. 이러한 1단계 부모교육의 목적은 주로 예방이다.

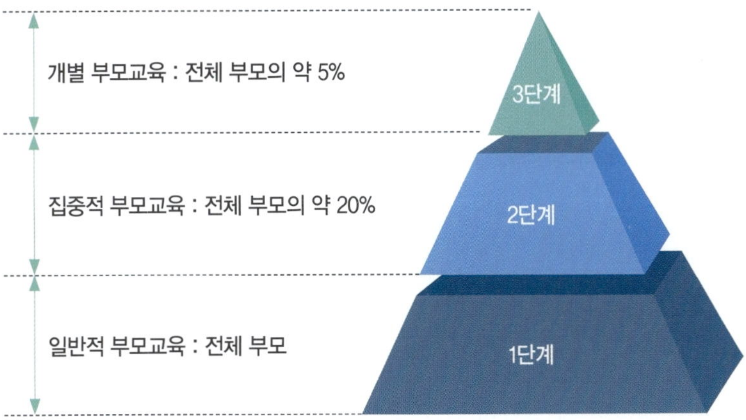

그림 9-1 | 부모교육의 대상과 목적에 따른 3단계 분류

2단계 부모교육은 보다 집중적이고 구체적인 교육과 중재가 필요한 약 20%가량의 부모와 아동을 대상으로 한다. 2단계 부모교육은 1단계보다는 세분화되고 측정 가능한 교육목표를 가지고 있으며, 소집단으로 이루어진다. 예를 들면, 읽기에 어려움을 겪는 아동들을 위해 가정에서 어떻게 지도해야 하는지를 소수의 부모들을 대상으로 교육하는 것이 해당된다. 교육방식으로는 구체적인 시연, 모델링, 직접 지도, 모니터링 등이 사용된다.

3단계 부모교육은 약 5% 전후의 부모와 아동을 대상으로 하며 개별화된 방식으로 진행된다. 3단계 교육이 필요한 부모와 아동은 특별한 요구가 있는 경우가 많다. 개별화된 교육계획안individual educational plan 또는 개별화된 가족계획안individual family plan에 따라 개인 맞춤형 부모교육과 아동 중재가 이루어진다. 예를 들면, 자폐 스펙트럼 장애로 인해 또래와 의사소통이 어려운 아동을 돕기 위해서 부모, 교사, 전문가가 팀을 이루고, 자폐아동의 부모에게 교실에서 교사가 어떤 중재방식을 사용하고 있는지를 알려주고, 중재방식의 일관성을 확보하기 위해 가정에서 부모가 어떻게 해야 하는지에 대해 교육하는 것이 해당한다.

부모교육을 실시하는 기본적인 의도는 부모의 역량을 강화하여 부모가 자녀를 대하는 행동양식을 바람직한 방향으로 변화시켜서 긍정적인 아동발달을 이끌어 내는 것이다. 그렇다면 모든 부모교육 프로그램은 과연 효과가 있는가? 수많은 부모교육 프로그램이 존재하지만 실제로 부모의 양육행동을 변화시키고 아동발달에 긍정적인 효과가 있음이 입증된 프로그램은 많지 않다. 부모와 아동을 위해 개발된 프로그램 중에는 투입된 많은 예산과 개발 노력에도 불구하고 그 실질적 효과가 입증되지 못한 채, 혹은 효과가 없어서 사라지는 것들도 많다. 만약 공적 자금을 활용해 개발하고 실시된 프로그램이 이렇게 사라진다면, 이는 사회적 손실로 남게 된다.

부모와 아동의 입장에서도 효과가 입증된 부모교육 프로그램을 선택하는 것이 중요하다. 아동의 두뇌는 생애 초기에 가소성이 가장 높기 때문에, 부모가 어떤 양육방식을 선택하는가에 따라 아동의 발달이 달라질 수 있다. 부모교육 전문가는 아동이 잠재력을 최대한 발휘할 수 있도록 돕는데, 최선의 지식과 태도는 무엇인가를 부모에게 알려주고 이를 실제로 행동으로 옮길 수 있도록 도와주어야 한다. 여기서 최선의 양육 지식, 태도, 실제를 알려주는 부모교육 프로그램이 바로 엄정한 기준에 의해 효과 있음으로 판명된 프로그램이라고 할 수 있다.

효과가 입증된 부모교육 프로그램은 앞서 말한 2단계와 3단계에 해당하는 부모와 아동들에게 특히 중요하다. 특수한 요구를 가진 부모와 아동의 경우 또래와의 발달 격차를 줄이는 것이 매우 중요한데, 효과가 입증되지 않은 중재 프로그램에 몰두하다보면 자칫 평생에 걸쳐 다시 오지 않는 발달의 결정적 시기를 놓치게 된다.

2) 프로그램의 효과는 어떻게 입증하는가?

일반적으로 프로그램의 효과를 입증하는 가장 엄정하고 확실한 방법은 무작위 통제실험randomized controlled trial을 그 검증방법으로 사용하는 것이다. 만약 어떤 부모교육 프로그램이 이론에 근거하여 개발되었고, 그 효과를 검증하기 위해 무작위 통제를 활용한 실험연구experimental study가 진행되었으며, 그 실험연구에 의해 입증된 효과가 저명한 학술지에 게재되었다면 효과가 입증된 프로그램으로서 기본적인 요건을 갖추었다고 볼 수 있다.

예를 들어, 부모-자녀 상호작용에 관한 A 이론을 바탕으로 'A 부모교육 프로그램'이 개발되었다고 하자. 'A 부모교육 프로그램'의 목표는 가정에서 긍정적 부모-자녀 상호작용의 빈도수를 높이는 것이다. 프로그램 개발자는 'A 부모교육 프로그램'의 실행 매뉴얼을 상세하게 만들었고 이를 실시하여 그 효과를 입증하고자 한다.

우선 프로그램의 효과를 입증하기 위해서는 교육 대상자인 부모예 : 10명를 무작위로 실험집단treatment과 통제집단control group으로 나누는 작업이 필요하다. 이러한 무작위 배분의 가장 큰 목적은 실험집단과 통제집단을 동질집단으로 만드는 것이다. 두 집단이 동질하지 않으면 두 집단의 차이가 부모교육효과에 의한 것인지, 한쪽 집단이 원래

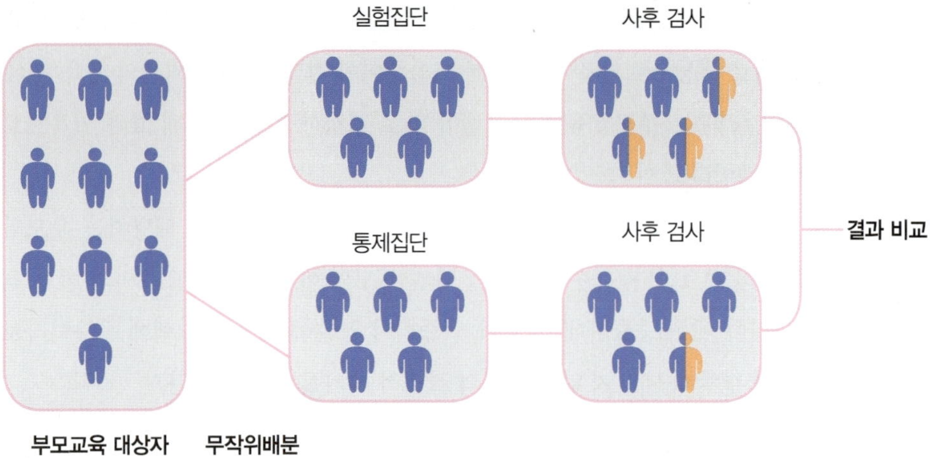

그림 9-2 | 무작위실험 통제(randomized controlled trial)

가지고 있던 특성예 : 교육수준, 기존 양육경험, 문화 등에 기인한 편향bias인지 알 수 없게 된다.

이렇게 실험집단과 통제집단의 동질성이 확보되면, 실험집단에는 'A 부모교육 프로그램'을 정해진 매뉴얼대로 실시하고, 통제집단에는 실시하지 않는다. 'A 부모교육 프로그램'이 실험집단에 실시되고 난 후에 관찰자가 가정을 방문하여 실험집단과 통제집단의 부모-자녀 긍정적 상호작용 빈도수를 검사한다. 만약 실험집단 가정의 긍정적 상호작용 빈도수가 통제집단 가정보다 유의하게 높다는 결과가 확인되면 'A 부모교육 프로그램'의 효과가 있다고 볼 수 있다.

이렇게 실험을 통해 입증된 효과는 연구논문이나 보고서의 형태로 구성되어서 학술지에 투고된다. 투고된 논문과 보고서는 그 분야의 전문가들에 의해 이론적 토대는 확실한지, 실험방법에는 오류가 없는지, 효과 측정방법은 공정하고 타당하였는지 등을 다시 검증받게 된다. 이렇게 학계 전문가 검증절차를 거쳐 프로그램이 효과가 있다는 것이 확인되면 학술지에 게재되어 다른 부모교육 전문가들에게 소개된다.

효과가 입증된 프로그램인가를 판단할 때 중요한 또 다른 기준은 그 프로그램이 다른 지역 혹은 다른 대상에게 실시되었을 때에도 효과가 동일하게 나타나는가이다. 부모교육 프로그램을 개발하고 그 효과를 검증하여 널리 소개하는 이유는 그 프로그램이 다른 곳에서도 선택되고 실시되어 널리 혜택을 주기 위함이다. 만약 어떤 프로그램이 특정 장소에 거주하는 특정 대상에게만 효과적이고 다른 곳에 사는 사람들에게는 전혀 효과가 없다면, 이 프로그램을 선택해서는 안 된다.

실제로는 이런 무작위 통제 실험법을 사용하여 프로그램의 효과를 검증하는 것은 결코 간단하지 않으며 시간과 비용도 많이 든다. 이렇게 엄정한 검증절차를 모두 통과하여 효과가 있다고 판명되는 프로그램도 매우 드물다. 따라서 준 실험연구quasi experimental study나 종단연구longitudinal study를 통해 그 효과가 입증된 부모교육 프로그램의 가치도 인정받고 있다.

가끔 윤리적인 문제도 수반이 된다. 예를 들어, 빈곤층을 대상으로 한 아동학대 예방 부모교육 프로그램의 효과를 검증할 때, 실험집단으로 선정된 빈곤층 가족들에게는 전문가가 개입하여 부모교육을 실시하고 통제집단으로 선정된 빈곤층 가족들에게는 아무것도 하지 않는다면, 이는 통제집단 가족들을 차별하는 것이 된다.

3) 증거에 기반한 실제란 무엇인가?

증거에 기반한 실제란 교육 대상자를 위한 의사결정을 할 때, 엄정한 기준 아래 가장 확실하고 적절하다고 판단되는 교육방식을 적용하도록 하는 것이다. 증거에 기반한 실제evidence-based practice는 처음에는 의학 분야에서 그 논의가 시작되었다. 사람의 생명을 다루는 의학 분야에서 만약 과학적 효과가 입증되지 않은 수술방법이 시행되거나 약물이 처방된다면 그 결과는 돌이킬 수 없게 된다. 의학 분야에서 시작된 이 개념은 인간의 안녕과 복지를 다루는 모든 분야로 광범위하게 확산되었다. 지금은 교육, 사회복지, 특수교육, 조기 중재에서도 활발하게 적용되고 있다.

증거에 기반한 실제가 적용되려면 세 가지 요건이 접점을 찾아야 한다. 우선 엄정한 연구에 의해 그 효과가 입증된 프로그램이 있어야 한다. 앞서 설명한 바와 같이 프로그램의 효과를 입증할 때 반드시 무작위실험 통제 같은 체계적이고 과학적인 연구방법론을 사용하고 그 결과가 타당하고 객관적으로 검증되어야 한다. 두 번째는 효과가 입증된 프로그램을 실시할 수 있는 역량을 가진 전문가가 필요하다. 아무리 좋은 프로그램이 개발되었다고 할지라도 내 주변에 그 프로그램을 실시할 수 있는 전문가가 없다면 아무 소용이 없다. 세 번째는 전문가가 실시하려고 하는 효과가 입증된 프로그램이 부모와 자녀의 문화적 기준과 가치에 부합해야 한다. 아무리 효과가 뛰어난 프로그램이라고 할지라도 프로그램의 수혜자인 부모와 아동의 가치에 부합하지 않는다면, 프로그램에 참여하도록 설득할 수 없을 것이다. 부모와 자녀가 갖는 문화적 가치, 신념, 기대수준은 매우 다양하므로 부모교육 전문가는 프로그램 선택에 관한 의사결정을 할 때

더 알아보기

고종과 명성황후 사이에서 태어난 첫 아들

조선 말 명성황후가 20세에 출산한 첫 아들은 신생아 쇄항이라는 선천성 항문 기형을 가지고 태어났다. 쇄항은 출생 시 항문이 없거나 정상적인 항문 괄약근 안에 위치하지 못한 상태를 말한다. 항문이 폐쇄되면 대변을 배출할 수 없으므로, 신생아는 결국에는 사망에 이르게 된다. 신생아 쇄항은 약 5,000명당 한 명꼴로 발생하며 치료법으로는 외과적 수술을 통해 아동의 상태에 적절한 항문을 만들어 주는 것이다.

명성황후의 첫 아들은 비록 쇄항을 가지고 태어났으나 당시 조선에 들어와 있던 양의에 의해 외과적 수술이 가능했던 것으로 알려져 있다. 그러나 조상이 주신 신체, 특히 왕족의 신체에 칼을 댈 수 없다는 왕실의 의견이 매우 강했다. 즉, 양의에 의한 외과적 수술법은 당시 조선 왕실의 가치에 맞지 않았다. 결국 명성황후의 첫 아들은 태어난 지 얼마 되지 않아 죽게 되었다.

명성황후의 첫 아들은 매우 극단적인 사례이기는 하나 과연 아동에게 최선의 실제는 무엇인가에 대한 물음을 남긴다. 아무리 효과가 입증된 프로그램이 존재하고, 이를 실시할 전문가 있다고 할지라도 프로그램 참여의 최종 선택은 아주 특별한 경우를 제외하고는 부모의 몫이다. 부모교육 전문가는 프로그램 선택과 참여에 부모의 가치와 신념이 크게 작용할 수 있음을 명심하고 이를 최대한 고려해야 한다.

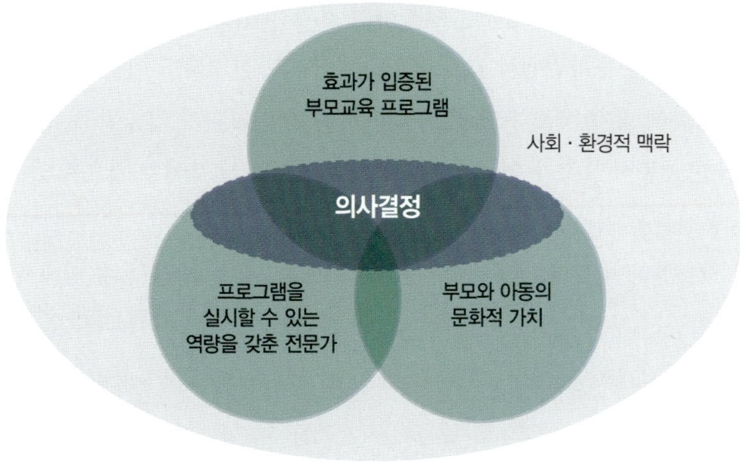

그림 9-3 | 증거에 기반한 실제를 위한 의사결정

이를 반드시 고려해야 한다. 따라서 증거에 기반한 실제는 효과가 입증된 프로그램, 그 프로그램을 실시할 수 있는 역량을 갖춘 전문가, 그 프로그램의 수혜자인 교육 대상자의 문화와 가치가 접점을 찾는 일종의 의사결정과정이라 할 수 있다.

2. 효과가 입증된 부모교육 프로그램의 특징

성공적인 부모교육 프로그램이라면 부모의 양육지식예 : 아동발달에 관한 지식, 양육 실제에 관한 지식, 양육을 위해 어떤 지원, 서비스, 체계가 필요한가에 대한 지식과 양육태도양육행동에 실제로 영향을 주는 양육에 대한 신념과 가치판단를 긍정적인 방향으로 변화시킬 수 있어야 한다. 부모교육을 통해 양육지식과 태도가 긍정적인 방향으로 내재화되면 비로소 부모의 양육 실제예 : 아동의 건강과 안전을 위한 행동, 아동의 인지발달을 위한 자극과 상호작용, 아동의 사회적 능력발달을 위한 행동가 개선될 수 있다. 부모의 양육 실제가 개선되면, 부모와 가족의 역량이 높아지며, 궁극적으로는 아동이 발달적 역량을 최고로 발휘할 수 있는 환경이 마련된다.

앞서 말했듯이 엄정한 방법론을 활용하여 효과가 입증된 부모교육 프로그램의 수는 많지 않다. 다른 문화권에서 효과가 입증되었다고 할지라도 이를 그대로 실시하기에는 우리 문화에 맞지 않을 수도 있다. 따라서 기존에 효과가 입증된 프로그램들을 살펴보고, 어떤 공통적 요소가 이들을 성공으로 이끌었는지 분석할 필요가 있다. 이렇게 도출된 공통점들을 기존에 실시되고 있는 프로그램에 도입하거나 새롭게 시도되는 프로그램에 적용한다면 보다 성공적인 부모교육 프로그램을 제공할 수 있게 된다. 다음은 효과가 입증된 부모교육 프로그램들이 공통적으로 가지고 있는 특징들이다(Child Welfare Information Gateway, 2013 ; National Academies of Science, Engineering, & Medicine, 2016)

1) 부모의 장점과 역량을 인정하고 존중한다

모든 가족과 부모에게는 반드시 장점이 있다. 가족과 부모가 가진 약점에만 집중하고 이를 부각시키면, 부모는 자칫 자신감을 잃고 낙담하며 프로그램을 이탈할 수도 있다. 가족의 역량을 강화하고 회복탄력성을 높이려면 부모의 자존감을 높여야 하는데, 이를 위해서는 그들의 장점을 찾아내고 이를 적극적으로 활용하는 것이 필요하다.

예를 들어, 어떤 가정은 비록 빈곤이라는 위험요소를 가지고 있다 하더라도 부부관계가 원만하고 가족 간 긍정적인 언어적 상호작용을 많이 할 수 있다. 이럴 경우 좋은 관계와 원활한 의사소통은 이 가정의 큰 장점이다. 부모교육 전문가는 가족의 이러한 장점을 잘 찾아내고, 이를 부모교육 프로그램의 목표를 달성하는 데 활용할 수 있어야 한다.

무엇보다도 부모를 동료로 인정하고 믿어야 한다. 부모는 자신의 자녀에 대하여 가장 잘 아는 전문가이다. 부모는 자녀와 가장 많은 시간을 보낸 사람이며, 자녀의 발달사, 장점, 단점에 대해 잘 알고 있다. 부모교육 전문가는 우월한 지식의 전달자가 아니며, 새로운 양육 관련 지식과 능력을 개발할 수 있는 기회를 부모에게 제공하는 기회 제공자로 자신을 인식하는 것이 필요하다.

부모교육 전문가는 부모를 동료로 인정하고 믿으며, 의견을 구하고 때로는 주도권을 넘겨줘야 한다. 부모가 스스로를 프로그램의 동등한 구성원으로 인식하면 프로그램을 더욱 신뢰하게 되고 참여도가 높아진다. 이는 다시 부모교육 프로그램의 효과로 이어진다.

2) 목표가 특화된 맞춤형 중재를 제공한다

특정계층이나 특수한 요구가 있는 부모와 자녀를 위해서는 이들을 대상으로 충분한 연구를 한 후에 프로그램의 목적을 구체적으로 세분화한 맞춤형 중재targeted intervention를 제공한다. 예를 들어, 우울한 어머니들을 위한 부모교육 프로그램을 계획하려면, 우울한 어머니들이 자녀들의 정서를 읽거나 해석하는 데 어려움을 겪는다는 것을 미리 이해하고, 자녀의 정서적 표현을 왜곡하거나 무시하지 않는 양육기술을 부모교육에 포함시켜야 한다. 만약 또래에 비하여 신장과 체중의 증가 속도가 늦은 아동들의 부모들을 위한 프로그램을 계획하려면, 부모들의 영양 관련 지식과 가정에서의 식습관 및 식단을 확인하고, 구체적인 조리법이나 영양구성방법 등이 부모교육에 포함되어야 한다.

3) 부모교육 프로그램과 여러 서비스를 통합하여 총체적인 도움을 제공한다

가족 내 위험요소는 중첩되는 경향이 있다. 예를 들면, 아동의 학습부진이라는 결과 뒤에는 아동방임, 아버지의 실직과 알코올 중독, 어머니의 우울 및 가정의 빈곤이라는 복합적 원인이 자리하고 있는 경우가 많다. 이럴 경우 단순히 가정에서 더 관심을 가지고 아동의 학습을 지도해야 한다는 일반적인 조언이나 학습지도방법에 대한 안내만으로는 아동의 학습을 개선하는 효과를 얻을 수 없다. 때로는 여러 서비스가 통합된 총체적인 접근법이 필요하다.

부모교육 프로그램을 여러 서비스를 한 번에 받을 수 있는 접근점centralized access

point에서 설계한다면, 중첩된 위험요소로 고통받는 가족들에게 포괄적인 서비스 제공이 가능하다. 즉, 부모교육과 더불어 상담, 직업훈련, 일자리 알선, 주거, 소득 지원 등을 함께 제공하거나 관련 정보에 쉽게 접근할 수 있도록 지원을 해주는 것이다. 위험요소가 중첩된 가족을 돕기 위해서는 부모와 아동에 직접적으로 작용하는 미시적 요소만 초점을 둘 것이 아니라 미시적 요소에 영향을 주는 환경적 요소를 변화시키거나 사회적 지원을 강화하는 생태학적 접근이 필요하다.

4) 부모들끼리 서로 돕는 사회적 지원체계를 만든다

교육에 있어서 또래들로부터 받는 심리적 지원과 교육적 강화는 매우 효과적이다. 이는 부모교육에서도 마찬가지이다. 부모들은 소집단, 학급, 온라인에서 만나 서로 소통하고 격려하며 배울 수 있다. 비슷한 연령대의 자녀를 둔 부모들끼리 서로 소통하다보면 자연스럽게 공감대가 형성되고 정보교환이 이루어진다. 이렇게 부모들끼리 형성한 사회적 지원체계는 소속감과 안정감을 주며, 부모교육 프로그램의 지속적 참여에도 도움이 된다. 비슷한 위험요소를 경험한 부모들이라면 트라우마 극복에도 도움이 된다.

이러한 사회적 지원체계는 양육지식과 행동에 관한 또래교수peer teaching, 여기서는 부모에도 효과적이다. 부모들이 함께 모여 교육을 받으며 의견과 경험을 공유하면, 다른 부모가 유사한 양육과 관련된 문제를 어떻게 해결하는지를 배울 수 있다. 혹은 자신의 성공적인 경험을 다른 부모의 유사한 문제상황에 적용시키도록 조언을 해줄 수도 있다. 이러한 또래교수는 부모역할을 더 잘하기 위한 동기부여에 매우 효과적이다.

단, 부모들의 경험은 자신의 자녀에 한정되어 있기 때문에 전문가의 객관적인 조언과 중재가 필요하다. 부모로 구성된 사회적 지원체계가 심리적 · 교육적 측면에서 부모에게 도움이 되는 것은 맞지만 부모들끼리 모든 것을 해결할 수 없으며, 반드시 전문적인 훈련을 받은 부모교육 전문가가 역할을 해야 한다.

5) 다문화가족 요구와 문화에 부합하는 부모교육을 제공한다

다문화가정의 아동은 가정의 문화와 학교의 문화가 달라서 또는 가정에서 사용하는 언어가 학교에서 사용하는 언어와 달라서 어려움을 겪을 수 있다. 가정의 문화가 사회 다수문화가 다름으로 인해 부모와 아동이 문화적 정체성을 확립하는 데 혼란을 겪기도 한다. 따라서 다른 어떤 아동들보다 부모–교육기관의 협력 또는 부모교육을 통해 가족의 역량을 키우는 것이 필요한 집단이다. 그러나 안타깝게도 다문화 부모의 부모교육의 참여율은 매우 낮다. 그렇다면 부모교육 프로그램이 제일 필요한 이들에게 어떻게 다가갈 것인가? 다문화가족을 위한 부모교육은 그 전달방식과 내용에서 이들의 요구와 문화에 적합해야 한다.

표 9–1 | **자녀발달단계에 따른 결혼이민자여성 부모교육내용 요구도**

발달단계	세부 내용	공통요인
영유아기	• 신생아, 영아기, 유아기 발달특성 • 영유아기 자녀양육과 관련된 부모역할 • 영유아기 자녀와의 상호작용방법 • 영유아기 아버지역할 참여의 중요성 • 문화에 따른 양육방식 차이에 대한 이해(다문화이해) • 결혼이주여성 어머니의 자아존중감 신장 및 자아정체감 확립	• 자녀의 발달단계별 특성에 대한 이해 • 자녀와의 소통 • 다문화 이해 및 존중 • 결혼이주여성 어머니의 자아정체감 형성 • 다문화가족 아버지의 민주적 관계 형성
아동기	• 아동기 발달특성 • 학교생활(학습, 사교육, 교우관계 등)과 관련된 부모역할 • 아동기 자녀와의 대화법 • 아버지역할 참여 • 다문화에 대한 이해 • 결혼이주여성 어머니의 자신감 높이기	
청소년기	• 청소년기 발달특성(사춘기 특성에 대한 이해) • 학교생활(학습, 사교육, 진로, 교우관계 등)과 관련된 부모역할 • 청소년기 자녀와의 대화법 • 아버지역할 참여 • 다문화에 대한 존중 • 결혼이주여성 어머니의 자아정체성 확립	

출처 : 여성가족부(2016).

일단, 언어적 · 문화적 이질감으로 인해 부모교육 프로그램의 참여를 꺼려하는 부모들에게는 필요하다면 같은 언어와 같은 문화를 사용하는 부모교육 전문가를 활용한다. 혹은 특정 문화에 대한 깊은 이해와 경험을 가진 문화적 역량이 뛰어난 부모교육 전문가가 투입되어야 한다. 특정 문화가 선호하는 문제해결방식이나 표현방식도 존중되어야 한다. 어떤 문화는 자신이 가진 문제에 대해 공개적으로 질문을 하거나 토의하는 것을 꺼리기도 하는데, 부모교육 프로그램이 공개 질문이나 집단 토의 형식으로 진행된다면 이러한 부모의 참여를 이끌어 내기 어렵다.

부모교육의 내용도 중요하다. 막상 다문화가족이 당면한 문제를 민감하게 다루지 않거나 관련 없는 주제를 다룬다면 부모들은 프로그램을 외면하게 된다. 이를 위해서는 다문화가족이 어떠한 부모교육의 요구를 가지고 있는지 면밀하게 파악해야 한다. 예를 들면, 우리나라 다문화가족의 대부분을 구성하고 있는 결혼이민자 가정 어머니들의 아동발달단계에 따른 부모교육내용 요구도를 조사한 바에 따르면 아버지남편와의 민주적 관계형성이 공통적인 요구사항으로 포함되어 있다(여성가족부, 2016). 부모교육 전문가는 이러한 요구도를 바탕으로 아버지 참여, 민주적 가족관계 형성에 관한 내용을 부모교육에 포함시킬 수 있다.

6) 숙련된 전문가가 있다

부모교육 프로그램의 성공은 숙련된 전문가에 달려 있다고 해도 과언이 아니다. 부모교육 전문가가 되려면 우선 아동발달, 부모-자녀관계, 가족의 역동성, 교육, 상담 등에 관한 이론적 지식을 갖추어야 한다. 이러한 이론을 바탕으로 아동, 학교, 가족과 지속적으로 일을 수행해야 숙련된 부모교육 전문가가 될 수 있다.

부모교육과 관련된 숙련성은 다양한 현장에서 경험을 쌓게 되면 더 높아진다. 다양한 현장경험이란 여러 형태의 기관에서 여러 종류의 가족을 대상으로 여러 내용과 방식으로 부모교육을 진행한 경험을 뜻한다. 부모교육 현장경험의 다양성은 부모교육 전문가가 다양한 문제를 해결하고 헤쳐왔다는 것을 의미하며, 이를 통해 전문성이 숙련된다. 즉, 숙련된 부모교육 전문가란 끊임없는 공부와 시행착오를 통해 지속적으로 역량을 개발해야 탄생한다.

7) 아버지를 참여시킨다

대부분의 부모교육 프로그램이 어머니를 주 참여자로 규정해 놓거나 아버지가 부모교육 프로그램에 참여하면 좋지만 그렇지 않아도 별문제가 없다는 식으로 운영되는 것이 사실이다. 그러나 아버지도 어머니와 함께 양육을 책임지는 존재라는 것을 잊으면 안 된다. 아동은 어머니뿐 아니라 아버지와도 좋은 관계를 형성해야 하며, 아버지도 자녀의 발달에 관심을 가지고 적극적으로 상호작용해야 한다.

아버지가 부모교육에 참여하면 가족의 응집성이 강화되고, 가족 구성원 간에 협력이 원활하게 이루어져 어머니만 참여하는 부모교육보다 아동의 발달에 더 좋은 결과를 가

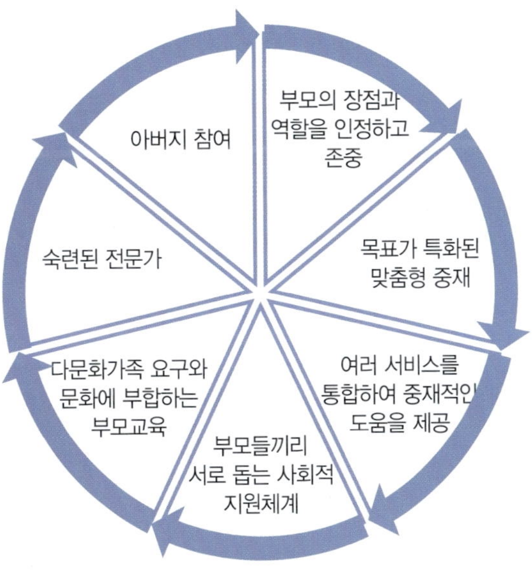

그림 9-4 | 효과가 입증된 부모교육 프로그램의 여섯 가지 특징

져온다. 최근 우리나라에서도 아버지 양육참여의 중요성이 활발하게 논의되고 있으며, 과거에 비해 양육을 분담하는 아버지들도 많이 늘었다. 따라서 아버지를 포함한 또는 아버지만을 대상으로 한 부모교육의 요구와 필요성은 매우 높다고 하겠다.

아버지를 포함하여 부모교육을 진행하려면, 아버지의 특성과 요구를 잘 이해해야 한다. 예를 들면, 아버지는 어머니에 비해 부모교육에 의해 양육방식이나 태도를 쉽게 바꾸지 않는 것으로 알려져 있다(Lundahl, Tollefson, Risser, & Lovejoy, 2008). 아버지들이 참여할 수 있도록 부모교육의 시간대나 장소를 조정하는 것도 필요하다. 물론 프로그램의 성격이나 참여하는 아버지의 개별적 특성에 따라 다를 수 있지만 어머니와는 다른 아버지의 특성을 잘 이해하고 부모교육을 진행하는 것이 필요하다.

3. 효과가 입증된 부모교육 프로그램의 예

아무리 효과적인 프로그램이 개발되었다고 할지라도 실제로 현장에 그 프로그램이 적용되기까지는 상당한 시일이 걸린다. 이를 연구와 현장 적용에서의 격차gaps in the research to practice라고 한다. 만약 누군가가 수많은 부모교육 프로그램들의 효과성을 파악하고 분석하여 이를 체계적으로 부모교육 전문가나 부모들에게 제공하는 서비스가 이루어진다면, 이러한 격차를 줄이는 데 큰 도움이 된다.

미국의 경우 부모와 아동을 위한 중재를 실시할 때, 그 프로그램이 효과가 입증된 것인가가 매우 중요한 판단기준이 된다. 이는 비용-효과 측면에서 최선의 결과를 얻기 위한 것으로, 효과가 입증된 부모교육 프로그램을 사용해야만 자금이 지원되기도 한다. 따라서 실험 및 종단설계를 활용한 부모교육 프로그램 효과검증이 활발하게 이루어지고 있으며, 미국 정부를 비롯한 공신력 있는 기관에서 효과가 검증된 부모교육 프로그램에 대한 정보를 제공하고 있다. 아직 우리나라에는 부모교육 프로그램의 효과성을 입증하는 시도가 부족한 것이 사실이며, 이를 정리하여 정보를 제공하는 것도 이루어지지 않고 있다.

지금부터 부모교육 프로그램의 효과들을 분석하여 정보를 제공하는 데이터베이스와 사례들을 살펴보도록 하겠다.

1) 효과가 입증된 프로그램의 수준별 분류

효과가 입증된 프로그램도 그 검증방법이 얼마나 엄정한가, 즉 효과 검증에서 외생변수의 영향력이 얼마나 통제되었는가에 따라 다시 수준별로 분류될 수 있다. 이러한 분류의 기준과 명칭은 프로그램에 대한 정보를 제공하는 기관마다 조금씩 다르나, 미국 보건복지부 소속 아동국Children's Bureau의 4수준 분류를 살펴보도록 하자.

- 1수준emerging and evidence-informed 프로그램 : 탄탄한 이론을 바탕으로 하고 있으며, 프로그램 내용도 대체적으로 수긍할 만한 실제들로 구성되었으나 그 효과를 입증한 연구의 연구방법이 엄정한 기준에 미치지 못한다.
- 2수준promising 프로그램 : 적어도 하나의 실험 통제연구를 통해 그 효과가 입증되었다.
- 3수준supported and efficacious 프로그램 : 적어도 두 개의 무선 통제 실험연구나 이에 상응하는 연구방법을 통해 그 효과가 입증되었다.
- 4수준effective or evidence-based 프로그램 : 가장 높은 수준이다. 적어도 두 개의 무선 통제 실험연구나 이에 상응하는 연구방법을 통해 그 효과가 입증되었을 뿐 아니라 다른 지역에서 실시되었어도 효과가 동일하게 나타났다.

2) 효과가 입증된 부모교육 프로그램 정보를 찾을 수 있는 곳

(1) National Registry of Evidence-Based Programs and Practices(NREPP)

정신건강과 약물남용에 관한 정보를 얻을 수 있는 온라인 데이터베이스이다. 목적은 일반인들에게 자신에게 맞고 활용 가능한 프로그램은 무엇인가에 대한 정보를 제공하는 것이다. 미국 정부 소속Department of Health and Human Services 약물 남용 및 정신건강 서비스 부서Substance Abuse and Mental Health Services Administration에서 운영한다.

약 350개 이상의 중재 프로그램에 대한 정보를 제공하고 있으며, 얼마나 엄중한 연구방법을 사용하여 효과가 입증되었는가입증된 연구의 질, quality of research와 프로그램이 현장에 적용될 수 있도록 매뉴얼이 잘 마련되어 있는가현장 준비도, readiness of dissemination에 따라 0~4점으로 평가한다. 점수가 높을수록 효과도 뛰어나고 프로그램도 잘 준비된 것으로 볼 수 있다. 현재 새로운 평가 시스템을 준비 중웹 사이트, https://www.samhsa.gov/ebp-resource-center이다.

(2) Blueprints for Healthy Youth Development

아동 청소년을 위한 중재 프로그램에 대한 정보를 제공한다. 미국 콜로라도 볼더 대학의 폭력연구 및 예방센터Center for the Study and Prevention of Violence에 의해 설립되었다. 아동 청소년의 학업성취, 건강, 복지, 긍정적 관계형성 등을 목적으로 가족, 학교, 지역사회를 중심으로 진행되는 다양한 프로그램을 분석한다.

프로그램을 분석하는 기준은 입증된 연구의 질evaluation quality, 프로그램 효과의 크기intervention impact, 중재의 구체성intervention specificity, 현장 준비도dissemination readiness이다. 1,300개 이상의 프로그램을 분석하였으며, 기준에 부합하는 약 5% 내외의 프로그램에 '기준이 될 만함model program' 또는 '추천할 만함promising program'이라는 명칭을 부여하고 있다http://www.blueprintsprograms.com.

(3) The California Evidence Based Clearinghouse(CEBC) for Child Welfare

아동복지 전문가 및 기관을 위한 온라인 정보 플랫폼이다. 캘리포니아 주 정부의 아동학대 예방국Office of Child Abuse Prevention에 의해 운영된다. 최신 아동복지 및 부모교육 프로그램에 관한 정보를 주제별로 나누어 제공한다. 가장 높은 수준인 1수준Well-supported by research evidence부터 가장 낮은 수준인 5수준concerning practice으로 프로그램을 평가한다. 이때 5수준은 프로그램이 잠정적으로 아동과 부모에게 부정적인 영향을 주거나 위해가 될 수도 있음을 의미한다http://www.cebc4cw.org.

3) 효과가 입증된 프로그램의 실제 사례

(1) 미국 Triple P-Positive Parenting Program(Triple P)

① 대상

16세 이하의 자녀를 둔 부모 또는 양육자

② 목표

부모교육을 통해 부모의 지식, 양육기술, 자신감을 강화하여 아동의 정서행동문제를 예방하거나 개선하는 것이 목적이다.

③ 프로그램 구성요소

Triple P는 총 5단계로 구성되어 있다. 단계가 높아질수록 대상도 달라지며 프로그램의 강도, 기간, 목표가 심화된다.

1단계는 포괄적인 캠페인 성격을 가지고 있으며, 공중보건 차원에서 미디어를 통해 모두에게 정보를 제공한다. 아동발달에 관한 지식, 아동행동에 대한 이해 등 일반적인 내용이 전달된다. 2단계는 아동기에 흔한 발달적 문제들, 예를 들면 배변훈련이나 단순한 문제행동 같은 특정 주제에 대하여 다룬다. 간단한 소집단 세미나, 대면상담, 전화상담으로 보통 1~3회 정도 이루어진다. 3단계는 경도수준의 행동문제를 가진 아동의 부모를 대상으로 이루어진다. 부모는 전문가와 1 대 1로 혹은 집단으로 아동의 문제행동을 다루는 기술을 배우고, 시연하고, 자기 평가하는 시간을 갖는다. 4단계는 심각한 행동문제를 가진 아동의 부모를 대상으로 한다. 아동의 문제행동을 다루기 위해 보다 강도 높은 부모훈련이 실시된다. 개인, 소집단 또는 온라인이나 책자를 통한 자기 학습의 형태로 이루어진다. 5단계는 가정 내 위험요소, 즉 예를 들면 부모의 우울이나 가족 갈등 때문에 양육에 어려움을 겪는 부모들을 대상으로 한다. 긍정적 양육, 기분조절, 스트레스 대처, 배우자의 협조 등에 관한 내용이 다루어지며, 개인 혹은 소집단으로 이루어진다.

④ 종사자 수준

건강, 교육, 보육, 사회복지 분야에서 전문학사 이상의 학위를 가진 사람이면 Triple P 종사자 교육을 받을 수 있다. Tripe P 종사자 중에서 석사학위 또는 박사학위주로 임상 또는 교육심리 소지자가 2주간의 강도 높은 교육을 받으면 Triple P 훈련가가 될 수 있다.

⑤ 효과 검증

- CEBC : 2
- Blueprint : Promising
- NREPP : 2.93

⑥ 웹사이트

https://www.triplep.net/glo-en/home

(2) 미국 Parent as Teachers

① 대상

0~5세 자녀를 둔 부모

② 목표

가정방문을 통한 부모교육을 통해 가정의 역량을 강화하는 프로그램이다. 총 네 가지 목표가 설정되어 있다. 첫째, 부모교육을 통해 영유아기 발달에 대한 지식과 양육실제를 개선한다. 둘째, 발달지연을 조기 발견한다. 셋째, 아동학대 및 방임을 예방한다. 넷째, 아동의 학교 준비도 향상과 학업 성취를 돕는다.

③ 프로그램 구성요소

프로그램은 크게 네 가지의 구성요소로 이루어져 있다. 첫 번째는 가정방문이다. 가정방문을 통해 부모교육이 진행된다. 한 번 방문에 60분 정도 소요되며, 가족의 상황에 맞게 매주, 격주, 매달 방문이 실시된다. 두 번째는 선별검사이다. 아동을 대상으로 시청각검진과 발달검사가 매년 실시된다. 세 번째는 가족 간 연결이다. 몇몇 가족들끼리 연결해 주어서 서로 돕도록 지원한다. 네 번째는 자료 네트워크이다. 부모교육 전문가가 자녀양육에 필요한 자료나 정보를 제공해 준다.

④ 종사자 수준

유아교육, 발달 관련 분야의 학사학위 이상 소지자이어야 하며 고졸인 경우 2년의 현장경험이 있으면 지원 가능하다. 만 3세 이하 종사자와 만 3세 이상 종사자를 훈련하는 교육과정이 다르다.

⑤ 프로그램 효과 검증

NREPP : 3.175

⑥ 웹사이트

https://parentsasteachers.org/evidence-based-model

(3) 미국 The Incredible Years©

① 대상

만 12세 이하의 아동, 부모, 교사

② 목표

아동, 부모, 교사에게 아동의 발달에 적합한 교육을 실시하여 아동의 사회정서능력을 향상시키고 정서행동문제를 예방하거나 중재한다.

③ 프로그램 구성요소

아동 프로그램은 자신의 감정을 이해하고 의사소통하기, 효율적인 문제해결방법 사용하기, 분노조절하기, 친구 만들기와 대화기술, 교실에서 바르게 행동하기와 같은 사회정서적 능력을 강화하는 활동들로 이루어져 있다. 부모 프로그램은 부모-자녀관계 개선하기, 훈육방법 개선하기, 아동의 사회·정서·언어능력발달을 위한 부모의 능력 기르기 등으로 이루어져 있다. 교사 프로그램은 학급에서 문제행동 관리하기, 아동의 친사회적 행동·감정조절·학교준비도 강화하기, 학생의 교실 내 공격성이나 비협조적 행동 감소시키기 등으로 이루어져 있다.

The Incredible Years©는 아동과 부모의 연령과 요구에 맞는 다양한 세부 프로그램으로 구성되어 있다. 일반적으로 아동과 부모를 위한 프로그램은 2~3시간 동안 소집단으로 진행되는 12~20주 교육으로 이루어진다. 교사를 위한 프로그램은 5~6일간의 워크숍 또는 2시간 동안 진행되는 18~21번의 교육으로 구성되었다.

④ 종사자 수준

석사학위 이상 또는 이와 동등한 학력의 훈련받은 종사자

⑤ 프로그램 효과 검증

- CEBC : 1
- NREPP : 3.5

⑥ 웹사이트

http://www.incredibleyears.com

4. 부모교육 프로그램 선택 및 운영 시 고려사항

지금까지 효과가 입증된 부모교육 프로그램들을 판단하는 기준, 효과가 입증된 부모교육 프로그램들이 가지고 있는 공통점, 부모와 아동의 역량을 강화하기 위해 널리 활용되고 있는 우수한 프로그램의 사례를 살펴보았다. 그렇다면, 과연 현장에서 어떠한 기준을 가지고 부모교육 프로그램을 선택해야 할까? 성공적이고 효과적인 부모교육 프로그램을 선택하고 운영하는 데 도움이 되는 지침은 다음과 같다.

첫째, 효과가 입증된 프로그램인가?

무엇보다도, 엄정한 연구방법을 거쳐서 그 효과가 입증되었는가를 파악하는 것이 필요하다. 따라서 부모교육 전문가는 효과적인 프로그램이 어떻게 선별되고, 그 정보를 어디에서 얻을 수 있는가에 대한 전문적인 지식이 있어야 한다. 만약 새로운 프로그램이라면, 앞서 살펴본 효과가 입증된 기존 프로그램이 가지고 있는 특성이 얼마나 반영되어 있는가도 판단의 기준이 될 수 있다.

둘째, 프로그램의 대상이 우리의 대상과 일치하는가? 혹 문화적 수정이 필요한가?

우선 부모교육 프로그램이 일반적인 부모를 대상으로 한 것인지 또는 특별한 요구가 있는 부모예 : 빈곤가정, 위기가정, 다문화가정, 장애아가정를 대상으로 한 것인지, 영유아기 부모를 대상으로 한 것인지 청소년기 부모를 대상으로 한 것인지 등을 기본적으로 파악해야 한다.

비록 대상이 일치한다고 할지라도, 그 프로그램의 진행방식이 우리 부모들의 상황에 맞는지 확인하고 필요하면 수정해야 한다. 가정의 맥락은 매우 다양하기 때문에 이를 고려하지 않으면, 부모교육의 참여율이 낮아지고 기대했던 효과를 거두기 어렵다. 특히, 실제적인 문제, 예를 들면 교통수단이 불편해서, 부모교육시간에 자녀를 봐줄 사람이 없어서, 일 때문에 참여시간을 내기 어려워서 부모교육이 계획된 대로 이루어지지 않을 수 있다. 부모들에게 프로그램에 맞추라고 요구하기보다는 프로그램이 부모에게 맞추어야 한다. 실제로 효과가 입증된 부모교육 프로그램의 대부분이 이 세 가지교통, 탁아, 스케줄 조정를 제공하고 있다.

셋째, 프로그램의 핵심구성요소는 무엇인가?

효과가 입증된 프로그램에는 그 효과와 핵심적으로 연결되는 구성요소가 존재한다. 따라서 그 프로그램을 우리에게 적용시켜 실시할 때에도 그 핵심요소가 잘 실행되어 효과가 잘 구현되도록 해야 한다. 예를 들어, 'P 가정방문' 부모교육 프로그램은 부모교육 전문가가 직접 가정으로 방문하여 부모를 교육하면서 동시에 아동학대나 방임이 발생하는지 모니터링한다. 이때 부모교육 전문가의 가정방문은 이 프로그램의 핵심요소로서 아동학대 및 방임 발생을 낮추는 효과와 직결되어 있다. 만약 계획된 대로, 정기적인 가정방문이 이루어지지 않거나, 드물게 이루어진다면 목표로 한 효과는 달성되기 어렵다.

넷째, 프로그램을 실시하기 위해 전문적인 훈련을 받은 종사자가 필요한가? 혹은 특별한 자격이 필요한가?

특정 부모교육 프로그램을 현장에서 잘 구현하기 위해서는 그 프로그램에 목표와 방법에 대하여 충분한 훈련을 받고, 경험을 쌓은 전문가가 필요하다. 어떤 프로그램은 학

력예 : 전문학사 이상 혹은 경력예 : 2년 이상의 현장경력, 전공예 : 유아교육, 아동발달, 가족 관련 전공에 대한 기준을 정해 놓고, 그 기준에 부합하는 사람에게만 부모교육훈련을 제공하기도 한다. 이는 부모교육의 효과가 숙련된 전문가의 지식과 경험에 의해 크게 좌우되기 때문이다. 이러한 규정을 지켜서 전문적인 훈련을 받고 부모교육을 진행한다면 더 좋은 효과를 얻을 수 있다.

다섯째, 비용은 얼마나 드는가?

비용도 매우 중요한 문제이다. 아무리 좋은 프로그램이라고 할지라도 비용이 너무 많이 들면 실시하기 어렵다. 부모교육에 필요한 재원을 충당할 수 있는 여러 방법을 모색하고, 가능한 비용 내에서 실시할 수 있는 최선의 프로그램을 선택하여야 한다.

여섯째, 프로그램의 효과는 어떻게 측정하는가?

부모교육을 실시하고 나면, 반드시 그 효과를 측정해야 한다. 부모교육의 효과는 부모교육을 마치고 난 후의 소감이나 만족도를 조사하는 것처럼 간접적으로 측정되기도 하나, 가능하면 원래 목표로 했던 바와 직접 관련이 있는 결과물을 구체적이고 타당한 방법으로 직접 측정하는 것이 바람직하다. 예를 들면, 부모-자녀관계 개선을 목적으로 한 프로그램의 경우 실제로 부모-자녀 언어적 상호작용이 바람직하게 개선되었는지를

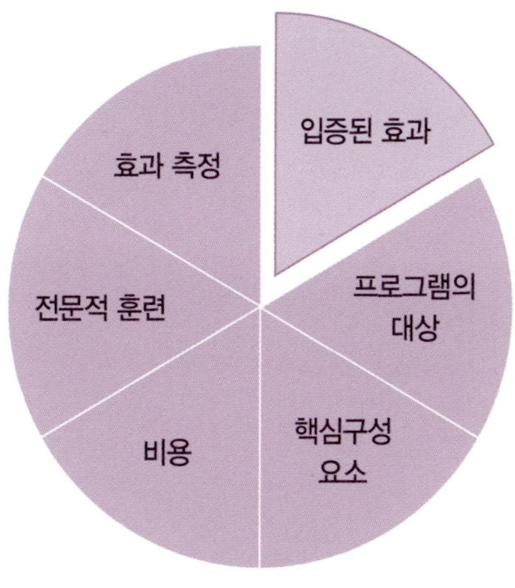

그림 9-5 | 부모교육 프로그램 선택 시 고려사항

관찰하거나, 훈육방법 개선을 위한 프로그램의 경우 아동을 통해 부모로부터의 체벌이나 언어적 폭력이 감소하였는지 정보를 수집하거나, 빈곤가정의 아동방임 예방 프로그램의 경우 아동의 학교 출석률이 개선되었는지를 파악하는 것이 필요하다. 이러한 효과 측정으로 수집된 자료는 추후에 같은 프로그램을 사용하고자 하는 기관이나 부모교육 전문가에게 소중한 정보와 지침이 된다.

Activity 활동하기

효과가 입증된 프로그램들이 가지는 공통적인 특징 중 하나는 아버지를 참여시키는 것이다. 우리나라 아버지들의 부모교육 참여를 확대할 수 있는 실질적인 방안들에 대하여 자유롭게 브레인스토밍(brain storming)을 해 보자. 각 조별로 아버지 참여를 증진시키기 위한 방안에 대하여 발표해 보자.

PART 4

영유아기관에서의 부모교육 및 참여

CHAPTER

10

기관과 부모의 관계 : 파트너십

CHAPTER 10

최근 자녀양육이 부모의 역할에서 사회와 국가의 책임이라는 인식이 증가함에 따라 유치원이나 어린이집과 같은 영유아 교육기관을 이용하는 가족이 늘고 있다. 이에 본 장에서는 부모와 교사의 역할을 알아본 후 부모와 교사 간의 파트너십의 의미 및 중요성 그리고 이를 증진하기 위한 다양한 전략을 소개하기로 한다.

1. 부모와 교사

효과적인 부모교육을 위해 부모의 역할과 교사의 역할이 어떠한 점에서 차이가 있는지 그리고 부모와 교사 간의 관계가 왜 중요한지를 이해할 필요가 있다.

1) 부모와 교사의 역할 차이

부모는 영유아에게 생활에 필요한 기술들을 가르칠 뿐 아니라 부모 자신이 어떻게 삶을 살아가는지를 실제로 보여 준다. 예를 들어, 부모가 평소 독서를 즐겨하는 것을 본 영유아는 자연히 책을 읽는 습관이 생길 것이다. 그러나 이보다 더 중요한 부모의 역할은 영유아에게 정서적 지원과 격려를 제공하는 최고의 지원자best advocate 역할이다. 교사는 영유아에게 부모가 제공하는 것 이상의 역할 모델이 되어준다. 교사는 영유아에게 지식을 더해주며, 다양한 관점을 소개한다. 교사와 함께 하는 교실의 일과는 영유아에게 일상생활능력을 습득하고 유지하는 첫걸음이 된다. 또한 가정과 달리 기관에서는 영유아의 능력을 또래의 능력과 비교하여 측정할 수 있다. 이에 교사는 영유아의 문제를 발견하고 교육적 성공에 필요한 모든 지원을 제공할 수 있도록 교육받는다http://education.gov.gy. 즉, 부모가 일차적인 사회화기관인 가정에서 무한한 사랑을 기반으로 자녀의 장단점에 대해 과소평가나 과대평가를 한다면, 교사는 이차적인 사회화기관인 유치원이나 어린이집에서 영유아에 대한 애착의 강도는 부모보다 낮지만 모든 영유아를 공평하게 대하는 존재라고 할 수 있다.

전문성 측면에서 부모는 영유아교육의 전문가는 아니다. 그러나 부모는 적어도 자신의 자녀에 대해서는 전문가라고 할 수 있다. 교사는 일반적인 또는 평균적인 영유아에 대해 전문적인 지식이 있지만 특정 영유아에 대해 세세히 알기는 어렵다. 반면, 부모는 자신의 자녀에 대해서는 누구보다 잘 안다. 이와 같이 부모와 교사가 서로 다른 존재이므로 이들의 의견이 늘 같을 수는 없다. 따라서 영유아가 가정에서 경험하는 교육과 기관에서 받는 교육도 차이가 있을 수밖에 없다. 부모와 교사를 구체적으로 비교하면 표 10-1과 같다.

표 10-1 | 부모와 교사의 차이

부모	교사	차이
무급	유급	• 부모와 교사 간의 가장 두드러진 차이임 • 교사가 일을 잘하든 못하든 월급을 받는다는 점에 분개하는 부모도 있음
강제적	자발적	• 부모의 역할은 강제적임. 예를 들어, 자녀가 장애가 있기를 바란 부모는 없지만 이를 피해갈 수도 없음 • 교사는 장애아를 맡을지 혹은 맡지 않을지를 선택할 수 있음
영구적	경력발달의 일부	• 부모의 역할은 평생 지속되므로 영유아의 발달에 진정한 장기적 관점을 갖는 유일한 사람임 • 교사의 역할은 기간이 정해져 있음
지속적	일시적	• 부모의 책임은 평생 계속됨 • 교사의 책임은 단기간에 제한됨
훈련받지 않은	훈련받은	• 부모는 영유아를 다룰 때 겪게 되는 어려움을 스스로 해결해야 함 • 교사는 자격증을 취득하고 지속적으로 전문성을 개발함
경험 없는	경험 있는	• 부모는 전문가의 영역에서 경험이 없음 • 교사는 자신의 분야에서 많은 경험을 가지고 있음
고립된	동료들과의 네트워크	• 부모는 자발적 모임이나 지원집단에 참여하기도 하지만 지원 네트워크가 전혀 없는 경우가 많음 • 대부분의 교사는 자신의 관심이나 생각, 경험을 동료들과 공유할 기회가 있음
주관적	객관적	• 부모는 영유아의 미래를 감정적이고 주관적으로 바라봄 • 교사는 감정을 개입하지 않고 각 영유아를 객관적으로 볼 수 있음
전인으로서의 아동	한 영역에 초점	• 교사가 영유아의 한 가지 측면(예 : 교육)에만 초점을 둔다는 사실에 부모가 당황하기도 함 • 부모는 교육, 사회성, 건강 등을 분리하지 않고 영유아를 좀 더 총체적인 방식으로 봄

출처 : Gascoigne, E.(1995).

2) 부모와 교사 간의 관계의 중요성

생태학적 관점에서 볼 때 인간은 자신을 둘러싼 복합적인 환경으로부터 영향을 받는다. 돌봄과 보호가 필요한 영유아기의 발달특성상 가정과 기관은 영유아에게 가장 중요하고 근접한 환경이라 할 수 있다. 부모와 교사로 대표되는 이 두 미시체계micro system는 서로 영향을 주고받으면서 영유아에게 중간체계meso system로서 기능을 한다. 영유아의 발달 역시 부모나 교사 중 어느 한쪽만의 영향을 받는 것은 아니며, 이 두 환경이 불일치할 경우 영유아는 불안을 느끼게 된다.

이와 같이 영유아의 밀접한 인적 환경인 부모와 교사의 관계가 어떠한지는 영유아를 위한 안정적 환경이 형성되는 데 중요한 역할을 할 것이다. 예를 들어, 브론펜브레너Bronfenbrenner(1979)는 영유아에게 가장 중요하고 일차적인 환경인 부모와 교사가 협력적이고 긍정적인 관계를 형성하고 있으면 영유아교육의 효과가 향상된다고 했다. 엡스타인Epstein(1999)도 부모는 자녀의 담임교사와 협력적 관계를 형성하고 관심을 공유할 때 가정에서 자녀를 돕는 방법에 관한 아이디어를 얻고, 영유아의 교육과정을 더 잘 이해하고, 영유아의 교사에 대해서도 긍정적으로 평가함을 발견했다.

반면, 부모와 교사 간의 협력이 원활하지 않은 경우 영유아에게 부정적 영향을 미칠 수 있다. 일례로 부모와 교사가 영유아에게 다른 기대치를 가지고 있을 때 영유아의 도덕적 판단능력이 부정적인 것으로 나타났다(강혜현, 2016). 이는 부모와 교사가 서로 신뢰하고 개방적이고 협력적인 태도로 개별 영유아의 발달특성에 대한 이해를 공유하고, 이를 각자의 양육 또는 교육목표에 일관성 있게 적용함으로써 영유아의 발달에 긍정적인 영향을 미쳐야 함을 시사한다.

이러한 입장에서 브라젤톤Brazelton은 교사는 부모를 대할 때 모든 부모가 자기 자녀에 대해 전문가이며, 강점을 가지고 있고, 자녀가 잘하기를 바라며, 양가감정을 가지고 있고, 양육은 시행착오에 의해 만들어지는 과정이며, 각 발달단계마다 부모와 공유할 요소가 있음을 유념해야 한다고 했다(Brazelton & Sparrow, 2003). 따라서 교사는 다음과 같은 가능성을 염두에 두고 부모를 대해야 한다.

- 부모는 자녀에 대해 비판적이거나 비관적일 수도 있다.
- 부모는 자녀문제를 효과적으로 해결하지 못할 수도 있다.
- 부모는 교사의 말을 이해하지 못할 수도 있다.
- 부모는 교사의 교육방법이나 기관의 운영방침에 비협조적일 수도 있다.
- 부모는 자녀를 다른 기관에 보내고 싶어 할 수도 있고, 반대로 자녀가 원치 않는데도 자녀를 기관에 강제로 보냈을 수도 있다.
- 부모는 자녀교육이 교사의 몫이고, 자신은 돈만 내면 된다고 생각할 수도 있다.
- 부모는 교사가 자신의 자녀에게 특별한 관심을 가져주기 바라거나 다른 영유아를 편애하여 자신의 자녀가 불이익을 받는다고 생각할 수도 있다.
- 부모는 바빠서 교사와 관계를 유지하지 못할 수도 있다.

부모와 교사 간의 협력적 관계는 영유아교육기관의 질을 평가하는 데 있어서 중요한 준거가 되고 있다. 일찍이 NAEYC National Association for the Education of Young Children에서는 질적으로 우수한 유아교육 프로그램이 갖추어야 할 요소로 부모와의 의사소통 및 부모참여를 포함시켰다. 우리나라의 경우에도 어린이집평가인증제에서 '가족 및 지역사회와의 협력'영역 중 '가족과의 협력'에 관한 항목을 통해 어린이집에서 영유아의 생활에 대해 부모와 의견을 교환하며, 부모참여의 기회를 제공해야 함을 강조하고 있다. 유치원 평가에서도 다양한 부모교육과 참여활동을 실시하고 가정 및 지역사회와의 연계를 위하여 노력하는가를 평가지표로 제시하고 있다(최서영, 2014).

2. 부모참여

부모교육과 더불어 많이 사용되는 용어인 부모참여는 부모교육과 유사하지만 다소 차이를 지닌 개념이다. 부모참여의 개념과 이에 따른 다양한 부모역할 유형을 소개하면 다음과 같다.

1) 부모참여의 개념

부모를 가르치는 모든 활동이 부모교육이라면, 부모참여는 부모가 영유아교육기관의 다양한 활동에 직접 참여하는 것이 강조된 용어로서 학급활동, 부모회 활동, 기관운영 관련 활동 등 다양한 형태와 수준의 참여를 포함한다. 이에 최근에는 부모교육이라는 용어의 사용을 자제하고, 이를 부모참여로 바꾸어 사용하기를 권하는 추세이다. 유치원이나 어린이집에서 부모를 교육하는 것은 쉬운 일이 아니며, 이러한 역량을 기대하고 이에 대한 책임을 지운다는 것도 과도한 요구가 될 수 있기 때문이다. 따라서 부모교육이 과거 사회적으로 통용되던 용어였다면, 부모참여는 보다 다양한 형태로 적극적 방식으로 활발한 교류 속에 이루어지고 있는 현대적인 개념이라 할 수 있다(김은설, 2009 ; 방승희, 2012).

이러한 부모참여의 중요성은 다음과 같이 여섯 가지로 정리할 수 있다.

첫째, 부모참여는 부모의 책임을 증가시켜서 부모의 비난이나 걱정을 완화시킬 수 있다. 둘째, 부모참여는 부모가 기관에 지지를 보내는 데 도움이 된다. 셋째, 부모참여

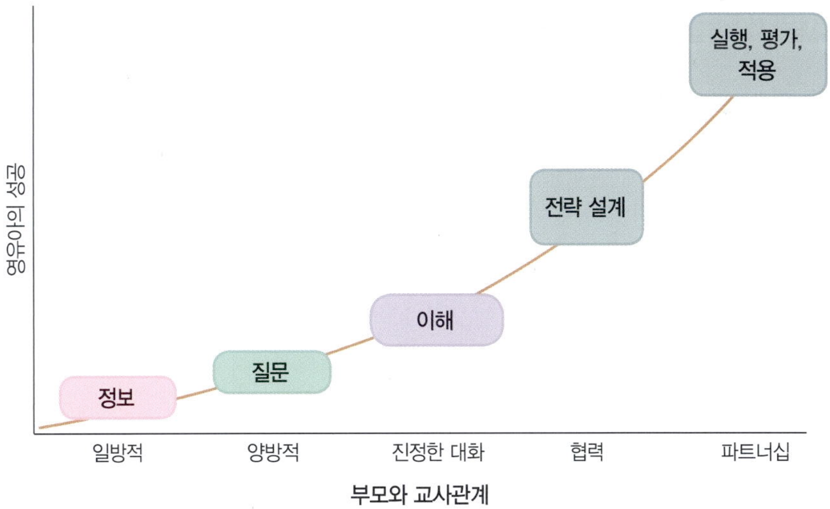

그림 10-1 | **부모참여곡선**

를 통해 자원봉사와 같이 기관 운영에 필요한 자원을 제공받을 수 있다. 넷째, 영유아가 기관에서 성공적으로 생활할 수 있도록 도움을 준다. 다섯째, 부모가 기관의 교육을 잘 이해하고 가정에서도 기본적인 원칙과 개념들을 강조하게 된다. 여섯째, 계획단계에서의 부모참여는 프로그램을 영유아의 요구에 보다 부합하도록 도와줄 수 있다(최형윤, 2007).

이와 같이 부모참여는 교사의 입장에서는 함께 양육을 책임지는 동반자를 갖게 되는 것이며, 영유아교육기관의 입장에서는 지역사회 자원을 매개할 자원을 얻는 것이고, 정부의 입장에서는 정책 파트너를 갖게 되는 것이다(김은설, 2009).

2) 부모와 기관의 관계

빈센트Vincent(2013)는 적절한 부모의 행동과 다른 부모와의 관계 그리고 교사와 부모의 관계 등 4가지의 주제에 따라 기관에 참여하는 부모의 역할을 다음과 같이 구분하고 있다.

(1) 지원자/학습자로서의 부모

지원자/학습자로서의 부모parent as supporter/learner는 현재 대부분의 가정과 기관의 관계를 설명해주고 있는 모델이자 많은 교사들이 선호하는 모델이다. 여기에서 부모의 역할은 교사의 가치나 행동을 동화함으로써 교사를 지원하는 것이다. 따라서 부모는 기관의 다양한 행사를 지원하거나, 교실이나 가정에서 교사의 보조자로 활동하도록 요청된다. 이 모델은 교실 안의 부모, 부모와 교육과정, 학점구조, 가정과 기관의 계약 등 4가지 유형으로 나누어진다.

① 교실 안의 부모

교실 안의 부모parents in classroom는 부모가 교실에 들어와서는 안 된다는 통념에 변화를 가져온 개념으로서, 부모의 도움을 받아 학급이나 기관을 운영하는 것을 말한다.

이는 두 가지 목적을 가지고 있다. 첫째, 교사의 업무를 줄여주고, 둘째, 부모에게 교실 환경의 기회와 제약에 대해 인식하게 해주기 위한 것이다.

② 부모와 교육과정

부모와 교육과정parents and the curriculum은 교육과정을 구성, 운영하는 데 부모의 의견을 수렴하는 것을 뜻한다. 이는 부모를 교육하고 교사의 교육방법에 익숙하게 하는 것에서부터 부모를 직접적인 교육자 역할로 참여하게 하는 것에 이르기까지 다양한 범위를 나타낸다. 이 유형은 부모가 교사와 대화를 지속하면 기관을 더 이상 신비로운 곳으로 보지 않게 된다는 장점이 있다. 또한 과거 관객이나 기금 조달자로 제한되었던 부모의 역할이 상당히 확장되었으며, 그 결과 부모는 수동적인 존재가 아닌 능동적인 존재가 되었다. 그러나 여전히 교사는 부모를 지원자로 바라보면서 전문성에 있어 자신이 부모보다 우위에 있다고 생각한다. 즉, 부모가 교사보다 영유아에 대해 더 잘 안다고 보는 부모 중심parent-centered 접근과 달리, 이 모델에서는 교사가 부모의 전문성을 인정하지 않으며, 부모와 함께 일하는 것을 배워야 한다는 것을 받아들이지 않고, 자신의 태도나 가치관을 돌이켜 보지 않는다고 본다.

③ 학점구조

학점구조accreditation schemes는 부모가 자녀와 활동하는 것을 공식적으로 인정해주는 것이다. 이는 부모에게 인증서를 발부하거나 평생교육원 학점을 취득하게 해주는 등의 다양한 형태를 나타난다. 이 유형은 부모의 개인적 삶이나 경력개발의 측면에서 유용하긴 하지만, 반드시 기관에서 부모참여의 활성화를 보장해주지는 않는다. 기관은 부모에게 자녀와 활동할 때 필요한 주도권을 발달시킬 수 있는 지식과 기술, 공간을 제공하지만, 기관 자체는 변하지 않는다. 즉, 학습이 쌍방향으로 이루어진다는 보장이 없다.

④ 가정과 기관의 계약

가정과 기관의 계약home-school contact이란 기관은 가정이 기관의 계약을 촉진하고 지원하는 구조를 제공하며, 부모는 필요시 모임에 참석해야 한다는 것이다. 이 유형에서는 부모의 의무가 구체적인 데 비해 기관의 책임은 다소 일반적인 편이다. 또한 이러한 계약은 다음과 같은 점에서 비판을 받는다. 첫째, 부모와 교사는 쌍방이 동등한 정보를 가지고 있는 평등한 관계가 아니며, 정보를 더 많이 가지고 있는 교사를 위한 지원이다. 둘째, 교사 우위의 계약 모델을 유지하더라도 기관은 최소한 부모와의 의사소통을 향상시키려는 노력을 해야 한다. 셋째, 부모의 사회경제적 지위에 따라 계약이 불공정할 수 있다. 예컨대, 중산층의 경우 부모모임에 참석하는 것이 수월하지만, 교통편이나 손아래 동생을 맡기기 어려운 부모의 경우에는 참석이 어려울 수 있다.

(2) 소비자로서의 부모

소비자로서의 부모parent as consumer는 1991년 영국의 부모헌장Parents'Charter 이후 처음으로 등장한 개념으로서, 지원자/학습자 모델을 대체하게 된 모델이다. 이 모델은 기관은 영유아뿐 아니라 기관의 수행과 운영에 관한 보고서를 부모와 지역사회에 제공해야 한다는 입장이다. 또한 이러한 기관의 책무성은 부모로 하여금 기관에 관한 정보를 갖고 기관을 선택할 수 있게 해준다. 이러한 점에서 부모는 소비자로 간주된다. 따라서 이 모델의 부모는 부모헌장에 입각하여 부모의 의무와 권리를 중요하게 여기며, 자신이 원하는 교육형태를 선택할 수 있다. 그런데 기관이 부모가 원한다고 생각하는 것과 부모가 실제로 원하는 것이 일치하지 않는 경우가 종종 있으므로 소비자로서의 부모 모델이 작동하기 어려울 수 있다. 부모는 기관이나 교사와 동등한 파트너라기보다는 자녀의 교육을 선택할 수 있는 서비스 사용자로 여겨진다. 즉, 과거와 달리 부모는 자녀가 다닐 기관을 선택하고 교사평가나 기관별 평가 일람표를 접할 수 있게 되었지만, 교사와의 상호작용에서 부모가 더 많은 권한을 갖게 된 것은 아니다.

(3) 독립적인 부모

독립적인 부모independent parent는 기관과 최소한의 관계를 맺는 유형이다. 이러한 부모는 의도적으로 기관을 멀리하거나 혹은 개인적 이유나 상황 때문에 교사와의 상호작용을 꺼리면서 수동적 역할을 한다. 활동이나 참여를 하지 않는 이들을 기관에서는 대하기 어려운 부모라고 부른다.

(4) 참여자로서의 부모

참여자로서의 부모parent as participant는 자녀의 교육과 기관 운영에 적극적으로 참여하는 부모이다. 이러한 부모는 교사나 원장과 접촉을 많이 한다. 또한 기관의 운영과정에 대해 잘 알고 있으며, 자신을 완전하고 평등한 참여자로 여긴다. 현실적으로 이 유형의 부모가 많지는 않지만, 향후 발전을 위해 전략적 모델로 삼을 수 있다. 이들은 기존의 지원자/학습자로서의 부모보다 민주적인 방식으로 기관에 참여하고, 부모 간에 중요한 네트워크를 만들어 의사소통을 한다.

표 10-2 | 부모의 역할에 따른 기능, 기제와 초점

구분	지원자/학습자	소비자	독립적인 부모	참여자
기능	교사를 지원하고 교사의 관심사와 방법을 수용	기관/교사의 책무성에 대한 격려와 높은 기준	기관/교사와 최소한의 접촉	자녀의 교육뿐 아니라 기관의 운영에도 참여
기제	• 제도적으로 운영되는 교육과정 지원 • 기관의 교육행사 참여 • 기관행사의 지원/조직	• 기관의 교육적 행사 지원 • 정부의 지침서에 제시된 정보 수용	• 가정-기관의 의사소통이나 상호작용이 거의 없음 • 부모는 대안적인 형식의 교육을 제공할 수 있음(예 : 보충수업)	• 부모 운영위원 • 적법한 부모 그룹 • 지역/국가의 교육집단 및 조직의 구성원
초점	• 개별 영유아 • 정규교육과정 외의 활동 및 기금 조성-모든 학급/기관	• 개별 영유아 • 제한적인 참여(예 : 기관의 입장 변화를 위한 투표)	개별 영유아	개별 영유아, 기관 전체, 지역 및 국가의 교육 이슈 등 교육의 모든 측면에 초점을 둘 수 있음

출처 : Vincent(2013).

3. 부모와 교사의 파트너십

앞서 설명한 참여자로서의 부모는 교사와의 파트너십을 통해 가정과 기관 간의 일관성 있는 교육을 가능하게 만든다. 부모와 교사의 파트너십의 개념 및 구성요소는 다음과 같다.

1) 부모와 교사의 파트너십의 개념

부모와 교사의 파트너십이란 부모와 교사가 영유아의 복지에 대한 상대방의 공헌을 인정함으로써 상호 대등하거나 조화로운 관계를 형성하는 것을 말한다. 부모와 교사가 파트너십을 형성할수록 영유아, 부모, 교사 모두에게 유익하다. 즉, 영유아는 학습 성취도가 높아지며, 부모는 양육능력이 향상되고, 교사는 교수 효능감이 증진될 수 있다. 부모와 교사의 파트너십은 영유아에 대한 정보와 지식을 공유하기 위해 부모와 교사가 진솔하고 지속적인 의사소통과 상호작용을 하는 과정에서 형성된다. 이는 교사 윤리의 한 부분이기도 하다.

파트너십의 관점에서 볼 때 부모와 교사는 모두 전문가로 간주된다. 즉, 부모는 자기

표 10-3 | 부모와 교사의 교육적 파트너십 목표

목표	의미
교육적 목표	가정과 기관에서 양육과 교육방식을 일치시킴으로써 부모와 교사가 서로의 의견을 존중하며 경청하고, 개방적 자세로 영유아에 대한 정보를 공유함
조직적 목표	기관 안팎의 활동(예 : 현장학습 인솔)을 조직하고 실행하는 데 부모가 실제적 도움을 제공하게 함. 이를 통해 부모는 자신의 재능을 공유함
민주적 파트너십 목표	기관의 목적이나 발달과 관련된 의사결정과정에 부모에게 공식적, 비공식적으로 참여하게 함으로써 발언권을 부여함
가능성 목표	부모와 교사 모두가 영유아의 학습을 위해 상호 관계의 질을 향상시킬 수 있도록 함

자녀에 대한 전문가이고, 교사는 기관 또는 학급의 맥락에서 보호와 교육을 하는 전문가이다. 따라서 영유아의 최선의 이익을 위해 부모와 교사가 가정과 기관에서 영유아의 발달과 학습에 대한 정보를 공유해야 한다는 것이다. 또한 파트너십은 양자 간에 책임감을 내포하고 있다. 부모와 교사의 교육적 파트너십을 위한 4가지 목표는 표 10-3과 같다(Kernan, 2012).

2) 부모와 교사의 파트너십의 구성요인

부모와 교사의 파트너십이 어떠한 요인들로 이루어졌는지를 설명하는 주요 모델들을 소개하면 다음과 같다.

(1) 엡스타인 등의 모델

엡스타인 등Epstein et al.(2002)은 부모와 교사의 파트너십 관계를 구축하기 위해서는 부모와 교사 상호 간의 노력이 중요하지만, 그중에서도 교사나 기관의 태도 및 신념이 부모의 협력을 이끌어 내는 주요한 요인이라고 보았다. 이러한 입장에서 그들이 제시한 교사-부모 파트너십의 6가지 하위요인들은 다음과 같다.

① 부모에게 양육에 관한 정보를 제공하기(parenting)

학습자로서의 영유아를 위한 지지적인 가정환경을 만들 수 있도록 부모를 돕는 것이다. 학습증진을 위한 가정환경 제안, 부모교육활동, 가족 지원 프로그램 등이 이에 해당되며, 부모의 양육기술이 촉진된다. 그 결과 영유아는 출석률이 좋아지고 부모 및 교사의 중요성을 인식하게 된다.

② 부모와 효과적으로 의사소통하기(communicating)

기관의 프로그램과 영유아의 진전에 관해 양방향으로 의사소통하는 것이다. 부모-

교사 모임, 기관의 방침 및 프로그램의 정책에 관한 명확한 정보 제공, 전화 통화 등을 예로 들 수 있다. 그 결과 영유아는 자신의 진전에 대해 인식하고, 기관의 방침을 이해하며, 의사소통기술이 향상될 수 있다.

③ 부모를 기관에 자원봉사자로 참여시키기(volunteering)

기관, 가정 또는 기타 장소에서 자원봉사자나 청중으로 참여하도록 부모를 모집·훈련하는 것이다. 예를 들어, 부모가 안전요원으로서 시설의 보수를 돕거나 교사 또는 다른 부모를 보조하는 것이다. 이러한 자원봉사활동 결과 영유아는 성인과의 의사소통기술이 향상될 뿐 아니라 멘토링에 의해 학습기술도 증진될 수 있다.

④ 부모에게 가정에서의 학습 지원방안 제공하기(learning at home)

부모에게 가정에서 영유아의 학습을 도울 수 있는 방법에 대한 정보를 제공하는 것을 말한다. 예를 들어, 가정연계활동의 수행방침에 관한 정보, 영유아지도방법, 기관에서 가족 독서활동 등이 이에 해당한다. 그 결과 영유아는 가정연계활동을 많이 하며, 학습자로서의 자아개념이 향상되고, 부모를 좀 더 교사와 비슷하게 보게 된다.

⑤ 부모를 의사결정에 참여시키기(decision making)

부모를 운영위원회의 대표로서 기관의 주요 현안에 대한 의사결정에 참여하게 하는 것이다. 부모-교사 모임이나 부모와 관련된 네트워크가 이 유형에 해당한다. 이를 통해 영유아는 가족의 대표성을 인식하고, 자신의 권리가 보호받는다는 것을 이해하게 된다.

⑥ 지역사회와 협력하기(collaborating with the community)

교육 프로그램을 향상시키기 위해 지역사회의 자원과 서비스를 발굴·통합하는 것을 말한다. 학습기술과 연관된 지역사회활동과 서비스에 관한 정보, 동창회 참석, 지역사회 내의 문화, 보건, 시민단체 등과의 파트너십을 통한 서비스 통합 등이 이에 속한다. 영유아에게 나타나는 결과로는 기술 및 재능의 향상, 지역사회 프로그램으로부터 받는 혜택 등이 있다.

엡스타인의 모델은 포괄적이며 유용하지만, 부모보다는 교사에게 초점이 있으므로 부모의 관점을 이해하는 데에는 한계가 있다. 예를 들어, 앞에 제시된 활동들은 대개 교사의 주도에 의해 이루어진다. 그러나 실제로는 참여 여부에 대한 부모의 결정이 영유아의 교육에 그 무엇보다 중요하다. 따라서 부모의 참여가 강화되기 위해서는 모델에서 부모의 입장이 강조되어야 한다.

(2) 후버-뎀프시와 샌들러 모델

후버-뎀프시와 샌들러Hoover-Dempsey & Sandler(2005)는 영유아의 교육적 삶에 부모 참여가 결정적인 요인이지만, 부모에게 참여의 동기를 부여하는 심리적 요인에 대해서는 알려진 바가 별로 없음을 발견하였다. 이에 부모의 입장에서 다음과 같은 모델을 제시했다.

① 수준 1 : 개인적 동기(personal motivation)

부모의 역할 개념과 자기효능감 등 부모의 동기적 신념이다.

- 부모는 자신이 참여해야 한다고 믿는가?
- 부모는 자신의 참여가 영향력이 있을 것으로 믿는가?

② 수준 2 : 참여 요청(invitations)에 대한 지각

부모가 기관 교사, 영유아 등이 자신의 참여를 바란다고 지각하는 것이다.

- 부모는 기관이 자신의 참여를 바란다고 믿는가?
- 부모는 교사가 자신을 자원봉사자로 활동하기를 바란다고 믿는가?
- 부모는 영유아가 자신의 참여를 바라거나 필요로 한다고 믿는가?

③ 수준 3 : 생활 맥락(life context)에 대한 지각

부모참여에 필요한 특정 기술 및 지식, 시간과 에너지가 있다고 지각하는 것이다.

- 부모의 직업 스케줄은 영유아와 함께 읽을 시간을 허용하는가?
- 부모는 자신이 영유아의 읽기를 도울 지식을 가지고 있다고 믿는가?

이러한 후버-뎀프시와 샌들러의 모델은 부모는, 첫째, 영유아의 교육에 참여하는 부모역할 개념을 형성하고, 둘째, 자신이 영유아의 성공적인 기관생활을 도울 수 있다는 부모효능감을 구축하고, 셋째, 영유아와 기관으로부터 자신의 참여에 대한 요구나 기회가 있다고 지각할 때 참여하게 됨을 시사한다. 이와 같이 이 모델은 심리학적 관점에서 부모참여의 유형을 제시할 뿐 아니라 부모가 참여를 결정하는 이유와 특정한 참여 유형을 선택하는 이유를 설명하고자 하였다.

3) 부모와 교사의 파트너십의 어려움

브론펜브레너Bronfenbrenner에 의하면, 부모와 교사의 파트너십을 위해서는 다음과 같은 점이 필요하다. 첫째, 교육의 목적에 동의하기 위해 노력한다. 둘째, 기관과 가정은 서로를 지원하고 연계성을 유지하고자 한다. 셋째, 부모나 가족이 영유아와 함께 기관에 와서 시간을 보낼 수 있도록 배려한다. 넷째, 가정과 기관 간의 상호적인 의사소통이 이루어져야 한다. 다섯째, 부모-교사 간의 의사소통은 서로 직접 만나서 이루어지는 것이 좋다(최서영, 2014). 그러나 현실적으로 이러한 파트너십을 이루는 것은 쉽지 않다. 부모와 교사의 파트너십을 어렵게 하는 요인들과 교사와의 파트너십 형성이 어려운 부모 유형을 소개하면 다음과 같다.

(1) 부모와 교사의 파트너십을 어렵게 하는 요인

부모와 교사의 파트너십을 어렵게 하는 요인은 시간 부족, 기대의 차이, 상호 신뢰

부족, 상호 존중 부족, 권력의 불균형 등으로 요약할 수 있다.

① 시간 부족

부모와 교사가 긴밀히 상호작용하기 위해서는 상당히 많은 시간이 필요하다는 인식으로 인하여 이들은 의사소통을 부담스럽게 느낄 수 있다. 특히, 맞벌이 가족으로 부모 모두 직장을 다녀 바쁘거나 교사가 기존의 업무도 많을 경우, 부모와 의사소통하는 것까지 덧붙여진다면, 부모와 교사가 함께 시간을 내는 것이 쉽지 않은 것이 사실이다.

② 기대의 차이

부모와 교사는 영유아의 발달에 대해서 뿐만 아니라 서로의 역할에 대해서도 기대치가 다르다. 또한 인간은 자신의 경험을 토대로 의사소통 내용을 해석하고, 자신의 생각과 맞는 것은 수용하고 맞지 않는 것은 거부하려는 성향이 있기 때문에 이들은 같은 내용도 서로 다르게 해석하고, 오해도 할 수 있다. 특히, 학급 전체 영유아들을 담당하는 교사의 입장에서 부모가 자기 자녀만 생각하거나 교사나 다른 아이 탓을 하며 항의하고, 자녀의 발달수준이나 흥미와 무관한 기대를 갖거나 교사에게 무리한 요구를 한다면 갈등을 겪을 수밖에 없다.

③ 상호 신뢰 부족

부모와 교사가 원래 서로를 잘 아는 사이라거나 금세 친밀하고 편안한 관계를 형성하는 경우는 흔치 않다. 부모와 교사는 상대방의 말이나 행동에 대해 신뢰도가 낮을 때 선입견으로 인해 상대방의 말을 왜곡하여 해석하거나 방어적인 태도를 갖게 된다. 특히, 연령이 어리고, 결혼이나 출산경험이 없다거나 신임교사라는 이유로 부모가 교사를 신뢰하지 않는다면 부모와 교사는 협력적인 동반자 관계를 형성하기 어렵다.

④ 상호 존중 부족

상대방에 대한 불신은 말과 행동뿐 아니라 눈빛이나 표정 등의 상대방을 대하는 태도에도 반영된다. 부모가 명령조나 반말을 섞어 이야기하는 경우 교사는 자신이 무시당하고 권위가 실추되었다는 느낌으로 부모와의 의사소통이 불쾌하고 부담스러워진다. 또한 교사가 권위적 입장에서 부모를 대하거나 평가하거나 부모에게 난해한 전문용어를 사용할 경우 부모는 교사를 어려운 존재로 여기게 되며 스스로의 자존감이 떨어지게 된다.

⑤ 권력의 불균형

부모참여의 이점을 알고 부모를 참여시키려고 하면서도 간섭을 제어하거나 전문성의 경계를 유지하려는 교사가 있다. 이에 많은 부모들이 부모와 교사 간의 권력의 불균형을 깨기 어렵다고 말해 왔다. 그러나 최근에는 교육 개혁이나 무상보육정책 등으로 인해 많은 부모들이 이러한 권력관계를 역전할 수 있게 되었다. 기관의 책무성이 증가함에 따라 부모는 자녀의 평가에 사용된 방법이나 교수의 질, 교육과정 이슈 등에 대해 질문 또는 비판할 수 있게 되었기 때문이다(Ellis, 2012).

더 알아보기

부모와 교사 : 을만 있는 관계

갑을관계에는 자신의 힘을 이용해 횡포를 부리는 갑과 일방적으로 부당한 대우를 받는 을이 존재하게 마련이다. 그러나 부모와 교사는 서로 자신이 을이라 여긴다. 부모가 교사와의 관계에서 자신이 을이 될 수밖에 없다고 여기는 가장 큰 이유는 '아이를 맡겨 놨으니까' 그래서 '(내가 잘못하면) 아이한테 피해가 갈까봐'이다.

> *"그렇게는(교사한테 불만이 있을 때 티를 내는 일) 못하죠. 그럼 그 선생님 입장에서 기분이 나쁠테니 저희 아이한테 피해가 돌아올까봐 이런 생각 때문에 제가 오히려 '부탁드린다'고 이런 관계지, 그래서 우린 을일 수밖에 없죠."*

부모 입장에서는 자신이 지켜볼 수 없는 상황에서 교사가 자신에게 가장 소중한 아이에게 잘해주기만을 바랄 수밖에 없는 힘없는 존재가 되는 것이다. 또한 교사와 갈등이나 충돌이 생겼을 때 "일하는 엄마들은 방법이 없는 거예요. 우리는 일을 하고 다녀야 하고 당장 아이를 맡길 데는 없으니까"라며, 부모들은 자신들이 을일 수밖에 없는 또 다른 이유를 밝히기도 한다.

교사의 경우는 몇몇의 부모가 자신 혹은 동료에게 하는 무리한 행동이나 요구를 통해, 그리고 그러한 요구가 부당함에도 불구하고 참거나 들어줘야 하는 경험을 통해 자신이 을이라고 여기게 되는 듯하다.

> *"어머님이 갑이라고 생각하는 경우가 많으시죠. 좀 예민하신 분들은 내가 갑이고 넌 을이야. 좀 선을 긋는다고 저도 많이 느끼고 다른 반도 봤을 때 딱 보여요. 그러다보니 아이에게 일이 생기면 와서 '너네가 하는 일이 뭔데 우리 애를 이렇게 하냐' 이런 식으로 말씀하시면 좀 되게 자존감이 하락하고 그렇더라구요. 기본적으로 유치원 교사를 낮게 생각하는 것 같아요."*

부모의 무리한 요구나 무례한 행동으로 교사는 피해의식을 갖게 되고, 교사는 자신이 부모로부터 을로 여겨지고 있다는 것에 자괴감을 느끼기도 한다. 사립기관 교사는 부모가 무리한 요구를 당당히 하고 자신이 더 높은 위치에 있다고 여기는 이유가 사립은 공립에 비해 더 많은 돈을 내기 때문이라고 생각한다. 이러한 상황에서 교사들은 원장이나 원감이 힘이 되어주기를 희망하지만, 원장의 입장에서는 부모와 문제가 생겼을 때 결원이 생기거나 기관에 대해 부정적 소문이 나게 될 것이 두려워 오히려 교사에게 무조건 참거나 부모의 요구를 들어주도록 강요하는 경우가 많다. 특히, 부모들은 네트워크로 연결되어 있어 단체로 움직이는 경우가 많아 결국 그 교사가 유치원을 그만두게 되는 일도 생긴다.

이렇듯 서로에 대한 이해와 배려 없이 자신의 입장과 요구만 강요한다면 갑을관계의 피해는 계속 양산될 수밖에 없고, 그 가운데에서 영유아만 힘들어지고 양질의 교육을 받을 기회는 줄어들게 됨을 인식할 필요가 있다.

출처 : 방유선(2016).

(2) 부모와 교사의 파트너십이 어려운 부모 유형

교사가 동질적인 집단이 아니듯 부모집단도 이질적이기 때문에 교사의 입장에서 볼 때 파트너십을 이루기 쉬운 부모가 있는 반면 어려운 부모도 있다. 예를 들어, 교사와

의사소통할 때 자신감을 갖고 솔직히 말을 하는 부모도 있지만, 수동적 역할을 하는 것이 더 편안한 부모도 있다. 부모의 유형을 인식하면 교사는 부모의 이해를 돕고 공평한 파트너십이 이루어지도록 자신의 업무 스타일을 맞출 수 있다. 이러한 측면에 따라 부모의 유형을 분류해보면 다음과 같다(Gascoigne, 1995).

① 논리정연하게 자신의 주장을 펼치는 고학력 부모

자신감 있게 말하며, 교사의 이야기를 잘 이해하고, 평정심과 소신을 갖고 자녀에 관한 대화에 임한다.

② 순종적 또는 유순한 부모

교사의 제안을 거의 따르고자 한다. 교사의 의견에 도전하거나 교사 외에 다른 전문가를 찾아가서 조언을 구하려고 하지 않는다.

③ 아는 것은 많지만 화를 잘 내는 부모

아는 것은 많지만 교사와 조용하게 대화를 하지 못한다. 자신의 전문적 지식이 교사의 지식을 뛰어넘는다는 생각으로 교사를 우습게 보고 열변을 토한다.

④ 잘 알지도 못하면서 화만 내는 부모

적대적인 태도를 보이는 부모들이다. 설득해도 반응이 없으며, 결국 화를 내는 것으로 끝맺는다. 어떠한 상황에서도 불만을 표하고자 한다.

⑤ 싸우기 좋아하는 부모

자녀의 문제보다 싸움에 더 관심이 있는 듯이 보이는 부모들이다. 근본적인 목적을 잃어버리고 논쟁을 하는 것에 즐거움을 느낀다.

⑥ 무관심한 부모

자녀의 교육이 최우선 순위가 아닌 무관심한 부모이다. 자신의 자녀가 뒤처져 있다는 것을 모르는 듯하며, 자녀의 성취는 교사의 책임이라고 여긴다.

⑦ 특별한 도움이 필요한 부모

부모 자신도 특수교육이 필요한 경우이다. 교사는 이러한 부모를 바로 알아차릴 수는 없을지라도 가능한 이 사실을 인식하고 있어야 한다.

4. 부모와 교사의 파트너십을 위한 부모참여의 활성화

부모와 기관의 파트너십은 한 가지 방법을 통해서 형성될 수 없으며, 기관, 부모, 지역사회의 특성에 맞는 방법을 찾아보아야 한다. 그러나 어떠한 경우이든 가장 기본적이고 공통적인 점은 부모참여가 활성화되어야 한다는 것이다. 이러한 입장에서 부모참여를 촉진하는 전략들을 살펴보면 다음과 같다.

1) 부모 중심의 계획

부모의 참여율을 높이고 중도 탈락률을 낮추기 위해서는 계획단계에서부터 부모를 참여시키고(이미화 외, 2013), 부모의 편의를 고려한 계획을 세우는 것이 가장 효과적이다. 따라서 연초에 오리엔테이션을 통해 연간 부모참여계획을 공지하여 부모들이 미리 일정을 조정할 수 있도록 한다. 또한 부모의 역량과 상황에 따라 선택할 수 있도록 다양한 참여활동을 마련하며 예 : 운영위원회, 현장견학 도우미, 일일교사, 설문지를 통해 부모가 희망하는 부모교육 주제나 형태 등을 파악하고, 부모가 참여할 수 있는 분야 예 : 재능기부, 자원봉사, 보조교사와 시기 등을 구체적으로 조사한다. 이때 어머니에 한정하지 않고 아버지나 조부모 등 다양한 가족 구성원이 참여할 수 있도록 하는 것이 바람직하다. 맞벌이 가족도 참여할 수 있도록 시간대를 다양하게 운영하거나예 : 저녁, 주말, 2~3회에 걸쳐 나누어 선택할 기회를 제공하는 것도 효과적이다. 종료시간을 영유아의 하원시간에 맞추어 자녀와 함께 귀가할 수 있도록 하고, 손아래 동생이 있어서 참여가 어려운 가족을 위해서는 행사 중 이들을 따로 모아 돌보아 주는 것이 도움이 된다.

2) 효과적인 홍보

과거에는 주로 가정통신문으로 부모참여 프로그램을 안내했지만, 기관의 홈페이지나 게시판, 휴대폰 문자 메시지, SNS 등 다양한 매체를 통해 홍보할 수 있다. 보다 효과적인 방안은 손으로 만든 초대장을 보내는 것이다. 특히, 교사가 제작한 초대장보다는 부분적으로라도 영유아가 그림을 그리거나 글을 쓴 초대장이 더 의미가 있을 것이다. 단 한 번의 안내만으로는 참여 동기가 잘 유발되지 않고, 참여 의사가 있는 부모도 잊어버리고 못 오는 경우가 많으므로 1~2일 전에 확인 메시지를 보내는 것이 좋다. 또한 부모교육에 참여하지 못하는 부모에게 별도로 내용을 전달할 방안을 마련해야 한다. 예를 들어, 가정으로 프로그램 실시 결과를 보내거나 홈페이지에 프로그램 진행 동영상이나 참여 부모들의 소감문을 올리면 불참 부모에게 추후 참여 동기를 부여할 수 있다.

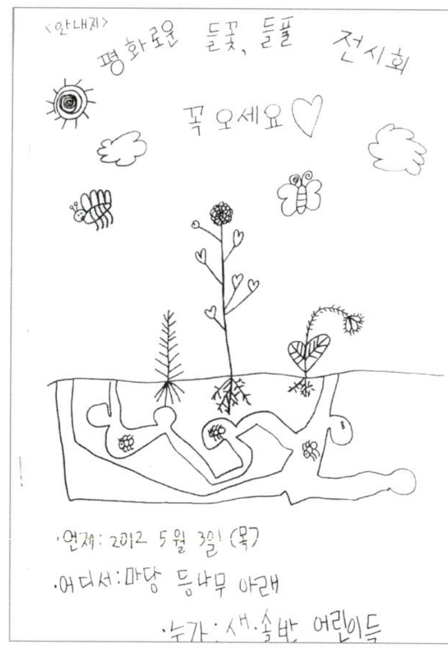

그림 10-2 | 유아가 만든 초대장

CASE 부모참여 홍보 및 독려 사례

4/15(금) 첫 번째 조력 가정통신문 배부(참여 공지)

가정통신문

- 아버님 조력에 관한 안내 -

학부모님께
안녕하십니까?
새학기를 맞이하여 각 반 어린이 의자 세척하기 조력을 실시할 예정입니다.
아버님들의 많은 관심과 참여 부탁드립니다.
아래의 조력내용과 시간을 확인하시고 조력에 참여를 원하시는 아버님들께서는 4월 18일(월)까지 신청서를 어린이집으로 제출해 주시기 바랍니다.

1. 일　　시 : 2016년 4월 23일(토) 오전 10시 ~ 오후 2시까지
2. 장　　소 : 목련어린이집 운동장
3. 조력내용 : 각 반 어린이 의자 세척하기
4. 준비사항 : 고무장갑

2016.4.15
국공립 목련어린이집

---------------------- 절 취 선 ----------------------

아버님 조력 참여 신청서

반 명 :　　　　아동명 :　　　　부모님 확인 :　　　　(인)

※ 해당 칸에 O로 표시해 주세요.

4월 23일(토) 아버님 조력에 참여할 수 있습니다.	4월 23일(토) 아버님 조력에 참여하지 못합니다.

2016.4.15
국공립 목련어린이집

4/18(월) 참여신청서 회수

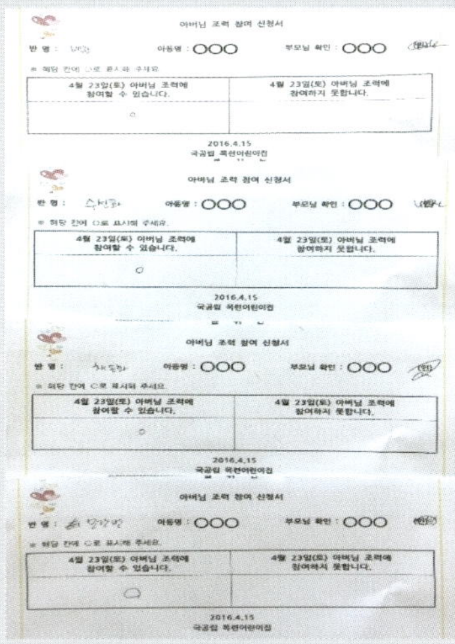

4/23(토) 아버님 조력 실행

활동내용 공유 및 참여 독려

가정통신문

- 4월 23일(토) 아버님 조력 활동 결과 내용에 관하여 -

학부모님께
안녕하십니까?
4월 23일(토)에 진행된 아버님 조력활동에 대한 내용을 안내해 드립니다.

아버님 조력 및 간담회

일　시	2016년 4월 23일(토) 오전 10시 ~ 12시	활　동	부모님 간담회 및 조력
장　소	어린이집 운동장		
활동 내용	유아 의자 세척		

활동일정 및 참여현황

〈활동일정〉

시간	활동 내용
10:00~10:30	어린이집 활동에 대한 이해 및 부모님 간담회
10:30~12:00	각 반 교실 의자 세척

〈참여현황〉

반 명	참여부모님 원아명단
개나리반	-
진달래반	-
수선화반	○○○ 아버님
백 합 반	○○○ 아버님
모 란 반	○○○ 아버님
장 미 반	-
채송화반	○○○ 아버님
총	4명

조력활동 사진

어린이집에서 깨끗한 의자 사용이 가능할 수 있도록 도움을 주신 수선화반 김민아 아버님, 백합반 유아린 아버님, 모란반 서회준 아버님, 채송화반 박채이 아버님께 진심으로 감사드립니다.
다음 조력은 6월 중 아침밥 나눠 줍니Day!(주먹밥 만들기 조력활동) 활동 예정입니다. 학부모님들의 많은 참여 부탁드립니다.
감사합니다.

2016.4.29
국공립 목련어린이집

CASE 참여하지 못한 부모를 위한 안내

부모교육에 참여하지 못한 부모를 위한 별도의 안내 예는 다음과 같다.

가정통신문

- 부모교육에 관하여 -

학부모님께

안녕하십니까?

'영유아 문제행동 지도방법' 부모교육을 어린이집에서 진행합니다.

교육은 총 2회에 걸쳐서 진행되며, 아래에 안내해드리는 날짜를 확인하시고 학부모님들의 많은 참여 부탁드립니다. 감사합니다.

◎ 부모교육

■ 일 시

구 분	일 시
1차 교육	2016년 7월 20일(수) 오후 5시 ~ 6시
2차 교육	2016년 8월 18일(목) 오후 5시 ~ 6시

■ 주 제 : 영유아 문제행동 지도방법

■ 대 상 : 목련어린이집 학부모님

■ 강 사 : 숭의여자대학교 유아교육과 김OO 교수님

■ 장 소 : 목련어린이집 개나리반 교실

※ 부모교육 신청서를 작성하신 후 7월 18일(월)까지 각 반 담임선생님께 제출해주시기 바랍니다.

2016.7.15

국공립 목련어린이집

---------- 절 취 선 ----------

'영유아 문제행동 지도방법' 부모교육 참가신청서

반 명 : 아동명 : 부모님 확인 : (인)

※ 해당 칸에 O로 표시해 주세요.

부모교육에 참석하겠습니다.		부모교육에 참석하지 못합니다.	부모교육에 참석하지 못하여 관련된 자료를 제공받고 싶습니다.
1,2차 교육에 모두 참석 가능합니다.			
1차 교육에만 참석 가능합니다.			
2차 교육에만 참석 가능합니다.			

2016.7.15

국공립 목련어린이집

가정통신문을 통한 부모교육자료 신청 안내

2016학년도 부모교육 부모교육에 참석하지 못한 부모님들을 위한 자료 게시판

글쓰기

전체선택 이동 삭제 편집 스팸처리 등급변경 공지

	제목	글쓴이
9	건강을 실천하는 바른 식생활(10/6 엄미아 영양사) [1]	♡수선화반쌤♡
8	가을 방문걸이 만들기(9/30 정지순 교사) [13]	♡수선화반쌤♡
7	찾아가는 가정폭력 예방교육(9/23 한혜정 강사) [14]	♡수선화반쌤♡
6	찾아가는 성폭력 예방교육(9/2 지설완 강사) [10]	♡수선화반쌤♡
5	영유아 문제행동 지도법 2차(8/18 김영아 교수님) [22]	♡수선화반쌤♡
4	영유아 문제행동 지도법 1차(7/20 김영아 교수님) [14]	♡수선화반쌤♡
3	내 아이 사회성(6/17 정주원 교사) [9]	♡수선화반쌤♡
2	알록달록 비누 만들기(5/23 금은진 교사) [12]	♡수선화반쌤♡
1	엄마, 내 창의성을 방해하지 마세요(4/26 김수연 교사) [10]	♡수선화반쌤♡

글쓰기 ◂이전 1 다음▸

♡지혜맘♡ 답글 삭제 신고

감사합니다^^

선약이 있어 참석하지 못했는데 이렇게 자료를 올려주시니 정말 좋아요♡

꼭 꼭 건강을 실천하는 바른 식생활에 참고하겠습니다^^!

ㄴ ♡모란반쌤♡ 답글 수정 삭제

네~^^ 건강을 실천하는 바른 식생활 부모교육 자료를 통해 가정에서도 꼭 건강 밥상을 실천해 보시기 바랍니다!

은진이맘♡ 답글 삭제 신고

영양사 선생님 교육 참석하고 싶었는데 막내 아이 때문에 참석 못했네요..ㅠㅠ

정말 정말 감사합니당♡

언제나 참석 못한 부모교육 자료 잘 보고 있어요^^

ㄴ 개나리반쌤♡ 답글 수정 삭제

^^ 어머니~ㅠㅠ 그런 사정이 있었군요..

게시판에 늘 올려드리는 부모교육 자료를 통해 꼭 도움이 되셨으면 합니다~

홈페이지를 통한 부모교육자료 제공

3) 부모를 위한 공간 확보

부모가 편하게 머무를 수 있는 공간을 마련할 필요가 있다. 기관에 공간적인 여유가

그림 10-3 | 실내외 부모 공용 공간

있다면 현관에 의자를 놓는 것에서 나아가 별도의 부모 공용 공간을 만들 수 있다. 부모들이 모여 담소를 나누고 자료를 볼 수 있는 공간을 확보하여 부모의 참여를 공간적으로 지원하는 것이 바람직하다. 부모 공용 공간에는 의자, 테이블, 게시판이나 건의함, 육아정보 관련 책자, 부모용 도서, 약간의 다과와 차 등을 비치하여 등·하원 시에 부모와 아이가 편하게 활용할 수 있도록 한다. 간혹 부모 공용 공간 사용 후 정리가 되지 않아서 다음 이용자 또는 교사에게 부담이 되기도 하므로 이용자가 정리할 수 있도록 휴지통을 마련하고, 뒷정리 약속을 게시해두어도 좋다(보건복지부·육아정책연구소, 2015).

4) 의견함 설치

병원이나 공공기관과 같이 영유아교육기관에서도 의견함이나 건의함, 질문함 등을 비치하여 부모가 기관운영에 대해 자유롭게 의견을 개진하도록 할 수 있다. 그러나 무기명으로 운영해도 의견함을 이용하는 부모는 사실상 많지 않다. 이용함의 활용도를 높이기 위해서는 의견함을 정기적으로 확인·정리하고, 부모의 건의로 결정된 사항이 실제 운영에 반영되는 모습을 가정통신문이나 홈페이지 등에 게시한다. 부모의 건의를

어린이집에 건의함이 설치되었습니다

- **건의함이 왜 설치되었을까요?**
  - 부모님이 어린이집에 무기명으로 질문하고 싶은 부분이 있을 때 활용하시도록 설치되었습니다.
- **어떻게 사용하면 될까요?**
  - 건의함 옆에 놓인 메모지와 펜으로 어린이집에 질문하여 답변을 듣고 싶은 내용이나 건의하고 싶으신 내용을 써 넣습니다.
- **건의내용은 어떻게 반영될까요?**
  - 2주에 한 번씩 건의내용을 정리하고, 관련된 교직원들이 회의한 다음 반영될 내용을 결정합니다.
  - 결정된 내용은 가정통신문, 게시판 등을 통해 알립니다.

그림 10-4 | **의견함 홍보문의 예**

출처 : 보건복지부 · 육아정책연구소(2015).

그림 10-5 | **의견함 설치의 예**

반영하지 않은 경우에도 그 이유를 알려야 한다. 또한 부모 의견함이 개인의 비방으로 악용될 위험이 있는 경우에는 실명제로 하여 건설적으로 활용되게 할 수 있다. 그러나 운영위원회에 부모의 건의내용과 조치결과를 보고할 때에는 건의자의 프라이버시를 보호해야 한다.

5) 참여 부모에게 보상 제공

부모참여 프로그램이 끝난 후 부모에게 감사의 인사를 전하는 것은 물론이고, 교사나 원장이 감사 편지나 전화 또는 문자 메시지를 보내는 것이 효과적이다. 또한 부모참여 후 활동결과물이나 기념품을 가져갈 수 있다면 부모들의 참여 동기가 높아질 수 있다. 예를 들어, 과도한 물질적 보상은 지양해야 하겠지만 영유아와 찍은 사진이나 농작물, 그림책, 친환경 먹을거리 등이나 간단한 저녁식사 제공은 참여의 유인책이자 효과적인 보상이 될 것이다. 나아가 가정통신문에 '수고하신 부모님들'이란 칸을 만들어서 참여한 부모의 명단을 싣거나 학기 말이나 졸업식 행사를 통해 부모참여가 높은 부모나 학급에 감사장과 부상을 제공하는 것도 다른 부모의 참여를 독려할 수 있다.

더 알아보기

부모와 교사의 파트너십 증진을 위한 실질적인 팁

휴즈(Hughes, 2015)는 기관이 부모에게 기대하는 바를 알려주고, 영유아의 학습에 대해 정기적으로 의사소통하면 파트너십이 일어날 수 있다고 하면서 다음과 같은 팁을 제시하였다.

- 모든 부모는 강점을 가지고 있으며, 교사는 그 가치를 인정해야 한다.
- 위협적이지 않고 환영하는 환경을 조성한다(예 : 커피나 간식 제공).
- 어렸을 때 기관에 대해 부정적인 경험을 가지고 있는 부모도 있으며, 이런 부모는 기관방문이 어렵다는 것을 어느 정도 이해해주어야 한다.
- 시간이 많이 걸리지만 가정방문이 효과가 크다. 가정방문은 부모에게 신뢰감을 제공하면서 영유아에게 동기를 부여할 뿐 아니라 격려를 제공할 수 있기 때문이다. 따라서 문제가 있을 때만 가정방문하기보다 평상시나 영유아에게 축하할 일이 있을 때 협력을 강화하기 위해서도 가정방문을 한다.
- 부모는 가정에서 영유아를 돕고 싶지만 방법을 몰라서 못하는 수가 있다. 교사는 부모가 영유아를 잘 지원할 수 있도록 이를 지도한다.
- 가정통신문을 보내서 부모를 행사에 초청할 수 있지만, 기관방문을 꺼려하는 부모에게는 개인적인 쪽지나 전화가 훨씬 효과적이다.
- 지역사회의 문화전문가나 종교인은 문화와 다양성을 이어주는 협력자가 될 수 있다. 행사나 활동을 계획할 때 이들과 함께 하면 지역사회의 욕구와 관심을 이해하는 데 도움이 된다.
- 행사에 참석할 부모를 모집할 때 가족을 포함시킨다. 적극적인 부모 몇몇은 기관방문을 꺼려하는 부모에게 멘토 역할을 해줄 수 있는 귀중한 자산이다.

출처 : Wages(2016).

CHAPTER

11

부모참여의 실제 I: 정보 공유와 의사소통

CHAPTER

11

부모는 영유아교육기관에 다양한 형태로 참여할 수 있다. 본 장에서는 부모교육 강연회, 가정통신문이나 알림장과 같은 문서를 통한 부모참여, 부모면담 등 영유아교육기관에서 전통적으로 행해졌던 정보 공유와 의사소통에 초점을 둔 부모참여 유형을 다룬다. 먼저 각 유형의 목적 및 방법, 장점과 부모참여율 및 부모 만족도를 높이기 위해 유념할 사항들을 소개하고, 실제 사례를 제시하기로 한다.

1. 부모교육 강연회

1) 목적 및 방법

부모교육 강연회는 전문가를 초빙하여 부모에게 자녀양육이나 교육과 관련된 정보를 부모가 이해하기 쉽게 전달하는 것으로 가장 기본적인 부모참여 유형이라 할 수 있다. 강연회의 목적은 자녀를 잘 키우기 위해 필요한 지식이나 양육기술, 바람직한 태도 등을 제공하여 부모역량을 강화시키는 것이다. 강연회는 대개 연간 2회 이상 실시하며, 강연회를 실시하기 전에는 다음과 같은 사전준비가 필요하다. 먼저 주제를 선정해야 하는데, 표 11-1과 같은 것들이 흔히 사용되고 있다.

표 11-1 | 강연회 주제의 예

분류	주제
교육	똑똑한 우리 아이 만들기(유아기 뇌발달 '인성의 기초가 형성되는 영유아기')
	'도덕성' 작지만 위대한 출발
	자연을 이용한 5감 교육
	똑똑한 우리 아이 만들기(똑똑한 우리 아이 만드는 음식(영양 편))
	우리 아이와의 행복한 소통
	성공하는 자녀교육 1, 2
	애착형성과 부모의 양육태도
	창의성이 톡톡 튀는 아이로 만들기
	취학아동 초등학교 1학년과 어린이집의 차이점
안전(교통)	안전한 등 · 하원 길을 알려주세요
안전(유괴)	길을 잃어버렸어요
	집에 혼자 있어요(우리집에 손님)

분류	주제
	낯선 사람을 따라가지 않아요
안전 (성교육)	배변훈련(영아), 화장실 이용법(유아)
	성폭력 예방교육(소중한 몸 내가 지켜요)
안전(소방)	불이 났어요
안전(약물)	여러 가지 약품
맞벌이	맞벌이 가정에서 꼭 알아야 할 것
	영유아의 성장과정에서의 아버지 역할
조부모	조부모의 가정에서 꼭 알아야 할 것
	조부모님들에게 부탁드려요

출처 : 보건복지부(2015).

그리고 강연회 주제와 시기에 대한 요구도 조사를 한다. 주제가 선정되면 그 분야의 전문가를 강사로 섭외한다. 영유아교육과 관련된 교수나 상담사, 소아과의사 또는 간호사 등 지역사회 전문가를 초빙할 수 있으며, 이들에게 부모의 특성이나 요구사항을 미리 알려준다. 부모교육 주제와 강사, 일시 등이 정해지면 부모에게 안내하고 참석 인원을 파악한다. 참석자 수를 고려하여 강연자료, 다과 등을 준비하고 강연 장소에 현수막을 설치하고 좌석을 배치한다.

강연회는 다음과 같은 순서로 진행된다.

(1) 교직원 인사

- 참석 부모에게 감사 인사
- 부모교육 주제의 선정과정 및 선정 이유 안내
- 부모교육의 기대효과 안내

(2) 강사 소개

강사의 직업, 소속 기관 및 직위와 강연내용과 관련된 주요 이력이나 업적을 소개

(3) 주제 강연

강연 후 충분한 질의응답시간을 제공

(4) 마무리 및 평가

- 강연회 후에는 부모 만족도 평가, 자체 평가를 실시
- 강연회 내용이 기관의 활동과 가정 내 생활로 연계될 수 있는 방안을 모색

한편, 개별 기관에서 강연회를 준비하기에 어려운 경우에는 유치원/어린이집 연합회, 육아종합지원센터, 건강가정지원센터, 직장맘지원센터 등 외부 기관에서 대규모로 실시하는 부모교육 프로그램을 부모에게 소개할 수 있다.

그림 11-1 | 원장이 실시하는 소집단 부모교육

그림 11-2 | 초빙 강사에 의한 워크숍 연계 부모교육

그림 11-3 | 외부 기관(직장맘지원센터)의 부모교육 참여

2) 장점 및 유의점

강연회는 단시간에 다수의 부모들에게 동일한 내용을 전달할 수 있는 경제적인 방법으로 많은 기관에서 활용되고 있다. 그러나 강사의 자질에 따라 교육효과나 만족도의 편차가 매우 클 뿐 아니라 일방적인 전달방식으로 인해 부모참여가 소극적일 수 있는

것이 단점이다. 부모 개인의 참석 여부가 크게 드러나지 않는다는 점 또한 강연회의 출석률을 낮출 수 있다. 특히, 강연내용이 이론 중심으로 어렵고 지루하면, 부모의 호응이나 몰입도가 떨어지게 된다. 희망 분야별로 소집단 부모교육을 계획하는 것도 효과적이다. 따라서 다음과 같은 지침에 따라 강연회를 진행하는 것이 좋다.

(1) 부모의 요구에 부합한다

애초에 부모의 관심이나 요구에 부합하는 주제를 선정하는 것이 중요하다. 따라서 강사는 참여 부모들의 요구를 명확히 파악하고 강연 준비를 해야 한다. 전문용어를 사용하거나 너무 많은 내용을 다루는 것은 좋지 않으며, 주제와 관련된 신문기사 등 부모에게 익숙한 내용이나 강사의 개인적 경험을 소개하는 식의 사례 중심 접근이 효과적이다.

(2) 동기를 유발한다

부모가 배우고자 하는 자세가 되어 있고 목적 의식이 뚜렷할 때 부모교육의 효과가 높다. 일단 동기부여가 되면 강연 중 분위기가 자연스럽게 조성되며, 강연에서 듣고 배운 내용을 실천하려는 노력도 생기기 때문이다. 따라서 사전에 오리엔테이션 등을 통해 부모교육의 필요성을 인식시킬 필요가 있다.

(3) 다양한 감각을 이용한다

언어적 설명만으로 이루어진 강연보다는 그림, PPT, 동영상 등 시청각자료를 활용하거나 일부분을 워크숍 형식으로 진행하는 강연이 효과적이다. 또한 강연 중간 중간에 살짝 제스처나 농담, 퀴즈 등을 곁들이는 것도 도움이 된다.

(4) 쌍방향으로 소통한다

강연 전체를 토론방식으로 진행할 필요는 없지만 가능한 부모와 강사 간에 쌍방향 소통이 이루어지는 강연이 선호된다. 따라서 부모의 적극적인 참여를 촉진하기 위해 피드백을 제공하거나 질의응답시간을 마련하는 것이 좋다.

CASE 워크숍과 연계한 부모교육 강연회

부모교육과 워크숍을 연계한 강연회의 사례를 보면 다음과 같다.

제목	부모교육과 워크숍 연계 : 과일물김치 만들기
활동자료	• 어린이집 준비 : 노트북, 요리순서 PPT, 도마, 소금, 설탕, 여러 과일(사과, 배), 여러 채소(당근, 오이, 비트), 물, 과일물김치 담아갈 물김치 통, 위생팩, 일회용 장갑, 물티슈, 쓰레기통 • ○○급식관리지원센터 : 앞치마, 머릿수건, 안전 칼
사전 준비	**[어린이집 준비사항]** • 부모참여를 높이기 위한 홍보활동 • 요리자료 검색 및 보육교직원회의를 통한 활동 선정 • 필요한 재료 물품 구매하기 • 보육교직원들의 사전 요리실습 • 부모님들에게 오리엔테이션을 위한 전반적인 활동 개요 및 진행 순서 자료 • 유아들을 위한 전반적인 활동 개요 및 진행 순서 PPT로 준비 • 유아들이 담아갈 과일물김치 통에 유아들의 이름표 라벨 작업 • 모둠별 · 재료별로 활동할 책상에 구분하여 제시 • 활동실 요리활동 사전 준비(책상, 노트북, 쓰레기통, 물티슈 등 자리 배치) **[부모참여 준비사항]** • 안내문을 통한 참여 여부 확인 • 참여 부모 재능기부 관련 확인 **[급식관리지원센터 협력]** • ○○시 급식관리지원센터에 공문을 발송해 앞치마와 머릿수건(학부모, 유아용) 대여 • ○○시 급식관리지원센터 요리자료 검색 및 선정에 대한 협의

본 활동	**[당일 부모 오리엔테이션 진행]** • 부모님들께 유아들의 요리활동시간보다 20분 전에 도착하도록 안내한다. • 요리활동의 목표 및 순서, 요리활동 시 유아와의 상호작용, 전체적인 진행방식, 주의사항 등 오리엔테이션을 진행한다. • 부모님들의 위생적인 복장 갖추기, 손 씻기 **[유아들 소그룹으로 물김치 담기 활동 진행]** • 유아들에게 부모 소개를 한 후 부모님들이 교사로 함께 한다는 것을 알려준다. • 한 책상에 유아 3~4명, 학부모 1명씩 앉도록 자리를 배치한다. • 1명의 부모님이 요리 순서도를 보며 전체 유아에게 활동을 소개한다. • 유아들의 재료의 이름, 맛, 색깔, 모양, 단면 잘라보기 등을 통해 재료를 탐색해 볼 수 있도록 한다. • 특히, 재료의 탐색 중 먼저 비트를 잘라 물에 넣었을 때 물색이 붉은색으로 변하는 것을 관찰한다. • 여러 가지 과일과 채소를 비슷한 크기의 네모로 자른다. • 유아의 이름이 붙은 통에 모든 재료와 적당한 양의 물을 넣고 소금과 설탕으로 간을 한다. • 각자의 과일물김치의 맛을 보고 소금을 가감하여 간을 맞추어 마무리한다. **[활동 마무리]** • 남은 재료와 떨어진 재료 등 자리 주변을 정리 정돈한다. • 직접 만든 과일물김치 통을 가지고 나간다. • 부모님들이 다음 반 활동을 위해 재료를 다시 준비해 놓는다.
사후 활동	**[유아]** • 부모님이 만들어 준 음식에 감사하며 골고루 먹도록 한다. • 각 가정으로 가져간 과일물김치를 가족과 함께 먹은 후 이야기 활동 등 확장활동을 한다. • 활동 중에 비트를 물에 담갔을 때 붉은색이 퍼지는 것을 관찰한 것처럼 주변에서 색이 나올 수 있는 열매나 채소 등을 찾아보고, 탐색활동을 한다. **[어린이집 교사]** • 직원회의를 통해 진행한 활동에 대해 교직원 간 협력관계 등에 대해 평가하는 시간을 갖는다. • 부모님들이 참여한 내용을 가정으로 전달되는 알림장, 활동사진을 현관 게시판 등으로 안내해 부모님들이 참여함으로 인한 긍정적인 부분을 알린다. **[부모님]** • 참여 후 설문지를 작성해서 어린이집에 제출한다. • 참여한 부모님들과 활동에 참여한 후의 소감에 대해 이야기 나누며 추후 어린이집에 대한 부모협력을 확장해 간다. **[급식관리지원센터 대여 물품 전달]** ○○시 급식관리지원센터에서 지원해준 물품을 깨끗이 씻고, 세탁해 반납하며 지역사회 연계활동 및 지원에 감사를 전한다.

유의사항	• 과일물김치 활동으로 맛보기 활동이 오래 지속되지 않도록 한다. • 부모님들에게 오리엔테이션을 진행하며, 재료가 충분히 준비되어 있으며 유아들이 재료를 탐색하도록 안내하였으나 부모님 중에 맛 등을 탐색하는 것이 유아들이 집중하지 못하고 흐트러지는 것으로 인식하고 당황하는 부모님이 있다.

출처 : 권미경 · 도남희 · 강은진 · 최지은 · 정효진(2015).

2. 문서를 통한 참여

1) 목적 및 방법

기관에서는 부모에게 알려야 할 사항이 있을 때 흔히 가정통신문과 알림장을 사용한다. 가정통신문과 알림장은 현재 영유아교육기관에서 부모와의 소통을 위해 가장 많이 사용하는 전통적인 방법으로서 소극적인 부모참여에 해당한다고 할 수 있다. 가정통신문과 알림장을 통해 부모와 교사는 직접 대면하지 않고 정기적, 비정기적으로 문서를 통해 연락함으로써 간접적인 유대를 갖게 된다.

(1) 가정통신문

가정통신문은 기관의 소개 책자와 같이 연간 발행하는 것과 부모에게 보고하거나 안내 및 요청사항을 매주 정기적으로 전달하는 것, 그리고 필요에 의해 수시로 발송하는 것 등 다양한 형태를 가지고 있다. 가정통신문을 흔히 사용하는 경우는 지난 주 교육활동 및 행사 보고, 월간계획안이나 주간계획안 등 기관운영 안내, 행사 안내예 : 소풍 장소, 준비물, 요금, 출발 및 도착시간, 수업료 고지, 부모교육 참여 안내, 가정연계활동 소개, 지역사회 자원에 대한 정보 등이다. 가정통신문은 대개 기관 전체 수준이나 최소한 학급 단위에서 동일한 내용으로 작성된다. 따라서 담임교사와 개별 부모 간의 의사소통을 위해

차 례

그림 11-4 | 기관 소개 책자 (연간 발행)

가정통신문

–아버님 조력에 관한 안내–

학부모님께

안녕하십니까?

새학기를 맞이하여 각 반 어린이 의자 세척하기 조력을 실시할 예정입니다.

아버님들의 많은 관심과 참여 부탁드립니다.

아래의 조력내용과 시간을 확인하시고 조력에 참여를 원하시는 아버님들께서는 4월 18일(월)까지 신청서를 어린이집으로 제출해 주시기 바랍니다.

1. 일시 : 2016년 4월 23일(토) 오전 10시~오후 2시까지
2. 장소 : 목련어린이집 운동장
3. 조력내용 : 각 반 어린이 의자 세척하기
4. 준비사항 : 고무장갑

2016. 4. 15

국공립 목련어린이집

절 취 선

아버님 조력 참여 신청서

반 명 : 아동명 : 부모님 확인 : (인)

*해당 칸에 ○로 표시해 주세요.

4월 23(토) 아버님 조력에 참여할 수 있습니다.	4월 23(토) 아버님 조력에 참여하지 못합니다.

2016. 4. 15

국공립 목련어린이집

4/15(금) 첫 번째 조력 가정통신문 배부(참여 공지)

아버님 조력 참여 신청서

반 명 : 아동명 : 부모님 확인 : (인)

*해당 칸에 ○로 표시해 주세요.

4월 23(토) 아버님 조력에 참여할 수 있습니다.	4월 23(토) 아버님 조력에 참여하지 못합니다.

2016. 4. 15

국공립 목련어린이집

절 취 선

아버님 조력 참여 신청서

반 명 : 아동명 : 부모님 확인 : (인)

*해당 칸에 ○로 표시해 주세요.

4월 23(토) 아버님 조력에 참여할 수 있습니다.	4월 23(토) 아버님 조력에 참여하지 못합니다.

2016. 4. 15

국공립 목련어린이집

절 취 선

아버님 조력 참여 신청서

반 명 : 아동명 : 부모님 확인 : (인)

*해당 칸에 ○로 표시해 주세요.

4월 23(토) 아버님 조력에 참여할 수 있습니다.	4월 23(토) 아버님 조력에 참여하지 못합니다.

2016. 4. 15

국공립 목련어린이집

4/18(월) 참여신청서 회수

그림 11-5 | 쌍방적 가정통신문(필요시 발송)

11월 행사일정표

현충사 가을나들이 낙엽을 밟으며 걸어요

전래동화 이야기를 들려주시는 이야기 할머니 시간

11월입니다.
아침저녁으로 기온차가 심하고 날씨가 쌀쌀해졌습니다. 그렇다고 움츠리고만 있으면 건강을 해칠 수 있습니다.
마지막 가을날의 햇볕도 많이 쬐시고 가을과의 추억도 만들러 가을 여행을 떠나보시는 것은 어떨는지요?
주변에 가까우면서도 아름다운 가을을 만끽할 장소가 많이 있답니다.
건강한 11월이 되시기를 바랍니다.

프로그램	날짜	체험 및 참고내용	협조사항
이야기 할머니	매주 토요일	이야기 할머니가 원을 방문하셔서 다양한 동화를 들려주십니다.	없음
큰들나무길 나들이	7일(수)	짧아지는 가을 햇살을 맞으러 큰들나무길로 산책을 나갑니다.	간식
독서상 시상	14(수)	이달의 독서왕은 누구일까요? 독서왕을 뽑습니다. 가정에서도 아이들이 잠들기 전에 동화책 한두 권씩 읽어주셔서 책과 친해지는 계기를 만들어 주세요.	없음
동요 부르기	21일(수)	부모님과 어떤 노래를 부를지 상의하고 연습하는 시간을 가져 봅니다.	없음
학부모 참여수업	23일(수)	부모님과 함께 하는 김장 만들기를 진행합니다. 일정은 추후에 공지합니다.	없음
안전교육 및 소방대회 훈련	수시	다양한 안전교육과 소방대피훈련을 실시합니다.	없음

그림 11-6 | 정기적 가정통신문(월간)

영유아마다 서로 다른 내용으로 작성되는 알림장에 비해 가정통신문은 훨씬 공식적인 특성을 띤다. 기관이나 학급에 관한 정보를 제공하는 가정통신문은 일반적인 서신의 형태와 같지만, 정보를 담고 있으므로 작성자에 따라 다양한 방식으로 작성될 수 있다. 그러나 일반적으로 가정통신문을 작성할 때에는 인사는 기본으로 작성하고, 전하고자 하는 내용을 일목요연하게 써서 알려야 한다. 행사나 급식 안내 등 공지사항을 제공하고, 가정에서 받아 보는 부모들이 이를 알기 쉽게 작성하도록 한다.

(2) 알림장

알림장은 연락장, 대화수첩, 날적이 등 기관마다 다양한 이름으로 사용되고 있지만 공통적으로 교사와 엄마 간의 교환 일기와도 같은 양식을 띠고 있다. 알림장의 목적은 가정과 기관에서 일관성 있는 방식으로 상호작용할 수 있도록 영유아의 하루 생활이 어떻게 이루어지는지를 기록하고 부모와 교류하는 데 있다. 알림장은 기관에서 가정으로 보내는 부분과 가정에서 부모에게 보내는 부분 등 크게 두 부분으로 나누어지며, 날

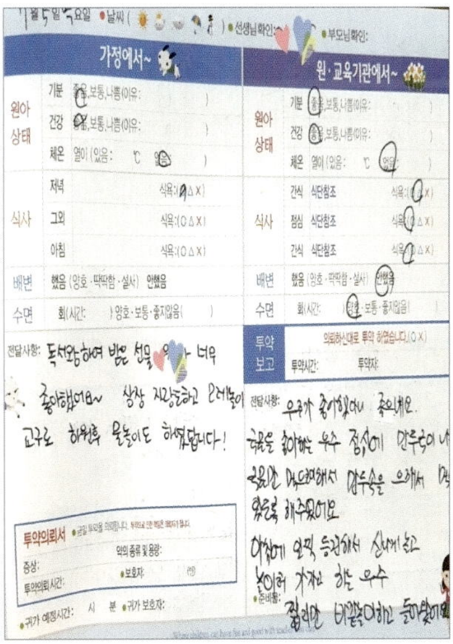

그림 11-7 | 손글씨 알림장의 예

그림 11-8 | 스마트 알림장의 예

짜와 요일, 영유아의 상태기분, 건강, 급·간식 및 수유, 배변, 수면, 투약보고, 일과 중 에피소드, 공지 및 개별 전달사항 등이 포함된다.

가정통신문이 정기적, 비정기적으로 기관에서 가정에 보내는 낱장의 유인물 형식을 띠고, 영유아마다 공통적인 내용을 담고 있어 워드 작업 후 복사해서 쓰는 데 비해 알림장은 기관과 가정이 개별 영유아에 대해 매일매일 손글씨로 교류하는 소책자의 형식을 취하며, 최근에는 손글씨 알림장은 별로 사용하지 않고 스마트 알림장을 많이 사용한다(한유미, 2018).

2) 장점 및 유의점

(1) 가정통신문

가정통신문은 기관과 가정 간의 갈등을 없애고, 영유아의 집단생활경험을 이해하고 도와주는 역할을 한다. 그러나 가정통신문을 충실히 읽지 않는 부모들이 생각보다 많으며, 가정통신문을 작성하는 것이 어렵다는 교사들도 적지 않다. 가정통신문이 최대의 효과를 거두기 위해서는 기관에서 가정에 보내는 일방적 문서가 아니라 기관과 가정 간 소통의 통로로서 역할을 해야 한다. 이러한 입장에서 다음과 같은 점들에 유의하는 것이 바람직하다(한유미, 2018).

① 짧게 쓴다

긴 글은 부모들이 대충 읽거나 아예 읽으려 하지 않으므로 꼭 필요하지 않은 부분예 : 계절 인사은 최대로 간단히 한다. 문장의 경우에도 만연체나 복문보다는 간결한 단문이 좋다.

② 쉽게 쓴다

어려운 한자나 고사성어, 전문용어 등은 부모가 이해하기 쉽도록 풀어 쓴다.

③ 구체적으로 쓴다

전달하고자 하는 내용을 가능한 구체적이고 상세하게 표현한다.

④ 한눈에 잘 들어오게 한다

일시나 장소 등 중요한 정보는 문장보다는 다음과 같이 일목요연하게 제시하는 것이 좋다.

▩ 일시 : 2019. 4. 1(수) 09 : 30~10 : 30
▩ 장소 : 유치원 각 반 교실
▩ 준비물 : 가족사진

⑤ 부모의 의견을 적을 수 있는 공간을 마련한다

기관 측의 공지사항만 전달하지 말고 다음과 같이 쌍방적 소통이 되도록 한다.

어린이날 행사의 참석 여부를 체크해주세요. 참석 ______ 불참______

어린이날 행사에 대한 의견이나 건의사항을 적어주세요.

____

⑥ 이미지를 곁들인다

가정통신문 내용과 관련된 영유아들의 작품이나 활동 장면을 찍은 사진을 첨부하면 부모의 관심을 유발할 뿐 아니라 보다 효과적으로 내용을 전달할 수 있다.

(2) 알림장

부모와 교사는 알림장을 쓰기 위해 영유아를 주의 깊게 관찰하게 되며, 세세한 관찰 내용이 축적됨에 따라 알림장은 장기적으로는 성장 일기와 같은 기능을 하게 된다. 특히, 언어적 표현능력이 부족한 영아에게 알림장은 필수적인 의미를 갖는다. 그러나 가정통신문과 달리 알림장은 원장이나 원감의 검토 없이 교사 개인의 재량에 의해 좌우될 수 있는 측면이 있다. 알림장을 효과적으로 작성하기 위해서는 다음과 같은 점을 유의해야 한다(한유미, 2018).

① 객관적으로 쓴다

영유아의 행동을 구체적, 객관적으로 서술하고, 영유아의 말은 인용 부호" " 속에 그대로 적는 것이 좋다. 일반적이거나 평가적인 서술은 피하고 교사의 의견은 간략하게 쓴다.

② 정확하게 쓴다

알림장은 대화체로 즉흥적으로 써내려가므로 문법이나 맞춤법에 맞지 않은 문장을 사용하기 쉽다. 또한 손글씨로 쓴 알림장의 경우 수정이 어려우므로 신속하면서도 신중하게 쓰는 습관을 기른다.

③ 다른 영유아의 실명을 밝히지 않는다

부모들 간에 오해나 분쟁의 소지를 피하기 위해서는 가급적 다른 영유아의 이름은 거론하지 않고 그냥 '친구' 또는 '다른 아이'라는 식으로 서술하는 것이 바람직하다. 특히, 개인에 대한 부정적인 내용은 거론하지 않는 것이 좋다.

④ 부모의 부탁이나 질문에 성실히 응답한다

사소한 내용일지라도 그냥 넘어가면 부모는 교사가 연락장을 읽지 않았거나 자신을 무시한다고 오해할 수 있으므로 상세히 답변을 해야 한다.

⑤ 부모에게 예의를 갖춰 쓴다

알림장의 특성상 친밀하고 편안한 대화체로 써내려가다 보면 자신도 모르게 반쯤 말을 내리거나 인터넷 용어나 은어예 : 레알, 잼있게, 줄임말, 심지어 이모티콘예 : ㅋㅋ, ^^, ㅠㅠ까지 쓰는 경우가 발생하기도 한다. 부모와 친밀한 관계를 유지하는 것도 중요하지만 정중한 태도를 잃어서는 안 된다.

3. 부모면담

1) 목적 및 방법

부모면담은 부모와의 의사소통을 위한 대표적인 방법으로서 교사와 부모가 서로 대면하여 기관에서 영유아의 생활이나 문제행동에 대해 이야기를 나누면서 영유아의 성장과 발달에 긍정적으로 기여하고자 하는 목적을 지닌다. 부모면담은 정기적, 비정기적으로 실시될 수 있다. 정기면담은 연간계획 등 사전 계획으로 정해진 일정에 따라 포트폴리오, 사진, 관찰기록 등 영유아와 관련된 자료를 준비하여 실시하는 것을 말한다. 대개 연 2회 정도 실시하는데, 학년 초와 학년 말에 역점을 둘 내용이 다르다. 학년 초 면담에서는 아직 교사가 영유아를 잘 파악하지 못했으므로 부모에게서 영유아에 대한 정보를 얻는 데 주력하고, 학년 말 면담에서는 그동안 교사가 관찰한 영유아의 행동 변화 및 다음 학년의 적응문제에 역점을 두고 진행한다.

CASE 학기 말 면담일지

학기 말 면담일지의 예를 들면 다음과 같다.

면담 일시	○○년 ○월 ○일 ○요일	영유아명	○○○
면담 종류	학기 말 면담	생년월일	○○년 ○월 ○일(만 4.5세)
면담 교사	○○○	면담 장소	현관 로비
영역별 아동발달내용의 예			
기본생활	• 모든 음식을 천천히 먹는 모습을 보임 • 싫어하는 음식의 경우, 다른 모든 반찬을 먹은 후에 먹기 시작함 • 규칙을 인지하고 교사의 존재 여부에 관계없이 규칙을 지킬 수 있음		
신체	• 눈과 다리를 협응하여 공을 차거나 대상물을 조준할 수 있음 • 가위질을 하여 원하는 모양을 오려낼 수 있음		
사회 · 정서	• 모든 친구들에게 친절하고 친구들을 도와주는 모습을 보임 • 친구와의 갈등이 거의 일어나지 않고, 갈등이 일어났을 때에는 교사에게 도움을 청함		
언어	• 자신의 생각을 언어로 표현할 수 있으며, 친구의 의견을 듣고 자신의 의견을 첨가하여 이야기할 수 있음 • 교사와 또래의 이야기를 듣고 어떤 의미인지 이해할 수 있음 • 자신의 생각과 경험을 간단한 단어와 문장으로 표현할 수 있음 • 동화의 내용을 이해하며 읽을 수 있음		
인지	• 친구들과 함께 규칙을 정한 후 게임규칙에 따라 놀이를 할 수 있음 • 다양한 패턴을 구성할 수 있으며, 실물자료를 이용하여 간단한 덧셈을 할 수 있음 • 1~9까지 수 모양을 변별함 • 기준을 만들어 유목화하는 것을 즐겨함		
초기행동과의 전반적인 비교	초반에는 대그룹과 소그룹으로 이야기 나누기를 할 때 자신의 의견을 이야기하는 것을 어려워하고 작은 목소리로 이야기하였지만, 후반으로 오면서 자신의 의견을 정리하여 큰 목소리로 또래와 교사에게 이야기함. OO이가 듣고 말하는 부분에 자신감을 더 얻을 수 있도록 주변의 많은 격려와 관심이 요구됨		
다음 학년도 적응	5개 영역에서 골고루 발달하고 있어 OO에 가서도 큰 어려움은 없을 것이라고 생각됨. 성인 및 새로운 또래와의 관계가 잘 형성될 수 있도록 교사와 가정의 많은 배려와 격려가 요구됨		

출처 : 이미화 외(2013).

비정기 면담은 영유아의 지도상 수시로 일어나는 문제를 중심으로 부모와 간편하게 연락하는 것을 말한다. 사전 계획 없이 우발적으로 이루어지는 면담으로 전화나 이메일 및 SNS 등이 활용되는 경우가 많다. 전화면담의 경우 영유아가 결석을 했거나 아플 때 혹은 안전사고가 발생한 경우 등 부모와 신속히 연락해야 할 때 많이 사용된다. 그러나 유선상의 대화는 자칫 오해를 야기할 수 있으므로 각별한 주의가 필요하며, 미리 문자로 통화 가능 여부부터 확인하는 것이 좋다. 특히, 민감하거나 심각한 사안의 경우에는 전화보다는 직접 면담하는 것이 바람직하다. 또한 면담은 대상에 따라 개별면담과 집단면담으로 나뉜다.

(1) 개별면담

개별면담이란 교사와 부모가 개별적으로 영유아의 생활이나 발달상태에 관해 이야기를 나누는 것을 말한다. 개별면담은 보통 상반기와 하반기에 걸쳐 연 2회 이상 계획되며, 수업이 끝난 후 3~4명의 부모를 순차적으로 각기 20분 정도씩 면담하는 식으로 이루어진다. 개별면담을 위해서는 영유아의 관찰기록, 신체 측정기록, 개별 상담일지, 활동결과물, 검사결과 보고서 등 영유아의 발달 변화와 특성을 보여 줄 수 있는 다양한 자료를 준비하고, 면담 후 면담일지를 작성, 보관한다. 이와 같이 개별면담은 사전 계획에 의해 부모와 약속을 하고 만날 수도 있지만, 등·하원시간에 자연스럽게 대화를 하거나 SNS 등의 매체를 통해 대화를 하는 등 다양한 형태로 일어날 수 있다.

CASE 스웨덴의 강점카드를 이용한 부모면담 사례

스웨덴의 경우 교사와 원장이 교육과 활동의 실행, 추적, 평가 및 개발에 관한 책임을 갖지만 부모도 평가에 참여한다. 일례로 개별 영유아 평가의 출발점으로 강점카드(strength card)를 이용한 부모면담을 들 수 있다. 교사는 '공정한', '친절한', '단호한', '행복한', '신중한', '민감한' 등 성격 특성을 나타내는 형용사가 적힌 교육 카드 20장을 부모 앞에 올려놓고 면담을 시작하며, 부모에게 자녀를 나타내는 카드 3장을 고르라고 한다. 이를 통해 부모는 적극적으로 대화에 참여할 수 있게 된다. 따라서 대부분 교사가 주도하고 부모에게 영유아에 대해 묻고 부모는 간략하게 응답하는 기존의 부모면담과 달리, 강점카드를 이용한 부모면담에서 교사는 영유아를 평가하거나 재단하지 않는 대신 아이의 특징에 대해 부모가 명명한 것을 기초로 대화를 이어갈 뿐이며, 부모가 대화를 주도하고 정보를 교사에게 전달하게 된다(Markström, 2011).

(2) 집단면담

개별면담이 한 영유아의 특수한 문제행동을 중심으로 한다면, 집단면담은 많은 부모들에게 공통적으로 해당되는 면담내용을 다룬다. 학년별이나 학급별로 다수의 부모가 교사와 함께 서로의 관심사에 대해 이야기를 나누는 경우가 대부분이며, 면담 주제와 관련하여 부모들이 가정에서 본 자녀의 모습에 대해 차례로 말하면, 교사는 바람직한 지도방법에 대해 조언을 제공하는 식으로 진행된다. 대개 학년 초 전체 오리엔테이션 후 각반에서 이루어지며, 수업참관 후 이루어질 수도 있다. 집단 크기는 5~10명 정도로 너무 크지 않은 것이 좋으며, 시간은 1시간 정도가 적절하다.

그림 11-9 | 집단면담

2) 장점 및 유의점

개별면담의 장점은 자유로운 대화를 통해 친밀감을 형성하고, 공개적으로 이야기하기 어려운 내용에 대해서도 심도 있는 상담이 가능하다는 것이다. 특히, 영유아마다 특징과 문제가 다양하므로 개별면담이 효과적이지만, 시간과 노력이 많이 필요하여 교사에게 업무과중이 될 수 있고 맞벌이 부모에게도 부담이 될 수 있다.

이에 비해 집단면담은 교사의 입장에서 볼 때 상당히 경제적이다. 부모의 입장에서도 유사한 문제를 가지고 있는 부모들과의 대화를 통해 위안을 얻고 자녀의 문제를 객관적으로 바라볼 수 있게 하는 측면이 있다. 나아가 부모 스스로 해결방법을 찾음으로써 부모 자신에 대한 평가를 할 수 있는 기회가 될 수 있다. 단점은 다수의 부모를 대상으로 하므로 심층적인 면담이 이루어지기 어려우며, 교사가 심리적 부담을 느낄 수 있다는 것이다. 특히, 부모들 간에 의견이 대립되거나 몇몇 부모가 대화를 좌우하는 경우 교사는 난감하게 된다. 따라서 모든 부모에게 발언 기회가 골고루 돌아가고 면담이 편중된 방향으로 흘러가지 않도록 유의할 필요가 있다.

이와 같이 부모면담은 교사로 하여금 영유아의 성장과 발달을 지원하고, 영유아에 대한 이해를 바탕으로 적절한 환경을 제공하며, 자신의 교육 실제를 개선할 수 있다(이미화 외, 2013). 또한 부모의 입장에서는 기관에서의 자녀의 생활에 관심을 갖고, 기관의 운영이나 교육 프로그램에 대한 궁금증을 해소할 수 있는 기회가 된다. 그러나 부모 면담은 교사들이 특히 부담스러워하는 영역으로 영유아의 전반적인 발달 및 성장에 관한 전문적 지식과 더불어 상담기법을 필요로 한다. 부모와의 효과적인 면담기술을 제시하면 다음과 같다.

(1) 부모를 존중한다

부모는 자녀와의 관계에서 어려움이 있을 경우 무기력과 죄책감에 빠지곤 하므로 격려가 필요하다. 또한 교사와 대화할 때 긴장하는 부모들이 있으므로 비판하거나 논쟁적으로 반응하지 않으며, 부모가 언제 어떤 내용이든 편안하게 질문할 수 있도록 하고, 주제에서 벗어난 말을 해도 중단시키기보다 수용적으로 이끌어 준다. 아울러 예의 바른 언어와 표정, 몸짓으로 부모에 대한 존중을 나타내고, 대화를 마칠 때에는 감사하다는 인사를 한다.

(2) 말하기보다 들어준다

말을 많이 하기보다는 많이 들어주는 태도가 필요하다. 특히, 학기 초에는 부모의 말을 듣는 비중이 높아야 한다. 부모의 말에 관심이 많음을 나타내는 방법으로 적극적 경청Active Listening이 있으며, 눈 마주치기, 미소 짓기, 맞장구치기, 끄덕이기, 상대방 쪽으로 몸을 기울이기, 중간 중간에 질문하기, 상대방의 말을 정리해서 다시 확인하기 등이 포함된다.

(3) 판단이나 지시하지 않는다

부모 스스로 문제를 파악하고 해결책을 찾는 것이 중요하므로 교사가 섣불리 자신의 판단을 이야기하거나 지시를 내려서는 안 된다. 심지어 부모를 안심시키기 위해 단정적으로 말하는 것도 바람직하지 않다.

(4) 구체적으로 말한다

영유아에 대해 애매하게 표현하거나 교사 자신의 선호적 감정을 나타내면 안 된다. '똑똑해요'나 '귀여워요'는 결국 구체적으로 말할 내용을 찾지 못했다는 것을 의미한다. 부모도 그 순간에는 기분이 좋을지 몰라도 결국 아무 정보도 못 얻었음을 깨닫게 될 것이다. 구체적 에피소드나 객관적 자료를 근거로 설명해서 부모가 교사의 말을 신뢰할 수 있도록 한다.

(5) 신중하게 단어를 선택하기

'공격적', '산만한'과 같은 부정적 용어를 사용하면, 부모가 마음을 상하기 쉽다. 나아가 부모가 자녀를 '너무 움직이고 통제가 안 되는 아이'라고 표현한다면, 교사가 '활달한 아이'라고 바꾸어 말해 주는 것이 좋다. 또한 영유아의 단점보다 장점을 먼저 이야기하는 것이 효과적이다.

Activity
활동하기

가정통신문, 알림장, 면담 연습

왼쪽 칸의 좋지 않은 예를 적절한 표현으로 오른쪽 칸에 수정해 보자.

구분	좋지 않은 예	적절한 표현
가정통신문	학부모님 가정과 사랑하는 우리 어린이들의 한 학기를 결실하는 알찬 모습이 있기를 바라오며 자연을 통하여 인사에 가름하며 사랑과 건강이 알알이 열리는 행복과 가정이 되시기를 바랍니다.	
	졸업식에는 필히 단정한 의상을 착용해야 합니다.	
	종이와 그리기 도구를 보내주세요.	
	시간은 2018년 5월 7일 수요일 오전 9시 30분부터 10시 30분까지이며, 장소는 유아의 교실입니다. 또한 오실 때에는 잊지 말고 유아의 어렸을 때 사진을 갖고 오시기 바랍니다.	
	예) 부모교육 세미나에 참석해 주시기를 바랍니다. 감사합니다.	
알림장	오늘은 ○○가 잘 놀았어요.	
	저는 어머니와 생각이 틀립니다.	
	아까 수진이가 혜주의 물감을 말없이 갖다 써서 조금 다툼이 있었지만 금방 화해를 했습니다.	
	어린이집에서는 그럭저럭 잘 먹었으니 걱정 마세요.	
	○○맘! 저는 뒤끝 없는 성격이니 걱정 마세요.	
면담	○○가 유치원에서는 전혀 안 그런데, 어머니께서 너무 예민하신 거 아닌가요?	
	아무 걱정 마세요. 제가 아이들을 한두 명 봤나요? 저만 믿으시라니까요.	
	○○는 얼마나 똑똑한지 몰라요. 그런 아들을 두셔서 너무 좋으시겠어요.	
	새로운 놀이를 시작할 때 주저하고 친구들하고 어울리지 않고 계속 제 곁에만 붙어 있으려고 해요.	

CHAPTER

12

부모참여의 실제 Ⅱ : 활동과 운영 과정의 참여

CHAPTER

12

본 장에서는 앞장에서 살펴본 소극적 부모참여 외에 수업 참관 및 참여, 부모자원봉사, 운영위원회, 부모 만족도 조사나 부모 모니터링단 등 평가자로서의 참여와 같은 적극적인 부모 참여 유형들을 다룬다. 각 유형의 목적 및 방법, 장점과 부모 참여율 및 부모 만족도를 높이기 위해 유념할 사항들을 소개하고, 실제 사례를 제시하기로 한다.

1. 수업참관 및 참여

1) 목적 및 방법

(1) 수업참관

수업참관이란 자녀를 기관에 보내고 궁금해 하거나 불안해 하는 부모가 자녀나 교사를 통해 듣는 것이 아니라 기관을 방문하여 자녀가 지내는 모습을 직접 확인하는 것을 말한다. 수업참관을 통해 부모는 자녀의 행동이나 발달수준을 또래와 비교하여 보다 객관적으로 이해할 수 있으며, 가정과 기관에서의 영유아의 행동 차이도 알 수 있게 된다. 또한 부모는 교사의 상호작용방식을 직접 보고 배우고, 기관의 교육과 지도방법을 이해함으로써 가정에서도 일관성 있게 지도하는 데 도움이 된다. 이와 같이 수업참관을 통해 부모는 자녀뿐 아니라 교사와 기관에 대한 이해도 깊어질 수 있다.

단순한 관찰이 아니라 초점이 있는 관찰이 될 수 있도록 교사는 부모에게 무엇을, 어떻게, 왜 관찰해야 하는지에 관한 안내와 구조화된 관찰기록용지를 제공해야 한다. 부모는 여기에 기록하면서 관찰하며, 궁금한 점은 참관 후 교사와 면담한다. 교사는 부모

그림 12-1 | 첫 2주간 부모가 함께할 수 있는 스웨덴의 영유아교육기관(교실 안에서의 직접 참관)

그림 12-2 | 복도에서 창문을 통해 자녀의 활동을 지켜볼 수 있는 우리나라 열린 어린이집(보건복지부, 2015)

의 관찰기록이나 면담결과를 교육활동계획에 반영할 수 있다. 수업참관은 크게 두 가지 방법으로 이루어진다. 하나는 일방경이 설치된 별도의 참관실을 이용하는 것이며, 다른 하나는 부모가 교실 안에서 수업을 직접 관찰하는 것이다. 과거 참관일을 미리 정해 특정 시간에만 부모의 방문을 허용하던 수업참관에서 점차 부모가 영유아와 함께 수업에 참여하여 관찰과 함께 활동을 경험해보는 수업참여로 바뀌는 경향이 있다. 이러한 맥락에서 보건복지부에서는 열린어린이집정책을 도입하여 부모가 언제든지 원할 때 자녀를 관찰할 수 있도록 부모에게 보육실 등 어린이집 공간이 개방되어 있음을 알리고, 복도에서 보육실의 내부를 볼 수 있는 환경예 : 큰 창문이나 관찰실을 조성하며, 부모들이 원할 때 보육실을 관찰할 수 있는 규정을 마련할 것을 요구하고 있다.

(2) 부모참여수업

부모참여수업은 부모가 자녀와 함께 교육활동을 직접 경험해 보는 적극적인 부모참여 유형으로서, 기관의 교육목표와 교육 프로그램을 좀 더 잘 이해하고, 자녀의 생활을 새로운 시각에서 바라보며, 자녀교육에 대한 이해를 증진시키는 것을 목적으로 한다(박은혜 · 김은심 · 김난실 · 곽아정 · 최혜진 · 이혜경, 2010). 부모참여수업은 단순히 수업을 관찰하기보다는 직접 참여하는 것이기 때문에 부모는 수업참관에서보다 영유아, 교사, 기관 그리고 부모 자신에 대해 더 깊이 이해할 수 있게 된다.

부모참여수업의 종류로는 아버지 참여수업, 어머니 참여수업, 할아버지 · 할머니 참여수업 등이 있다. 이들의 참여를 높일 수 있는 날짜와 시간으로 정하되, 시간을 미리 비워둘 수 있도록 사전에 날짜를 공지해야 한다. 대개 아버지 참여수업은 2학기보다는 3월 말에서 4월 초 토요일 오후로 잡는 것이 효과적이며, 할아버지 · 할머니 참여수업은 어린이날과 어버이날이 있는 5월이 최적의 시기이다. 날짜와 시간이 정해지면 가정통신문으로 행사의 목적과 일시, 프로그램 내용 등을 안내하고, 참석 여부를 표시하여 영유아 편에 보낼 수 있도록 제작한 가정통신문을 발송한다. 할아버지와 할머니는 영유아와 함께 살지 않는 경우가 대부분이므로 초대장을 어떻게 전달할지 영유아와 이야기 나누고, 부모참여수업에 비해 초대장을 일찍 보낼 필요가 있다. 참여수업일 당일 프로그램을 계획해보고, 수업시간에 미리 준비해야 할 것을 일일교육계획안에 반영한다. 환경구성은 기존의 흥미영역을 없애거나 교재교구를 특별히 추가하는 등 환경을 바꾸지 않고 평소대로 자연스럽게 활동할 수 있도록 한다. 의자, 슬리퍼, 방명록, 간식 등을 준비하고, 영유아의 이름을 쓴 이름표를 부모에게 달아주되, 각 학급마다 다른 색상으로 제작하여 쉽게 구분할 수 있게 하는 것이 좋다. 할아버지 · 할머니 참여수업의 경우에는 그날 꼭 필요하지 않은 흥미영역은 거동이 불편한 할머니, 할아버지를 위하여 잠시 없애서 교실 공간을 넓게 사용하는 것이 편리하다.

이와 같이 부모참여수업은 특별한 프로그램을 준비하기보다는 평소의 활동대로 부모와 자녀가 함께 놀 수 있는 놀이활동을 각 학급별로 흥미영역에 준비하여 이들이 함께 자유롭게 활동을 선택하며 놀 수 있도록 하는 것이 일반적이다. 그러나 특별한 주제에 대하여 워크숍 형식으로 참여시키는 방식으로 부모참여수업이 이루어지기도 한다. 예를 들어, 평상시 교사들이 개별적으로 도움을 주기 어려웠던 목공놀이나 자연관찰에 관한 활동, 과학활동의 여러 가지 실험 등을 가족과 함께 진행할 수 있다(보건복지부, 2018b).

2) 장점 및 유의점

(1) 수업참관

수업참관의 경우 일방경이 설치된 별도의 참관실이 있으면 부모는 영유아를 관찰할 수 있지만, 영유아는 교실 안에서 참관실의 부모를 보지 못하므로 수업에 전혀 방해가 없다는 장점이 있다. 그러나 아직까지는 대학부속기관 등 일부 기관을 제외하면 보편적이지 않은 실정이다. 부모가 교실 안에서 수업을 직접 관찰하는 경우에는 열린 어린이집의 취지에는 부합되지만, 영유아가 부모를 의식하여 수업에 집중하지 않거나 평소와 다르게 행동할 가능성이 있으며, 부모님이 참석하지 못한 다른 영유아에게 자신의 부모를 생각나게 만들 수도 있다. 교사 역시 부모의 존재로 인해 부담을 느끼기 쉽다. 더욱이 부모가 교육 프로그램에 대한 이해가 부족한 경우에는 교사의 행동을 오해하거나 수업을 방해할 수도 있다. 따라서 영유아, 부모, 교사 모두가 긴장하지 않도록 부모가 영유아의 활동을 도우면서 자연스럽게 관찰하게 하는 것이 효과적이다. 또한 일부 부모의 경우 참관 후 교사의 수업방식을 오해하거나 편파적인 시각으로 영유아들을 바라보는데, 이를 방지하기 위해서는 기관의 교육철학과 교육 프로그램의 특성에 대한 이해가 선행되어야 하며, 다음과 같은 참관규칙을 사전에 주지시키는 것이 좋다.

- 영유아에게 말을 걸거나 행동에 개입하지 않는다.
- 소음을 내지 않는다.
- 교실을 돌아다니지 않는다.

국공립 목련어린이집 개방 및 부모의 보육실 참관안내

부모님께
안녕하십니까?
국공립 목련어린이집 개방과 관련하여 안내해 드립니다.
저희 국공립 목련어린이집에서는 영유아와 부모, 그리고 어린이집 모두에게 도움이 될 수 있도록 가능한 시간을 서로 의논하여 어린이집을 개방하고 있습니다.
그럼으로써 부모님께 보육 일과를 지켜보거나 활동의 일부를 자녀와 함께할 수 있도록 제공하고자 합니다. 이러한 자녀와 함께하는 보육경험은 자녀의 행동 및 어린이집을 이해하는 데 도움이 될 것입니다.

영유아 보육에 지장을 초래하지 않는 범위 내에서 모두에게 유익한 기회가 되도록 다음 사항에 협조해 주시기 바랍니다.

1. 반별 보육실 개방시간과 관련하여서는 담임선생님과 협의하여 주시기 바랍니다.
2. 부모님의 보육실 입실과정에서 영유아들의 안정된 생활과 선생님들의 보육활동이 원활히 진행될 수 있도록 협조 부탁드립니다.
3. 특히, 영아반 부모님께서는 보육실 입실 시 어린이집 원아들의 건강과 청결한 위생을 위해 손을 깨끗이 씻고 입실하여 주시기 바랍니다.
4. 감기, 전염성 질환 등이 있는 경우에는 어린이집 입실에 제한되오니 이점 양해 바랍니다.

국공립 목련 어린이집

어린이집 참관 신청서

<table>
<tr><td rowspan="2">아동</td><td>성명</td><td></td><td>생년월일</td><td></td></tr>
<tr><td>해당 반명</td><td colspan="3"></td></tr>
<tr><td rowspan="2">신청인</td><td>성명</td><td></td><td>아동과의 관계</td><td></td></tr>
<tr><td>주소</td><td colspan="3"></td></tr>
<tr><td>어린이집명</td><td colspan="2"></td><td>참관 희망일</td><td></td></tr>
<tr><td>참관 신청 사유</td><td colspan="4"></td></tr>
</table>

위와 같이 어린이집 참관을 신청합니다.

○○○○년 ○○월 ○○일
신청인(보호자) 성명

어린이집 원장 귀하

그림 12-3 | **부모참관안내 및 신청서**

• 한 자리에서 관찰한다.
• 참관 부모들끼리 이야기하지 않는다.
• 궁금하거나 건의하고 싶은 것은 기록했다가 참관 후에 교사와 면담한다.

(2) 부모참여수업

부모참여수업은 수업참관보다 훨씬 적극적인 부모참여라고 할 수 있다. 부모참여수업에서 부모는 자녀와 함께 하는 시간을 통해 부모역할의 중요성을 인식함과 동시에 부모-자녀관계 개선에도 도움을 받을 수 있다. 그러나 부모 또는 부모 중 한쪽이 없는 영유아에게는 부모참여수업이 스트레스나 상처가 될 수 있으므로 학급 영유아의 가족 상황을 고려하여 세심하게 계획해야 한다. 예를 들어, 아버지 참여수업의 경우 아버지가 없거나 올 수 없는 영유아에게는 삼촌이나 할아버지 등 다른 남자 어른이 대신 참여하도록 할 수 있다. 또한 부모참여수업 전에 다음과 같은 수업참여수칙을 부모에게 안내할 필요가 있다.

• 수업 중의 모든 활동에 참여한다.
• 교사의 지시에 따라 행동한다.
• 영유아가 활동의 주체가 되도록 너무 많이 개입하지 않는다.

CASE 부모참여수업 사례

부모참여수업 사례를 보면 다음과 같다.

<table>
<tr><td>제목</td><td>부모참여수업 : 세로토닌 빌리지</td></tr>
<tr><td>활동자료</td><td>• 일정표, 이름표, 투명우산(참가선물)
• 비눗방울, 마음운동 : 동일
• 엄마와 함께 걷기 : EVA지, 매직, 가위, 로션, 대야, 원뿔대
• 자연 그대로 먹어요 : 생고구마, 찐고구마, 건포도, 생크림, 올리고당, 카스텔라, 찜통, 쟁반, 접시, 숟가락, 식탁보, 물티슈, 휴지
• 자연기억력 게임 : 선물(곤충채집통), 게임판, 게임컵, 자연물(솔방울, 나뭇잎, 돌멩이, 나뭇가지, 솔잎 등)</td></tr>
<tr><td>사전 준비</td><td>• 교사회의를 통해 부모참여 행사에 대한 주제 및 실시 시기를 선정한다.
• 일시, 장소, 주제 등 구체적인 사항이 확정되면 가정통신문과 홈페이지를 통해 안내한다.
• 가정으로 부모참여행사에 대한 안내문을 배부하고, 동의서를 받아 참석하는 인원을 파악한다.
<table>
<tr><th>시간</th><th>테마</th><th>해당 장소</th><th>이용 시간</th><th>참여반</th><th>활동 내용</th><th>준비물</th><th>담당자</th></tr>
<tr><td>12:50~
13:00</td><td>안내</td><td>어린이집 입구</td><td></td><td>유아반 전체</td><td></td><td>일정표, 이름표</td><td>교사 1, 2</td></tr>
<tr><td rowspan="10">13:00~
15:30</td><td rowspan="5">조절력–비눗방울 마음운동</td><td rowspan="5">유아 놀이터</td><td rowspan="2">13:00~
13:30</td><td>맑은 샘물반</td><td rowspan="5">• 부모님과 비눗방울 탐색하고, 만들어 보기
• 부모님이 날린 비눗방울 터트리기 게임</td><td rowspan="5">• 비눗방울 물총
• 멀티비눗방울
• 대형비눗방울
• 비눗방울액</td><td rowspan="5">교사 3, 4</td></tr>
<tr><td>고은 햇살반</td></tr>
<tr><td>13:30~
14:00</td><td>들꽃 향기반</td></tr>
<tr><td>14:30~
15:00</td><td>산들 바람반</td></tr>
<tr><td>15:00~
15:30</td><td>아름 나무반</td></tr>
<tr><td rowspan="5">몸습관–엄마와 함께 걷기</td><td rowspan="5">강당 및 상상 놀이터</td><td rowspan="2">15:00~
13:30</td><td>맑은 샘물반</td><td rowspan="5">상상놀이터에서 부모님 발 씻기 및 로션으로 마사지 후 게임</td><td rowspan="5">EVA지, 매직, 가위, 로션, 대야, 원뿔대</td><td rowspan="5">교사 5, 6</td></tr>
<tr><td>고은 햇살반</td></tr>
<tr><td>13:00~
13:30</td><td>들꽃 향기반</td></tr>
<tr><td>13:30~
14:00</td><td>산들 바람반</td></tr>
<tr><td>14:30~
15:00</td><td>아름 나무반</td></tr>
</table>
</td></tr>
</table>

<table>
<tr><td rowspan="11">사전 준비</td><td rowspan="10">13:00~
15:30</td><td rowspan="5">식습관-자연 그대로 먹어요(고구마경단 만들기)</td><td rowspan="5">산들 바람반</td><td rowspan="2">14:30~
15:00</td><td>맑은 샘물반</td><td rowspan="5">• 고구마 탐색 및 효능에 대해 알아보기
• 고구마경단 만들고, 시식하기</td><td rowspan="5">• 비밀상자, 낮은책상
• 생고구마, 찐고구마, 건포도, 생크림, 올리고당, 카스텔라
• 찜통, 쟁반, 접시, 숟가락, 식탁보, 물티슈, 휴지</td><td rowspan="5">교사
7, 8</td></tr>
<tr><td>고은 햇살반</td></tr>
<tr><td>15:00~
15:30</td><td>들꽃 향기반</td></tr>
<tr><td>13:00~
13:30</td><td>산들 바람반</td></tr>
<tr><td>13:30~
14:00</td><td>아름 나무반</td></tr>
<tr><td rowspan="5">자연친화-자연 기억력게임</td><td rowspan="5">아름 나무반</td><td rowspan="2">13:30~
14:00</td><td>맑은 샘물반</td><td rowspan="5">• 가정에서 가져온 자연물에 대해 이야기 후, 자연물 기억하기 게임</td><td rowspan="5">• 선물(비눗방울, 곤충채집통)
• 기억력게임게임판, 기억력게임컵
• 자연물(솔방울, 나뭇잎, 돌멩이, 나뭇가지, 솔잎)</td><td rowspan="5">교사
9, 10</td></tr>
<tr><td>고은 햇살반</td></tr>
<tr><td>14:30~
15:00</td><td>들꽃 향기반</td></tr>
<tr><td>15:00~
15:30</td><td>산들 바람반</td></tr>
<tr><td>13:00~
13:30</td><td>아름 나무반</td></tr>
<tr><td colspan="8">• 참석자 수와 동반 영유아의 수를 고려하여 재료를 사전에 준비한다.</td></tr>
<tr><td>본 활동</td><td colspan="8">• 영아반 세로토닌 빌리지 때 유아반 교사들이 현관에서 부모들을 맞이한다.
• 현관 입구에서 맞이 후 방명록을 작성하도록 한다.
• 영아반 교사들은 각 활동이 이루어지는 장소에서 대기한다(유아반 때 교대).
• 각 활동에 따른 프로그램에 대해 알아보고, 교사의 시범 후 부모들과 영유아가 함께 한다.
• 활동은 로테이션으로 30분씩 진행이 되며, 활동 마무리 5분 전에 정리시간을 알리고, 정리를 한다.
• 다음 활동에 혼선이 되지 않도록 30분 시간 배율을 정확히 하여, 다음 활동방으로 이동한다.
• 이동할 때는 일정표를 보며, 다음 이루어지는 방으로 보조도우미(실습생, 도우미)와 함께 이동한다.
• 활동 마무리 후 마지막 활동방에서 인사를 나누고 하원 지도하며, 참가상을 현관 입구에서 나누어 준다.</td></tr>
<tr><td>사후 활동</td><td colspan="8">• 일시, 장소, 주제 등 구체적인 사항이 확정되면 가정통신문과 홈페이지를 통해 안내한다.
• 가정으로 부모참여행사에 대한 안내문을 배부하고, 동의서를 받아 참석하는 인원을 파악한다.
• 참석자 수와 동반 영유아의 수를 고려하여 재료를 사전에 준비한다.</td></tr>
<tr><td>유의사항</td><td colspan="8">• 교사회의를 통해 부모참여 행사에 대한 주제 및 실시 시기를 선정한다.</td></tr>
</table>

출처 : 권미경 · 도남희 · 강은진 · 최지은 · 정효진(2015).

2. 부모자원봉사

1) 목적 및 방법

부모자원봉사는 부모가 가진 자원을 활용하여 교육활동이나 기관운영에 도움을 주는 것으로서 적극적인 부모참여 유형에 속한다. 교육부에서 제시한 부모자원봉사의 목적은 부모를 보조교사로 활용함으로써 교육효과를 높이고, 유아교육기관의 교육내용과 방법을 부모가 이해하여 가정에서 적용시키며, 부모의 능력을 개발하고 활용하는 기회를 제공하여 자아실현과 교육 동반자로서의 역할을 하며, 자기 자녀에 대한 관심을 또래에게까지 확대하여 자녀관을 개선함으로써 지역사회에 이바지하고, 발달에 적합한 연수로 올바른 유아교육의 이해를 돕기 위한 것이다(교육부, 2002).

부모는 기관에서 이루어지는 모든 활동에 대해 자원봉사자 역할을 할 수 있다. 부모자원봉사는 부모의 자발적 참여로 이루어지기 때문에 오리엔테이션 때 신청을 받아야 한다. 봉사형태는 급식 도우미, 산책 도우미, 그림책 읽어주기, 재능기부형 일일교사 등과 같이 일회성인 경우도 있으며, 장난감 세척이나 매주 청소 등과 같이 정기적으로 이루어질 수도 있다(보건복지부, 2018a). 봉사형태는 다음과 같이 전문적 봉사, 수업 보조, 인력 보조 등 다양한 형태와 방법이 있다.

(1) 전문적 봉사

부모가 가진 특정 전문지식이나 자원을 활용하여 교육적 도움을 제공하는 것을 말한다. 여기에는 영유아를 대상으로 한 수업직업, 다문화, 부모교육, 위생교육뿐만이 아니라 다른 부모나 교사를 대상으로 한 강연직업, 다문화, 부모교육, 위생교육도 포함된다. 부모가 교실에서 수업을 하는 경우에는 직업과 관련된 복장예 : 의사가운을 입고, 관련 도구예 : 청진기를 가지고 와서 보여 주는 것이 효과적이다. 그러나 부모가 기관을 방문하기 어렵거나 직업과 관련된 시설과 설비가 갖추어진 직장에서 수업하는 편이 효과적인 경우에는 영유아가 부모의 직장을 방문하는 형태로 이루어질 수 있다. 이때에는 직장에 피해가 가지 않도록 영유아의 수를 제한하고, 적절히 방문시간 등을 조율하며, 사전에 영유아와 지켜야 할 약속 등에 대해 이야기를 나누어야 한다.

(2) 수업 보조

수업 진행을 직접 도울 수 있는 보조교사 역할로서 간식 보조 등의 단순한 것부터 수업지도에 이르기까지 역할이 있다. 학급 자원봉사자 연수 등 소정의 교육을 받거나 교사로부터 구체적인 지도와 도움을 받아야 한다. 수업 지원에는 수업 시 부적응 영유아 돌보기, 자유선택활동의 일정 영역 지도하기, 집단활동 보조하기, 실외 활동 보조하기, 행동관찰 기록하기, 개별지도, 책 읽어주기, 요리활동 등이 있다.

(3) 인력 보조

교재교구 제작이나 환경미화, 낮잠 지도, 등·하원 지도, 교재교구 제작 및 보수, 놀이기구 점검 및 보조, 실내외 청소, 사육장 관리, 화단 및 텃밭 가꾸기 등 다양한 부분에서 기관에 도움을 주는 것이다. 예를 들어, 교재교구 제작은 기관에 자료가 충분하지 않거나 손이 많이 가는 자료가 필요할 경우 또는 운동회나 음악회 등 소품을 제작하는 행사에 유용하다. 이때 부모들이 손쉽게 만들 수 있는 것으로 준비하고, 자료를 제작한 후

그림 12-4 | 수업 보조

그림 12-5 | 급식 보조

수업에 보조교사로 참여하게 하면 부모들의 만족도가 높아진다.

2) 장점 및 유의점

기관의 입장에서 볼 때 부모자원봉사는 부모가 교사를 보조함으로써 교사 대 영유아의 비율을 낮추고, 교사의 업무과중을 어느 정도 해소할 수 있는 장점이 있다. 부모에게는 자원봉사경험이 자신의 역량을 새롭게 확인할 수 있는 기회가 될 수 있다. 부모는 교사의 대화나 상호작용기술 등을 관찰함으로써 효율적인 부모역할을 수행하게 되며, 이는 보람과 성취감은 물론이고 기관에 대한 소속감 증가로까지 이어질 수 있다. 영유아 또한 부모에 대한 자긍심을 갖게 되며, 교사가 제공하는 경우보다 더 의미 있는 경험을 할 수 있다.

그러나 부모자원봉사는 의무사항이 아니라 자발적이며 보상도 주어지지 않기 때문에 자원 부모를 구하기 쉽지 않을 수 있다. 또한 부모는 전문가가 아니기 때문에 계획대로 되지 않을 수 있으며, 교사의 의도와 어긋나게 진행되는 경우에도 부모에게 수정을 요청하기가 쉽지 않다. 따라서 교사는 일일교사나 차량도우미로 봉사하는 부모가 어디까지나 보조자의 역할을 하는 것뿐이지 주 책임은 담임교사나 차량 동승 교사에 있음을 유념하고, 부모 또한 다음과 같은 자원봉사수칙을 인식하도록 안내해야 한다.

- 보조교사로 활동하는 부모는 교사에게 실질적인 도움을 주어야 한다.
- 자녀 또는 자녀의 학급뿐만 아니라 다른 학급에도 관심을 갖고 참여해야 한다.
- 내 아이 학급만의 부모봉사활동이 오히려 자연스러운 일과활동을 방해함을 인식한다.
- 「개인정보 보호법」에 따라 영유아에 관한 사적 정보를 외부에 공개하지 않는다.

CASE 부모자원봉사 : 일일교사 사례

부모자원봉사 참여 유형 중 일일교사 사례를 보면 다음과 같다.

<table>
<tr><th>주제</th><td>우리 동네</td><th>활동명</th><td>일일교사가 되어서 직업을 소개해요.</td></tr>
<tr><th>활동 목표</th><td colspan="3">• 유아는 일일교사활동을 통해서 우리 반 부모님들의 직업에 대한 구체적인 정보를 가진다.
• 부모는 직업인이 되는 과정과 직업이 가지는 고유성을 유아의 발달에 적합한 용어를 사용하여 설명한다.</td></tr>
<tr><th>대상</th><td>만 3~5세 유아와 부모</td><th>참여방법</th><td>어린이집 방문(소그룹)</td></tr>
<tr><th>소요 시간</th><td>1시간~1시간 30분</td><th>비용</th><td>어린이집, 부모 공동 부담</td></tr>
<tr><th>준비물</th><td colspan="3">직업에 대한 이해를 높일 수 있는 사진, 그림, 직업군에서 주로 사용하는 물건, 의상 등의 매체, 유아들의 질문카드</td></tr>
<tr><th colspan="4">활동방법</th></tr>
<tr><th>사전 활동</th><td colspan="3">• 부모 일일교사 프로그램의 취지와 목적 등 부모 협조 관련 안내문을 배부한다.
• 신청서를 통해 일일교사로 자원봉사가 가능한 부모를 파악한다.
• 사전에 부모와의 면담을 통해 수업시간, 내용, 유아들의 질문 목록, 사전 준비물, 활동 시 유아 집단의 크기 등에 대해 협의한다.
• 일일교사로 활동할 부모의 직업에 대해 유아들과 궁금한 점을 이야기 나누면서 질문 목록을 작성한다.
• 유아가 직접 체험할 수 있는 직업일 경우에는 체험에 필요한 재료를 미리 준비한다.</td></tr>
<tr><th>본 활동</th><td colspan="3">• 유아들과 함께 일일교사 부모님을 반갑게 맞이한다.
• 일일교사 부모님과 부모님의 직업을 소개한다.
• 유아가 부모가 설명하는 직업에 대해 주의 깊게 들을 수 있도록 지도한다.
• 유아들의 질문 목록을 바탕으로 직업에 대해 궁금한 것을 묻고 부모의 대답을 들으며 이야기 나눈다(교사 : ○○이 엄마(또는 아빠)께 궁금한 점이 있는 친구가 있니?)
• 유아들이 일일교사로 방문한 부모에게 감사 인사를 할 수 있도록 마무리 시간을 마련한다.
• 부모님께서 설명해 주신 직업과 관련하여 기억에 남는 점에 대해 이야기를 나누어 본다.</td></tr>
</table>

사후 활동	 파스타 종류 설명 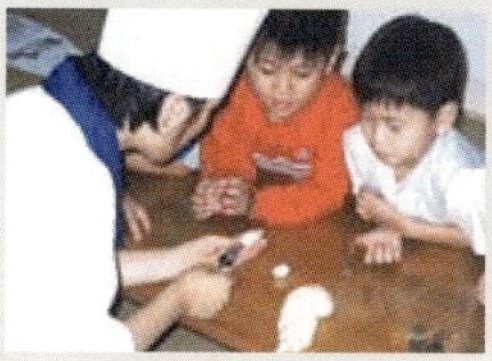 만드는 법 시연  파스타 전시 • 부모님의 직업과 관련된 자료(부모가 준비해 온 자료 등)를 해당 영역에 비치하여 유아들이 쉽게 살펴볼 수 있도록 한다. • 일일교사로 활동하신 부모님께 감사의 편지를 쓴다.
지역사회 연계	• 지역사회(어린이집 인근) 내에 부모님의 직장이 있는 경우에는 견학활동으로 활동을 진행할 수 있다. • 견학활동 진행 시 이동거리가 가까운 곳을 선택한다. • 제빵사, 은행원, 간호사, 의사, 미용사 등 부모의 여러 직업을 활동 주제와 관련지어 협조 요청을 하면 효과적이다.
참고사항	유아들이 활동 중에 관심을 보인 직업을 가진 부모를 섭외할 경우 유아들이 흥미를 갖고 활동에 참여한다.

출처 : 이미화 외(2013).

3. 운영위원회

1) 목적 및 방법

유엔아동권리협약이 규정하고 있는 4가지 권리, 즉 아동의 생존, 보호, 발달, 참여의 권리 중에서 가장 간과되기 쉬운 것이 참여권이다. 발달특성상 영유아가 기관에서 제공되는 서비스의 질과 내용, 제공방식, 기관의 운영이나 행사와 관련된 의사결정과정에 참여하기 어렵기 때문이다. 그러나 최근에는 언어적 의사표현이 미숙한 영유아를 대신하여 부모가 교육 프로그램, 환경, 급・간식, 교재교구 및 기자재의 선택이나 전반적인 영유아교육기관의 운영방식의 결정과정에 참여하여 영유아의 참여권을 보장해야

표 12-1 | 운영위원회의 기능

어린이집 운영위원회(「영유아보육법」 제25조)	유치원 운영위원회(「유아교육법」 제19조의4)
• 어린이집 운영 규정의 제정이나 개정에 관한 사항 • 어린이집 예산 및 결산의 보고에 관한 사항 • 영유아의 건강 · 영양 및 안전에 관한 사항 • 아동학대 예방에 관한 사항 • 보육시간, 보육과정의 운영방법 등 어린이집의 운영에 관한 사항 • 보육교직원의 근무환경 개선에 관한 사항 • 영유아의 보육환경 개선에 관한 사항 • 어린이집과 지역사회의 협력에 관한 사항 • 보육료 외의 필요경비를 받는 경우 제38조에 따른 범위에서 그 수납액 결정에 관한 사항 • 그 밖에 어린이집 운영에 대한 제안 및 건의사항	• 유치원규칙의 개정에 관한 사항 • 유치원 예산 및 결산에 관한 사항 • 유치원교육과정의 운영방법에 관한 사항 • 학부모가 부담하는 경비에 관한 사항 • 유치원급식에 관한 사항 • 방과후 과정 운영에 관한 사항 • 유치원운영에 대한 제안 및 건의사항 • 기타 대통령령, 시 · 도의 조례로 정하는 사항 ※ 국립 · 공립 유치원에 두는 유치원운영위원회는 위의 각 호의 사항을 심의하며, 사립유치원의 장은 각 호의 사항(는 제외)에 대하여 유치원 운영위원회의 자문을 거쳐야 함

한다는 인식이 증가하고 있다(한유미, 2015).

이러한 입장에서 「영유아보육법」 제25조에서는 어린이집 운영의 자율성과 투명성을 높이고 지역 실정과 어린이집 특성에 맞는 바람직한 보육을 실시하기 위하여 원장, 보육교사 대표, 부모 대표, 지역사회인사 등을 운영위원학부모 대표가 ½ 이상으로 하는 어린이집 운영위원회를 구성 · 운영할 것을 명시하고 있다. 또한 「유아교육법」 제19조의3에서도 유치원 운영의 자율성을 높이고 지역의 실정과 특성에 맞는 다양한 교육을 창의적으로 실시할 수 있도록 하기 위하여 유치원에 유치원 운영위원회5명 이상 11명 이내를 둘 수 있는 것으로 나와 있다. 두 법에서 제시한 운영위원회의 기능은 표 12-1과 같다.

이와 같이 법으로 보장된 공식적인 기구로서 운영위원회는 부모가 기관에 가장 적극적으로 관여하는 방법이라 할 수 있다. 운영위원은 부모 대표, 교직원 대표, 지역사회 인사 등으로 구성되며, 운영위원들이 위원장을 선출한다. 단 원장과 교직원 대표는 위원장에서 제외된다. 교직원 대표는 교직원 중에 추천 또는 자원을 받아 교직원 동의를 거쳐 선출하며, 지역사회 인사는 부모 또는 교직원의 추천을 받아 지역에서 보육 관련 전문성이 있는 사람으로 위촉한다. 부모 대표의 경우 과거에는 기관에서 지정하는 경향이 있었지만, 최근에는 오리엔테이션이나 공지사항을 통해 자원 또는 추천을 받아 부모 동의를 거쳐 선출한다. 100인 이상 어린이집의 경우 각 학급 대표를 선출하고, 그들 중에서 운영위원을 뽑을 수 있다. 운영위원이 된 부모는 정기적으로 회의를 통해 기관의 운영과 교육과정 내용 및 방향 결정, 기자재 구입 등 행·재정과 관련된 전반적인 정책결정에 참여할 수 있다.

어린이집의 경우 「영유아보육법」에 의거하여 연 4회분기별 1회 이상 운영위원회 회의를 실시해야 한다. 어린이집에서는 운영위원회 회칙을 토대로 운영위원회 연간 운영계획을 수립한다. 운영위원회 연간 운영계획에는 운영위원회의 목적, 법적 근거, 연간 운영위원회 회의 일정, 운영위원의 구성과 선출 등의 내용이 포함될 수 있다. 운영위원회가 끝나면 원장은 회의록을 작성·보관하고, 전체 부모에게 회의결과를 공개해야 한다. 회의록은 안건별로 요약하여 작성하되, 운영위원회 일시 및 차수, 출석위원 성명과 수, 참관인의 성명과 직위, 보고사항, 안건의 토의내용 및 표결결과 등을 포함시킨다(보건복지부, 2018b).

그림 12-6 | 운영위원회 회의

2017 - 운 -01

2017년 제1회 운영위원회 회의 결과 안내

부모님 안녕하세요!
겨울잠 자던 개구리도 깨어난다는 경칩과 함께 3월 둘째 주를 맞이 하였습니다
아직은 찬바람이 불어와 몸을 살짝 움츠리게 됩니다.
건강 유의하시길 바라며 아이들도 감기에 걸리지 않도록 옷차림에 더욱 신경 써 주세요. 감사합니다

회의결과

1. 어린이집 운영 현황 보고와 2016년 결산서, 2017년 예산서 승인함.
-어린이집 예산서는 아이사랑포털에 정보 공시되어 있습니다(6월 2차 학부모운영위원회 회의때 결산서 첨부하기로함).
2. 당초 신입생 입학금이(100,000원) 상해보험료(5,000)가 포함되어 있었으나 미리 어린이집 운영비로 보험료(5,000)을 선납하였으므로 5,000원을 4월 현장학습비로 이월하도록 함.
-신입생은 4월 필요경비를 입금할때 5,000원을 뺀 나머지 금액만 입금하도록 함

3. 2017년 재무회계 규칙변경에 따른 기부금에 대한 수입부분은 시립어린이집에서는 예산에 반영하지 않도록 함.

4. 5월 1일 '근로자의 날'은 노동부에서 어린이집 교사들도 근로기준법의 적용을 받는 법정 근로자의 날에 휴무하여야 함을 원칙으로 규정 하였으므로 학부모 운영위원회에서도 이에 따라 휴원하도록 함(미리 휴원에 대한 알림공지를 보내 부모가 연차, 휴가 계획에 차질 없도록 함).

5. 3월 30일 목요일 '다이노스타' 견학시에 아이들 도시락을 각 가정에서 준비하기로 결정함.

6. 교사휴가 일정에 따라 어린이집 운영을 통합보육으로 진행한다. 맞벌이 가정 중 수요자 계획은 보육사업 안내 절차에 따라 진행한다.
하절기 휴가기간 운영원칙

어린이집은 연중 운영이 원칙이므로 교사의 하계휴가사용 등을 이유로 임시 휴원은 불가하므로 7월 초에 부모님의 휴가스케줄에 따라 교사 휴가기간을 정한다(공지사항은 5월에 게시함). - 보육공백을 최소화하고 보육에 지장을 주지 않는 범위 내에서 반 구성, 교사 대 아동 비율을 달리하여 운영할 수 있으며, 이 경우 반드시 보호자의 휴가스케줄을 거쳐야 함. - 맞벌이 가정 등 긴급 보육이 필요한 아동을 위하여 당번교사 배치. (보육사업 안내 68p)

7. 어린이집 토요일 운영은 수요자가 없으면 토요일에는 휴무하기로 결정함(매주 수요일 통신문에 공지함)

-토요보육을 원할 경우에는 매주 수요일까지 담임교사에게 연락을 주면 당직교사를 배치한다. 어린이집 운영시간 원칙 - 주 6일 이상 연중 계획운영 하는 것을 원칙으로 함. 다만, 지역 및 시설 여건 등을 고려하여 '어린이집 운영 위원회 회의 결정에 따라 토요일 휴무를 할 수 있음. (보육사업 안내 67p)

2017년 3월 14일

시립현덕어린이집

그림 12-7 | 운영위원회 회의결과 공지

2) 장점 및 유의점

운영위원회는 부모 입장에서는 기관에 불만사항을 표출하거나 건의사항을 제안할 수 있고, 기관 입장에서도 부모들의 애로사항을 듣고 오해를 풀거나 부모의 협조를 얻을 수 있는 장점이 있다. 이와 같이 민주적이며 투명하고 합리적인 운영을 통한 기관의 자율성과 책무성 강화는 영유아에게 제공되는 서비스의 질 향상으로 이어진다. 따라서 운영위원회를 통한 부모참여의 활성화는 국가나 지방자치단체보다 더 효과적인 관리 감독 기제가 될 수도 있다.

그러나 이는 부모운영위원 각자가 개인의 주장을 내세우기보다는 전체 영유아와 기관의 이익을 우선으로 한다는 것이 전제되어야 한다. 사실상 부모가 기관의 모든 의사결정에 참여하는 것은 어려울 뿐 아니라 부모가 의견을 내더라도 원장이 반대하면 무산되기 쉽다. 교사운영위원 역시 원장의 눈치 때문에 자유로이 의견을 개진하기 어렵다. 이에 운영위원회는 원장의 권한이 커서 최종 의결기구로서의 역할을 한다기보다 단순히 기관운영에 대한 경과보고를 받는 수준에 그치고 있다는 비판을 받기도 한다. 실효성 있는 운영위원회가 되기 위해서는 다음과 같은 점을 유념하는 것이 좋다.

- 부모의 권한을 인정하는 분위기를 형성한다.
- 초기에는 기관과 부모 양쪽 모두에 부담이 적은 분야의 의사결정에서 시작한다.
- 어떠한 분야의 의사결정에 어느 정도 수준으로 부모가 참여할 것인지를 명확히 한다.
- 학급 대표는 부모들의 의견을 잘 조율하는 역할을 해야 한다.
- 개인의 주장이 아닌 영유아와 기관의 발전을 위해 신중하게 의사결정을 한다.

CASE 운영위원회 회의록 사례

어린이집 운영위원회 회의록 사례를 보면 다음과 같다.

<table>
<tr><td>일시</td><td colspan="2">년 월 일 요일</td><td>위원장</td><td colspan="2">원장</td></tr>
<tr><td>장소</td><td colspan="2">어린이집 시간연장 보육실</td><td>(인)</td><td colspan="2">(인)</td></tr>
<tr><td rowspan="2">참석 현황</td><td>총원</td><td>참석</td><td colspan="2">불참</td><td>비고</td></tr>
<tr><td>8</td><td>7</td><td colspan="2">1</td><td></td></tr>
<tr><td colspan="6">회의내용</td></tr>
<tr><td>토의 안건</td><td colspan="4">• CCTV 운영 기준 발의 – 원장
• 만 2세 학급 보육실 로테이션건 : 발의 – 원장 – 2세 ○○반 부모
• 1차 추경예산안 승인건 발의 – 원장</td><td></td></tr>
<tr><td>토의 및 의결 사항</td><td colspan="4">1. CCTV 운영기준
• 원장 : 어린이집 CCTV 운영기준(안)을 「개인정보 보호법」 등에 근거하여 작성하였음. 작성된 CCTV 운영기준(안)에 대한 운영위원의 의견을 듣고자 함
• 부모 운영위원 : CCTV는 「개인정보 보호법」에 따라 오디오 없이 화면만 보는 상황이어서 실시간 전송 시 오해의 소지가 많을 것 같음. 따라서 열람 목적 및 기준에 해당되는 경우 열람하는 A형의 운영방식이 적합하다고 사료됨. 또한 해당 영유아뿐만 아니라 다른 영유아들의 영상까지 다 포함이 되어 있기 때문에 열람 청구의 기준도 엄격하게 정해져야 할 것임
• 운영위원장 : 부모에게 청구권에 대한 자율성을 보장해 주는 대신 청구권 남용에 대한 방지 대책이 마련되어야 할 것임
—— 중략 ——
2. 만 2세 학급 보육실 로테이션 문제
• ○○반 대표겸 부모 운영위원 : 안건의 내용을 설명하겠음. 2015학년도에 만 1세 학급이 한 학급 더 늘어나면서 만 2세 학급 중 ○○반이 2층 보육실을 사용하게 되었음. 부모들은 2층 보육실이 1층 보육실보다 적어 영아의 신체활동 욕구를 충분히 반영하지 못함에 대해 걱정함. 보완방법으로 6개월마다 1층에 있는 △△반 보육실 공간을 ○○반과 ○○반이 로테이션하는 것에 대해 제시하였음
• 부모 운영위원 : 운영위원장님이 보내주신 안건을 확인하고 어제 안건이 올라온 보육실, 즉 ○○반과 △△반을 직접 가서 확인함. 2층 ○○반 보육실과 1층 △△반 보육실을 비교해 보았을 때, 2평 정도의 공간면적과 화장실의 교실 내 유무, 플레이 하우스 유무 차이점을 발견하기 어려움. 아이들이 안정적으로 적응하고 있는데, 로테이션보다는 현행대로 사용하는 것이 맞겠다고 생각함. 내 아이가 ○○반이었더라면 본인은 그냥 지낼 것으로 결정할 것 같음</td><td></td></tr>
</table>

토의 및 의결 사항	———— 중략 ———— • ○○반 대표겸 부모 운영위원 : 제가 ○○반 대표를 맡고 있으니 ○○반 부모님들에게 의견을 잘 전달하겠음 • 원장 : 공간 크기가 신체활동에 영향을 준다고 생각한다면 ○○반 영아들에게 유희실의 사용 빈도나 시간 사용을 늘려 신체활동시간을 늘리도록 하겠음 **3. 2015년 1차 추경예산안 심의** • 원장 : 교사 이동으로 인한 인건비 절감 부분을 수용비, 자산취득비, 견학비를 증가시키는 데 사용함. 새로 편성한 추경예산안을 참고 바람 • 운영위원들 : 동의함
개회시간	18 : 30
폐회시간	20 : 00

출처 : 보건복지부 · 육아정책연구소(2015).

4. 평가자로서의 참여

1) 목적 및 방법

평가자로서의 참여는 의사결정자로서의 참여와 함께 능동적인 부모참여 유형으로서 부모 만족도 조사나 부모 모니터링이 이에 해당한다.

(1) 부모 만족도 조사

부모 만족도 조사의 목적은 부모가 기관의 서비스 전반 및 운영에 대해 평가하는 설문조사를 실시함으로써 기관의 운영을 개선하는 기초자료로 활용하는 것이다. 부모만족도 조사를 사전 준비단계, 실행단계, 마무리 및 평가단계에 따라 살펴보면 다음과 같다(보건복지부, 2018b).

① 사전 준비단계

- 부모 만족도 조사계획 : 횟수, 시기, 설문지 작성, 안내방법, 조사결과분석활용 등 세부내용 계획
- 부모 만족도 조사안내 : 가정통신문 또는 홈페이지, SNS 등을 통한 안내 및 회신
- 부모 만족도 조사자료 준비 : 가정통신문과 함께 개별 부모에게 배포 후 회신 또는 홈페이지에 업로드, 개인 이메일로 발송 후 회신

② 실행단계

- 가정통신문 발송 : 무기명으로 작성한 후 현관 앞에 비치한 수거함에 넣도록 안내
- 이메일 회신 : 이메일로 만족도 조사서 받기
- 조사서 분석 : 각 문항별, 범주별, 전체 만족도 점수분석 및 도표또는 그래프 등으로 요약
- 분석결과안내 : 조사서 분석결과를 가정통신문 또는 홈페이지, 운영위원회 등을 통해 공개
- 분석결과의 적용 : 추후 분석결과를 반영한 운영 개선계획을 수립하여 실천

③ 마무리 및 평가단계

부모 만족도 조사결과분석자료, 분석결과를 반영한 운영 개선계획 등을 문서로 작성하여 보관

CASE 부모 만족도 조사 사례

부모 만족도 조사문항 및 조사결과의 사례를 보면 다음과 같다.

• 2018년 2학기 어린이집 만족도 조사 •

현덕에서는 부모상담기간을 가지며 학부모와 원활한 소통을 하고자 합니다. 자녀에 대해 여러 가지 궁금한 점을 미리 상담계획을 하여 상담시간을 15분에서 20분 사이로 할 예정이오니 간단한 만족도에 참여해 주시기 바랍니다.

• 한 학기 동안 어린이집 운영방침에 대해 전반적으로 만족하십니까?
① 전혀 만족 못한다. ② 만족한다. ③ 대단히 만족한다. ④ 모르겠다.

• 담임교사에 대해 전반적으로 만족하십니까?
① 전혀 만족 못한다. ② 만족한다. ③ 대단히 만족한다. ④ 모르겠다.

• 어린이집 교육 프로그램에 대해 전반적으로 만족하십니까?
① 전혀 만족 못한다. ② 만족한다. ③ 대단히 만족한다. ④ 모르겠다.

• 어린이집 행사에 대해 전반적으로 만족하십니까?
① 전혀 만족 못한다. ② 만족한다. ③ 대단히 만족한다. ④ 모르겠다.

• 어린이집 부모교육에 대해 전반적으로 만족하십니까?
① 전혀 만족 못한다. ② 만족한다. ③ 대단히 만족한다. ④ 모르겠다.

• 어린이집 안전교육에 대해 전반적으로 만족하십니까?
① 전혀 만족 못한다. ② 만족한다. ③ 대단히 만족한다. ④ 모르겠다.

• 어린이집 영양 식단에 대해 전반적으로 만족하십니까?
① 전혀 만족 못한다. ② 만족한다. ③ 대단히 만족한다. ④ 모르겠다.

• 어린이집 지역사회연계 및 가족전문가 지원에 대해 전반적으로 만족하십니까?
① 전혀 만족 못한다. ② 만족한다. ③ 대단히 만족한다. ④ 모르겠다.

설문에 답해주셔서 감사합니다.

시립현덕어린이집

부모 만족도 조사문항

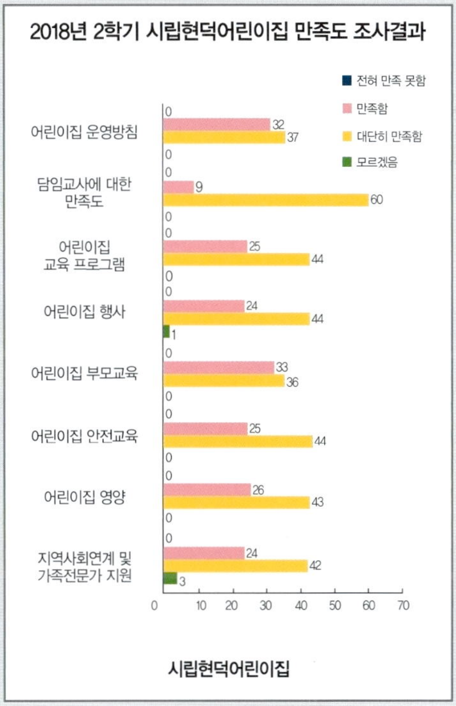

부모 만족도 조사결과

(2) 부모 모니터링

부모는 자녀가 재원 중인 어린이집의 교육행사, 운영 전반을 설문지를 통해 평가할 뿐 아니라 부모 시각에서 어린이집의 건강·안전 전반을 점검하는 원내 모니터링을 실시할 수 있다. 부모 모니터링이 가장 활발한 분야는 급식이다. 부모급식 모니터링은 급

CASE 부모 모니터링 사례

부모의 급식 모니터링 사례를 보면 다음과 같다.

급식 위생관리 및 검식 체크리스트

점검일자 : 2016년 8월 23일(화)
평점기준 : 좋음 ○, 보통 △, 나쁨 ×로 표시

점검 학부모님
(서명)

No	점검사항		점검상태
1	점검 및 영양관리	영양사가 작성한 식단대로 제공한다.	
2		간식이 오전과 오후로 다양하게 제공되며, 신선한 과일 및 채소 등을 주 3회 이상 간식으로 제공하고 있다.	
3		음식의 조리(크기, 맛)가 영유아가 먹기에 적절하여, 충분한 양의 급 · 간식이 제공된다.	
4	조리관리	급식은 어린이집에서 직접 조리하여 제공한다.	
5		당일에 조리한 음식은 당일에 소비하는 원칙을 준수하고 있다.	
6	식재료 관리	식단표상의 식재료는 원산지 표기대로 구입하고 있다.	
7		식재료 보관 장소는 청결하고 위생적이며, 식품과 소모품을 별도로 구분하여 관리하고 있다.	
8		식재료 보관규정(냉동 · 냉장 · 실온보관, 입고날짜, 유통기한 등)을 준수하고 있다.	
9	급식 위생관리	조리직원은 위생모, 위생복 등을 올바르게 착용하고 조리한다(장신구 착용 불가).	
10		급식실 도구가 청결하고 급배식과정이 위생적이다.	
11		식수, 우유, 모유, 이유식 등 관리가 위생적이다(컵, 젖병 등을 소독 관리하여 청결하게 사용).	
12	시설 위생	조리실과 조리도구가 청결하고 위생적으로 관리되고 있다.	
13		칼과 도마를 어류, 육류, 채소로 따로 구분하여 사용한다.	
14		조리실에 후드나 환풍기, 냉난방기, 방충망 등이 설치되어 있고, 제대로 작동하여 청결하게 관리되고 있다.	
점검 의견			

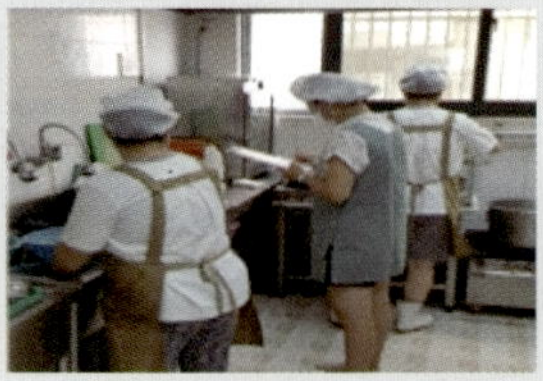

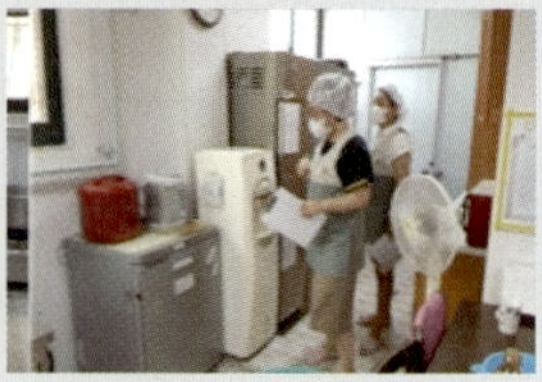

식 위생을 부모가 직접 점검함으로써 자녀가 먹는 급식에 대해 안심할 수 있게 하려는 것이다. 가정통신문을 통해서 부모급식 모니터링 참여를 희망하는 부모를 파악한 후 체크리스트를 배부하고, 조리실에 들어가기 전에 위생모와 앞치마를 제공한다. 점검을 다한 부모는 체크리스트 항목에 표시를 하고 점검 의견을 적어서 활동을 마무리한다.

또한 자격요건이 된다면 자치구의 부모 모니터링단 단원이 되어 개별 어린이집을 넘어서 지역사회의 보육환경을 지원하는 역할을 할 수도 있다(보건복지부, 2018a). 부모 모니터링은 부모의 불안감 해소를 위해 공무원 중심의 어린이집 지도점검과 달리 수요자인 부모가 어린이집에 직접 참여하는 제도적 기반을 마련하기 위해 생겨났다. 2013년 '아이사랑 부모 모니터링단' 사업이 도입되었고, 같은 해 '시·도지사 또는 시장·군수·구청장은 어린이집 보육환경을 모니터링하고 개선을 위한 컨설팅을 하기 위하여 부모, 보육·보건 전문가로 점검단이하 이 조에서 "부모 모니터링단"이라 한다을 구성·운영할 수 있다'는 「영유아보육법」 제25조의2항이 신설됨으로써 부모 모니터링단의 설치·운영에 대한 법적 근거가 마련되었다. 부모 모니터링단원의 교육은 보건복지부 산하 한국보육진흥원에서 담당하는데, 상반기에는 강사진 및 사업 담당자, 단원을 대상으로 이론교육을 실시하고, 하반기에는 사례 중심의 심화교육을 실시한다. 부모 모니터링단은 어

표 12-2 | **모니터링 일과 진행 예시**

시간	모니터링단 활동내용
10 : 00~ 10 : 10(10분)	• 어린이집 원장 등 보육교직원과 인사 • 어린이집의 전체 분위기 및 현황 파악 • 모니터링 지표내용 및 확인방법 안내
10 : 10~ 12 : 40(150분)	• 건강관리 모니터링(예방접종 및 건강검진, 응급조치체계) • 안전관리 모니터링(물리적 · 인적 환경 안전관리, 차량 안전관리, 아동학대 예방 및 조치) • 급식관리 모니터링(식단 및 영양관리, 조리관리, 식재료관리) • 위생관리 모니터링(급식 위생관리, 조리실 청결, 시설 · 비품 위생)
12 : 40~ 13 : 00(20분)	• 모니터링 결과에 대해 단원 간 상호 논의 후, 결과안내서 작성 • 원장에게 모니터링 결과 및 향후 조치사항 안내(결과안내서 서명받기) * 원장 부재 시 주임교사 등 보육교직원에게 안내 • 어린이집에 결과안내서를 통해 개선사항 서면으로 제공

린이집을 이용하는 자녀를 둔 부모와 보육・보건전문가가 1 : 1로 참여하여 2인 1조로 구성되고, 1일 1개소 원칙으로 총 3시간에 걸쳐 표 12-2와 같은 방식으로 진행된다(보건복지부, 2018c).

부모 모니터링단에 참여한 부모의 주요 역할은 다음과 같다(보건복지부, 2018c).

① 지표별 모니터링

어린이집 운영 전반에 대한 모니터링이 아닌 영유아가 건강하고 안전한 환경에서 생활할 수 있도록 부모와 전문가의 입장에서 건강, 안전, 급식, 위생관리 등 지표별 항목에 따라 모니터링을 진행한다.

② 모니터링 지표를 바탕으로 현장개선지도

경미한 위반사항은 보육・보건전문가가 지표의 기준과 지침을 근거로 하여 자율개선이 이루어지도록 설명하고 지원한다. 문제점을 발견할 경우 전문가와 협의하거나 전문가로 하여금 전달하도록 한다.

③ 모니터링 이후 컨설팅을 통해 전문적인 지원

모니터링 이후라도 어린이집이 보다 심도 있는 컨설팅을 원하거나 모니터링 결과 개선 필요 등급인 어린이집은 부모 모니터링 전문 컨설턴트가 방문하여 건강, 안전, 급식, 위생관리영역에 대한 컨설팅을 지원한다.

2) 장점 및 유의점

(1) 부모 만족도 조사

부모 만족도조사는 부모가 평가자로서 적극적으로 기관운영에 참여할 수 있는 방법이지만 자칫 요식행위로 그치기 쉽다. 설문조사에 대한 부모들의 동기가 낮거나 설문조사를 기관의 운영에 실제로 반영한다는 기관의 의지가 약한 경우가 종종 있기 때문이다. 부모 만족도 조사가 본연의 목적을 달성하기 위해서는 다음과 같은 점에 유의한다.

① 설문지 내용을 잘 구성한다

실현 가능한 사안이나 부모들이 중요시하는 분야를 중심으로 설문지를 구성한다. 설문지 문항을 부모가 쉽게 이해할 수 있도록 용어 사용, 문장 서술에 유의한다.

② 설문지 문항 수를 적절하게 한다

문항 수가 너무 많으면 애초에 거부하거나 중간에 포기하기 쉬우며, 응답의 신뢰도 또한 떨어지게 된다. 따라서 15문항 이내로 1~2페이지를 넘지 않는 것이 좋다.

③ 설문지 회수율을 높인다

참여율과 회수율을 높이기 위해 조사의 중요성과 방법, 마감기한 등을 안내하고, 대개 1~2주 내에 설문지를 회수하되, 회수율을 살펴 마감 시기를 결정한다.

④ 익명성을 보장한다

회수율을 높이기 위해서는 무기명 설문지를 봉투에 넣어 배부, 회수하는 것이 바람직하다. 또한 응답내용에 대한 비밀 보장이 철저히 이루어짐을 알려서 부모가 편안한 마음으로 설문지에 답할 수 있도록 한다예 : 현관 입구나 차량 탑승구에 수거함 마련.

⑤ 조사결과를 실행한다

조사결과를 문항별로 면밀히 분석하여 개선이 필요한 부분을 찾아 논의한다. 이 중 결정이 필요한 문항은 경우에 따라 표결에 부친다. 이렇게 결정된 내용은 실행에 옮기고 지속적으로 관찰, 평가한다.

(2) 부모 모니터링

전체 부모를 대상으로 하는 부모만족도 조사에 비해 부모 모니터링은 일부 부모만 참여하지만 좀 더 강력한 평가자 역할을 하는 부모참여 유형이라 할 수 있다. 부모 모니터링 사업은 교사와 부모 간의 소통을 원활하게 하고, 부모들의 만족감을 높이는 긍정적 효과가 있는 것으로 평가된다(양미선 · 이윤진, 2015). 그러나 부모 모니터링단에 참여한 부모들은 이론 및 실습교육을 받았음에도 지표와 어린이집 보육환경에 대한 이해의 부족과 모니터링 진행에서 발생하는 다양한 문제상황을 객관적으로 바라보는 전문가와 달리 아이를 키우는 부모의 관점으로 인한 감정조절의 어려움을 토로하고 있다(조선향, 2016). 또한 교사들은 현재 어린이집을 이용하는 모든 부모로 되어 있는 현행 부모 모니터링단 참여 부모의 자격이 적절하지 않다는 지적을 한다(최종미, 2017).

① 부모 모니터링 사업에 대해 적극적으로 홍보한다

사업 자체를 알지 못하거나 참여하고 싶어도 참여방법이나 시기 등을 몰라서 못하는 경우가 많다. 따라서 교사가 먼저 부모 모니터링의 중요성을 인식하고 적극적 홍보를 통해 부모의 관심과 참여를 끌어내야 할 것이다.

② 참여 부모의 선발을 신중히 한다

어린이집을 한 번도 방문하지 않은 부모보다는 운영위원회에 참여하는 부모가 부모 모니터링단원으로 더 적절하다.

③ 선발된 부모의 교육을 철저히 한다

교사가 감시 또는 지적받는다는 느낌으로 불편해하거나 수업에 방해가 되지 않도록 모니터링 지표에 대한 이해뿐 아니라 모니터링 시 지켜야 할 매너 등을 철저히 숙지하게 한다.

CHAPTER

13

도전받는 부모기, 그리고 국가의 지원

CHAPTER 13

우리 사회에서 오늘날처럼 부모기가 개인의 선택사항이 된 적이 없다. 부모가 되기로 작정한 사람들은 자녀양육에 대한 막대한 기대와 요구에 맞닥뜨린다. 부모역할을 지원할 책임 있는 정부가 되고자 국가는 과거보다 더 많이 부모를 지원하고 있지만, 부모에게 요구되는 역할과 책임은 점점 더 복잡해지고 전문적이다. 부모는 유능한 부모가 되어야 한다는 압박이 크고 자녀의 요구와 필요를 충족시켜 줄 수 있는 경제적인 능력에 대한 요구에도 직면한다. 게다가 현대사회는 불확실성이 크고, 불안정하여 실직, 사고, 질병 등과 같은 개인의 노력으로도 통제하기 어려운 문제가 발생할 가능성은 높다. 시작은 있으나 언제 끝날지 모르는 부모역할은 언제나 다양한 도전으로 넘쳐난다.

본 장에서는 부모역할의 다양한 위기에도 불구하고 안정적인 부모기를 향유하려면 어떤 정책 지원이 뒷받침되어야 할지를 살펴보고자 한다.

1. 부모기에 대한 걱정과 두려움

1) 넘쳐나는 육아정보와 양육 자신감 약화

부모역할은 과거로부터 현재에 이르기까지 끊임없이 변화해 왔다. 부모역할의 변화는 사회변혁에 따른 가족특성의 변화에 기초한다. 아마도 아동기를 보내면서 아동 개인은 하나 이상의 가족 유형을 경험할 것이다. 이러한 경험은 아동의 발달에 영향을 미친다. 급변하는 사회는 아동과 그들의 가족에게 영향을 미칠 수 있는 많은 요소를 가지고 있다.

가족구조의 변화는 많은 젊은 세대의 부모들이 더 이상 자신의 확대가족으로부터 자녀양육과정에서 필요한 도움과 지원을 찾지 않도록 하였다. 최근 전반적인 '양육산업'(Guldberg, 2009), 즉 양육정보를 제공하는 책, 웹사이트, 텔레비전 프로그램 등은 가족구조의 변화에 따른 자녀양육을 지원하기 위한 수단이 되고 있다. 물론 아동양육에 대한 책은 시대를 초월하여 언제나 있었다. 로크와 루소가 집필한 책은 당시에 '베스트셀러'가 되었다.

자녀양육에 대한 넘쳐나는 정보와 조언은 자녀양육에 대한 부모들의 자신감을 약화시킬 수 있다(Guldberg, 2009). '슈퍼맨이 돌아왔다', '우리 아이가 달라졌어요'와 같은 텔레비전 프로그램들은 의도적으로 자녀행동의 문제에 초점을 맞추고 그것을 확대하기 때문에 본래 의도한 바의 정보 제공의 효과를 약화시킬 수 있다. 이들 프로그램들은 자녀 혹은 아이들은 다루기 아주 어렵다는 인상을 주면서, '피해망상'으로 일컬어지는 수준의 부모 불안을 초래한다(Furedi, 2001). 굴드베르그Guldberg(2009)는 이러한 육아정보의 과잉이 유익하기보다 오히려 해롭다고 본다.

> *…몇 세대에 걸쳐 충분히 괜찮았던 부모들의 상식을 약화시키는 것은 부모-자녀관계에 더 해로울 수 있다… 더 많은 부모들이 전문가의 조언이 없으면 자신의 양육행동이 엉망이 될 것이라고 믿게 할 수 있다. 부모 자신이 자녀를 양육해 온 방식이 부적절하*

고 위험한 것이라고 생각하게 한다(Guldberg, 2009, p. 146).

2) 가족 민주주의와 아동 의사 존중 태도의 요구

현대사회는 과거에 비해서 가족 내의 남녀 간과 세대 간에 좀 더 평등한 인간관계를 맺고 있는 것으로 보인다. 부모–자녀관계 역시 이전 세대보다 더 평등해졌다. 실제로 아버지가 가족을 규제하고 아내와 자녀들이 종속되던 시대로 되돌아가길 원하는 이들은 거의 없다.

대부분의 사람들은 현대사회에서 가족 간의 지위가 변화하였기 때문에 부모가 아동의 최선의 이익을 도모하기 위한 행동을 1순위에 놓을 것이라고 생각한다. 그러나 아동과의 관계에서 부모가 갖는 막강한 지위와 외부에서 형성된 부모역할에 대한 요구가 있기 때문에 부모가 그렇게 행동하기란 사실상 어렵다. 누군가가 우월한 지위를 가지고 있다고 하더라고 이 우월적 지위를 자신의 이익만을 위해 사용하는 권한이 부여된 것은 아니다.

일반적으로 부모와 가정, 그리고 보호자가 그들의 자녀보다는 권한을 더 많이 가지

읽 어 보 기

부모의 양육방식이 변화했다. 부모는 자녀와의 상호작용을 보다 부드럽고 다정한 방식으로 하고 싶어 한다. 부모 양육방식의 변화는 부모–자녀관계에서의 권위와 권력에 대한 많은 논쟁을 불러일으킨다. 기든스(Giddens, 1998)는 이러한 양상을 현대사회의 가족 '민주화'로 설명하였다.

> "오늘날의 가족에 대해서 말할 만한 것은 단 한 가지 뿐인데, 그것은 바로 가족 민주주의이다. 가족은 공공 민주주의의 과정을 따르는 방식으로 민주화되어 가고 있다. 그리고 공공영역의 민주주의는 가족 평등, 개인 권리, 폭력으로부터 자유 등의 이슈에 대한 공공의 논의를 이끌고 있다. 전통을 따르기보다 조율된 인간관계에서의 권위에 대한 정리된 시각이 필요하다."

출처 : Giddens(1998). p. 93.

고 있다. 대부분의 사회는 아동을 '어른이 되어가는' 시기로 보고서 아동과 어른의 권한의 차이에 정당성을 부여한다. 토만Thoman(2000)은 어른들이 아동과의 상호의존을 받아들이기 위해서 어른이 가지고 있는 권한을 기꺼이 내어줄 의향이 있으며, 아이들과 함께 사는 방법을 찾아갈 의지가 있는지에 대해 근본적으로 의문을 갖는다.

부모는 가정 내에서 아동의 시각을 인지하고 이를 존중해야 한다. 이는 언제나 아동이 자신이 원하는 대로 행동하도록 허락해야 한다는 것을 의미하지는 않는다. 어떤 행동이 최선일지를 자녀와 함께 논의할 수 있는 부모가 되어야 한다는 것을 의미한다. 오늘날의 부모는 부모 본인이 자신과 자녀와의 권력관계를 이해할 필요가 있으며, 부모 자신의 개인적인 이익과 아동의 이익이 갈등을 일으킬 수 있음을 인식해야 한다. 부모들이 아동의 이익이 아닌 부모의 이익대로 행동하는 것을 권위로 여기는 한 아동 최선의 이익에 근간한 가족 내 의사결정은 어렵다.

부적절한 부모역할은 아동의 사회정서발달에 치명적이다. 부모-자녀관계는 부모가 이겨야 하는 경쟁게임이 아니다. 모든 것이 가능한 환경을 제공할 수 있는 부모의 책임감은 아동의 건강한 정서와 긍정적인 자존감을 발달시키는 데 도움이 된다. 훌륭한 육아를 하는 좋은 부모기가 아동에게 가져다주는 이점은 아동의 일생에 드리운다. 애착의 발달에 부정적인 영향을 주는 해로운 부모양육행동은 빚으로 남아 부모와 아동의 일생에서 커다란 대가를 지불할 수 있다(Bigner & Gerhardt, 2019).

더 알아보기

독이 되는 부모역할 6가지

■ 요구가 많은 부모

이는 흔히 권위주의적인 부모를 일컫는다. 아동은 어른의 기준과 생각에 따라 행동해야 한다. 자녀는 그들의 연령이나 능력과 상관없이 부모에게 의존적이고 무기력하다. 아동은 언제나 부모의 승인을 요구하고 학습된 무기력을 보이며 속이는 연습을 한다.

■ 비판적인 부모

이러한 부모는 자녀의 행동을 언제나 판단하고 비판한다. 부모의 이러한 태도는 자녀를 통제하려는 의도가 깔려 있다. 부모의 행동은 부모와 자녀가 모두 가족의 비밀을 지키고자 하는 생각을 강화한다. 부모가 정한 한계는 부모–자녀 간의 친밀감을 약화시킨다. 부모–자녀관계에 대한 지배적인 실패감 때문에 부모와 자녀 모두 낮은 자존감을 갖는다. 자녀는 실수했을 때 과도한 죄책감을 가지고 지나치게 민감해진다.

■ **참견이 심한 부모**

이 부모는 자녀를 과잉보호함으로써 자녀의 행동이 적절하지 않았다는 메시지를 자녀에게 지속적으로 전달한다. 이들 부모는 자녀의 행동에 대한 책임감이 지나치며 자녀의 모든 일상생활에 간섭하려고 든다. 자녀로부터 소외당할지 모른다는 두려움이 부모의 이와 같은 행동을 낳는다고 보는 시각도 있다.

■ **분리된 부모**

부모와 자녀는 정서적으로 독립되어 있다. 이 유형의 부모는 너무 바쁘거나 자기 자신에게 몰입되어 있다. 자녀를 사랑하지 않거나 자녀를 사랑하는 것이 어떤 것인지를 배운 적이 없는 것처럼 보인다. 부모의 우울은 다른 사람과의 인간관계를 어렵게 한다. 부모의 만성적인 질환, 장애, 정신질환 등은 건강한 부모–자녀관계의 형성과 부모역할을 어렵게 하는 요인이다.

■ **비효율적인 부모**

부모의 책임을 인식하고 있으나 아동의 필요를 제대로 충족하지 못하는 부모이다. 부모가 이렇게 행동하는 여러 가지 이유가 있는데, 만성질환에 따른 약물 남용 등도 그중 한 원인이다. 이런 부모와 함께 사는 자녀는 어린 동생을 자신이 돌보려고 하는 것 등과 같이 자신의 능력 밖의 역할을 혼자서 해내려고 한다.

■ **학대적인 부모**

이 부모는 아동에게 정서적, 신체적 그리고 심지어 성적으로 해를 가하는 부모이다. 이들 부모는 어린 시절에 자신의 부모로부터 학대당한 경험이 있다. 학대의 영향은 성인기에까지 아동에게 지속적으로 남아서 영향을 미치기 때문에 이를 극복하기 위한 치료와 많은 노력이 필요하다.

출처 : Bigner, J. & Gerhardt, C.(2019).

3) 시간빈곤

여성주의의 주요한 영향 중 하나는 가족 내의 남성의 역할에 변화를 가져온 것이다. 이제 아버지들은 아이들의 삶에 더 많이 참여하고 개입하길 원한다. 사실 아버지역할에 대한 주요 기대 중 하나는 아버지가 자녀들과 시간을 충분히 보낼 수 없다는 것이다.

어린 자녀들은 아버지보다 텔레비전 프로그램 속의 캐릭터에 더 집착하는데, 이런 현상이 자녀들이 성장한 이후의 삶에서 자녀들에게 정서적인 문제를 가져다 줄 수 있다(Telegraph, 2009). 1950년대에는 이와 비슷한 유형의 우려가 제기되었는데, 어머니가 아기와 유대를 가질 필요가 있다는 관점이 제기된 것이다. 이 당시에는 대다수의 아버지들이 아이들의 삶에서 멀리 떨어져 있는 존재라는 사실이 인정되었다.

아버지역할의 중요성이 강조되면서 아버지들이 일로 인하여 자녀와 함께 보내는 시간이 부족하다는염려에 대한 반론이 있다. 오늘날 부모들은 일을 하면서도 실제로 이전 세대들보다 더 많은 시간을 아이들과 보낸다는 것이다.

반면에, 현대 부모역할에 대한 또 다른 불안은 한부모가족과 관련된다. 한부모가족이 하나의 현대적 현상이라는 견해가 지배적임에도 불구하고, 실제로 과거에도 많은 '결손'가족과 '재혼'가족들이 있었다는 반론도 있다. 이러한 상반된 주장과는 상관없이, 한부모의 경우 생계 유지를 위해 돈을 벌어야 하기 때문에 자녀양육에 할애할 수 있는 시간이 절대적으로 부족하다. 아동은 부모의 보살핌을 받고 자라는 환경이 좋다. 이러

생/각/해/보/기

시간빈곤과 소득빈곤

부르하르트(Burchardt, 2008)는 시간빈곤과 소득빈곤의 중요성을 확인했다. 부르하르트의 연구에서 부모들이 가족생활을 윤택하게 하려고 오랜 시간 동안 일을 하지만, 이 때문에 부모들이 자녀와 시간을 함께 보낼 수 없는 '시간빈곤'상황이 초래된다는 것을 확인하였다. 이 연구는 부모가 자녀와 시간을 더 많이 보내야 하며, 그러기 위해서는 근무시간을 줄여야 할 것이라고 제안하였다. 이 연구는 부모가 근무시간을 줄일 경우 빈곤상태로 전락하게 된다면, 다른 대안 없이 '시간빈곤'이 될 것이냐 '소득빈곤'이 될 것이냐 중의 하나를 부모가 선택해야 할 것임을 보여 주었다. 한부모의 경우, 소득과 근로시간, 그리고 빈곤 여부와 관계없이 자녀양육의 책임을 다하기 위해서 시간빈곤의 문제에 더 크게 노출될 수 있다.

*** 한부모가 자녀를 돌보기 위한 시간과 돈, 그리고 이 둘을 모두 다 가질 수 있으려면 어떤 정책이 필요한지 생각해 보자.**

한 상황에서 부모의 시간과 소득의 균형을 자녀양육시간 할애와 관련해서 어떻게 조화를 이룰 것인가?

4) 소비자로서의 아동의 지위에 대한 부담

현대사회에서 아동은 접근할 수 있는 정보의 양이 많아졌고, 성인과 같은 구매행동이 가능하다. 프라우트Prout(2000)는 가족생활에 영향을 미친 현대사회의 중요한 변화 중 하나로 소비의 출현을 들었다. 개인과 가족은 소비에 대한 압박을 느끼고, 한 명이 벌어오는 수입 이상의 소득을 필요로 한다. 가족이 받는 구매 압박과 욕구는 계속해서 증가하고 있다. 경제생활을 하지 않는 부모가 있는 가정은 수입의 결핍뿐만 아니라 지위의 결핍으로 어려움을 겪는다.

현대의 소비 지향 이데올로기와 디지털 문화는 아동을 구매력을 지닌 중요한 소비자로 만들었다. 광고업자나 마케팅 담당자들은 과거보다 훨씬 더 적극적으로 소비자로서의 아동의 삶 속에 파고 든다. 비용을 지불할 수만 있다면 아동 혼자서 직접 자신이 필요한 종류의 정보와 상품을 구매할 수 있다. 구매행위는 이제 더 이상 성인의 행동으로 분류되지 않는다. 광고주와 마케팅 담당자는 보다 더 어린 아동을 찾아 나선다(황옥경・한유미, 2011). 조셉 도네이도(2011)는 그의 책 《만들어진 아동》에서 소비문화가 파시즘처럼 아동의 정서적 욕구를 이용하고 있다고 비판하였다. 아동 혼자서 직접 자신이 필요한 어떤 종류의 정보와 상품을 수월하게 구매할 수 있다. 아동을 대상으로 하는 마케팅 규모가 상당하다. 기업의 마케팅은 아동이 물건을 지금 여기서 구매하도록 하는 것이며 동시에 아동의 삶을 쇼핑중독자쇼퍼로 만드는 것이다. 아동들의 구매습관과 상품선호가 더 어린 나이에 형성되고 있다. 아동을 구매력을 가진 소비자로 대하는 현대사회에서 부모는 아동을 얼마나 어떤 형식과 방식으로 사회에 직면하고 소통하도록 해주어야 할지를 생각하고 결정해야 한다.

5) 빨라진 아동기의 성

광고와 마케팅은 대부분 표면적이든 그렇지 않든 간에 성과 연관되어 있다. 소비주의 사회에서 어떤 경우에 성이 성 자체로서 본연의 기능적인 의미로 사용되기보다는 성을 하찮게 보이게 하고 단지 성적 욕망으로 대상화할 뿐이며 관계를 중시하기보다는 소비와 연관시키는 경우가 있다. 이는 심각한 문제이다. 특히, 더욱 염려스러운 것은 성을 내포한 광고나 마케팅의 대상이 되는 아동의 연령이 점점 더 어려지고 있다는 데에 있다(Levin & Kilbourne, 2009). 레빈과 킬보른Levin & Kilbourne(2009)은 성적 이미지를 발달시키고 성적 매력을 소유하며 성적 언어를 사용하는 연령이 낮아지고 있음에 주목한다(황옥경 외, 2011). 레빈과 킬보른(2009)은 너무 이른 나이에 성적 관심을 갖게 만드는 대중매체와 기업의 마케팅 전략을 강력하게 비판하였다.

결국 과거에 비해 아동이 성에 대해 '더 빨리' 노출되고 성과 관련된 상품 및 문화를 '더 많이' 갖고 경험할 수 있게 되었다. 더 어린 나이에 성인의 행동을 할 수도 있으며, 경우에 따라서는 아동 자신 혹은 부모의 특정 목적을 위해서 성 행동이 이용되기도 한다(www.bbc.co.uk, 2010). 성에 관심이 많은 사람들은 신체적 매력을 키우는 것과 같이 성적으로 어필하는 것이 중요해진다.

6) 안전에 대한 불안과 과잉보호 유혹

경제가 발달한 국가에서 아동을 가정에서 보호하는 과정에서 겪는 어려움은 주로 두 가지 영역에서 발생한다.

- 부모가 아동을 외부의 영향으로부터 보호하려는 압박이 과잉보호로 이어질 수 있는 가능성
- 가정 내에서 발생하는 학대

외부위험에 대한 두려움은 실제적이다. 즉, 아동들은 증가한 교통량, 피해를 줄 수

생/각/해/보/기

과잉보호

영국의 아동권리보호를 위한 아동커미셔들은 다음과 같이 보고하였다.
아동을 과잉보호하는 태도가 아동의 놀이, 여가, 레크리에이션, 건강한 발달의 기회를 감소한다는 증거가 있다. 부모의 공포 혹은 법적 책임으로 이어질 수 있는 위험으로부터 자녀를 보호한다는 생각에서 자녀를 기관에 보내지 않는 등의 부모행동이 나타날 수 있다. 스코틀랜드에서 진행된 한 연구결과는 부모의 광범위한 두려움은 자녀가 무엇인가를 배울 수 있는 기회를 제한하고 발달을 방해하는 등의 아동의 건강하지 못한 정서발달을 조장한다.

*** 자녀가 안전하지 않을 수 있다는 부모의 두려움으로 인하여 부모가 자녀에게 행하는 제한을 생각해 보자.**

- 단기적으로 부모의 제한이 자녀에게 어떤 영향을 미치겠는가?
- 장기적으로 부모의 제한이 자녀에게 어떤 영향을 미치겠는가?

있는 사람과의 접촉, 언론과 인터넷상의 아동 자신의 이미지 노출 등으로 인해서 아동 자신이 위험에 처할 수가 있다. 위험이 없는 환경에서 사는 것은 불가능한 일이다.

낯선 이에 대한 두려움과 그들이 아동에게 미칠 수 있는 피해에 대한 두려움이 있다. 그러나 성인에 의한 아동의 피해 발생장소는 대부분 가정이다. 가정 내 '학대'라는 용어는 대개 신체적 · 성적 학대를 의미한다. 그런데 정서학대와 방임을 정의하기가 쉽지 않다. 훈육과 학대의 경계를 구분하는 것은 더욱 모호하다. 잠재적인 학대 중 논란이 되는 부모의 양육행동이 여럿 있는데, 이중 손바닥으로 가볍게 때리는 행동이 있다. 이 행동은 국가에 따라서 학대로 여겨지기도 하고 어느 국가에서는 부모훈육의 일종으로 받아들이기도 한다.

2. 아동의 권리, 부모의 책임 그리고 국가 개입의 조화

아동에 대한 인식의 변화는 아동을 어떻게 양육해야 하는가의 부모역할의 변화를 야기한다. 이러한 인식의 변화는 다시 국가정책에 영향을 미친다. 특히, 사회구조의 변화는 가족의 본질을 변화시킨다. 무엇보다도 아동이 건강하게 성장할 수 있도록 부모가 일차적인 양육책임을 다하고, 국가는 부모가 이 책임을 완수할 수 있도록 부모를 지원할 수 있어야 한다.

1) 국가의 부모역할 지원 : '지나침'과 '부족'

부모의 행동으로부터 아동을 보호하는 것은 아마도 가정과 정부 사이의 관계에 있어 가장 논란이 많은 사항일 것이다. 국가 역할 개입의 정도에 따라서 아동이 그들의 보호자의 행동에 의해 사망할 수도 있고, 보호와 돌봄, 혹은 지원이라는 명분하에 불필요하게 아동이 자신의 부모로부터 분리될 수도 있다. 원인이 무엇이든 간에, 부모 분리를 경험한 아동과 그 가정은 심각한 트라우마를 겪는다.

부모의 양육을 지원하는 정부의 역할과 아동을 보호하는 것 간의 갈등과 긴장에서 언제나 아동 최선의 이익이 고려되어야 한다. 최근 우리 사회는 부모의 육아 지원 서비스 과잉이용현상의 문제가 나타난다. '보육은 국가책임이다'라는 과거 우리 정부의 어

읽 어 보 기

1987년 미국 클리브랜드(Cleverland)에서 두 명의 소아과의사가 그 지역의 57개 가정에서 121명의 아동이 성 학대를 당했다고 진단했다. 대부분의 아동이 아동보호명령에 의거하여 자신의 가정으로부터 격리되었다. 수사가 끝날 무렵이 되자 최종적으로 96명의 아동이 아동학대 피해 증거가 충분하지 않다는 이유로 자신의 부모에게로 돌려보내졌다. 언론은 보도를 통해 그 당시는 물론 그 이후에도 소아과의사와 사회복지사들의 아동에 대한 과잉-보호접근의 문제를 지적하였다.

젠다는 보육에 대한 정부의 적극적 관심과 지원을 표명한 것이다. 그러나 정부의 의지와는 상관없이 이 어젠다는 어느새 자녀양육을 육아지원기관에 전적으로 의존하는 '육아지원기관 의존형 부모양육' 형태를 낳았다. 부모들이 보육시설에 아이를 보내는 이유가 다양하다. '자신의 여가를 위해서', '아이와 놀아줄 방법을 몰라서', '정부가 보육비용을 지원해 주기 때문에' 등으로 보육 대상자에 대한 엄격한 준거를 적용하지 않는 사이 부모의 보육 의존적 경향은 더욱 강화되고 있다(이재연 외, 2015).

국가는 가정이 자녀를 보호할 능력을 갖도록 돕기 위해서 정보를 제공하고 관련 서비스를 공급하는 긍정적인 역할을 할 수 있다. 그러나 이러한 국가의 역할이 과잉될 경우에는 부모나 보호자가 가지고 있는 자율성을 빼앗아가는 결과를 초래할 수도 있다. 정부와 가정이 개입과 협상의 좋은 관계가 될 수 있다면, 자녀양육에 어려움을 겪는 가족이 위기를 벗어나도록 도울 수 있다.

더 알아보기

가정과 정부의 관계

부모가 원하는 정부의 지원은 다음과 같이 조사되었다.

- 아동뿐만 아니라, 전체 가족을 대상으로 하는 서비스
- 협업이 잘된 부처 간 서비스
- 실용적이고 정서적인 지원 서비스
- 낙인 없는 서비스
- 가족 개인의 요구를 충족할 수 있는 가족 중심 서비스나 활동
- 서비스의 목적과 예상되는 결과의 투명성
- 접근하기 쉽고, 친절하고, 사려 깊고, 믿을 수 있으며 도움이 되고, 들을 시간이 있는 사회복지사들과의 만남

출처 : Aldgate & Statham(2001). p. 81.

2) 부모 책임과 책임 있는 부모

가정이 아동을 양육하기에 가장 좋은 장소라고 알려져 왔다. 가족 내에서 아동은 가족의 일원이며 동시에 한 개인으로서 존재한다. 가정은 아동의 사회화를 위한 최적의 장소이면서 아동권리를 최우선적으로 보장해 줄 수 있는 곳이다. 이제 더 이상 일하는 아버지와 자녀를 양육하는 어머니라는 부모에 대한 전통적인 관점은 기준이 되지 않는다. 아동은 다양한 가족구조 내의 일원이 될 수 있다. 아동이 속한 가족은 두 명의 부모 슬하의 가족일 수도 있고, 재결합가족, 입양가족, 한부모가족, 확대가족, 요보호가족, 맞벌이 가족, 외벌이 가족 등 다양한 가족구조 내의 한 사람이 될 수 있다.

가족이 아동 최선의 이익을 실현할 수 있도록 지원하는 것은 가족정책이다. 각 가족마다 아동과 아동과의 관계에 대한 믿음과 신념이 있다. 이 믿음과 신념이 유엔아동권리협약의 원칙과 정부정책에 나타난 아동에 대한 기대와 일치하지 않을 수도 있다. 유엔아동권리협약(1989)의 제3, 5, 9, 10, 18, 27조항은 아동양육과 보호의 일차적인 책임이 가족에게 있다는 것을 분명하게 명시하였다. 유엔아동권리협약에서 권리의 4가지 주요 유형인 생존, 발달, 보호, 참여는 권리의 각 유형이 독자적이거나 부분적으로 다루어져서는 안 된다는 권리의 전체론적인 특성을 강조한다. 일반적으로 법률은 부모의 책임이 무엇인지에 대해서 자세하게 정의하지는 않지만, 영국정부는 'Direct Gov' 정보 페이지를 통해서 부모의 주요 역할 목록을 정의하고 있다.

- 아동에게 집을 제공함
- 아동과 접촉 및 함께 거주함
- 아동 보호 및 부양
- 아동 훈육
- 아동의 교육 선택 및 제공
- 아동의 종교 결정
- 아동의 의료에 대한 동의

• 아동의 이름 작명 및 개명에 대한 동의
• 해외로 아동 동반, 아동의 이민에 대한 동의
• 아동의 재산에 대한 책임
• 필요시 아동의 보호자후견인 지목
• 아동과 관련된 비밀통보에 대한 허락

부모의 주요 역할 목록을 아동권리 유형별로 구분해서 정리하면 표 13-1과 같다. 표 13-1에 따르면 영국정부는 아동의 교육과 종교를 결정하는 과정에서 아동의 참여를 명시하지 않았다. 이 두 가지 사안은 모두 다 아동의 인식발달과 연관된 매우 중요한 결정 사항이다. 아동에게 이렇듯 중요한 사안인데도 이 두 가지 형태의 의사결정을 하는 과정에서 아동이 자신의 의견을 말할 수 있는 기회를 갖기란 쉽지가 않다. 흔히 아동의 참여가 배제된다. 이렇듯 아동과 관련한 가족 내 의사결정과정이나 국가가 아동 관련 정책을 수립하는 과정에서 아동을 보호해야 할 부모의 책임과 아동의 권리는 상호 충돌하고 갈등할 수 있다.

표 13-1 | 아동권리 유형별 부모의 주요 역할

아동권리 유형	부모의 역할
생존	• 아동에게 집을 제공 • 아동의 보호 및 부양 • 아동의 의료적 치료에 대한 동의
발달	• 아동과 접촉 및 함께 거주 • 아동 훈육 • 아동의 교육을 위한 선택 및 제공 • 아동의 종교 결정
보호	• 해외로 아동 동반, 아동의 이민에 대한 동의(should the issue arise) • 필요시 아동에 대한 보호자(후견인) 지목 • 아동과 관련된 개인정보의 비밀 유지에 대한 허락
참여	아동의 참여를 지원

3. 두 세대 : 부모와 자녀관계의 본질 새기기

부모-자녀관계는 가능성과 약속에 의해 형성되는 우리 삶의 핵심적인 끈이다. 아직까지도 부모에 대한 전형적인 관념이 강력하게 유지되고 있기 때문에 부모는 과거로부터 내려오는 전형적인 부모역할을 수행하는 데 어려움이 있다. 실직, 부모의 질병, 음주 등과 같은 부모의 여러 가지 행동이 부모역할의 위기를 초래하고 이것이 자녀의 발달에 영향을 미치기도 한다.

질적으로 우수한 조기개입 프로그램은 부모와 아동 모두에게 긍정적인 발달효과가 있다. 한때 부모는 자신이 낳은 아이의 성장과 발달의 온전한 책임을 홀로 지고 자녀양육의 모든 부문을 감당해야 했다. 이웃의 도움이 있기는 했지만 부모가 위기에 직면하면 자녀는 부모 위기의 영향을 고스란히 이어받아 자신이 처한 환경적 불편과 위해를 극복하기가 거의 불가능했다. 그러나 위기에 처한 가족이라고 하더라도 근래 조기개입의 효과가 알려지면서 위기가족을 지원하고 아동의 건강한 발달을 도모할 수 있는 것이 가능해졌다. 심지어 영국의 경우는 위기에 처하지 않아도 지역사회 양육 나눔을 위한 다양한 지원이 있다. 산후 우울을 예방하기 위해서 아이 또래에 맞는 부모의 집단활동을 지원하는 등의 부모와 가족의 기능을 제대로 수행하도록 돕기 위한 국가 개입이 다양하다. 오전이나 오후 시간대에 공원에 나가면 집단으로 유모차에 아이를 태우고 나와서 부모들이 함께 걷고, 유모차를 세우고 함께 운동하는 모습을 쉽게 볼 수 있다. 이제 부모만이 그 책임을 완수해야 하는 시대가 아니다.

안타까운 것은 부모역할에 대한 국가 개입과 지원이 늘면서 부모책임이 약화되는 것이다. 이는 국가 개입의 예상치 않은 결과이다. 자녀양육의 일차적인 책임은 유엔아동권리협약에서도 분명하게 적시되어 있듯이 부모이어야 한다. 국가 지원이 늘면서 우리 사회에서 부모됨의 가치와 책임이 흔들리고 있는 양상이 많다. 특히, 젊은 세대들의 결혼과 출산 기피는 여러 요인에서 그 이유를 찾을 수 있지만, 부모역할이 주는 부담도 이유 중 하나이다.

피터슨 교수는 현대를 살아가는 사람들이 책임과 의미의 관계에 대한 토론을 필요로 한다고 본다. 인류는 지난 반세기 동안 권리와 자유의 구가와 충동적인 즐거움을 추구해 왔는데, 이건 얄팍한 것이고 폭풍이 일면 난파하기 십상이다. 그래서 사람들은 근저에 흐르는 기본 개념을 확고히 할 수 있어야 한다. 왜냐하면 우리의 삶은 어려운 순간에 직면할 때가 많고 실제 산다는 건 생각하는 것보다 훨씬 더 어렵다. 용기, 위엄, 그리고 책임감을 키워야 한다. 이는 오래된 낡은 가치라고 볼 수 있고 실제 그렇지만 이것이 삶의 요동을 지탱할 수 있는 힘이다.

사람들은 책임감이 있어야 하는데, 이는 그들이 성숙해야 하고, 어른이 되기를 원하기 때문이다. 부모됨의 책임과 가치 그리고 의미 역시 인간 삶의 이런 맥락에서 기본 개념을 확고히 할 수 있어야 한다.

오늘날 아동을 위한 기회가 그 어느 때보다도 많지만, 부모들은 일과 가정생활의 조화, 인터넷과 현대의 소비문화 다루기, 그리고 자녀들이 안전하게 지내면서 놀고 학습하는 것과 같이 아동이 직면한 새로운 압력에 대응할 수 있도록 더 많이 지원해 줄 것을 원하고 있다(황옥경, 2017). 아동들이 학업기회는 그 어느 시대보다도 개방되어 있고 학업성적 또한 좋지만 아동은 세계수준의 역량을 갖출 수 있도록 더 노력해야 하는 도전에 직면해 있다. 부모는 이러한 아동의 도전을 인식하고 이들의 잠재능력이 최대한 발현되도록 부모로서의 책임과 역할을 이행할 수 있어야 한다.

Activity
활동하기

1. 미래사회에서 부모로서의 책임과 역할이 어떻게 변화할지를 예측해 보고, 그러한 변화에 영향을 미치는 요인이 무엇인지를 탐색해 보자.
2. 부모됨에 대한 가치를 어떻게 생각하는지를 정리해 보고, 그 이유를 토론해 보자.

참고문헌

국내문헌

강혜현(2016). 부모와 교사의 발달기대와 유아의 배려지향적 도덕판단의 관계. 서울대학교 대학원 석사학위논문.

고현선 · 박인양 · 신종철(2011). 건강한 임신을 위한 임신 전 부부의 생활습관. 대한의사협회지, 54(8), 825-831.

고홍석(2014). 국가별 디지털 네이티브(digital natives) 현황과 IDI(ICT Development Index). 정보통신정책연구원 동향, 26(2).

교육부(2002). 유치원 학급보조 자원봉사자 연수자료.

구은혜 역(2011). 만들어진 아동(조셉 조네이도 저). 마고북스.

권미경 · 도남희 · 강은진 · 최지은 · 정효진(2015). 부모참여 확대를 위한 열린 보육 프로그램 개발 연구. 육아정책연구소.

김길숙 · 김지현 · 이혜민(2016). 부모교육 프로그램 내용 분석 및 활용방안. 육아정책연구소.

김미숙(2015). 자녀가치 국제비교. 보건복지 issue & Focus, 284, 1-8. 한국보건사회연구원.

김보영 · 김창규 · 곽재식 · 박성환(2017). SF 크로스 미래과학. 우리학교.

김소영 · 송효진 · 선보영(2016). 생애주기별 부모교육 활성화 방안 연구. 한국여성정책연구원.

김연하(2018). 어머니의 첫 출산 후 6년간 우울 궤적과 만 6세 첫 자녀의 문제행동. 아동학회지, 39(6), 101-111.

김연하 · 정민자 · 김양은(2004). 미혼 성인의 부모신념형성에 관한 연구. 한국생활과학회지, 13(4), 521-535.

김은설(2009). 육아지원기관 부모교육 참여 활성화 방안 연구. 육아정책연구소.

김효진(2008). 빈곤이 아동에게 주는 영향 분석. 보건복지포럼, 33-42.

나정 · 이영림(2016). 연봉동자상이 불교아동교육에 주는 시사점 탐색. 종교교육학연구, 52, 103-126.

노충래 · 허지인(2003). 알코올중독자 자녀의 일상생활 스트레스와 심리적 적응에 관한 연구. 한국아동복지학, (16), 99-133.

도은영 · 홍연란(2011). 임신부의 임신 중 음주 발생 관련 요인. 보건사회연구, 31(3), 284-307.

박미은 · 신희정 · 이혜경 · 이미림(2012). 가족복지론. 공동체.

박은혜 · 김은심 · 김난실 · 곽아정 · 최혜진 · 이혜경(2010). 유치원 교사를 위한 교직실무. 창지사.

박종서 · 변수정 · 조성호 · 기재량 · 박건(2014). 출산 및 양육의 사회 · 문화적 환경 분석. 한국보건사회연구원.

방승희(2012). 어린이집 부모참여 활성화 프로그램 구성 및 적용. 중앙대학교 대학원 박사학위논문.

방유선(2016). 유아교사가 인식하는 "부모참여"의 의미 : 교육공동체의 관점에서. 열린유아교육연구, 21(3), 117-147.

배규식 · 윤자영 · 김기민 · 조인경 · 윤정향 · 권현지 · 임주리 · 백다레 · Bosch, G. · Anxo, D. · 문정혜(2013). 노동시간과 일 · 생활 균형. 한국노동연구원.

보건복지부(2015). 보도자료. 5천만이 함께 마련하는 저출산 · 고령사회 대책.

보건복지부(2016). 2016 전국아동학대현황보고서. 중앙아동보호전문기관.

보건복지부(2018). 보도자료. 저출산 극복을 위해 일 · 생활 균형방안 최우선 추진.

보건복지부(2018a). 열린어린이집 가이드라인(부모용). 보건복지부.

보건복지부(2018b). 열린어린이집 가이드라인(어린이집용). 보건복지부.

보건복지부(2018c). 2018년도 어린이집 부모모니터링단 운영 매뉴얼. 보건복지부.

보건복지부 · 육아정책연구소(2015). 열린어린이집 가이드라인. 보건복지부.

석재은(2007). 공공부문 돌봄 서비스 제공현황과 정책과제. 서울여성플라자 토론회자료집.

양미선 · 이윤진(2015). 어린이집 부모 모니터링 운영 효율화 방안 연구. 육아정책연구소.

여성가족부(2013). 2012년 전국 다문화가족 실태조사 보도자료. 다문화가족정책과.

여성가족부(2016). 보도자료. 부모교육 활성화 태스크포스(TF) 부모교육 활성화 방안 발표. 관계부처 합동.

여성가족부(2016). 다문화가족 부모교육 프로그램 개발. 다문화가족정책과.

윤종희 · 이재연 역(1992). 아동기의 실종(Suransky, V. P. 저). 교보문고.

이미화 · 최윤경 · 이정원 · 도남희 · 권미경 · 박진아 · 이혜민 · 김영원(2015). 2015년 전국보육실태조사 어린이집조사보고. 보건복지부 · 육아정책연구소.

이미화 · 황혜정 · 양미선 · 장혜진 · 엄지원(2013). 누리과정 가정연계 어린이집 부모교육 프로그램 개발 : 누리과정 가정연계 보육 프로그램 개발을 위한 연구. 육아정책연구소.

이상균(2017). 드림스타트, 지난 10년의 성장과 향후 10년을 위한 과제. 한국아동복지학, (59), 115-150.

이성진(2016). 남아존중 태도는 어떤 것인가? 도발적 연구 들고 루마니아로 달려가다. 교수신문.

이소영 · 김은정 · 정은희 · 송민영(2015). 재판상 이혼 및 협의 이혼에서의 부모교육(자녀양육안내) 제도 개선방안에 대한 연구. 법원행정처 · 한국보건사회연구원.

이순형 · 민하영 · 권혜진 · 정윤주 · 한유진 · 최윤경 · 권기남(2010). 부모교육. 학지사.

이재연 · 안동현 · 황옥경 · 구은미 · 한유미 · 이완정 · 김경륜(2015). 아동권리 0-8 : 육아지원기관에서 아동권리 레토릭과 현실. 한국아동권리학회 편(pp. 85-104), 교육과학사.

이재연 · 김경희(1989). 부모교육. 양서원.

이현정 · 존 블리스 · 오정수(2013). 세상에 대하여 우리가 더 잘 알아야 할 교양 30. 내인생의책.

임미숙(2018). 초연결 세상에서 소통하기 : 기술적용. 이종은(의장), 제12회 과학커뮤니케이션 포럼, 한국여성과총.

장대익(2016). 열린연단 : 생물학, 진화론, 인간이해. 네이버문화재단.

전가일 · 전현욱(2017). 부모되어감의 이해를 위한 비교체험 연구. 교육인류학연구, 20(3), 149-188.

정갑순(2006). 개정 부모교육의 이론과 실제 : 부모교육론. 창지사.

정옥분(2003). 아동발달의 이론. 학지사.

정옥분 · 정순화(2016). 예비부모교육. 학지사.

조선향(2016). 어린이집 부모모니터링에 참여한 부모의 경험. 배재대학교 대학원 석사학위논문.

최서영(2014). 사립유치원 교직원과 학부모 간 신뢰형성의 어려움과 협력증진과정. 배재대학교 대학원 박사학위논문.

최종미(2017). 어린이집 부모모니터링에 대한 보육교직원의 인식 연구. 안양대학교 대학원 박사학위논문.

최형윤(2007). 부모 참여에 대한 맞벌이 부모의 인식 및 요구. 이화여자대학교 대학원 박사학위논문.

한유미(2015). 5장 영유아와의 소통과 참여권. 한국아동권리학회 편. 아동권리 0−8 : 육아지원기관에서 아동권리 레토릭과 현실, 85−104, 교육과학사.

허민숙. (2018). 2018년 양육비 이행 관리제도의 문제점 및 개선과제 : 입법 · 정책보고서, 19. 국회입법조사처.

홍강의(2014). DSM−5에 준하여 새롭게 쓴 소아정신의학. 학지사.

황옥경(2014). 아동생활지도. 창지사.

황옥경(2017). 경쟁의 시대에 아동기(Good Childhood)의 의미와 가치 찾기. 한국아동권리학회 추계학술대회 자료집.

황옥경 · 한유미(2011). 너무 빨라진 아동기의 성. 한국아동학회 춘계학술대회 발표자료집.

국외문헌

Ainsworth, M. D. S.(1973). The development of infant mother attachment. In B. Caldwell & H. Riciuti (Eds.), Review of child development research(Vol. 3). Chicago, IL: University of Chicago Press.

Akkermans, M. D., van der Horst Graat, J. M., Eussen, S. R., van Goudoever, J. B., & Brus, F.(2016). Iron and vitamin D deficiency in healthy young children in Western Europe despite cur rent nutritional recommendations. *Journal of Pediatric Gastroenterology and Nutrition, 62*(4), 635−642.

Aldhate, J. & Statham, J. (2001). The Children Act Now. Messages from Research. London, UK: The Stationery Office.

Amato, P., & Booth, A.(1996), A prospective study of divorce and parent child relationships. *Journal of Marriage and Family, 62*(4), 1269−1287.

Aris, P. (1960). L'enfant et la vie familiale sous l'ancien regime. 아동의 탄생(문지영 옮김). 새물결출판사.

Barnett, R. C., & Hyde, J. S.(2001). Women, men, work, and family. *American Psychologist, 56*, 781−796.

Bayder, N., & Brooks−Gunn, J.(1998). Profiles of grandmothers who help care for their grandchildren in the United States. *Family Relations, 47*, 385−393.

Berry, J. W.(1980). Acculturation as varieties of adaptation. In: Padilla, A. M, (Ed). *Acculturation: Theory, models, and some new findings* (pp. 9-25). Boulder, CO: Westview.

Berry, J. W.(2007). Acculturation strategies and adaptation. In J. E. Lansford, K. Deater–Deckard, & M. H. Bornstein (Eds.), *Duke series in child development and public policy. Immigrant families in contemporary society* (pp. 69-82). New York, NY: Guilford Press.

Betts, K. S., Williams, G. M., Najman, J. M., & Alati, R.(2015). The relationship between maternal depressive, anxious, and stress symptoms during pregnancy and adult offspring behavioral and emotional problems. *Depression and Anxiety, 32*(2), 82–90.

Bigner, J. J., & Gerhardt, C.(2019). *Parent–child relations: An introduction to parenting* (10th ed.). Boston, MA: Pearson.

Bingham, T., & Conner, M.(2015). *The new social learning: Connect,. Collaborate, Work* (2nd ed.). Alexandria, VA: Association for Talent Development.

Block, J., & Block, J.(1980). California Child Q–set. Palo Alto, CA: Consulting Psychologists Press.

Bogar, C. B., & Hulse–Killacky, D.(2006). Resiliency determinants and resiliency processes among female adult survivors of childhood sexual abuse. *Journal of Counseling & Development, 84*(3), 318–327.

Borders, L., Black, L., & Pasley, K.(1998). Are adopted children and their parents at greater risk for negative outcomes? *Family Relations, 47*, 237–241.

Bourdieu, P.(1986). The forms of capital. In J.Richardson (Ed.) *Handbook of Theory and Research for the Sociology of Education* (pp. 241-258), New York, NY: Greenwood.

Brandwein, R. A., Brown, C. A., & Fox, E. M.(1974). Women and children last: The social situation of divorced mothers and their families. *Journal of Marriage and Family, 36*(3), 498–514.

Brazelton, T. B. & Sparrow, J. D.(2003). The Touchpoints TM Model of Development. Brazelton Touchpoints Center.

Brennan, P. A., Hammen, C., Andersen, M. J., Bor, W., Najman, J. M., & Williams, G. M.(2000). Chronicity, severity, and timing of maternal depressive symptoms: relationships with child outcomes at age 5. *Developmental Psychology, 36*(6), 759–766.

Britto, P. R., Lye, S. J., Proulx, K., Yousafzai, A. K., Matthews, S. G., Vaivada, T., & MacMillan, H.(2017). Nurturing care: promoting early childhood development. *The Lancet, 389*(10064), 91–102.

Brody, G. H., Chem, Y., Kogan, S. M., Murry, V. M., Logan, P., & Luo, Z.(2008). Linking perceived discrimination to longitudinal changes in African American mothers'parenting practices. *Journal of Marriage and Family, 70*(2), 319–331.

Brodzinsky, D., & Pinderhughes, E.(2002). Parenting and child development in adoptive families. In Marc H. Bornstein, (Ed). *Handbook of Parenting*. Mahwah, NJ: Erlbaum.

Brooks, J. B.(2013). *The process of parenting* (9th ed.). New York, NY: McGraw–Hill.

Brooks–Gunn, J., & Markman, L. B.(2005). The contribution of parenting to ethnic and racial gaps in school readiness. *Future of Children, 15*(1), 130–168.

Brown, S. L., & Wright, M. R.(2016). Older adults' attitudes toward cohabitation: Two decades of change. The Journals of Gerontology. Series B, *Psychological Sciences and Social Sciences, 71*(4), 755–764.

Brownell, C. A., & The Early Social Development Research Lab.(2016). Prosocial behavior in infancy: The role of socialization. *Child Development Perspectives, 10*(4), 222–227.

Buelhler, C.(1988). The social and emotional well being of divorced residential parents. *Sex Roles, 18*(5-6), 247–257.

Burchardt, T.(2008). Time and income poverty. LSE STICERD Research Paper No. CASEREPORT57. Available at SSRN: https://ssrn.com/abstract=1401768

Campos, B., Graesch, A. P., Repetti, R., Bradbury, T., & Ochs, E.(2009). Opportunity for interaction? A naturalistic observation study of dual earner families after work and school. *Journal of Family Psychology, 23*, 798–807.

Center on the Developing Child at Hardvard University(2017). Serve and return interaction shapes brain circuitry.

Cerhardt, S.(2004). *Why love matter: How affection shapes a baby's brain*. Poutledge.

Cherlin A, & Furstenberg F.(1992). *The new American grandparent: A place in the family*. New York, NY. Harvard University Press.

Choi, M., Sprang, G., & Eslinger, J. G.(2016). Grandparents raising grandchildren: A synthetic review and theoretical model for intervention. *Family & Community Health, 39*(2), 120–128.

Cohen, G. L., Garcia, J., Purdie Vaughns, V., Apfel, N., & Bizustoski, P.(2009). Recursive processes in self affirmation: Intervening to close the minority achievement gap. *Science, 324*, 400–403.

Coleman J.(1988). Social capital and the creation of human capital. *American Journal of Sociology, 94*, S95–S120.

DeMause, L.(1975). *The history of childhood*. NY: Harper Torchbooks.

Deshpande, A., & Pandey, N.(2014). Psychological impact of parental divorce on children: A qualitative study. *Indian Journal of Health and well–being, 5*(10), 1201–1205.

Dreikurs, R. & Stolz, V.(1991). Children: The Challenge : The Classic Work on Improving Parent–Child Relations. In Reissue (Ed.), *Humane & Eminently Practical*. New York, NY: Plume.

Drever N, Saade, G. R. Bytautiene E.(2010). Fetal programming: early life modulations that affect adult outcomes. *Current Allergy and Asthma Report, 10*, 453−459.

Education Development Center.(2011). Strategies for engaging refugee and immigrant families. National Center for Mental Health Promotion and Youth Violence Prevention.

Egeland, B., Sroufe, L. A., & Erickson, M.(1983). The developmental consequence of different patterns of maltreatment. *Child Abuse & Neglect, 7*(4), 459−469.

Ellis, M. K.(2012). Parent teacher interactions: A study of the dynamics of social influence. Thesis of Edith Cowan University.

Emick, M., & Hayslip, B.(1996). Custodial grandparenting: New roles of middle aged and older adults. *International Journal of Aging and Human Development, 43* (2), 135−154.

Epstein, J. L., Sanders, M. G., Simon, B. S., Salinas, K. C., Jansorn, N. R., & Van Voorhis, F. L.(2002). *School, family, and community partnerships: Your handbook for action* (2nd ed.). Thousand Oaks, CA: Corwin Press.

Esposito, G., Manian, N., Truzzi, A., & Bornstein, M. H.(2017). Response to infant cry in clinically depressed and non depressed mothers. *PloS one, 12*(1), e0169066.

Eyre, R. & Eyre, L.(2008). Balancing work and family . Logan:Utah State University. Feinstein, L.(2003). Inequality in the early cognitive development of British children in the 1970 cohort. *Economica, 70*(277), 73−97.

Feldman, R., Rosenthal, Z., & Eidelman, A. I.(2014). Maternal preterm skin to skin contact enhances child physiologic organization and cognitive control across the first 10 years of life. *Biological Psychiatry, 75*(1), 56−64.

Felitti, V. J., Anda, R. F., Nordenberg, D., Williamson, D. F., Spitz, A. M., Edwards, V., & Marks, J. S.(1998). Relationship of childhood abuse and household dysfunction to many of the leading causes of death in adults: The Adverse Childhood Experiences (ACE) Study. *American Journal of Preventive Medicine, 14*(4), 245−258.

Flak, A. L., Su, S., Bertrand, J., Denny, C. H., Kesmodel, U. S., & Cogswell, M. E.(2014). The association of mild, moderate, and binge prenatal alcohol exposure and child neuropsychological outcomes: a meta−analysis. Alcoholism. *Clinical and Experimental Research, 38*(1), 214−226.

Folger, A. T., Eismann, E. A., Stephenson, N. B., Shapiro, R. A., Macaluso, M., Brownrigg, M. E., & Gillespie, R. J. (2018). Parental adverse childhood experiences and offspring development at 2 years of age. *Pediatrics, 141*(4), e20172826.

Franz M.(1986). Is it safe to consume aspartame during pregnancy? A review. Nutrition update. *Diabetes Educ, 12*, 145−147.

Furedi, F.(2001). *Paranoid parenting*. London, UK: Penguin.

Garcia Coll, & Szalacha, L. A.(2004). The multiple contexts of middle childhood. *Future of*

Children, 14(2), 81–97.

Garcia Coll, C. & Pachter, L. M.(2002). *Ethnic and minority parenting*. In Bornstein N.H. (Ed), *Handbook of parenting: Social conditions and applied parenting* (pp. 1-20). Mahwar, NJ: Erlbaum.

Gascoigne, E.(1995). *Working with Parents as Partners in SEN: Home and School a Working Alliance*. London, UK: David Fulton Publishers.

Gateway(2013). *Parent education to strengthen families and reduce the risk of maltreatment*. Washington, DC: U.S. Department of Health and Human Services, Children's Bureau.

Glass, J. C., & Hunneycutt, T. L.(2002). Grandparents parenting grandchildren: Extent of situation issues involved and educational implications. *Educational Gerontology, 28*(2), 139–161.

Golombok, S., Spencer, A., & Rutter, M.(2002). Children in lesbian and single parent household: Psychosexual and psychiatric appraisal. *Journal of Child Psychology and Psychiatry, 24*, 551–572.

Goodman, S. H., Rouse, M. H., Connell, A. M., Broth, M. R., Hall, C. M., & Heyward, D.(2011). Maternal depression and child psychopathology: a meta analytic review. *Clinical Child and Family Psychology Review, 14*(1), 1–27.

Greenhaus, J. H. & Powell, G. N.(2006). When work and family are allies: A theory of work family enrichment. *Academy of Management Review, 31*(1), 72–92.

Grzywacz, J. G., & Marks, N. F.(2000). Reconceptualising the work–family interface: An ecological perspective on the correlates of positive and negative spill over between work and family. *Journal of Occupational Health Psychology, 5*, 111–126.

Guldberg, H.(2009). *Reclaiming childhood: Freedom and play in an age of fear*. New York, NY: Routledge.

Harrington, B., Van Deusen, F., & Humberd, B.(2011). *The new dad: Caring, committed, and conflicted*. Boston, MA: Boston College Center for Work & Family.

Heinrich, C. J.(2014). Parent's employment and children's well–being. *The Future of Children, 24*(1), 121–146.

Hetherington, E. M., & Arasteh, J. D.(2014). *Impact of divorce, single parenting and stepparenting on children: a case study of visual agnosia*. Psychology Press.

Hoff, E., Laursen, B., & Tardif, T.(2002). Socioeconomic status and parenting. Handbook of parenting Volume 2. *Biology and ecology of parenting, 8*(2), 231–252.

Holden G. W.(2015). *Parenting: a dynamic perspective* (2nd ed). Thousand Oaks, CA: Sage.

Holt, L. E.(1894). *The care and feeding of infants*. New York, NY: Appleton.

Hoyo, C., Murtha, A. P., Schildkraut, J. M., Forman, M. R., Calingaert, B. Demark–Wahnefried. W., Kurtzberg, J., Jirtle, R. L., & Murphy, S. K. (2011). Folic acid supplementation before and during pregnancy in the Newborn Epigenetics STudy(NEST). *BMC Public Health, 11*, 46.

Hrdy, S. B.(2009). *Mothers and Others*. Cambridge, MA: Harvard University Press.

Hughes, M., & Cossar, J.(2016). The relationship between maternal childhood emotional abuse/ neglect and parenting outcomes: a systematic review. *Child Abuse Review, 25*(1), 31–45.

Jolly, S., Griffith, K. A., DeCastro, R., Stewart, A., Ubel, P., & Jagsi, R.(2014). Gender differences in time spent on parenting and domestic responsibilities by high achieving young physician researchers. *Annd ls of Internal Medicine, 160*(5), 344–353.

Jones, R. M., Taylor, D. E., Dick, A. J., Singh, A. and Cook, J.(2007). Bedroom design and decoration: gender differences in preference and activity. *Adolescence, 42*(167), 539–553.

Kernan, M.(2012). *Parental involvement in early learning*. International Child Development Initiatives(ICDI). Bernard van Leer Foundation, The Hague.

Kim, J., Cicchetti, D., Rogosch, F. A., & Manly, J. T.(2009). Child maltreatment and trajectories of personality and behavioral functioning: Implications for the development of personality disorder. *Development and Psychopathology, 21*(3), 889–912.

Kim, S. Y., Chen, Q., Li, J., Huang, X., & Moon, U. J.(2009). Parent child acculturation, parenting, and adolescents depressive symptoms in Chinese immigrant families. *Journal of Family Psychology, 23*(3), 426–437.

Kim, Y. H.(2017). Associations of adverse childhood experiences with depression and alcohol abuse among Korean college students. *Child Abuse & Neglect, 67*, 338–348.

King, V.(2006). The antecedents and consequences of adolescents'relationships with stepfathers and nonresidential fathers. *Journal of Marriage and Family, 68*, 910–928.

Kirby, J. N.(2015). The potential benefits of parenting programs for grandparents: Recommendations and clinical implications. *Journal of Child and Family Studies, 24*(11), 3200–3212.

Korenman, S., Miller, J. E., & Sjaastad, J. E.(1995). Long term poverty and child development in the United States: Results from the NLSY. *Children and Youth Services Review, 17*(12), 127–155.

Kumar, G. V., & Janakiram, Dr. B.(2017). Theories of work life balance: A conceptual review. *International Research Journal of Management and Commerce, 4*(9), 184–192.

Lamers–Winkelman, F., Willemen, A. M., & Visser, M.(2012). Adverse childhood experiences of referred children exposed to intimate partner violence: Consequences for their wellbeing. *Child Abuse & Neglect, 36*(2), 166–179.

Lebel, C., Walton, M., Letourneau, N., Giesbrecht, G. F., Kaplan, B. J., & Dewey, D.(2016).

Prepartum and postpartum maternal depressive symptoms are related to children's brain structure in preschool. *Biological Psychiatry, 80*(11), 859–868.

Lebowitz, E. R., & Omer, H.(2013). Childhood anxiety and family boundaries. In E. R. Lebowitz & H. Omer (Eds.) *Treating Childhood and Adolescent Anxiety: A Guide for Caregivers* (pp. 139-149). John Wiley & Sone, Inc.

Leonoff, A.(2018). The Good Divorce: A Psychoanalyst's Exploration of Separation, Divorce, and Childcare. Routledge.

Letourneau, N., Dewey, D., Kaplan, B. J., Ntanda, H., Novick, J., & Thomas, J. C. (2018). Intergenerational transmission of adverse childhood experiences via maternal depression and anxiety and moderation by child sex. *Journal of Developmental Origins of Health and Disease, 10*(1), 1–12.

Levin, D. & Kilbourne, J.(2008). *So Sexy So Soon: The new sexualized childhood and parents can do to protect their kids*. New York, NY: Ballantine Books.

Lewis, O.(1969). The culture of poverty. In J. Guillemin (Ed.), *Anthropological realities: Readings in the science of culture* (pp. 316-320). New Brunswick, NJ: Transaction Books (original work published).

Locke, J.(1996). *Some Thoughts Concerning Education and Of the Conduct of the Understanding: Edited, with Introduction, by Ruth W. Grant and Nathan Tarcov*. Indianapolis: Hackett Publishing.

Lomanlowska, A. M., Boiven, M., Hertzman, C., & Fleming, A. S.(2017). Parenting begets parenting: A neurobiological perspective on early adversity and the transmission of parenting styles across generations. *Neuroscience, 342*, 120–139.

Lundahl, B. W., Tollefson, D., Risser, H., & Lovejoy, M. C.(2008). A meta analysis of father involvement in parent training. *Research on Social Work Practice, 18*(2), 97–106.

Lurie–Hurvitz, E.(2009). Early experiences matter: Making the case for a comprehensive infant and toddler policy agenda. *Zero to Three Policy Center*.

MacLeod, J., & Macrae, S.(2006). *Adoption parenting : creating a toolbox, building connections*. Warren, NJ: EMK Press.

Maier, S. B.(1971). AN examination of Ginott's between parent and child for illustrations of christian faith. A Thesis Presented to The Department of Psychology Kansas State Teachers College of Emporia.

Mannering, A. M.(2011). Longitudinal associations between marital instability and child sleep problems in adopted families. *Child Development, 82*, 1251–1256.

Markström, A. M.(2011). To Involve Parents in the Assessment of the Child in Parent Teacher Conferences: A Case Study. *Early Childhood Education Journal, 38*, 465–474.

Martin, R., Sunley, P., Gardiner, B., & Tyler, P.(2016). How regions react to recessions:

Resilience and the role of economic structure. *Regional Studies, 50*, 561–585.

Mason, J.(2002). *Researching your own practice: The discipline of noticing*. Routledge.

Mason, J. & Tripper, B.(2014). Children as family members . In G. B. Melton, A. Ben Arieh., J. Cashmore, G. S. Goodman, & N. K. Worley (Eds.). *Handbook of Child Research* (pp. 153-168). Thousand Oasks, CA: SAGE Publications.

Masten, A. S.(2015). *Ordinary magic: Resilience in development*. New York, NY: Guilford Publications.

Masten, A. S., & Coatsworth, J. D.(1998). The development of competence in favorable and unfavorable environments: Lessons from research on successful children. *American Psychologist, 53*(2), 205.

McCauley, C. D., Ruderman, M. N., Ohlott, P. J., & Morrow, J. E.(1994). Assessing the developmental components of managerial jobs. *Journal of Applied Psychology, 79*, 544–560.

McDaniel, B. T. & Radesky, J. S.(2018). Technoference: Parent Distraction With Technology and Associations With Child Behavior Problems. *Child Development, 89*(1), 100–109.

McHale, S. M., Crouter, A. C., & Tucker, C. J.(2001). Free time activities in middle childhood: Links with adjustment in early adolescence. *Child Development, 72*(6), 1764–1778.

McLanahan, S. & Booth, K.(1991). Mother only families: Problems, prospects, and politics. In A. Booth (Eds.). *Comtemporary families: Looking forward, looking back* (pp. 405-428). Minneapolis, MN: National Council on Family Relations.

Mclvor, O., & Parker, A.(2016). Back to the future: Recreating natural Indigenous language learning environments through language nest early childhood immersion programs. *The International Journal of Holistic Early Learning and Development, 3*, 21–35.

Mennella, J. A., Pepino, M. Y., & Teff, K. L.(2005). Acute alcohol consumption disrupts the hormonal milieu of lactating women. *The Journal of Clinical Endocrinology & Metabolism, 90*(4), 1979–1985.

Milkie, M. A., Nomaguchi, K. M., & Denny, K. E.(2015). Does the amount of time mothers spend with children or adolescents matter? *Journal of Marriage and Family, 77*(2), 355–372.

Moon, M. J. Chung J. H. Cho,i J. S. Ahn, H. K. Ryu, H. M. Lim, H. J. Shin, J. S. Kim, J. O. Yang, J. H. Kim, M. Y. Choi, K. H. Kim, Y. J. Han, J. Y.(2003). The rate of planned pregnancy and associated factors related to planned pregnancy. *Korean J Obestet Gynecol , 46*, 1741–1745.

Moon, R. Y.(2017). How to keep your sleeping baby safe: AAP policy explained.

Morrison, N. C.(1995). Successful single parent families. *Journal of Divorce & Remarriage, 22*(3-4), 205–219.

Murray, J., Theakston, A., & Wells, A.(2016). Can the attention training technique turn one marsh mallow into two? Improving children's ability to delay gratification. *Behaviour Research and Therapy, 77*, 34–39.

National Academies of Science, Engineering, and Medicine(2016). Parenting Matters: Supporting Parents of Children Ages 0–8. Washington, DC: The National Academies Press. doi:10.17226/21868.

Nixon, E., Greene, S., & Hogan, D. M.(2012). Negotiating relationships in single mother households: Perspectives of children and mothers. *Family Relations, 61*(1), 142–156.

Noddings, N.(2015). *The challenge to care in schools* (2nd Ed). New York, NY: Teachers College Press.

O'Hara, M. W., & McCabe, J. E.(2013). Postpar tum depression: Current status and future directions. *Annual Review of Clinical Psychology, 9*(1), 379–407.

Pacheco, F., & Eme, R.(1993). An outcome study of reunion between adoptees and biological parents. *Child Welfare, 72*(1), 53–64.

Papernow, P. L.(2015). *Becoming a stepfamily: Patterns of development in remarried families*. New York, NY: Routledge.

Park, H., & Walton–Moss, B.(2012). Parenting style, parenting stress, and children's health–related behaviors. *Journal of Developmental & Behavioral Pediatrics, 33*(6), 495–503.

Patin, H., Schwarts, S. J., Sullivan, S., Coatsworth, J. D., & Szapocznik, J.(2003). Preventing substance abuse in Hispanic immigrant adolescents: An eco developmental, parent centered approach. *Hispanic Journal of Behavioral Science, 24*(4), 469–500.

Pedro–Carroll, J.(2010). *Putting children first: proven parenting strategies for helping children thrive through divorce*. New York, NY: Penguin.

Pedro–Carroll, J.(2011). How parents can help children cope with separation/divorce. *Encyclopedia on Early Childhood Development*, 1–10.

Phelan, T.(2016). *1 2 3 Magic: 3 step discipline for calm, effective, and happy parenting* (6th ed). Sourcebooks, Inc.

Pomerleau, A., Bolduc, D., Malcuit, G., & Cossette, L.(1990). Pink or blue: Environmental gender stereotypes in the first two years of life. *Sex Roles, 22*(5-6), 359–367.

Prout, A.(2000). Children's participation: control and self realisation in British late modernity. *Children & Society, 14*(4), 304–315.

Rankin, J. L.(2005). Parenting experts: Their advice, the research, and getting it right. Westport, CT: Praeger Publishers/Greenwood Publishing Group.Praeger.

Rehel, E. M.(2014). When dad stays home too: Paternity leave, gender, and parenting. *Gender & Society, 28*(1), 110–132.

Reuter, M., & Koerner, A. F.(2008). The effect of family communication pattern on adopted adolescent adjustment. *Journal of Marriage and Family, 70*, 715–727.

Rheingold, H. L., & Cook, K. V.(1975). The contents of boys' and girls' rooms as an index of parents' behavior. *Child development, 46*(2), 459–463.

Richter, L.(2004). The importance of caregiver–child interactions for the survival and healthy development of young children: A review. Geneva, Switzerland: World Health Organization.

Rothbard, N. P.(2001). Enriching or depleting? The dynamics of engagement in work and family roles. *Administrative Science Quarterly, 46*(4), 655–684.

Rousseau, J. J. (1817). *Emile* (Vol. 2). A. Belin

Ruderman, M. N., Ohlott, P. J., Panzer, K., & King, S. N.(2002). Benefits of multiple roles for managerial women. *Academy of Management Journal, 45*, 369–386.

Rutter, M., & Sroufe, L. A.(2002). Developmental psychopathology: Concepts and challenges. *Development and Psychopathology, 12*(3), 265–296.

Ryan, R. M., Kalil, A., & Leininger, L.(2009). Low income mothers'private safety mets and children's socioenomtional well being. *Journal of Marriage and Family, 71*, 278–298.

Sallmen, M., Lindbohm ML, Nurminen, M.(2000). Paternal exposure to lead and infertility. *Epidemiology, 11*, 148–152.

Schickedanz, A., Halfon, N., Sastry, N., &Chung, P. J.(2018). Parents' adverse childhood experiences and their children's behavioral health problems. *Pediatrics, 142*(2), e20180023.

Schlossman, S.(1976). Before Home Start: Notes toward a History of Parent Education in America, 1897–1929. *Harvard Educational Review, 46*(3), 436–467.

Schonert–Reichl, K. A., Smith, V., Zaidman–Zait, A., & Hertzman, C.(2012). Promoting children's prosocial behaviors in school: Impact of the "Roots of Empathy" Program on the social and emotional competence of school aged children. *School Mental Health, 4*(1), 1–21.

Seifer, R., Sameroff, A. J., Baldwin. C. P., & Baldwin, A.(1992). Child and family factors that ameliorate risk between 4 and 13 years of age. *Journal of American Academy of Child and Adolescents Psychiatry, 31*(4), 893–903.

Shonkoff, J. P., & Garner, A. S.(2012). The lifelong effects of early childhood adversity and toxic stress. *Pediatrics, 129*(1), e232–e247.

Siegel, R. S., & Brandon, A. R.(2014). Adolescents, pregnancy, and mental health. *Journal of Pediatric and Adolescent Gynecology, 3*, 138.

Silverstein, M., & Ruiz, S.(2006). Breaking the chain: How grandparents moderate the transmission of maternal depression to their grandchildren. *Family Relations, 55*(5), 601–612.

Simons, R., Beaman, J., Conger, R., & Chao, W.(1993). Stress, support, and antisocial behavior traits as determinants of emotional well being and parenting practices among single mothers. *Journal of Marriage and Family, 55*(2), 385–398.

Solomon, C.(2003). Transactional analysis theory: the basics. *Transactional Analysis Journal, 33*(1), 15–22.

Spock. B.(1946). *The common sense book of baby and child care*. New York, NY: Duell, Sloan and Pearce.

Sroufe, L. A., Egeland, B., Carlson, E. A., & Collins, W. A.(2009). *The development of the person: The Minnesota study of risk and adaptation from birth to adulthood*. New York, NY: Guilford Press.

Stams, G. J. J., Juffer, F., & Van Ijzendoorn, M. H.(2002). Maternal sensitivity, infant attachment, and temperament in early childhood predict adjustment in middle childhood: The case of adopted children and their biologically unrelated parents. *Developmental Psychology, 38*(5), 806.

Standford Childrne's Health(2017). Newborn sleep patterns. Available at https://www.stanfordchildrens.org/en/topic/default?id=newborn–sleep–patterns–90–P02632.

Steele, H., Bate, J., Steele, M., Dube, S. R., Danskin, K., Knafo, H., & Murphy, A.(2016). Adverse childhood experiences, poverty, and parenting stress. *Canadian Journal of Behavioural Science, 48*(1), 32.

Suarez_Orozco, C., Rhodes, J., & Milburn, M.(2009). Unraveling the immigrant paradox. *Youth & Society, 41*(2), 151–185.

Taylor, S. E., & Conger, R. D.(2017). Promoting strengths and resilience in single mother families. *Child Development, 88*(2), 350–358.

Taylor, S. E., Welch, W. T., Kim, H. S., & Sherman, D. K.(2007) Cultural differences in the impact of social support on psychological and biological stress responses. *Psychological Science, 18*(9), 831–837.

Teicher, M. H., Samson, J. A., Anderson, C. M., & Ohashi, K.(2016). The effects of childhood maltreatment on brain structure, function and connectivity. *Nature Reviews Neuroscience, 17*(10), 652.

Threat, C. U. (2005). The state of the world's children 2005. UNICEF.

The Sciencetimes(2018). 디지털이 문화를 어떻게 변화시켰나.

Time(2011). Spock at 65: Five Ideas That Changed American Parenting.

Turner, P. H. & Welch, K. J.(2012). *Parenting in contemporary society* (5th ed.). Boston, MA: Pearson.

van Manen, M.(2012). *The tone of teaching*. New York, NY: Routledge.

Vélez, C. E., Wolchik, S. A., & Sandler, I. N.(2014). Divorce Effects on Adolescents. In Gullotta T.P., Bloom M. (Eds). *Encyclopedia of Primary Prevention and Health Promotion* (pp.

1076-1085). Boston, MA: Springer.

Vincent, C.(2013). *Parents And Teachers: Power And Participation*. New York, NY: Routledge.

Wages, M.(2016). *Parent involvement: collaboration is the key for every child's success*. Lanham, MD: Rowman & Littlefield Publishers.

Walker, J. M., Wilkims, A. S., Dallaire, J. R., Sandler, H. M., & Hoover–Dempsey, K. V.(2005). Parental involvement: Model revision through scale development. *The Elementary School Journal, 106*(2), 85–104.

Watson, J. B. (1928). *Psychological care of infant and child*. New York, NY: Norton & Co.

Weger Jr., H., Bell, G. C., Minei, E. M., & Robinson, M. C.(2014). The relative effectiveness of active listening in initial interactions. *International Journal of Listening, 28*(1), 13–31.

Werner, E. E.(1993). Risk, resilience, and recovery: Perspectives from the Kauai Longitudinal Study. *Development and psychopathology, 5*(4), 503–515.

Werner, E. E., & Smith, R. S.(1992). *Overcoming the odds: High risk children from birth to adulthood*. Ithaca, NY: Cornell University Press.

Whitton, S. W., Nicholson, J. M., & Markman, H. J.(2008). Research on interventions for stepfamily couples: The state of the field. In J. Pryor (Ed.), *The international handbook of stepfamilies: Policy and practice in legal, research, and clinical environments* (pp. 455-484). Hoboken, NJ: John Wiley & Sons Inc.

Widom, C. S., & Hiller–Sturmhofel, S.(2001). Alcohol abuse as a risk factor for and consequence of child abuse. *Alcohol Research & Health, 25*(1), 52–52.

Williams, K. J. & Alliger, G. M.(1994). Role stressors, mood spill over, and perceptions of work family conflict in employed parents. *Academy of Management Journal, 37*(4), 837–868.

Wu, N.H., & Kim. S.Y.(2009). Chinese American adolescents' perceptions of the language brokering experience as a sense of burden and sense of efficiency. *Journal of Youth and Adolescence, 38*(5), 703–718.

Yoshikawa, H., Aber, J. L., &Beardslee, W. R.(2012). The effects of poverty on the mental, emotional, and behavioral health of children and youth: implications for prevention. *American Psychologist, 67*(4), 272.

Zeanah, C. H., Smyke, A. T. (2015). Disorders of attachment and social engagement related to deprivation. In Anita Thapar, Daniel S. Pine, James F. Leckman, Stephen Scott, Margaret J. Snowling, Eric Taylor (Eds.), *Rutter's child and adolescent psychiatry* (pp. 793-805). John Wiley & Sons, Ltd.

Zedeck, S. & Mosier, K. L.(1990). Work in the family and employing organization. *American Psychologist, 45*(2), 240–251.

Zornado, J. L.(2001). *Inventing the child: Culture, ideology, and the story of childhood*. New York, NY: Garland Publishing.

참고 사이트

http://www.moe.go.kr
http://www.who.int
http://acstoohigh.com
http://ncsacw.samhsa.gov
http://cdc.go.kr
http://news.donga.com
http://www.blueprintsprograms.com
http://www.cebc4cw.org.
http://www.kostat.go.kr
http://www.law.go.kr
http://www.data.go.kr
http://www.childcareservices.org
http://www.moel.go.kr
http://www.pfsc.psychology.uq.edu.au
http://www.mohw.go.kr
http://www.doopedia.co.kr
http://time.com
http://www.siencetimes.co.kr
http://www.cha.go.kr
http://search.naver.com

찾아보기

ㅅ

ㅇ

ㅈ

ㅊ

ㅋ

ㅌ

ㅍ

ㅎ

저 / 자 / 소 / 개

이재연
오레곤 주립대학교 인간발달학박사
숙명여자대학교 명예교수

황옥경
숙명여자대학교 아동복지학박사
서울신학대학교 보육학과 교수

이완정
유타 주립대학교 아동학박사
인하대학교 아동심리학과 교수

한유미
경희대학교 아동학박사
호서대학교 유아교육과 교수

김연하
미주리-컬럼비아대학교 유아교육박사
경희대학교 아동가족학과 교수

문의정
메릴랜드 주립대학교 가족학박사
한남대학교 아동복지학과 교수

부모교육

2019년 10월 8일 초판 인쇄
2019년 10월 14일 초판 발행

지은이 | 이재연 황옥경 이완정 한유미 김연하 문의정
발행인 | 유제구
발행처 | 도서출판 파워북
주 소 | 경기도 고양시 일산동구 호수로 358-25
동문타워2차 529호
전 화 | (02) 730-1412
F A X | (031) 908-1410
등 록 | 1997. 1. 31 제 2014-000067호
편 집 | 북스북스(hynho3196@nate.com)

정가 23,000원
ISBN 978-89-8160-402-8 (93370)